奇迹

曹普 / 主编

中共中央党校出版社

图书在版编目（CIP）数据

奇迹/曹普主编．--北京：中共中央党校出版社，2021.2（2021.3重印）

ISBN 978-7-5035-6507-6

Ⅰ.①奇… Ⅱ.①曹… Ⅲ.①社会主义建设成就-中国 Ⅳ.①D619

中国版本图书馆 CIP 数据核字（2019）第 019888 号

奇　迹	
责任编辑	任　典
责任印制	陈梦楠
责任校对	李素英
出版发行	中共中央党校出版社
地　　址	北京市海淀区长春桥路 6 号
电　　话	（010）68922815（总编室）　（010）68922233（发行部）
传　　真	（010）68922814
经　　销	全国新华书店
印　　刷	北京盛通印刷股份有限公司
开　　本	700 毫米×1000 毫米　1/16
字　　数	440 千字
印　　张	27
版　　次	2021 年 2 月第 1 版　2021 年 3 月第 2 次印刷
定　　价	85.00 元
网　　址	www.dxcbs.net　　邮　箱　zydxcbs2018@163.com
微　信 ID	中共中央党校出版社　新浪微博　@党校出版社

版权所有·侵权必究

如有印装质量问题，请与本社发行部联系调换

出版说明

中国共产党建立100年来特别是执政70多年来，团结带领全国各族人民发愤图强、艰苦创业，推动中华民族迎来从站起来、富起来到强起来的伟大飞跃，创造了世所罕见的经济快速发展奇迹和社会长期稳定奇迹。这"两大奇迹"的背后，蕴含的是我们党作为百年大党超乎寻常的胆略、毅力和智慧，也反映和体现着百年大党矢志不渝的奋斗、抱负和志向。中国人民在求得自身解放和幸福的不懈奋斗中选择了中国共产党，中国共产党始终铭记初心使命带领人民不断向着更高、更大的目标奋勇迈进，不断创造新的更大辉煌。今天，我们站在全面建成小康社会、完成第一个百年奋斗目标，乘势而上开启全面建设社会主义现代化国家新征程、向第二个百年奋斗目标进军的历史交汇点上，回望百年来时的路，深刻认识和把握我们党带领中国人民缔造出的一个又一个奇迹，方能信心满怀，远眺前瞻未来的路，继续在中国共产党的坚强有力领导下，在新时代新发展阶段创造中华民族新的更大的奇迹！

本书以《奇迹》为名，是以中国共产党建立100周年为大背景，通过对党执政后团结带领全国各族人民创造"两大奇迹"，特别是改革开放以来用几十年时间走完发达国家几百年走过的工业化历程，将诸多不可能变成可能的一个个重大事件和场景的全方位、多角度再现，对中国共产党领导中国经济、政治、法治、文化、社会、生态文明、国防和军队、"一国两制"和祖国统一、外交、党的建设等方面所取得的伟大成就的回顾和总结，引导广大党员干部科学认识、正确把握中国共产党的光辉历史，树牢"四个意识"，坚定"四个自信"，坚决做到"两个维护"，进一步增强坚持中国共产党领导、坚持中国特色社会主义道路、致力于实现中华民族伟大复兴的责任感和使命感。本书是党员领导干部学"四史"的生动教材和重要辅导读物。

目 录 Contents

第一章 "中国人从此站立起来了"
——建立新中国,开启中华民族伟大复兴新纪元 /1
  一、中国的历史,从此开辟了一个新的时代 /1
  二、政治清明:各级新政权的建立与各项民主改革 /11
  三、经济恢复:打赢"不下于淮海战役"的财政经济仗 /23
  四、独立外交:"另起炉灶"与彻底废除帝国主义在华
    "特权" /31

第二章 中国人民"是惹不得的"
——抗美援朝战争打出"国威""军威" /37
  一、艰难的抉择:出兵朝鲜 /37
  二、背水一战:志愿军奋勇抗敌 /46
  三、边打边谈:停战谈判中的拉锯战 /52
  四、中国"再也不是第二次世界大战时的那个软弱无能的
    国家了" /60

第三章 最深刻最伟大的变革
——完成三大改造,建立社会主义制度 /63
  一、向社会主义过渡任务的提出 /63
  二、富有中国特色的社会主义改造之路 /72
  三、这的确是"伟大的历史性胜利" /80

第四章 "东方巨响"震惊世界
——"两弹一星"彰显中华民族创造伟力 /84

一、伟大的国家，需要强大的国防 /84
二、强大的国防，开创卓绝的伟业 /90
三、卓绝的伟业，造就惊世的奇迹 /95
四、惊天的奇迹，创造伟大的精神 /104

第五章 千嶂绝壁上的"蓝色飘带"
——战天斗地，苦干实干，重整山河 /112
一、自力更生，艰苦奋斗 /113
二、战天斗地，改造山河 /117
三、攻坚克难，苦干实干 /122

第六章 "具有深远意义的伟大转折"
——党的十一届三中全会决策改革开放 /134
一、伟大转折的国内国际背景 /134
二、初步拨乱反正与真理标准问题大讨论 /138
三、大规模出国考察与改革开放的酝酿 /145
四、达成一系列"共识"的36天中央工作会议 /152
五、党的十一届三中全会实现伟大转折 /157

第七章 当代中国"最壮丽的气象"
——改革为中国经济发展注入强大动力 /162
一、改革从农村起步并取得突破 /162
二、国有企业改革和纵深推进 /168
三、非公有制经济在改革开放中快速发展 /174
四、宏观经济管理体制的改革 /177
五、构建开放型经济体制 /187
六、改革推动中国经济跃上大台阶 /192

第八章 打开国门，走向国际"竞技场"
——以"海纳百川"的气度全方位对外开放 /198

一、"关起门来搞建设，搞了好多年，导致的结果不好" /198

二、兴办深圳等经济特区：打开对外开放突破口 /207

三、开放 14 个沿海港口城市，开辟沿海经济开放区 /223

四、对外开放的全面推进和加入世界贸易组织 /232

五、重点实施以"一带一路"为抓手的新一轮对外开放 /240

第九章 建起"全世界最完整的现代工业体系"
——从"一辆拖拉机都不能造"到成为"世界工厂" /247

一、近代以来中国工业的百年变奏 /248

二、建立起比较完整的工业体系 /252

三、透视"中国制造"的全球影响力 /257

四、"中国制造"从低端加速迈向中高端 /260

五、中国制造 2025：兴国之路与强国之基 /263

第十章 "可上九天揽月，可下五洋捉鳖"
——"神舟"翱天，"蛟龙"潜水，高铁飞驰 /268

一、"神舟"飞天，"嫦娥"探月 /268

二、从"蛟龙"号到"奋斗者"号：不断实现深潜突破 /277

三、高速铁路建设突飞猛进 /281

第十一章 谱写"人类反贫困史上的辉煌篇章"
——"缺吃少穿"的千年困扰"一去不复返" /293

一、农村经济体制改革极大缓解农村贫困 /293

二、重点实施"国家八七扶贫攻坚计划" /294

三、进入 21 世纪中国的扶贫开发工作 /296

四、党的十八大以来实施"精准扶贫"战略 /298

五、中国扶贫减贫取得辉煌成就 /299

第十二章 "战洪水、防非典、抗地震、化危机"
——众志成城战胜来自各领域的困难挑战 /307

一、战洪水：沧海横流，方显英雄本色 /307

二、防非典：危难中，我们万众一心、众志成城 /312

三、抗地震：大地无情，大爱无疆 /318

四、化危机：准确研判，有力应对 /324

第十三章　"洗雪中华民族百年屈辱"
——金瓯补缺：成功实现香港、澳门回归祖国 /328

一、旧中国历届政府为收复香港、澳门所做的努力 /329

二、新中国解决香港问题的政策策略和"一国两制"构想 /332

三、"金瓯补缺"洗国耻：成功实现香港、澳门回归祖国 /340

四、中国人"完全有智慧有能力管理好、建设好香港、澳门" /348

第十四章　"反腐败斗争取得压倒性胜利"
——党在伟大自我革命中"凤凰涅槃""浴火重生" /356

一、把反腐败"当作一场大斗争来处理" /356

二、反对腐败"这个关我们必须过" /362

三、八项规定：推动党风政风明显好转 /366

四、打虎拍蝇：坚决遏制腐败蔓延势头 /369

五、第二战场：天网、猎狐让腐败分子无处藏身 /373

六、反腐败斗争取得压倒性胜利，全面从严治党取得重大成果 /376

第十五章　"任凭风浪起，稳坐钓鱼船"
——中国特色社会主义"这边风景独好" /379

一、以苏为鉴独立探索适合中国国情的社会主义道路 /379

二、在严峻考验中坚持和捍卫中国特色社会主义 /383

三、中国特色社会主义是改革开放以来党的全部理论和实践的主题 /387

四、新时代中国特色社会主义焕发出强大生机活力 /391

第十六章　"在新时代创造中华民族新的更大奇迹"

——"一棒接着一棒跑"，创造中华民族伟大复兴新辉煌　/396

一、"近代以来实现中华民族伟大复兴的三大里程碑"　/397

二、实现中华民族伟大复兴"接力跑"站到了新
　　"起跑线"上　/404

三、坚定信仰信念信心，"在新时代创造中华民族新的更大
　　奇迹"　/411

后　记　/418

第一章

"中国人从此站立起来了"

——建立新中国，开启中华民族伟大复兴新纪元

经过28年艰苦卓绝、前赴后继的英勇斗争，到1949年，中国共产党领导的中国新民主主义革命取得了最终胜利，中华人民共和国成立了。新中国的成立，从根本上结束了100多年来中华民族遭受帝国主义侵略压迫的历史，使中国社会改变了半殖民地的性质，成为真正具有独立主权的国家；从根本上结束了旧中国一盘散沙、四分五裂的局面，实现和巩固了除台湾等岛屿以外的全国范围的国家统一和全国各族人民的大团结，标志着中国近代以来无数仁人志士为之奋斗的民族独立、人民解放的基本历史任务的胜利完成，"实现了中国从几千年封建专制政治向人民民主的伟大飞跃"①，是中国由近代衰落挨打走向复兴强盛的历史转折点，揭开了中国发展的新篇章，开启了中华民族实现伟大复兴的历史新纪元。

一、中国的历史，从此开辟了一个新的时代

中国共产党在新民主主义革命阶段全部奋斗的根本任务，是推翻帝国主义、封建主义、官僚资本主义的压迫和反动统治，砸烂旧世界，建立一个全新的中国。经过20多年前赴后继的英勇斗争，到1947年，随

---

① 习近平：《在庆祝中国共产党成立95周年大会上的讲话》，《人民日报》2016年7月2日。

着中国革命进入直接夺取全国政权的阶段,这个问题被紧迫而现实地提上了议事日程,党和毛泽东开始认真思考并着手筹划怎样建立一个新的中国。1947年10月,毛泽东提出,要"联合工农兵学商各被压迫阶级、各人民团体、各民主党派、各少数民族、各地华侨和其他爱国分子,组成民族统一战线,打倒蒋介石独裁政府,成立民主联合政府。"① 1948年4月30日,经毛泽东审定的中共中央纪念五一劳动节口号,发出了"迅速召开政治协商会议"、讨论"成立民主联合政府"的号召,得到各方面热烈响应。

1949年3月,在河北省平山县西柏坡村召开的党的七届二中全会,研究制定了夺取全国胜利和胜利后的各项方针政策。毛泽东在会上进一步表示,召集政治协商会议和成立民主联合政府的一切条件,均已成熟,我们要建立一个无产阶级领导的以工农联盟为基础的人民民主专政的国家。这次全会结束后,1949年3月23日,毛泽东离开西柏坡,前往北平。他在出发前说,我们进北平,可不是李自成进北平,他们进了北平就变了。我们共产党人进北平,是要继续革命,建设社会主义,直到实现共产主义。他兴奋地对周恩来说:今天是进京的日子,是进京"赶考"嘛,"我们决不当李自成,我们都希望考个好成绩"。②

1949年6月15日至19日,新政协筹备会议第一次全体会议在北平中南海勤政殿召开。参加会议的有中国共产党和各民主党派、无党派民主人士及各人民团体等23个单位的代表共134人。毛泽东在会议开幕时发表讲话,指出:"中国的命运一经操在人民自己的手里,中国就将如太阳升起在东方那样,以自己的辉煌的光焰普照大地,迅速地荡涤反动政府留下来的污泥浊水,治好战争的创伤,建设起一个崭新的强盛的名副其实的人民共和国。"③ 会议结束后不久,为纪念中国共产党成立28周年,毛泽东花了两天时间,于6月30日写成《论人民民主专政》一文,深刻阐述了即将成立的中华人民共和国的国家性质、国内各阶级的地位以及对外政策和国家前途等基本问题,强调"总结我们的经验,集中到一点,就是工人阶级(经过共产党)领导的以工农联盟为基础的

---

① 《毛泽东选集》第4卷,人民出版社1991年版,第1237页。
② 阎长林:《在大决战的日子里》,中国青年出版社1986年版,第222、224、225页。
③ 《毛泽东选集》第4卷,人民出版社1991年版,第1467页。

人民民主专政""这就是我们的公式,这就是我们的主要经验,这就是我们的主要纲领"。① 经过3个月的紧张工作,9月17日,新政协筹备会召开第二次全体会议,原则通过了《中国人民政治协商会议组织法(草案)》《中国人民政治协商会议共同纲领(草案)》《中华人民共和国中央人民政府组织法(草案)》,决定将新政协会议正式定名为中国人民政治协商会议自此,有关创建中华人民共和国的各项准备就全部就绪了。

1949年9月21日至30日,中国人民政治协商会议第一届全体会议在北平中南海怀仁堂举行。这是中国历史上具有划时代意义的一次空前盛会,会议的主要任务是集中全国各族人民的意志,宣告中华人民共和国的成立,制定中国人民自己的宪章,组织中国人民自己的中央政府。出席大会的有来自45个单位的党派代表、区域代表、人民解放军代表、团体代表以及特别邀请人士,共662人。其中党派代表来自14个单位共165人;区域代表9个单位共116人;军队代表6个单位共71人;团体代表16个单位共235人;特别邀请代表有75人。中国共产党作为发起政协会议的最大的政党,出席会议的正式代表有16人,候补代表2人。出席会议的中共正式代表为毛泽东(首席代表)、刘少奇、周恩来、林伯渠、董必武、陈云、彭真等;另有朱德、薄一波、李立三、蔡畅、廖承志、冯文彬等一批共产党员,分别代表人民解放军、解放区、工会、妇联、青联、青年团等单位出席大会。出席大会的还有为争取和平民主而奋斗、积极参加筹备新政协的各民主党派,即中国国民党革命委员会、中国民主同盟、民主建国会、中国民主促进会、中国农工民主党、中国人民救国会、三民主义同志联合会、中国国民党民主促进会、中国致公党、九三学社、台湾民主自治同盟以及无党派民主人士的代表。大会特别邀请了自辛亥革命以来不同历史时期具有影响的代表人物,列在首位的是孙中山的夫人宋庆龄。特邀代表中还有前清翰林、老同盟会会员以及从反动营垒中分化出来的前国民党政府官员、国民党军队起义将领等。这样的代表阵容,显示出了在长期革命斗争中,由中国工人阶级、农民阶级、小资产阶级、民族资产阶级及其他爱国民主人士组成的人民民主统一战线的伟大力量。

---

① 《毛泽东选集》第4卷,人民出版社1991年版,第1480页。

会议开幕前，中国人民政协筹备会副主任周恩来报告了会议各类代表的名额和已到达北平的代表人数，提出了关于大会主席团89人名单和秘书长人选建议，获得全场一致通过。主席团89人包括中国共产党代表、中国国民党革命委员会代表、中国民主同盟代表各7人；民主建国会代表3人；无党派民主人士代表4人；中国民主促进会代表、中国致公党代表、九三学社代表、台湾民主自治同盟代表、中国新民主主义青年团代表各1人；各地区代表9人；中国人民解放军代表11人；中华全国总工会代表3人；解放区农民团体代表2人；中华全国民主妇女联合会代表2人；其他全国性人民团体代表8人；上海人民团体代表2人；产业界民主人士代表3人；国内少数民族代表2人；华侨民主人士代表2人；宗教界民主人士代表1人；特别邀请民主人士11人。会议的秘书长是林伯渠。

1949年9月21日下午7时，大会在欢快的中国人民解放军进行曲和场外鸣放54响礼炮声中隆重开幕。实际出席会议的代表635人，应邀旁听的来宾300人，国内外记者31人。会场主席台的正面悬挂着中国民主革命先行者孙中山以及毛泽东的画像，中间和两侧挂着中国人民政协的会徽和中国人民解放军的军旗。毛泽东、朱德、李济深、沈钧儒、郭沫若等担任会议的执行主席。当毛泽东等主席台成员登上主席台时，全体代表起立，热烈鼓掌达5分钟之久。

毛泽东在会上致开幕词，扼要叙述了会议召集的历史条件和历史任务。他说：现在的中国人民政治协商会议是在完全新的基础之上召开的，它具有代表全国人民的性质，它获得全国人民的信任和拥护。因此，中国人民政治协商会议宣布自己执行全国人民代表大会的职权，在自己的议程中决定关于成立中华人民共和国的一切事宜。在讲了这些之后，他饱含深情地说："诸位代表先生们，我们有一个共同的感觉，这就是我们的工作将写在人类的历史上，它将表明：占人类总数四分之一的中国人从此站立起来了。""我们的民族将从此列入爱好和平自由的世界各民族的大家庭，……我们的民族将再也不是一个被人侮辱的民族了，我们已经站起来了。"关于未来新中国的发展前途，他说："我们面前的困难是有的，而且是很多的，但是我们确信：一切困难都将被全国人民的英勇奋斗所战胜。中国人民已经具有战胜困难的极其丰富的经验。如果我们的先人和我们自己能够渡过长期的极端艰难的岁月,战胜了强大的内外反动派,为什么不能在胜利以后建设一个繁荣昌盛的国家呢?……中国人被人认为不文明的时代已经过去了,我们将以一个具有高度文化的民族出现于世界。""让那些内外反动派在我们面前发抖吧,让他们去说我们这也不行那也不行吧,中国人民的不屈不挠的努力必将稳步地达到自己的目的。"① 毛泽东的致词表达了历经百年奋斗终于取得独立解放的亿万中国人最强烈、炽热的民族自豪感,几乎每一句话都引起了会场内雷鸣般的掌声。

大会开幕式历时4小时,毛泽东致辞后,中国共产党代表刘少奇、特别邀请代表宋庆龄、中国国民党革命委员会代表何香凝、中国民主同盟代表张澜、中国人民解放区代表高岗、中国人民解放军代表陈毅、民主建国会代表黄炎培、中华全国总工会代表李立三、新疆代表赛福鼎、特别邀请代表张治中、特别邀请代表程潜、华侨代表司徒美堂12人相继发表讲演。中国共产党代表刘少奇发言说:中国共产党以一个政党的资格参加人民政治协商会议,和其他各民主党派、各人民团体、各少数民族、国外华侨及其他爱国民主分子一起,在新民主主义的共同纲领的基础上忠诚合作,来决定中国一切重要的问题。特邀代表宋庆龄致词说:"这是一个历史的跃进,一个建设的巨力,一个新中国的诞生!我们达到今天的历史地位,是由于中国共产党的领导。这是唯一拥有人民大众力量的政党。孙中山先生的民族、民权、民生三大主义的胜利实现,因此得到了最可靠的保证。""让我们现在就着手工作,建立一个独立、民主、和平与富强的新中国"。② 民革代表李济深发言说:我们要建立的新中国,"政权操在人民的手里",在今后的新中国建设的艰巨工作中,我们要"在中国共产党及毛主席领导之下,按照本届会议制定的蓝图——共同纲领,不避艰辛,再接再厉,向前迈进!"③ 民盟代表张澜发言说:"革命难,建设亦不易。在一个经过长期战争的国家,从事

---

① 中共中央文献研究室、中央档案馆编:《建党以来重要文献选编(1921—1949)》第26册,中央文献出版社2011年版,第725—727页。
② 《五星红旗从这里升起——中国人民政治协商会议诞生纪事暨资料选编》,文史资料出版社1984年版,第307、308页。
③ 政协全国委员会办公厅编:《开国盛典——中华人民共和国诞生重要文献资料汇编》上编,中国文史出版社2009年版,第325、326页。

建设，更是难上加难。""我们要把握住这个千载一时的建国机会。我们要在毛主席领导之下，精诚团结，共相勉励，以完成这个建设新中国新社会的历史使命。"①《人民日报》在题为《旧中国灭亡了，新中国诞生了!》的社论中强调，中国人民政治协商会议的开幕，是中国光辉灿烂的人民的新世纪的开端，它宣告了旧中国的永远灭亡和新中国的伟大诞生、在全世界进步人类为世界和平民主事业与人类美好的未来而进行的伟大斗争中，是一个具有重大意义的永远不可磨灭的贡献。

为期10天的大会共举行了8次全体会议。周恩来在大会上作了《关于〈中国人民政治协商会议共同纲领〉草案的起草经过和特点》报告；董必武作了《中华人民共和国中央人民政府组织法的草拟经过及其基本内容》的报告，与会代表怀着参与开国盛事的使命感，对大会的各项议案进行了充分讨论和民主协商。

9月27日，全体会议一致通过《中国人民政治协商会议组织法》《中华人民共和国中央人民政府组织法》和《关于中华人民共和国国都、纪年、国歌、国旗的四个决议案》。人民政协组织法规定：中国人民政治协商会议为全中国人民民主统一战线的组织，在普选的全国人民代表大会召开以前，中国人民政治协商会议全体会议执行全国人民代表大会的职权；在全国人民代表大会召开以后，就有关国家建设事业的根本大计或重要措施，向全国人民代表大会或中央人民政府委员会提出建议案。中央人民政府组织法规定：中华人民共和国政府是基于民主集中原则的人民代表大会制的政府；中央人民政府委员会对外代表中华人民共和国，对内领导国家政权。四个决议案规定："中华人民共和国的国都定于北平。自即日起，改名北平为北京""中华人民共和国的纪年采用公元""在中华人民共和国的国歌未正式制定前，以《义勇军进行曲》为国歌""中华人民共和国的国旗为红地五星旗，象征中国革命人民大团结"。②

9月29日，全体会议又一致通过《中国人民政治协商会议共同纲领》（以下简称《共同纲领》）。这个《共同纲领》由新政协筹备委员会委托中国共产党负责、周恩来主持起草。草案初稿写出以后，曾经过7

---

① 谢增寿等编：《张澜文集》下，群言出版社2014年版，第437页。
② 中共中央文献研究室、中央档案馆编：《建党以来重要文献选编（1921—1949）》第26册，中央文献出版社2011年版，第757页。

次反复讨论和修改，广泛吸收了各方面的意见。《共同纲领》最重大的贡献，是解决和规定了创建新中国所涉及的国体、政体、政党制度、国家结构、经济构成等一系列基本问题。

从1947年底中共中央会议提出新民主主义革命的三大经济纲领到1948年9月中共中央政治局会议确定新国家的国体和政体，有关建立新中国的大政方针一直在加紧酝酿中。1949年3月，党的七届二中全会规定了全国革命胜利后党在政治、经济、外交方面应采取的基本政策，指出了中国由农业国转变为工业国、由新民主主义社会转变为社会主义社会的发展方向。6月30日，毛泽东发表《论人民民主专政》，这实际上规划了建设新中国的蓝图，构成了制定共同纲领的理论和政策基础。在此基础上，《共同纲领》对新中国国体——即各阶级在国家中的地位及其相互关系的规定为：中华人民共和国为新民主主义即人民民主主义国家，实行工人阶级领导的、以工农联盟为基础的、团结各民主阶级和国内各民族的人民民主专政，反对帝国主义、封建主义和官僚资本主义，为中国的独立、民主、和平、统一和富强而奋斗。对新中国政体——即国家政权的组织形式的规定为：中华人民共和国的国家政权属于人民；人民行使国家政权的机关为各级人民代表大会和各级人民政府；国家最高政权机关为全国人民代表大会；各级政权机关一律实行民主集中制。这种政体既不同于资本主义国家的议会制和立法、行政、司法三权鼎立等，又不同于苏联的苏维埃政权形式，而是独具中国特色的人民代表大会制。由各级人民代表大会决定国家大政方针、选举政府。新中国的政党制度是在历史中形成的。中国共产党自诞生后，为争取新民主主义革命胜利而进行的艰苦卓绝的斗争，使它在各种革命力量中逐渐确立了领导核心地位。各民主党派、无党派民主人士经过相互合作、反复比较，郑重地选择了中国共产党，并结成了"伟大的人民民主统一战线"，保证了中国革命最终取得胜利。所以在新政协筹备会讨论中，大家认为"这样一个统一战线应当继续下去，而且需要在组织上形成起来，以推动它的发展。大家同意：中国人民政治协商会议，就是它的最好的组织形式。"[①] 第一届中国人民政治协商会议全体会议的召开，事

---

① 《周恩来统一战线文选》，人民出版社1984年版，第145—146页。

实上标志着中国共产党领导的多党合作和政治协商制度被正式确立为新中国的一项基本政治制度。关于新中国的国家结构形式,《共同纲领》根据中国的具体情况,确定了新中国在统一的(单一制)国家内实行民族区域自治制度,而不实行联邦制,并明确规定:"中华人民共和国境内各民族一律平等""各少数民族聚居的地区,应实行民族的区域自治,按照民族聚居的人口多少和区域大小,分别建立各种民族自治机关。"由此,在统一的国家内实行民族区域自治,作为中华人民共和国的一项基本政治制度被确定了下来。这对于保持国家长治久安具有极其深远的意义。关于新国家的经济构成和经济政策,《共同纲领》规定:中华人民共和国经济建设的根本方针,是以公私兼顾、劳资两利、城乡互助、内外交流的政策,达到发展生产、繁荣经济之目的。国家应在经营范围、原料供给、销售市场、劳动条件、技术设备、财政政策、金融政策等方面,调剂国营经济、合作社经济、农民和手工业者的个体经济、私人资本主义经济和国家资本主义经济,使各种社会经济成分在国营经济领导之下,分工合作,各得其所,以促进整个社会经济的发展。国营经济为社会主义性质的经济,为人民共和国发展生产、繁荣经济的主要物质基础和整个社会经济的领导力量。合作社经济为半社会主义性质的经济,为整个人民经济的一个重要组成部分,应鼓励和扶助广大劳动人民根据自愿原则发展合作事业。凡有利于国计民生的私营经济事业,应鼓励其经营的积极性,并扶助其发展;在必要和可能的条件下,应鼓励私人资本向国家资本主义方向发展。

《共同纲领》是一部真正立足中国实际、反映人民意愿的建国蓝图和"总方案",也是具有临时宪法性质的"中国人民大宪章"[①]。它既包含了中国共产党的全部最低纲领,即在当前阶段实现新民主主义革命和建设的任务,又在基本大政方针上同党将来制定社会主义的纲领相衔接。在整个新民主主义建设时期,《共同纲领》成为规范和衡量全国一切党派、团体、个人的行为活动的共同准则。

9月30日下午3时,大会召开最后一天全体会议,选举人民政协

---

① 《中国人民政治协商会议第一届全体会议各单位代表主要发言》,《人民日报》1949年9月25日。

全国委员会和中央人民政府委员会的主席、副主席、委员。到会有选举权的代表共576人。人民政协全国委员会的候选名单是经过各单位协商的，所以采取的是整个名单付表决的方法。中央人民政府委员会的主席、副主席和委员的候选名单也经过了各单位的协商，但是由全体代表需用无记名联记投票的方法选举产生。大会选举毛泽东、周恩来、李济深、沈钧儒、陈叔通等180位委员组成中国人民政治协商会议第一届全国委员会；选举毛泽东为中央人民政府主席，朱德、刘少奇、宋庆龄、李济深、张澜、高岗为副主席，陈毅等56人为委员，组成中央人民政府委员会。当大会执行主席刘少奇宣布毛泽东以575票高票当选中央人民政府主席时，会场代表一致起立，欢呼"毛主席万岁"并热烈鼓掌。乐队奏起"东方红、太阳升、中国出了个毛泽东"的乐曲。会议一致通过的《中国人民政治协商会议第一届全体会议宣言》，向全世界庄严宣布："中华人民共和国现已宣告成立，中国人民业已有了自己的中央政府""我们四万万七千五百万中国人现在是站立起来了，我们民族的前途是无限光明的""中国的历史，从此开辟了一个新的时代。"①

1949年10月1日下午，庆祝中华人民共和国中央人民政府成立典礼在首都北京隆重举行。毛泽东同中央人民政府委员会全体委员从天安门城楼西侧的古砖梯道拾级而上，登上天安门城楼。当毛泽东出现在主席台时，广场上30万群众欢呼雀跃，无数面鲜艳的红旗迎风招展。下午3时，开国大典隆重开始，中央人民政府秘书长林伯渠宣布开会。毛泽东走到麦克风前，用洪亮的声音庄严宣告："中华人民共和国中央人民政府今天成立了。"顿时，广场上再次欢声雷动，群众们情绪激昂。接着，毛泽东按动电钮，在军乐团高奏《义勇军进行曲》的雄壮歌声中，中华人民共和国的国旗——五星红旗第一次冉冉升起。全场肃立，广场上54门礼炮齐鸣28响，象征着中国共产党领导中国各族人民艰苦奋斗的28年历程。升旗结束后，毛泽东宣读《中华人民共和国中央人民政府公告》，郑重宣告：本政府为代表中华人民共和国全国人民的唯一合法政府。凡愿遵守平等、互利及互相尊重领土主权等项原则的任何

---

① 《中国人民政治协商会议第一届全体会议宣言》，《人民日报》1949年10月1日。

外国政府，本政府均愿与之建立外交关系。公告宣读后，开始举行盛大阅兵式。由中国人民解放军陆海空三军组成的方队通过主席台前，威武雄壮地由东而西行进。由新中国第一代飞行员驾驶的14架战斗机、轰炸机和教练机从天安门广场上凌空掠过。阅兵式持续了近3个小时，结束时长安街上华灯齐放。接着又开始了群众游行。一队队怀着欢欣、激动心情的游行群众涌向主席台，"中华人民共和国万岁""中央人民政府万岁""毛主席万岁"的口号声响彻云霄。当天，全国已解放的各大城市也都举行了热烈的庆祝活动。

中华人民共和国的成立，标志着中国近代以来无数仁人志士为之奋斗的民族独立、人民解放的基本历史任务的胜利完成，从根本上结束了100多年来中华民族遭受帝国主义侵略压迫的历史，使中国改变了半殖民地的性质，成为真正具有独立主权的国家；从根本上结束了极少数剥削者统治广大劳动人民的历史，劳动人民真正成了新国家新社会的主人；从根本上改变了旧中国四分五裂的局面，为建设独立、统一、民主、富强的新中国注入了强大凝聚力，为朝着社会主义方向和国家现代化目标迈进创造了前提，揭开了中国历史的新篇章，是中国由近代衰落走向强盛的历史转折点。中华人民共和国的成立，还极大改变了第二次世界大战后国际冷战格局中的力量对比，加强了世界和平民主和社会主义阵营的力量，对人类和平、民主、正义、进步事业的发展作出了重大贡献。领导和组织这场革命取得胜利的中国共产党的地位也发生了根本性变化，从领导人民为夺取全国政权而奋斗的党，变为领导人民掌握全国政权并长期执政且致力于国家建设的党。

新中国成立之时，人民解放战争的后期作战仍在继续进行。以白崇禧、胡宗南两股武装力量为主的国民党100多万军队仍占据着以广州为中心的华南地区、以重庆为中心的西南地区和沿海一些岛屿，企图负隅顽抗。为了迅速肃清国民党反动军队的残余，终结国民党在大陆的全部统治，1949年10月20日，中央人民政府人民革命军事委员会在北京举行第一次会议，讨论了人民解放军向待解放地区进军和今后的建军等问题，毛泽东提出了人民解放军在消灭残敌的作战中，必须实行大迂回、大穿插、大包围的作战方针，以避免将敌驱赶向不利于行军作战的云贵高原、个别海岛或逃往境外。遵照中央军委的统一部署，人民解放军以磅礴的气势，在华中、华南、华东、西南战场向国民党在大陆的残余军事力量展开最后的围歼，并部署开展了解放海南岛和东南沿海诸岛屿的战役。到1950年10月，经过一年的紧张艰苦作战，人民解放军共歼灭大陆和海岛上残存的国民党正规军128万余人，收编改造了170余万起义投诚的国民党军官兵，解放了除西藏、台湾和少数几个海岛以外的全部中国领土。经过和平谈判，1951年5月23日中央人民政府和西藏地方政府在北京正式签署《关于和平解放西藏办法的协议》，该协议维护了祖国统一，粉碎了帝国主义及西藏上层少数分裂分子策划"西藏独立"的迷梦，捍卫了国家主权和领土完整，这是中国共产党民族政策的一个重大胜利，西藏的发展进步也从此进入了划时代的历史新时期。

二、政治清明：各级新政权的建立与各项民主改革

中华人民共和国从中央到地方的各级人民政权是在彻底打碎旧的国家机器之后，于全新的基础上建立起来的，是人民当家作主的政权。

开国大典举行之前，即1949年10月1日下午2时，新选出的中央人民政府委员会在中南海勤政殿召开第一次会议，中央人民政府宣告成立。会议一致接受《中国人民政治协商会议共同纲领》为政府施政方针；推选林伯渠为中央人民政府委员会秘书长，任命周恩来为中央人民政府政务院总理兼外交部部长，毛泽东为人民革命军事委员会主席，朱德为人民解放军总司令，沈钧儒为最高人民法院院长，罗荣桓为最高人民检察署检察长，并责成他们从速组建各政府机关，执行各项政府工作。10月19日，中央人民政府委员会第三次会议通过政务院及所辖委、部负责人名单。21日，周恩来总理主持召开政务院第一次会议，宣布政务院成立。

中央人民政府的组成，充分体现了中国共产党的领导和工人阶级领导国家政权的根本属性，同时充分吸纳了各民主党派人士参加政府，以体现统一战线政权、团结合作、政治协商的人民民主原则。中央人民政府领导成员的遴选，均由共产党同各民主党派反复协商后提名。中央人民政府委员会的6位副主席中，共产党员有3人，民主党派和无党派民

主人士有 3 人；中央人民政府委员会的 56 位委员中，共产党员 29 人，民主党派和无党派民主人士 27 人。政务院的 4 位副总理中，共产党员 2 人，民主党派和无党派民主人士 2 人；政务院 15 位政务委员中，共产党员 6 人，民主党派和无党派民主人士 9 人。在政务院所辖 4 个委员会和 30 个部、会、院、署、行等机构中，担任正职的共产党员有 20 人；民主党派和无党派民主人士 14 人，他们是：文化教育委员会主任兼中国科学院院长郭沫若、人民监察委员会主任谭平山、轻工业部部长黄炎培（兼）、邮电部部长朱学范、交通部部长章伯钧、农业部部长李书城、林垦部部长梁希、水利部部长傅作义、文化部部长沈雁冰、教育部部长马叙伦、卫生部部长李德全、司法部部长史良、华侨事务委员会主任何香凝、出版总署署长胡愈之。对出任中央人民政府各委、部领导职务的民主党派和无党派民主人士，毛泽东一再指示要让他们有权独立负责地领导各自部门的工作，并关心和照顾他们生活中的实际困难。

随着中央人民政府的建立，在约占全国面积 1/3 的老解放区已建立起人民政权的基础上，新解放区的地方各级人民政权也逐步建立起来。但新中国成立伊始，由于召开人民代表大会选举人民政府的条件还不具备，地方各级人民政府的产生大都采取了逐步过渡的办法。第一步是在新解放地区一律实行军事管制，由上级人民政府或军事管制委员会从上至下委任人员组成军事管制委员会和地方人民政府，接管原国民党政府的一切公共机关、产业和物资，行使政府管理权。第二步是在条件许可时，军管会或地方人民政府组织召集地方各界人民代表会议，作为人民参政议政的初期形式及地方人民代表大会的过渡形式。第三步是由各界人民代表会议逐步代行人民代表大会职权，用民主选举方式产生地方人民政府。

新解放区实施军管制后，对城乡基层旧政权进行系统改造的工作也在同时进行。在城市，各地市政府纷纷召开群众大会，揭露国民党政府实行的"具结联保连坐"保甲制度的反动性，废除保甲组织，并在此基础上初步建立起街、闾两级基层组织。在农村，各地主要结合清匪反霸、减租减息等斗争，有步骤地改造旧政权。各地普遍建立了有广大农民群众参加的、带有半政权性质的农民协会，同时建立民兵、自卫队组织，陆续废除旧保甲制度。1950 年 12 月，政务院颁布《乡（行政村）

人民政府组织通则》，确定乡为我国最基层的政权。

作为人民代表大会的过渡和"雏形"①，早在1948年11月30日，中共中央就作出规定，要求在新解放城市中组织各界代表会，并对召开代表会的办法、人数、职权、开会日期等给予原则性指导。1949年7月31日，中央又向各中央局、分局发出《关于迅速召开各界代表会议和人民代表会议的指示》，强调"凡三万人口以上的城市，在解放两个月至迟三个月后，即应召开各界代表会议，以为党与政府密切地联系人民群众的重要方法之一。"② 毛泽东高度重视对召开各界人民代表会议的工作并加以督促。1949年10月13日，在给彭德怀、习仲勋、林彪、叶剑英、邓小平等《关于学习松江县召开各界人民代表会议经验的指示》中，毛泽东要求他们在"看了松江县的经验后，请即通令所属一律仿照办理"，强调"这是一件大事。如果一千几百个县都能开起全县代表大会来，并能开得好，那就会对于我党联系数万万人民的工作，对于使党内外广大干部获得教育，都是极重要的。"③ 10月30日，他又向各中央局、分局批转了薄一波《关于华北各城市召开各界代表会议的情形和经验的报告》，认为华北各城市所开各界代表会议的主要经验"可为一切各界代表会议或人民代表会议所取法"，同时希望各地"注意总结你们自己在这一重大问题上的经验教训，报告中央，是为至盼。"④ 薄一波在10月29日的报告中介绍说华北各城市各界代表会议，一般都以当前生产上的重要问题为课题；各界代表会议召开前，都进行了充分的筹备工作，成立筹备机构，利用座谈会、报纸、黑板报、讲演会、画报、漫画和秧歌等方式，宣传解释各界代表会议的任务和代表的标准、职权等，先行广泛搜集群众意见，给会议作准备；每次会议都抓紧解决为广大群众所迫切要求要解决的一两个问题，决议后一定要贯彻执行；谦虚征询各方意见，解答问题，使每个代表都有充分发言的机会；会议后，各个代表向其所代表的机关、团体、学校、工厂、部队和行业，分

---

① 中共中央文献研究室、中央档案馆编：《建党以来重要文献选编（1921—1949）》第25册，中央文献出版社2011年版，第672页。
② 中共中央文献研究室、中央档案馆编：《建党以来重要文献选编（1921—1949）》第26册，中央文献出版社2011年版，第610页。
③ 《毛泽东文集》第6卷，人民出版社1999年版，第4页。
④ 《建国以来重要文献选编》第1册，中央文献出版社2011年版，第25页。

头报告和解释会议的决议。1949年11月27日，中共中央发出指示，要求新解放地区必须将市、县"各界人民代表会议看成是团结各界人民，动员群众完成剿匪反霸，肃清特务，减租减息，征税征粮，恢复与发展生产，恢复与发展文化教育直至完成土地改革的极重要的工具，一律每三个月召开一次。"[①] 12月2日，中央人民政府委员会第四次会议分别通过省、市、县各界人民代表会议组织通则，对各界人民代表会议的召集、代表选举和任期、职权等事项给予规范，要求各地迅速召开地方各界人民代表会议，加强人民政权建设。

各界人民代表会议广泛发扬民主，与会人民代表以前所未有的热情行使当家作主的权力，成了真正主宰自己命运的主人翁，给那些受过英美式教育和对西方民主政治有所了解的社会人士留下了深刻印象。曾写过《初访美国》《重访英伦》、时为清华大学教授的费孝通在叙述参加北平第一届各界代表会议的感受时说："北平各界代表会议一共开了6天会，对我说是上了6天课，这6天课里学到的抵过了过去6年，甚至30多年。30多年来我所追求的梦想，在这6天里得到了。这是什么呢？是民主。"他说，解放以来，"共产党为人民服务已在我眼睛面前完全证实了，但是共产党要实现民主，我很老实说，在参加代表会议之前，我是不敢太相信的。"但"最近这6天，我上了一课民主课"，"我踏进会场，就看见很多人，穿制服的，穿工装的，穿短衫的，穿旗袍的，穿西服的，穿长袍的，还有一位戴瓜皮帽的——这许多一望而知不同的人物，会在一个会场里一起讨论问题，在我说是生平第一次。""这许多人并不是由市民普选来的，形式上不够我以往所了解的民主，但是试问英美哪一个议会能从普选中达到这样高度的代表性呢？""很惭愧的，我对于会议本身的贡献实在谈不上，但是却满载而返，多少年来没有搞通的，在这段经验中我得到了启示。……回到家里，把几天的报补看了一整天，碰着美国国务院发表了白皮书。在这白皮书里口口声声说中国已经进入独裁政治。如果我没有去参加北平各界代表会议，可能还会信他的一套胡言。"北平各界代表会议"教育了我。我愿意许多像我一样背

---

① 中共中央文献研究室编：《文献和研究》（1987年汇编本），档案出版社1991年版，第8页。

有思想包袱的朋友，都能有机会参加这类会议，更进一步在事实中去认识新中国的本质。"①

1950年6月，毛泽东在党的七届三中全会上的讲话中强调，"必须认真地开好足以团结各界人民共同进行工作的各界人民代表会议。人民政府的一切重要工作都应交人民代表会议讨论，并作出决定。必须使出席人民代表会议的代表们有充分的发言权，任何压制人民代表发言的行动都是错误的。"②1951年2月，刘少奇在北京市第三届人民代表会议上讲话指出，开好人民代表会议是当前的一项重要政治建设任务，我们国家的民主化，与国家的经济建设、人民经济事业的发展以及国家的工业化是不能分离的，他鲜明提出了"我们的口号是：民主化与工业化！"③在整个社会秩序逐步走向安定的情况下，1951年4月，政务院发出《关于人民民主政权建设工作的指示》，明确规定：各级人民政府必须依照各级人民代表会议组织通则，按期召开人民代表会议，其中大城市每年至少须开会三次，县至少须开会两次；各级人民政府的一切重大工作，应向各该级人民代表会议提出报告，并在人民代表会议上进行讨论与审查；一切重大问题应经代表会议讨论并作出决定；凡尚未代行人民代表大会职权的县、市各界人民代表会议，应该积极创造条件，以迅速代行人民代表大会职权。同日，政务院还发出指示，要求在具有10万人口以上的城市召开区人民代表会议。到1951年10月，全国绝大多数省、市、县召开了人民代表会议，其中有17个省、69个市、186个县的人民代表会议代行人民代表大会职权，通过民主选举的方式，正式产生各该级人民政府。到1952年底，人民代表会议已经成为一项经常的制度，在全国各地自上而下建立并运转起来。1951年，全国共建立起29个省、1个自治区、8个省级行署、13个直辖市人民政府，140个市人民政府及2283个县级人民政府，形成了从中央到地方的一整套政权机构。地方各级人民政权的建立和对全国城乡旧政权的彻底改造，使人民政府组织系统从中央经省、县（市）、区、乡一直延伸

---

① 《费孝通全集（1948—1949）》第6卷，内蒙古人民出版社2009年版，第400—403页。
② 中共中央文献研究室编：《建国以来重要文献选编》第1册，中央文献出版社2011年版，第221页。
③ 《刘少奇选集》下卷，人民出版社1985年版，第60页。

到社会的最基层,初步形成了上下贯通、集中高效、便于发挥高度组织动员能力的国家行政体系。这是新中国政权建设的一个重要特点,也是中国社会政治结构的一次重大变革。

为了巩固新生的人民政权,党和政府还领导广大人民开展了大规模的剿匪斗争和镇压反革命运动。国民党在其军队主力被歼灭后,把大批特务及正规军遭散为匪,潜留大陆,伺机组织武装暴动,颠覆人民政权。据统计,1950年1月至10月,全国共发生妄图颠覆新生政权的武装暴动816起,西南地区被匪特攻打、攻陷的县城达100多座;1950年,全国有近4万名干部和群众积极分子遭到匪特杀害。为了消灭土匪,根绝匪患,1950年3月,中央军委发出指示,要求把剿灭土匪作为建立和巩固各级地方人民政权、迅速恢复革命新秩序的保证。中央军委就此作出有力部署,先后抽调了140多个师的主力部队约150万人,展开了大范围剿匪斗争。中共中央还提出了军事进剿、政治瓦解、发动群众武装自卫三者相结合的方针,规定了"镇压与宽大相结合""首恶者必办,胁从者不问,立功者受奖"的政策。根据中央的统一部署,新解放区全面展开由军队、地方和人民群众紧密配合的大规模剿匪作战。在匪患最严重的西南地区,采取合围与驻剿、奔袭与穷追搜剿相结合的方针,先后在川、康、滇、黔各省剿灭土匪92万余人。到1951年上半年,各地清剿股匪逾百万,大陆匪患基本平息。新中国成立之初,各地还潜伏着国民党派遣特务等各种反革命分子、反动党团骨干分子共约120万人,他们"长期潜伏,等待时机",实行"重点破坏与暗杀活动",在财政经济部门进行抢劫物资、破坏机器、纵火、爆炸、盗窃、暗杀、窃取国家机密等破坏活动,极大扰乱了各地正常的生产生活秩序。仅东北地区,据部分工矿的不完全统计,从1949年至1950年3月,就发生已遂和未遂的较大的反革命破坏事件253次。另外,旧中国遗留下来的各种反动会道门组织也大肆活动,编造"神言谶语",造谣惑众,诋毁党的政策。1950年6月朝鲜战争爆发后,反革命分子更是气焰嚣张,叫嚷"第三次世界大战不可避免""蒋介石要反攻大陆了",妄图颠覆人民民主国家。在武汉,仅江岸区就有新成立的"青年反共救国军""益鹏社"等反革命组织17个,他们公开散发传单,组织监狱里的犯人暴动。安徽北部地区6月有土匪2000余人,8月猛增至6000余

第一章
"中国人从此站立起来了"

人。1950年，福建全省发生反动会道门暴乱事件19起，在暴乱中被杀害和砍伤的党政干部、解放军战士及群众多达150多人。在此情况下，为了保证土地改革和经济恢复的顺利进行，特别是为了在抗美援朝战争开始后建立稳固安宁的后方环境，1950年10月10日，中共中央发出了由彭真等起草的《关于镇压反革命活动的指示》，要求坚决肃清一切危害人民的土匪、特务、恶霸及其他反革命分子。根据中央指示，政务院和最高人民法院、公安部对镇反运动作了具体部署，从1950年12月开始，镇压反革命运动在全国大张旗鼓开展起来，各地掀起了揭发、检举和公审反革命分子的高潮。1951年2月，中央人民政府颁布《中华人民共和国惩治反革命条例》，为镇反斗争提供了法律武器和统一的量刑标准。镇压反革命的工作分为清理外层、中层、内层三个阶段。到1951年5月，清理"外层"，即清查隐藏在社会上的反革命分子的工作基本告一段落；从6月起，镇反工作重点转入清查隐藏在人民解放军和人民政府机关内部即"中层"和隐藏在共产党内即"内层"的反革命分子。到10月底，全国绝大多数地区完成了清查处理工作，全国规模的群众性镇反运动基本结束。镇压反革命运动有力地扫除了国民党遗留在大陆的反革命残余势力，基本上肃清了曾经猖獗一时的特务、地下军及会道门等反动组织，全国社会稳定和治安情况大为好转。

在推进和巩固各级人民政权建设的同时，中国共产党始终坚持与党外民主人士长期合作共事的政策。各级政府把党外大多数民主人士视作自己的干部对待，同他们开诚布公讨论问题，让党外民主人士在工作岗位上有职有权。党始终坚持正确的民族工作方针和政策，实施民族区域自治，加强民族团结，努力促进民族地区经济社会发展。1950年6月13日，中共中央专门发出《关于处理少数民族问题的指示》，提出为了在今后更加谨慎地处理有关少数民族问题，对于少数民族问题必须遇事向上级报告和请示，不许下级擅自处理。从1950年开始，中央人民政府先后组织了三个中央民族访问团，邀请著名民主人士参加，分别赴西北、西南、中南及东北、内蒙古等各少数民族地区访问。1951年2月，中共中央政治局扩大会议作出决议，把推行民族区域自治和训练少数民族自己的干部，作为党在少数民族中进行的两项中心工作。1952年8月，中央人民政府委员会公布施行《中华人民共和国民族区域自治实施纲要》，将民族自治与区域自治正确地结合起来，充分尊重各少数民族的权利，既保证了国家的完整和统一，又发挥了各自治地方少数民族管理自己事务的积极性，受到各少数民族的欢迎。到1953年3月，全国共建立相当于县级及县级以上的民族自治地方47个。

在建立新政权的过程中，党和人民政府针对半殖民地半封建社会条件下的各种腐朽制度和顽瘴痼疾，还在全社会广泛开展了各项民主改革运动。

民主改革的中心工作，是进行以废除封建土地制度为主要任务的土地改革。新中国成立时，全国还有2/3的地区存在着封建土地制度。在大约有2.9亿农业人口的华东、中南、西南、西北等新解放区和待解放区，封建土地所有制仍然严重地束缚着社会生产力的发展。为了推进新解放区的土地改革，在深入研究和必要准备的基础上，经全国政协一届二次会议审议修改，1950年6月28日，中央人民政府委员会第八次会议通过《中华人民共和国土地改革法（草案）》。6月30日，毛泽东主席签署命令，正式颁布《中华人民共和国土地改革法》。同老解放区的土地改革相比，《中华人民共和国土地改革法》在若干政策上作了新的规定：一是由征收富农多余的土地和财产改变为保存富农经济；二是由没收地主在农村中的一切财产，改变为只没收地主的土地、耕畜、农具、多余的粮食及其在农村中多余的房屋，地主的其他财产不予没收；三是明确对小土地出租者的有关政策，规定革命军人、烈士家属、工人、职员、自由职业者、小贩以及因从事其他职业或因缺乏劳动力而出租小量土地者，不以地主论等。《中华人民共和国土地改革法》颁布后，政务院相继制定和公布实施了一系列与之相配套的法规、政策，包括《农民协会组织通则》《人民法庭组织通则》以及《关于划分农村阶级成分的决定》等。为加强对土地改革的统一领导，中央人民政府成立了以刘少奇为主任的中央土地改革委员会，从中央到地方还抽调了大批干部组成土改工作队下到农村指导土地改革工作。从1950年冬季起，一场历史上空前规模的土地改革运动，在新解放区有领导、有步骤、分阶段地展开。到1952年底，除一部分少数民族地区及台湾省外，广大新解放区的土地改革基本完成。连同老解放区，全国完成土地改革的农业人口占全部农业人口的90%以上。在整个土地改革中，共没收征收了约7

亿亩土地，并将其分给了约 3 亿无地和少地的农民，获得经济利益的农民约占农业人口的 60% 以上。土地改革在全国的基本完成，从根本上铲除了中国封建制度的根基，带来了农村生产力的大解放、大发展，为我国逐步实现社会主义工业化扫清了障碍。

铲除被推翻的旧政权的社会政治基础、荡涤旧社会的污泥浊水、克服帝国主义和封建买办的各方面思想影响，也是民主改革的重要内容。

旧中国工业发展畸形，在管理上，在工矿企业形成了一套腐朽的由封建把头把持生产和管理制度，专事欺压工人并对工人实行超经济的盘剥。国民党统治时期，许多封建把头成为反动党团、特务系统、封建帮派在工矿企业中的组织者和骨干。新中国成立后，一些国营工厂、矿山、交通部门先后通过各种手段，对掩藏在企业内部的反动分子进行了打击惩处，改革或废除了原来企业内部存在的封建把头制度，工人群众对此衷心拥护，说："毛主席的太阳照到工厂里来了。"但是，在大部分公营和私营的工厂、矿山及其他企业中，对封建把头等反动分子还没有进行系统的清理，他们中的有些人甚至混入了党和青年团内，或者把持了工会。为了彻底清除工矿企业中的残余反革命势力，使工人当家作主的地位得到充分体现，从 1950 年起，各国营厂矿在建立党、团、工会组织的基础上，陆续开始进行民主改革，废除工人群众深恶痛绝的封建把头制等。1951 年 11 月，中共中央进一步发出《关于清理厂矿交通等企业中的反革命分子和在这些企业中开展民主改革的指示》，要求各地"发动与依靠工人群众，有领导、有计划、有步骤地争取于 1952 年年底以前对工厂、矿山和交通等企业部门，首先对国营工矿交通等企业内的残余反革命势力，加以系统的清理，并对于国营企业内所遗留的旧制度，进行或者进一步地完成必要的和适当的民主改革。"[①] 根据中央的指示，各工矿企业在改革中，首先进行有系统的调查研究和训练工人职员中的积极分子，再由行政、党、工会、青年团的干部按照本单位群众的思想状况，有的放矢地在工人职员中作系统的思想动员，号召工人分清敌我。要求一切有问题的人，忠诚老实交代自己的历史，以减免罪责

---

① 中共中央文献研究室编：《建国以来重要文献选编》第 2 册，中央文献出版社 2011 年版，第 400 页。

或卸掉包袱。随后,大张旗鼓地放手发动工人群众自下而上地控诉反革命分子,斗争那些压制工人的封建把头和各种坏分子。镇压和控诉的主要对象,严格地以特务、恶霸、土匪、反动党团和反动会道门五个方面的坚决反革命分子为限,并由主管机关适时地将应该和必须判刑的反革命分子依法判罪,当众宣布执行。在此基础上,改选工厂管理委员会等机构,建立起适合于生产需要的新的制度以及工厂、矿山和其他企业中的领导骨干。在民主改革中,据统计仅华南、华北8个产煤矿区,就有2000多个有各种罪恶和劣迹的封建把头受到不同情况的处理,同时有1.2万多名工人被提升为班组长、井长或矿长。工人们由衷地说,通过民主改革,"吐了苦水,搬掉了头上的石头,彻底翻身见了青天,身上有使不完的劲。""再靠牌头(封建把头)吃不开了,只有靠着共产党,努力求进步,把生产做好。"①

旧中国以夫权为中心、压迫妇女的封建婚姻制度根深蒂固,严重束缚和摧残人性人权,酿成了无数人间悲剧。为了废除封建婚姻制度,1950年4月13日,中央人民政府委员会第七次会议审议通过《中华人民共和国婚姻法(草案)》,并经毛泽东主席签发后自当年5月1日起施行。这是新中国成立后制定的第一部基本法律。《中华人民共和国婚姻法(草案)》开宗明义规定了两条基本原则:第一条,废除包办强迫、男尊女卑、漠视子女利益的封建主义婚姻制度。实行男女婚姻自由、一夫一妻、男女权利平等、保护妇女和子女合法利益的新民主主义婚姻制度。第二条,禁止重婚、纳妾,禁止童养媳,禁止干涉寡妇婚姻自由,禁止任何人借婚姻关系问题索取财物。这是对旧中国社会盛行的包办婚姻和干涉婚姻自主的旧制度的彻底否定。《中华人民共和国婚姻法(草案)》颁布后,各级政府及有关部门用群众喜闻乐见的形式,在全国城乡开展了广泛的宣传活动。男女权利平等、婚姻自由等新的道德观念在人民群众中很快树立起来。"嫁汉嫁汉,穿衣吃饭"等旧的婚姻观念开始改变。改革封建婚姻制度,从根本上动摇了封建婚姻制度和旧有家庭关系的根基,在全社会逐步建立起了新型婚姻家庭关系,促进了整个社会移风易俗和新伦理道德的建立。

---

① 《杭州开展民主改革运动后工人觉悟提高》,《人民日报》1951年8月27日。

第一章
"中国人从此站立起来了"

新中国成立后,党和各级人民政府还采取强有力的措施,迅速开展了针对卖淫嫖娼、贩毒吸毒、设庄赌博等各种社会痼疾的斗争。集中于旧中国城市的妓院娼馆,不仅是进行淫乱活动的场所,而且是社会上偷盗抢劫、吸毒贩毒、拐卖人口、敲诈勒索等犯罪活动的藏纳之地。城市解放后,人民政府明令废除娼妓。首先采取重大行动的是北京市。1949年11月21日,北京市第二届各界人民代表会议通过决议:立即封闭一切妓院,没收妓院财产。当天下午,北京市公安局出动2400余名干部和民警,封闭了分布在全市的224家妓院。将老鸨、领家400余人集中审查,按其罪行轻重分别予以依法惩处。北京市政府还专门成立了妇女生产教养院,共收容妓女1200余名。随后,上海、天津、武汉、南京等大中城市也陆续取缔卖淫嫖娼,全国共查封妓院8400余所。雷厉风行查禁封闭妓院、取缔卖淫嫖娼,使旧中国长期以来严重摧残妇女的社会丑恶现象在短短几年内基本绝迹,人民群众拍手称快,称赞"共产党真是说到做到。"鸦片烟毒作为屡禁不绝的近代中国社会祸患,戕害人民生命,耗损民族精神。直至新中国成立之初,全国以制贩毒品为业的仍有数十万人,吸食鸦片烟毒者达千万之众。众多烟民不事生产,终日吞云吐雾,以至倾家荡产、卖儿鬻女,沦为盗匪、娼妓,严重危害社会安定。新中国成立之后,党和政府决心彻底根除烟患。1950年2月24日,政务院第21次政务会议通过并发布了《关于严禁鸦片烟毒的通令》,宣布"从1950年春起应禁绝种烟";从"禁令颁布之日起,全国各地不许再有贩运制造及售卖烟土毒品情事,犯者不论何人,除没收其烟土毒品外,还须从严治罪""散存于民间之烟土毒品,应限期令其缴出,……逾期不缴出者,除查出没收外,并应按其情节轻重分别治罪""吸食烟毒的人民限期登记(城市向公安局,乡村向人民政府登记),并定期戒除。隐不登记者,逾期而犹未戒除者,查出后予以处罚"。[①] 根据政务院的通令,全国禁毒运动逐步展开。到1951年3月,西南多数地区的烟田被基本铲除。东北、华北、华东、西北四区共收缴毒品折合鸦片2447万两。1952年初,在反对贪污、反对浪费、反对官僚主义的

[①] 国务院法制办公室编:《中华人民共和国法规汇编(1949—1952)》第1卷,中国法制出版社2005年版,第75页。

运动中，从很多地区的铁路、航运、邮政、公安、司法、税务等部门内，发现为数甚多的国家机关内部人员包庇毒贩、贩运毒品等罪恶活动。为了进一步根除这种旧社会的恶劣遗毒，4月15日，中共中央发出《关于肃清毒品流行的指示》，决定"在全国范围内有重点地大张旗鼓地发动一次群众性的运动，来一次集中的彻底的扫除"①，以解决制毒贩毒问题。根据中央指示，各地经充分准备、周密计划，在全国1200多个禁毒重点地区发动群众，集中破案，共查出制造、贩卖、运送毒品的毒犯36.9万余人，逮捕8.2万余人，其中判刑、劳改、管制的5.1万余人，处决罪大恶极的毒犯880人，共收缴毒品折合鸦片近400万两，制毒机器235部，贩卖、运送、藏匿毒品的工具26万件，给猖獗的制毒贩毒活动带来了摧毁性打击。②到1952年底，在旧中国长期猖獗肆虐的种植、制造、贩卖、吸食烟毒活动被基本禁绝。在严禁毒品的同时，党和政府还发动群众张贴布告，封闭赌场，深入开展了严禁赌博活动的斗争，使旧社会十分盛行的赌博陋习也被基本扫除。历时3年的民主改革运动，荡涤了旧社会的污泥浊水，革除了各种社会弊病和顽瘴痼疾，改善了社会风气，巩固了人民政权，也极大振奋和激发了民族精神。

　　为适应人民民主制度的建立和新中国发展民族的科学的大众的文化教育的需要，党和人民政府革故鼎新，对半殖民地半封建社会的教育文化事业进行了大刀阔斧的改革。对旧有教育制度的改革，主要是两个方面：一是使教育从过去为少数人所专享转变为广大劳动人民服务；二是使教育从过去脱离生产和实际转变为服务国家建设事业。1949年12月召开的第一次全国教育工作会议确定了逐步改革旧教育的方针、步骤和发展新教育的方向。党和政府要求大力发展小学和中学，大力吸收工农子弟入学，兴办多种多样的工农速成中学、工农干部文化补习学校，迅速提高工农干部、产业工人和解放军指战员教育水平。对于接受外国津贴的教会学校无理干涉学校行政、阻挠学校改革甚至暗中实施破坏的行为，人民政府予以坚决打击。1950年10月，经政务院批准，教育部明

---

① 中共中央文献研究室编：《建国以来重要文献选编》第3册，中央文献出版社2011年版，第132页。
② 《中国共产党历史》第2卷上册，中共党史出版社2011年版，第111页。

令将违反中国法令的罗马教廷主办的辅仁大学正式接收自办。同年12月底，政务院第65次政务会议通过《关于处理接受美国津贴的文化教育救济机关及宗教团体的方针的决定》，确定了处理和接办教会学校的基本方针。继辅仁大学之后，全国各地对接受外国津贴的20所高等学校、514所中等学校、1133所初等学校实行接办。从1951年年底开始，为适应新中国建设需要，国家还对各地高校分期分批进行了院系调整和专业设置工作，原有79所私立高等学校全部改为公办。至1953年，全国共有高等学校181所，其中综合大学14所、工科院校38所、师范院校33所、农林院校29所、医药院校29所，全国高等学校实行统一招生和毕业生统一分配。1949年7月第一次中华全国文学艺术工作者代表大会后，根据大会精神，党和人民政府倡导继承和发扬民族文化中的优良传统，重点发展人民的文学、艺术、戏剧、电影等文化事业。1951年春，毛泽东为中国戏曲研究院题词，提出"百花齐放，推陈出新"这一繁荣文艺事业的方针。为了发挥知识分子在新中国建设中的作用，帮助他们了解新社会、了解共产党，从而积极主动适应形势变化和社会变革，党和政府通过各种渠道和形式组织知识分子学习时事政策，学习社会发展史、历史唯物主义等理论课程，促进其改造思想。1951年9月29日，周恩来向参加京、津两市高校教师学习会的3000余名教师作了《关于知识分子的改造问题》的报告，勉励一切有民族思想、爱国思想的知识分子努力站到人民的立场上来，再争取进一步站到工人阶级的立场上来。这场从教育界开始，随后扩展到文艺界、科技界乃至整个知识界的全国规模的知识分子思想改造运动，历时约1年时间。通过思想改造，大多数知识分子抛弃了过去不同程度存在的轻视劳动人民的旧思想，在政治上进一步分清了大是大非，进一步站到人民的立场上来，初步接受了马克思主义的世界观人生观，并努力适应社会的变化，跟上时代进步的要求，努力为发展新中国的教育、科学、文化事业贡献知识和聪明才智。

三、经济恢复：打赢"不下于淮海战役"的财政经济仗

新的城市政权建立之初，面对国民党统治时期恶性通货膨胀造成的

物价上涨、经济震荡特别是金融秩序混乱，各大城市军管会和人民政府发布命令，要求以人民币为唯一合法货币，限期收兑国民党政府发行的金圆券，并明令禁止金条、银元、外币在市场上自由流通。但是不法投机商对此置若罔闻：他们大肆炒卖银元外币，使银元价格轮番暴涨，带动物价指数成倍上涨，给正常的工商业经营带来严重冲击。在全国最大的工商业城市上海，不法金融投机势力尤为猖獗：他们利用各种通讯工具指挥各据点炒买炒卖大宗银元、外币，公然抗拒政府法令，甚至狂妄宣称：解放军进得了上海，人民币进不了上海。为了制止投机资本操纵市场而加剧的经济混乱，党和人民政府首先领导人民群众开展了打击不法投机资本的斗争。

1949年6月4日，华东财经委员会向中央报告上海银元情况，提出了发动舆论攻势、抛售银元、禁止银元流通、严惩银元贩子、举办折实存款、抛售各种实物6项打击银元投机的办法，以让人民币占领阵地。6月5日，上海市委再次向中央报告了银元猛涨严重影响人民币信用的情况，并抛出10万银元，力图以银元制服银元，使价格回跌。全市举行了"反对银元投机，保障人民生活"的游行和宣传攻势，但收效甚微，10万银元被投机商人一吸而空。6月7日，银元每元的价格涨到1800元人民币。在此情况下，6月10日，经中央批准，上海市军管会采取断然手段，一举查封了银元投机大本营——上海证券交易所，将投机商200余人逮捕法办。这一行动在社会上引起巨大震动，银元价格立即大幅下跌，全国粮油市场价格也随之回落，"银元之战"取得胜利。

但是到了1949年10月，不法资本家利用夏收之后政府需要投放大量货币收购粮棉之时，乘机囤积粮食，哄抬粮价，并抢购纱布、五金、化工原料和煤炭，再次掀起全国物价暴涨风潮，持续达40余天。到11月13日止，以当年7月底为基期，物价平均指数为北京、天津涨1.8倍，上海涨1.5倍，华中、西北与此相近。在10月一个月内，全国物价平均上涨44.9％，北京、天津个别粮商叫价高出7月底指数四五倍，物价上涨之猛、波动之大、范围之广，出乎意料。中国人民在国民党政府统治下尝够了恶性通货膨胀、物价飞涨的苦头，由其造成的民不聊生、人心丧尽更是国民党政权垮台的重要原因。共产党领导的新中国能不能解决这些问题、能不能站得住脚？一些潜伏的国民党特务叫嚣：只要控制了两白（米、棉）一黑（煤），就能置上海于死地。有的上海资本家要看共产党和人民政府的笑话，认为共产党能够"马上得天下"，不能"马上治天下"；"共产党是军事一百分，政治八十分，财经打零分。"面对来自没有"硝烟"的经济领域的严峻考验，党和人民政府精心部署，成功打赢了一场平抑物价的"经济战"。

1949年11月1日、5日，中央财经委员会（以下简称中财委）举行第一次委务会议和第二次委务会议，分析物价猛涨的原因，讨论收缩通货、抛售物资、加强市场管理的办法。从11月1日起，中财委在全国范围内组织了粮食、棉花、棉布、煤炭的大规模集中调运，要求自11月15日起，"由东北保证每日运1000万至1200万斤粮食进关"，并指示各国营贸易公司在控制住主要物资的同时，趁抢购风盛时把呆货冷货抛给投机商。商场如战场。在这场稳定物价的战斗中，中财委主任陈云要求各地必须向中财委及贸易部随时报告各种物价信息，并依据中财委及贸易部提供的信息来抛售物资、确定本地的合理价格。中央人民政府贸易部里电话铃声不断。北京、天津、上海、武汉、广州、西安、大连几大市场每晚有电话汇报，内容为：市场粮食卖出多少、买进多少，当日价格及资本家的吃进、吐出情况。贸易、银行、财政三个方面协同作战。11月25日，当各地物价上涨最猛的时候，上海、北京、天津、武汉、沈阳、西安等大城市统一行动，敞开抛售主要物资，使市场行情大幅度下跌。同时又催征税收，收紧银根，冻结贷款，向投机商几路进兵，迫使他们不得不将高息拆借资金囤积的货物贱价抛售，且越抛越贱，直至周转不灵而破产。"几天之内，就将这次波及地区最广、持续时间最长、物价涨幅最大的涨价风潮平息下去了。"① 接着，在掌握10多亿斤周转粮的前提下，中财委又部署在1950年春节后，在上海敞开销售粮食两亿多斤，使等待暴利的投机商不得不把年前囤积的大米全部蚀本吐出。党和人民政府领导的这场"经济战"，使不法投机资本遭到沉重打击，从此一蹶不振。到1950年底，无论是物价总指数还是主要商品的价格都平息在了预计的水平上，全国物价基本趋于稳定。这是极

---

① 《薛暮桥回忆录》，天津人民出版社1996年版，第202页。

大的成功,这次成功,不仅稳定了民心,而且给私人工商业者留下了深刻的印象。当时担任上海申新纺织公司总管理处总经理的荣毅仁感叹说:6月银元风潮,中共是用政治力量压下去的,此次不用政治力量,仅用经济力量就能稳住物价,给上海工商界一个教训。这证明党和人民政府开始具有运用经济杠杆进行市场调节的实力,逐步掌握了稳定市场的主动权。

在对不法投机资本进行有力打击的同时,党和政府还进一步从保障国家财政收支平衡和市场物资供求平衡方面采取各项措施,以从根本上稳定物价。

1949年11月29日,毛泽东主持政协第一届全国委员会常务委员会第二次(扩大)会议,讨论《1950年度全国财政收支概算(草案)》和《关于发行人民胜利折实公债的决定(草案)》。12月2日,毛泽东主持召开中央人民政府委员会第四次会议,正式决定在1950年发行人民胜利折实公债:"本公债之募集及还本付息,均以实物计算标准,其单位定名为'分'。每分以上海、天津、汉口、西安、广州、重庆6大城市之大米(天津为小米)6斤、面粉1斤半、白细布4尺、煤炭16斤之平均批发价的总和计算之""公债总额为2万万分,于1950年内分期发行""公债分5年偿还,年息5厘"。①公债的发行,加快了货币回笼,对稳定物价和安定民生发挥了重要作用。1950年2月13日至25日,中财委在北京召开新中国成立后的第一次全国财经会议,提出要节约支出,整顿收入,统一管理全国财政经济工作,以实现国家财政收支平衡、物资供求平衡和金融物价稳定。陈云在会上讲话说:财经一定要统一,"统一是小困难,不统一是大困难,宁可小困难,实现全国统一。"3月3日,政务院第22次政务会议通过由陈云起草的《关于统一国家财政经济工作的决定》,共包括9个方面,主要内容是:统一全国物资调度,各省、市、县、区人民政府不得随意支取公粮,使国家掌握的粮食等重要物资从分散状态集中起来,合理使用,以调剂余缺;统一全国财政收入,除批准征收的地方税外,所有关税、盐税、货物税、工商税

---

① 《中央人民政府委员会关于发行人民胜利折实公债的决定》,《人民日报》1949年12月4日。

的一切收入,均归中央人民政府统一调度使用,用于国家的必要开支;统一全国现金管理,一切军政机关和公营企业的现金,除留若干近期使用者外,一律存入国家银行,资金的往来使用转账支票经人民银行结算;成立全国编制委员会和全国仓库物资清理调配委员会,以加强人员和物资的调配等。这个决定建构了以集中统一为基础的新中国财经管理体制的雏形。此后,政务院又陆续颁布了《关于统一全国国营贸易实施办法的决定》《关于全国仓库清理调配的决定》《关于统一国家公粮收支、保管、调度的决定》《关于统一管理1950年度财政收支的决定》《关于实行国家机关现金管理的决定》等,对全国财经工作实行统一管理。1950年6月6日至9日召开的党的七届三中全会进一步确定了为争取国家财政经济状况基本好转和根本好转的一系列重大方针政策。根据党中央的决策部署,各级政府紧急行动起来,紧缩编制、清理仓库、加强税收、推销公债、节约开支;人民群众响应政府号召,踊跃缴纳公粮、税款和认购公债,国家财政收入大幅增加。在支出方面,严格统一全国编制和供给标准,量入为出,权衡全局,集中财力和物力解决最紧迫的现实问题。对于接管城市之初对国民党旧政权留下的军政公教人员所实行的全盘"包下来"的政策,这时也在待遇上作了适当降低,让他们同其他政府机关工作人员一起,"有饭匀着吃,房子挤着住",以缓解中央财政的沉重负担。

在各级政府机关和人民群众的共同努力下,统一财经工作很快取得了成效。从1950年4月起,全国财政收支和金融物价状况明显好转。1950年第一、二季度,财政赤字曾占支出总数的43%和40%;实行财经统一后,第三、四季度即分别下降到9.8%和6.4%,全年收入65.2亿元,支出68.1亿元,财政收支基本实现平衡。随着中央财政有了稳定的来源,货币发行逐步减缓;实行现金管理、整顿税收和推销公债,使市场上货币流通量减少,商品供应相对比较宽裕,全国物价趋于平稳。1950年3月的全国批发物价总指数为100,4月降到75.1,5月再降到69.2。7月后,尽管受朝鲜战争影响,物价有所波动,但是到12月仍维持在85.4的水平,物价基本保持平稳并有回落。全国财政经济工作的统一和物价的稳定,结束了国民党统治时代长期的恶性通货膨胀和物价飞涨的局面,结束了旧中国几十年财政收支严重不平衡的历史,是新中国成立后党和人民政府在经济战线上取得的第一个重大胜利。对这个胜利,毛泽东评价"其意义'不下于淮海战役'"①。那些对共产党能搞好经济持怀疑态度的各方面人士也叹其为"奇迹"。这证明:中国共产党不仅在军事上、政治上是强有力的,在经济上也是完全有办法的。

伴随新中国的成立,通过没收官僚资本归国家所有,迅速组建社会主义性质的国营经济,并使之成为整个国民经济的领导成分,是从半殖民地半封建经济转变到新民主主义经济的重要步骤和关键所在。在党的正确方针指导下,收归国家所有的官僚资本企业,属于金融系统的,有银行2400多家;属于工矿系统的,有工矿企业2858个,职工总数为129万人,其中产业工人75万人。截至1952年,全国国营企业固定资产净值为167.1亿元人民币,其中大部分为没收官僚资本企业的资产,这构成了新中国成立初期国营经济物质技术基础的最主要部分。在有条不紊接收官僚资本企业、建立国营企业的同时,正常的生产经营活动也很快得到恢复。为了更好地发挥工人阶级在企业中当家作主的作用,1950年2月,中财委发出指示,要求在国营工矿企业中,对原来官僚资本统治时期遗留下来的各种不合理的制度进行改革,中心环节是建立工厂管理委员会。为了明确工会组织在新民主主义国家政权中的法律地位与职责,保障工人合法权益,1950年6月29日,中央人民政府公布施行《中华人民共和国工会法》。

在统一全国财经、建立国营经济和新的经济秩序的同时,党和政府紧紧围绕恢复和发展生产这个中心任务,在经济上全面贯彻落实《共同纲领》规定的"公私兼顾、劳资两利、诚信互助、内外交流"的根本方针,以促进各种经济成分在国营经济领导下分工合作,使它们各得其所,共同推动国民经济全面恢复和繁荣发展。

在公私兼顾调整城市工商业方面采取的一项主要措施是加强对私营工业的加工订货。加工订货的方针,是重点扶植那些为人民生活和国家建设所急需的行业或企业,促进私营工业合理改组。抗美援朝战争开始后,对私营工厂的加工订货迅速扩大。到1951年,全国私营工业总产

---

① 薄一波:《陈云的业绩与风范长存》,《人民日报》1996年4月10日。

值中，加工订货、收购包销所占比重已增加到 27.3%。商业方面，着重调整公私商业的营业范围。国营商业经营的品种主要是粮食、煤炭、棉纱、棉布、食油、食盐、煤油等人民生活必需品，其他商品的零售业务让给私营商业或小商小贩经营。对农副土产品的收购，国营贸易公司只经营主要的大宗农产品和外销农产品的一部分，其余则鼓励供销合作社和私商收购、贩运。税收上，在保证满足国家财政需要的前提下，适当减轻私营企业的税收负担。经过调整，城市工业生产由萎缩转向增长，商业销售量迅速增加，国营经济的领导地位和国家调节国民经济的力量进一步加强；有利于国计民生的私营工商业得到较快发展，不利的方面受到限制。1951 年，全国私营工业生产总值增长 39%，私营商业（包括纯商业和饮食业的坐商、行商、摊贩）销售额增长 38.7%。上海资本家称 1951 年是私营工商业发展的"黄金年"。

在活跃市场扩大城乡交流方面，解决的一个突出问题是打破城乡阻隔，即把农村中积压的农副土产品收购上来，把城市中滞销的工业品推销出去。为此，中央及各大区、省、市通过成立土特产贸易公司、发展供销合作社等，打通流通环节梗阻，积极推进城乡商品交换。1950 年 7 月，中华全国合作社联合总社成立，负责对供销合作社的组织、指导和推广工作。1951 年，全国合作社农产品收购总值较 1949 年增加了 19 倍。到 1952 年第二季度，仅全国农村供销合作社就发展到 31953 个，入社社员 9546 万人。为解决农产品收购的资金困难问题，国家银行大幅增加了货币投放，积极鼓励私营商业从事城乡间的购运业务。各地还举办了各种类型的土产交流会和展销会，为滞销的农副土特产品打开销路；同时各地努力发展农村集市、庙会、骡马大会等，开展近地物资交流。1952 年，全国各地共举办物资交流会 7000 余次，总成交金额达 16.38 亿元。通过扩大城乡交流，提升了农民的购买力和对农业的投入，激发城市工业企业进一步增加生产，使得城乡生产和购销呈现出两旺景象，推动了国家工商税收和财政总收入实现大幅度增加。

新中国成立后，以美国为首的西方帝国主义国家始终对新生的人民政权采取仇恨敌对的态度。1950 年朝鲜战争开始后，美国还加紧对中国实施封锁禁运，冻结中国政府和中国人民在美的资产财产，强迫相关国家向中国禁运武器、弹药、石油及具有战略价值的运输器材等，品种多达1700多种。面对封锁禁运，中央人民政府未雨绸缪、正确判断，相继采取了一系列有力措施，针锋相对地展开了反对帝国主义封锁、禁运的斗争。抗美援朝战争开始后，中财委立即采取紧急措施，大力抢购物资，尽量减少外汇损失。针对封锁禁运带来的困难，我国积极扩大对苏联及其他人民民主国家的对外贸易，透过香港、澳门与英国、法国、比利时、加拿大等国进行非正式或秘密的贸易，利用各种渠道与西方国家开展民间贸易，最大限度地减轻了封锁禁运造成的经贸困难。在反对西方国家的封锁禁运过程中，中国人民展现了大无畏的自力更生、奋发图强的精神风貌和坚强意志能力，加快了经济上实现独立自主的步伐，这是新中国在发展经济和扩大对外交流方面收获的一个特别成果。1951年10月23日，周恩来在政协第一届全国委员会第三次会议上的报告中指出："愚昧无知的美帝国主义者满以为'封锁'和'禁运'，一定能给我国以沉重打击，但是他们完全错了。帝国主义者的'封锁'和'禁运'，正好被我们用以肃清在中国经济中的半殖民地的依赖性，缩短我们在经济上获取完全独立自主的过程，而真正受到打击的，反而是他们自己。"①

经过从1949年10月到1952年底的近3年多的艰苦努力，在战胜各方面困难挑战的过程中，新中国成立前遭到严重破坏的国民经济获得全面恢复并有较大发展。1952年，我国工农业总产值达810亿元，按可比价格计算，比1949年增长了77.6%，年均增长20%左右。其中，工业总产值比1949年增长了145.1%；钢产量达到134.9万吨，是1949年的7.54倍，比历史最高水平增加了46.3%；原油、水泥、电力、原煤等都超过历史最高产量。棉纱、棉布、食糖等主要轻工业产品产量也超过历史最高水平。平均来看，1952年，我国工业生产超过旧中国历史最高水平23%，农业总产值比1949年增长了48.4%，粮食、棉花等主要农产品的产量和生猪、大牲畜的年底头数都超过了新中国成立前最高年产量。新中国成立后的国民经济增长，带有明显的战后恢复性质，与欧亚各国在第二次世界大战后经济恢复到战前水平的情况相

---

① 《朝鲜问题文件汇编》第1集（1943年12月至1953年7月），世界知识出版社1954年版，第328页。

比，新中国战后经济恢复之快、增幅之大，举世瞩目，令人赞叹。

四、独立外交："另起炉灶"与彻底废除帝国主义在华"特权"

中国新民主主义革命的胜利，改变了中国半殖民地的命运，为结束百余年来旧中国的屈辱外交、建立平等互利相互尊重的新型外交关系创造了前提。

还在新中国成立前夕，党和毛泽东根据第二次世界大战结束后的国际形势变化，就提出了新中国"另起炉灶""打扫干净屋子再请客"和"一边倒"的外交指导方针。"另起炉灶"就是新中国不受过去屈辱外交传统的束缚，不承认国民党政府同各国建立的旧的外交关系，对于驻在旧中国的各国使节，只当作普通侨民对待，而不当作外交代表对待，以便在新的基础上同各国另行建立新的外交关系。"打扫干净屋子再请客"就是新中国不急于取得帝国主义国家的承认，而是先把帝国主义在中国的残余势力清除干净，彻底废除帝国主义在华"特权"，然后再考虑与其建交问题。这两条方针，使新中国在外交上掌握了战略主动权。"一边倒"就是新中国在外交上把同苏联的关系置于首位，与"盟友"苏联"站在一条战线上"，即倒向以苏联为首的社会主义阵营一边。党提出的这三条新中国外交方针，在1949年9月通过的起临时宪法作用的《中国人民政治协商会议共同纲领》中得到法律上的确认和体现。《共同纲领》规定："对于国民党政府与外国政府所订立的各项条约和协定，中华人民共和国中央人民政府应加以审查，按其内容，分别予以承认，或废除，或修改，或重订。""凡与国民党反动派断绝关系、并对中华人民共和国采取友好态度的外国政府，中华人民共和国中央人民政府可在平等、互利及互相尊重领土主权的基础上，与之谈判，建立外交关系。"[①]

依据上述原则，中华人民共和国一经成立，就迎来了第一次建交高潮。苏联是第一个承认新中国的国家。1949年10月2日，受苏联政府之委托，时任苏联外交部副部长安德列·葛罗米柯照会中华人民共和国

---

① 《中国人民政治协商会议共同纲领》，《人民日报》1949年9月30日。

中央人民政府外交部部长周恩来：在研究了中华人民共和国中央人民政府建议中华人民共和国与苏联建立外交关系的公告后，"由于力求与中国人民建立真正友好关系的始终不渝的意愿，并确信中国中央人民政府是绝大多数中国人民意志的代表者""苏联政府决定建立苏联与中华人民共和国之间的外交关系，并互派大使。"周恩来复电："中华人民共和国中央人民政府深信苏联政府具有对中国人民的深厚友谊，今天又成为承认中华人民共和国的第一个友邦，中国政府和中国人民对此感到无限的欢欣。我现在通知阁下：中华人民共和国中央人民政府热忱欢迎立即建立中华人民共和国与苏联之间的外交关系，并互派大使。"[①] 继苏联之后，10月3日保加利亚、罗马尼亚，10月4日匈牙利、朝鲜民主主义人民共和国，10月5日捷克斯洛伐克、波兰，10月6日蒙古，10月27日德意志民主共和国，11月21日阿尔巴尼亚，1950年1月15日越南民主共和国等10个人民民主国家先后致电中华人民共和国中央人民政府，热烈祝贺中国革命胜利和中华人民共和国诞生，宣布愿意同新中国建立外交关系。鉴于苏联和各人民民主国家都对新中国的诞生采取了鲜明的热情支持的态度，新中国也公开宣布自己倒向社会主义阵营一边。因此，中国政府决定，不经谈判即同苏联和各人民民主国家建立正式外交关系，并在此基础上同它们开展友好合作。

新中国成立初期，表示愿意与新中国建立外交关系的，还有中国周边的一些民族独立国家和欧洲的一些资本主义国家。由于有些国家虽然表示承认新中国，但仍然支持国民党集团并同其继续保持所谓"外交"关系，因此，中国政府坚持先谈判、后建交。只有在对方明确表示承认一个中国即中华人民共和国，并同国民党集团断绝"外交"关系，承诺支持恢复中华人民共和国在联合国的合法席位，将其境内属于中国的财产移交给中华人民共和国后，双方才能就建交日期和互换使节等问题进行磋商。依照这个原则精神，从1950年到1951年，新中国同印度、印度尼西亚、缅甸和巴基斯坦4个亚洲民族独立国家建立了外交关系，也同瑞典、丹麦、瑞士、芬兰4个欧洲资本主义国家建立了外交关系。英

---

① 《苏联政府正式承认我国，决定与我建立外交关系并互派大使，周部长电复葛罗米柯表示热忱欢迎》，《人民日报》1949年10月4日。

国、荷兰和挪威3个欧洲国家较早承认新中国，但同中国进行建交谈判时，或拒绝接受中国确定的原则或未能履行承诺，致使中国未同这3国达成建交协议。亚洲的锡兰、阿富汗、尼泊尔、以色列4国也较早承认新中国，但当时没能与中国举行建交谈判。

至1951年5月，共有19个国家先后同新中国正式建立了外交关系。通过与这些国家建交，新中国向周边国家传达了睦邻友好的信息，向全世界展现了独立自主的新形象，迈出了打破美国围堵、遏制、孤立新中国图谋的重要一步。

1840年鸦片战争以来，帝国主义国家通过侵略手段，迫使旧中国政府签订了一系列不平等条约，在中国攫取了包括驻军权、自由经营权、内河航行权、海关管理权和司法权等在内的许多特权。直到新中国建立前夕，美国在上海、青岛仍驻有军队，美、英两国的军舰还在长江下游航行；一些帝国主义国家在北平、天津、上海等地保留着兵营；外国船舶照旧在中国内河自由航行；中国海关总税务司仍由外国人担任；当中外国民、法人和团体之间发生争执时，实际上仍由中外双方为此设立的公断机构裁决。对于帝国主义与旧中国政府签订的各种不平等条约和享有的特权予以彻底废除，是党的既定方针和新中国外交的重要任务。

解放战争后期，人民解放军进入各大城市之后，各地军管会按照中共中央指示宣布，不承认原国民党政府与各国建立的外交关系，不承认帝国主义在中国的合法地位和在中国享有的司法特权，一切在华外国人必须遵守解放区人民政府颁布的各项法令。此后，中央人民政府制订具体政策和措施，在全国范围内分步骤有秩序地进行取消帝国主义在中国的一切特权的工作。1949年10月25日，中国海关总署成立。1950年3月，中央人民政府政务院发布《关于关税政策和海关工作的决定》，随后公布《中华人民共和国暂行海关法》和新的海关税则，收回了帝国主义在中国拥有的海关管理权。1949年11月15日，中国人民解放军沈阳军事管制委员会向美国驻沈阳总领事华德发出通令，要求除军管会特别批准者外，任何中国和外国的公民与机构，凡有电台及其收发报机装置者，均须在36小时之内报知该委员会，并上交保管。因华德没有在规定限期内主动交出电台，沈阳军管会于11月20日下午派人到美领事馆没收其电台，并禁止领事馆人员与外界自由来往。1950年1月至9月，北京、天津和上海市军事管制委员会先后宣布收回或征用美国、英国、法国、荷兰在当地的兵营地产，外国在中国大陆的军事特权被全部取消。1950年4月，交通部颁布《关于外籍轮船进出口管理暂行办法》《进出口船舶船员旅客行李检查暂行通则》；同年7月，政务院财政经济委员会发布《关于统一航务港务管理的指示》，依据这些规定，外国轮船未经中国政府批准不许驶入中国内河，帝国主义在中国的内河航行权被废除。对于外国人在华拥有的企业和房地产以及外国政府、私人和团体在中国开办的宣传、文教、卫生、宗教等事业，党和政府提出按照国籍、系统、行业等各种不同的具体情况采取区别对待的方针，分先后缓急予以正当解决。对外国在华开办的各类企业地产进行调查和整肃，取消帝国主义在中国的经济特权；对外国政府、私人和团体在中国设立的报刊、通讯社、广播电台等宣传机构，停止其活动，这些国家的前驻华使馆人员只作为普通外国侨民看待；对外国人经办或接受外国津贴的文化、教育、卫生、救济等机构，则允许其在遵守新中国政府法令的前提下继续存在。

新中国甫一成立，就展开了重大外交行动，其中《中苏友好同盟互助条约》的缔结，对当时和后来的国际格局产生了巨大影响。

按照新中国"另起炉灶"和"打扫干净屋子再请客"的方针，早在1949年6月底到8月中旬，中共中央就派出以刘少奇为首的代表团不公开地访问苏联，就新中国建立后苏联提供贷款、派遣专家帮助中国进行经济和国防建设进行商谈，并就处理1945年8月苏联与国民党政府签订的《中苏友好同盟条约》问题初步交换了意见。斯大林承诺：中国新政府一经成立苏联立即予以承认，并将提供经济和军事援助，还同意中国新政府成立后即邀请毛泽东访问苏联。1949年12月6日，毛泽东率随行人员乘火车离开北京前往苏联访问，访问的主要目的之一，是同苏联通过磋商谈判，缔结一个新的中苏条约。12月16日，毛泽东抵达莫斯科，当晚即同斯大林举行会谈。会谈中，针对斯大林认为苏联与国民党政府签订的中苏条约是根据雅尔塔协定缔结的，得到了美国和英国的同意，毛泽东提出，照顾雅尔塔协定的合法性是必要的，唯中国社会舆论有一种感想，认为原条约是和国民党订的，国民党既然倒了，原条约就似乎失去了存在的意义。在此后的访问中，毛泽东请苏方陪同人员转告斯大林，他感兴趣的首先是中苏条约问题，但斯大林对此却冷淡置之。此时，西方国家开始调整对华政策，英国准备承认新中国。面对这一情况，斯大林只好改变不废除中苏旧约的初衷，同意中苏就签订新的友好同盟条约进行谈判，并由中苏外长周恩来和维辛斯基着手新条约文本的起草工作。经过谈判，双方确定新约的名称是《中苏友好同盟互助条约》。新约的宗旨是：加强中苏两国的友好与合作，共同防止日本帝国主义之再起及日本或其他用任何形式在侵略行为上与日本相勾结的国家之重新侵略；依据联合国组织的目标和原则，巩固远东和世界的持久和平与普遍安全。新约规定：一旦缔约国任何一方受到日本或与日本同盟的国家之侵袭因而处于战争状态时，缔约国另一方即尽其全力给予军事及其他援助；缔约国双方均不缔结反对对方的任何同盟，并不参加反对对方的任何集团及任何行动或措施；双方保证以友好合作的精神，并遵照平等、互利、互相尊重国家主权与领土完整及不干涉对方内政的原则，发展和巩固中苏两国之间的经济与文化关系，彼此给予一切可能的经济援助，并进行必要的经济合作。新约还增加了双方根据巩固和平与普遍安全的利益，对有关中苏两国共同利益的一切重大国际问题，均将进行彼此协商的内容。新约有效期为30年。新约草拟过程中，中苏还就关系双方重大权益的3个方面问题进行了反复谈判，最终达成协议。关于中国中长铁路、旅顺口和大连问题，双方确定：苏方不迟于1952年末将中长路的一切权利及该路的全部财产无偿地移交中国政府；苏方不迟于1952年末从旅顺口撤回其驻军，并将该地区设施移交中国政府，中方偿付旅顺港的恢复与建设的费用；苏方保证将大连的行政管理权完全交予中国政府，中方同意大连自由港问题待签订对日和约后再作处理。关于贷款问题，中方提出贷款3亿美元，拟3年内还清。斯大林表示，偿还期可延长为10年，年利率定为1%。在贷款协定谈妥之后，苏方要求中方提供它缺少的战略原料钨、锡、锑，以偿还贷款，双方为此商签了一个秘密议定书。关于空军支援问题，中方要求苏方派遣空军保护华东地区，斯大林在提出附加条件后答应给予支援。

1950年2月14日，《中苏友好同盟互助条约》和《中苏关于中国长春铁路、旅顺口及大连的协定》及《中苏关于贷款给中华人民共和国的协定》在莫斯科签署。4月11日,中苏新约及有关协定经中华人民共和国中央人民政府委员会和苏联最高苏维埃主席团正式批准生效。《中苏友好同盟互助条约》和有关协定的签订,是新中国外交取得的一项重大成果,它"使中苏两大国家的友谊用法律形式固定下来",使中国"有了一个可靠的同盟国"[①],在一定程度上为新中国的国内建设提供了有利的外部环境,也为抵御以美国为首的西方阵营的"冷战"攻势、共同反对帝国主义侵略、维护远东及世界和平与安全提供了重要保证。

---

① 《批准中苏条约及协定》,《人民日报》1950年4月13日。

第二章

中国人民"是惹不得的"

——抗美援朝战争打出"国威""军威"

1950年6月朝鲜战争的爆发,是刚建立不久的新中国所遇到的第一个重大突发性外部危机。这一危机不仅因为涉及多个当事国而显示出了其复杂性,也因为涉及各方利益博弈而充满变数。历史最终证明:60多年前中共中央和毛泽东作出的"抗美援朝、保家卫国"的出兵决策是明智的。战争不仅仅御敌于国门之外,维护了新中国的国家安全,而且极大提升了中国的国际地位。在长达33个月与世界头号强国美国的战争中,中国以弱抗强,竟然能够坚持到底,且最终能与美国代表平起平坐地签订了停战协定,这不能不令世人对新中国刮目相看。此后,中国在1954年的日内瓦会议和1955年的万隆会议上相继发挥了重要作用。这一在异常艰难的条件下作出的出兵决定,一方面履行了中国共产党的国际主义义务,挽救了邻国朝鲜;另一方面则夯实了中苏同盟的政治基础,换来了日后苏联给予中国巨大的支持和援助。其结果,不仅有力巩固了新中国人民民主政权,促进了国民经济恢复和争取了国家建设发展的长期和平环境,而且大大提高了中国在社会主义阵营中的威望和影响。

一、艰难的抉择:出兵朝鲜

长期在毛泽东身边工作的胡乔木曾回忆道:"我在毛主席身边工作

二十多年，记得有两件事是毛主席很难下决心的。一件是1950年派志愿军入朝作战，再一件就是1946年我们准备同国民党彻底决裂。"① 胡耀邦后来也谈道：考虑出兵不出兵朝鲜的问题，毛主席"一个礼拜不刮胡子，留那么长。想通以后开了个会，大家意见统一了，毛主席就刮胡子了"②。尽管在可能出兵援助朝鲜的问题上，毛泽东做好了万全准备，但要真正付诸实施，同当时世界上的头号强国美国一决雌雄，仍令他颇费踌躇。时隔20年后，毛泽东同来访的金日成讲起当年中共中央决定出兵援朝这件事时，更是形象地说："我们虽然摆了五个军在鸭绿江边，可是我们政治局总是定不了，这么一翻，那么一翻，这么一翻，那么一翻，嗯！最后还是决定了。"③ 不难想见，在是否出兵的问题上，毛泽东经历了怎样一番艰难的心路历程。

建立之初的新中国政权，民生凋敝、百业待兴，饱受战乱之苦的亿万人民都十分渴望过上一个和平、美好的生活。对于刚刚执政的中国共产党而言，如何在保持社会基本稳定的前提下迅速恢复国民经济、安定人民生活，成为当务之急。有鉴于此，中共中央于1950年6月6日至9日召开七届三中全会，着重讨论了党在国民经济恢复时期的主要任务以及为此必须进行的各项工作和所应采取的战略策略方针。会上，毛泽东作了题为《为争取国家财政经济状况的基本好转而斗争》的书面报告。对于当时的国际形势，毛泽东估计："只要全世界共产党能够继续团结一切可能的和平民主力量，并使之获得更大的发展，新的世界战争是能够制止的"④。据此，全会明确了当前全党的主要任务，即为争取国家财政经济状况的基本好转而斗争。然而半个多月后，与中国一江之隔的朝鲜半岛却爆发了一场突如其来的内战。

6月25日凌晨4时，朝鲜半岛中部的三八线地区正下着倾盆大雨，随之而来的枪炮声却打破了拂晓的宁静。南北朝鲜双方爆发内战的消息通过无线电波传遍了世界各地。顷刻间，朝鲜半岛成为全世界关注的焦

---

① 《胡乔木传》编写组编：《我所知道的胡乔木》，当代中国出版社2012年版，第521页。
② 《胡耀邦谈毛泽东》，转引自《湖南党史通讯》1986年第12期。
③ 转引自逄先知、金冲及主编：《毛泽东传（1949—1976）》（上），中央文献出版社2003年版，第119—120页。
④ 《毛泽东文集》第6卷，人民出版社1993年版，第67—68页。

第二章
中国人民"是惹不得的"

点。当听到被美国顾问称赞为"在亚洲同样规模的军队中首屈一指"的南朝鲜部队迅速溃败的消息时,尚在密苏里州度假的时任美国总统杜鲁门感到难以置信。他一边同随行人员乘坐"独立号"座机即刻赶回华盛顿,另一边嘱咐时任国务卿艾奇逊,通知相关部门准备召开紧急会议,商讨对策。经过反复讨论,美国当局随即作出了武装干涉朝鲜内政的决策。而这一决策,也让美国在此后的3年时间里深陷朝鲜内战泥潭之中而难以自拔,以至于在战争结束几年后,艾奇逊在回顾这场战争时曾无奈地表示:"无论是从政治角度还是从军事角度来讲,如果让全世界最为高明的专家找出一处这场糟糕的战争最不应该发生的地方,他们一定会异口同声地说,这个地方就是朝鲜。"①

1950年6月27日,美国总统杜鲁门发表"六·二七声明",命令美国空海部队直接参与朝鲜战争、美国海军第七舰队进入台湾海峡,同时加强美国驻菲律宾的军队和增加对印度支那法国军队的援助。5天后,美国军队在釜山登陆,参与朝鲜战争。7月7日,美国在苏联代表缺席和新中国合法席位被剥夺的情况下操纵安理会通过决议,成立由美国指挥的"统一司令部",使用联合国旗号,组织"联合国军"开入朝鲜半岛作战。"联合国军"由16个国家的士兵组成,其中美军占90%以上。如此一来,南北朝鲜之间的内战因美国的插手而成为国际性问题。

而依照《联合国宪章》的规定,朝鲜战争理应是朝鲜民族内部的事务,外国政府是无权干涉的。美国之所以对这场战争采取如此迅速而强烈的反应,与业已爆发的全球冷战大环境有着直接关联。1950年4月,美国国家安全委员会出台NSC68号文件,文件声称:世界正处在以美苏为中心的"历史性的权利分配"进程中,苏联为了支配欧亚大陆"必然要千方百计地破坏或毁灭美国的完整的活力""冷战实际上是关系到自由世界存亡绝续的真正的战争",美国"只能凭着良知和毅力,作出生死攸关的新决定"。② 在强烈的冷战意识形态支配下,当时的美国政

---

① 转引自〔美〕大卫·哈伯斯塔姆著,王祖宁、刘寅龙译:《最寒冷的冬天:美国人眼中的朝鲜战争》,台海出版社2017年版,第vi页。

② FRUS, 1950, Vol.1, National Security Affairs, Foreign Economic Policy, pp. 235–292; Vol. 6 Far East and Pacific, pp. 349–351.

府中弥漫着危机气氛。加之1949年接受美援多年的国民党在大陆失势，与苏联意识形态一致的中国共产党取得全国政权，进一步坚定了美国政府所持的立场，即苏联在全球范围内扩张，对美国构成极大威胁，必须加以遏制，不仅要遏制苏联，还要遏制苏联所领导的社会主义阵营。新中国从政党意识形态基础的角度选择了社会主义阵营，在外交政策上采取"一边倒"的方针，自然也就成为美国的遏制对象。当得知朝鲜半岛爆发战争后，美国几乎立刻就将进攻断定为由苏联发动、支援和怂恿的，非用武力不能加以制止，否则就会爆发第三次世界大战。

与此同时，作为朝鲜近邻的中国，自战争爆发之日起，也一直在密切关注着朝鲜半岛局势的变化。对于美国出兵侵略朝鲜和入侵台湾海峡的无耻行径，党和政府表示了坚决反对和强烈抗议，并决定在外交、军事等方面开展反对美国的斗争。6月28日，毛泽东在中央人民政府委员会第八次会议上发表讲话，他严正指出："杜鲁门在今年一月五日还声明说美国不干涉台湾，现在他自己证明了那是假的，并且同时撕毁了美国关于不干涉中国内政的一切国际协议。"同时号召："全国和全世界的人民团结起来，进行充分的准备，打败美帝国主义的任何挑衅。"同日，政务院总理兼外交部部长周恩来代表中国政府发表声明，强烈谴责"杜鲁门二十七日的声明和美国海军的行动，乃是对于中国领土的武装侵略，对于联合国宪章的彻底破坏"[①]。

此外，中国政府还向联合国安理会提出控诉案，要求安理会立即采取措施制裁美国。11月28日，中国政府特别代表伍修权在联合国安理会上作长篇发言，严正表达了中国政府和中国人民在台湾问题和朝鲜问题上的正义立场。这是联合国的会场上第一次出现中华人民共和国代表的正义之声，它极大地振奋了中国人民的民族自豪感，展现了新中国积极维护世界和平、反对帝国主义和霸权主义的形象。

更为重要的一项举措是，中共中央和毛泽东决定组建东北边防军。当时东北地区在全国的军事部署中处于战略大后方的地位，而且，一旦美军在朝鲜战场上扩大侵略行为，最先受到冲击的必然是东北地区。为此，1950年7月7日，中央军委召开第一次国防会议，会议讨论了组

---

① 这是刊载于《人民日报》1950年6月29日第1版上的内容。

建东北边防军一事。7月13日,《关于保卫东北边防的决定》颁布,中央军委调集集结于中原地区的四野第十三兵团的38、39、40军北上。尔后,根据聂荣臻的建议,中央军委又决定调第九兵团和第十九兵团作为二线部队,分别集结于津浦、陇海铁路沿线地区,随时策应东北边防军。

事实证明,组建东北边防军的决策体现了毛泽东作为一代杰出军事家所具有的远见卓识和超凡智慧。正是由于这支边防军的存在,我们才能在应对朝鲜问题时占据主动地位,避免了仓促应战。1956年9月,毛泽东在同苏联客人谈及此事时说:"战争开始后,我们先调去三个军,后来又增加了两个军,总共有五个军,摆在鸭绿江边。所以,到后来当帝国主义过三八线后,我们才有可能出兵。否则,毫无准备,敌人很快就要过来了。"后来,毛泽东还不无惋惜地表示过:"可惜那时候只有五个军,那五个军火力也不强,应该有七个军就好了。"①

战场上的变化,往往发生在一瞬之间,有时甚至会出现意想不到的结果。而此前中共中央领导人所担心的最坏局面——美军在朝鲜人民军侧后的海岸登陆,正在一步步变为现实。早在战事初起之时,中共中央领导人就曾多次提醒朝鲜军队要在仁川等地建立起强大的守卫部队,以防敌人从海上登陆,切断人民军的后路。但是,这些建议并没有能够引起朝鲜领导人的足够重视。

9月15日,"联合国军"总司令麦克阿瑟调集7.5万兵力,凭借230余艘舰船和500架飞机的支援,在仁川地区成功实施登陆,而当时朝鲜人民军的防守部队只有一个海军陆战团和两个边防营。登陆后,美军将朝鲜人民军南进部队的后路拦腰截断,使之腹背受敌。此时战局的发展显然超出了朝鲜领导人的预期。朝鲜人民军被迫向北实行战略退却,朝鲜战场局势随之急骤逆转。在28日占领汉城后,美军又全线进抵三八线。事态表明,美国欲将战争扩大到整个朝鲜,并将直接威胁中国境内的安全。

为此,9月30日,周恩来根据毛泽东的决定,在全国政协举行的庆祝国庆节大会上对外宣告:"中国人民热爱和平,但是为了保卫和平,

---

① 转引自逄先知、金冲及主编:《毛泽东传(1949—1976)》(上),中央文献出版社2003年版,第108—109页。

从不也永不害怕反抗侵略战争。中国人民决不能容忍外国的侵略，也不能听任帝国主义者对自己的邻人肆行侵略而置之不理。"① 10月3日凌晨，周恩来透过紧急约见印度驻华大使潘尼迦，再次对美国当局提出强烈警告："美国军队正企图越过三八线，扩大战争。美国军队果真如此做的话，我们不能坐视不顾，我们要管。"②

然而，对于中国的严正警告，美国当局始终未予理会，仅将其视作是一种"嘘声恫吓"。当被记者问及是否担心中国介入战争时，有着赫赫战功的麦克阿瑟表现得很不以为然，甚至扬言"假如中国人想要介入，那么我们的空军就会把鸭绿江变成整个人类历史上最血腥的一条河流"③。而彼时的美国决策层也几乎形成了一致意见，即在南方战场上取得"辉煌胜利"后，最合乎逻辑的行为就是率领大批军队越过三八线，占领整个朝鲜半岛。在他们看来，任何想要阻止前线部队挥师北上的人，都将被冠以"绥靖者"的帽子。"我们的军队不应该止步于那条由国土测量员划定的边界上。"④ 10月1日，麦克阿瑟向朝鲜人民军发出"最后通牒"，要求人民军"不管位于朝鲜什么地方，都放下武器，停止敌对行动"。同一天，南朝鲜的大批军队越过三八线。7日，"联合国军"越过三八线，向朝鲜北方大举进犯，并迅速向中朝边境推进。19日，平壤沦陷，朝鲜战局万分危急，中国的国家安全也受到严重威胁。在如此严峻的战争形势之下，朝鲜民主主义人民共和国不得不向苏联和中国发出了求援信。

唇亡则齿寒，户破则堂危。毛泽东心里深知，新生的人民政权亟须一个和平稳定的国际环境来保障国内经济建设，而周边环境的安全更是尤为重要。可他也清楚，新中国成立尚不足1年，各方面困难仍很严重：国民经济恢复刚刚开始，财政状况甚为困难，物资极度匮乏，新解放地区的土改还没有进行，人民政权也没有完全巩固，人民解放军的武器装备基本上还处于"小米加步枪"的水平，海军空军也处于初创阶

---

① 这是刊载于《人民日报》1950年10月1日第1版上的内容。
② 转引自《毛泽东传（1949—1976）》（上），中央文献出版社2003年版，第112页。
③ 转引自〔美〕大卫·哈伯斯塔姆著，王祖宁、刘寅龙译：《最寒冷的冬天：美国人眼中的朝鲜战争》，重庆出版社2010年版，第310页。
④ 转引自〔美〕大卫·哈伯斯塔姆著，王祖宁、刘寅龙译：《最寒冷的冬天：美国人眼中的朝鲜战争》，重庆出版社2010年版，第337页。

第二章
中国人民"是惹不得的"

段。更为重要的是,中国所要出战迎击的是世界上经济实力最雄厚、军事力量最强大的美帝国主义。而两国国力相差却极为悬殊:1950年,中国的工农业总产值为574亿元人民币(按当时人民币与美元2.5∶1的比值计算,仅相当于229.6亿美元),而当年美国的国民生产总值为2848亿美元,是中国的12倍多。中国的钢产量为60.6万吨,美国为8772万吨,是中国的144倍。1950年10月,美国投入到朝鲜战场的作战飞机达1200架,中国能够勉强作战的飞机只有110余架;美国投入的海军舰船有近300艘,中国海军尚未形成战斗力;美国投入坦克800余辆,中国的装甲部队正在组建之中,从苏联订货的10个团400辆坦克刚刚到货;美国陆军平均4个人装备1辆汽车,中国陆军平均500人才有1辆;美军一个团的火力强度,要超过中国一个军。①

在新中国各方面困难如此严重的情况下,在与美国相比经济、军事实力处于明显劣势的情况下,要不要出兵参战?敢不敢同美帝国主义进行面对面的较量?对毛泽东而言,是一个必须严肃考虑的重大问题。

10月1日晚,在接到苏联领导人斯大林要求中国出兵的电报后,毛泽东主持召开了中央书记处紧急会议。不过,会议因在是否出兵的问题上存在意见分歧,而未得任何结果。②第二天下午,中央书记处再次召开会议,讨论朝鲜战局和中国出兵援朝问题。会上,与会者充分讨论了出兵朝鲜的各方面条件,尤其是不利的条件。但结果却是,多数人都主张对出兵朝鲜的问题要谨慎从事。这导致毛泽东将事先起草好的准备发给斯大林的中国决定出兵的电报压了下来,取而代之的是一份决定"暂不出兵"的电报。会议决定4日继续开会讨论出兵问题。同时,毛泽东还要周恩来派飞机到西安接彭德怀到北京参加会议。据彭德怀身边的工作人员回忆,当时彭德怀并未意识到毛泽东的意思是让他执掌帅印,带兵入朝。在他看来,中央是让他汇报西北地区的经济建设问题,所以临行时,彭德怀要求负责经济的秘书张养吾带好资料随他一起去北京。③

---

① 罗援:《伟大的抗美援朝精神万岁》,《瞭望》2010年Z2期。
② 沈志华:《毛泽东、斯大林与朝鲜战争》,广东人民出版社2013年版,第282页。
③ 杨凤安、王天成:《北纬三十八度线——彭德怀与朝鲜战争》,解放军出版社2000年版,第87页。

10月4日，中共中央政治局召开扩大会议。关于出兵与否，会上的意见分歧依然很大。许多与会人员不赞成出兵，给出的理由包括新中国需要医治战争创伤、中国全境仍未解放、中美实力悬殊等。在听完大家的发言后，毛泽东道出了一番心里话："你们说的都有理由，但是别人处于国家危急时刻，我们站在旁边看，不论怎样说，心里也难过。"① 而在会议开了1个多小时后，彭德怀赶到了会场。直到此时，他才知道中央召他来京的目的是讨论出兵朝鲜的问题。不过他并没有在会上发言，而是在散会后，通过杨尚昆了解到了会议情况。多年以后，彭德怀在回想此事时曾说："当晚怎么也睡不着，我以为是沙发床，此福受不了，搬在地毯上，也睡不着。"而在想到新中国国家安全正面临着前所未有的威胁时，他认为，"出兵援朝是正确的，是必要的，是英明的决策，而且是迫不及待的，我想通了，拥护这一英明决策"②。

5日下午，中共中央再次召开政治局扩大会议。据杨尚昆回忆，会场上的彭德怀慷慨陈词，大有破釜沉舟之势，表示必须出兵，"打烂了，等于我们解放战争晚胜利几年。"毛泽东为了进一步说服众人，他把中、苏、朝三国比喻为三驾马车，解释说这辆车是三匹马拉的，那两匹马执意向前跑，你又有什么办法呢？③ 正是在这次会议上，经过反复权衡后，中共中央取得了一致认识，毅然作出了"抗美援朝、保家卫国"的出兵决策。10月8日，毛泽东即签发组成中国人民志愿军的命令，任命彭德怀为中国人民志愿军司令员兼政委。

决策过程中的变数经常会影响决策结果，这就需要决策者作出最后决断。在抗美援朝决策的过程中，苏联在出动空军协同作战问题上的态度转变，为决策增添了变数。因为从军事作战的层面看，当中国人民志愿军进入北朝鲜后，有无空军支援将成为决定战争胜负的关键因素。

10月11日，斯大林发来电报，表示暂不能向中国部队提供空中掩护，有鉴于此，中国方面也可考虑暂时不出兵。苏联方面的这一决定，令毛泽东深感意外。随后，毛泽东致电斯大林，表示同意苏方决定，并

---

① 转引自《毛泽东传（1949—1976）》（上），中央文献出版社2003年版，第118页。
② 杨凤安、王天成：《北纬三十八度线——彭德怀与朝鲜战争》，解放军出版社2000年版，第97页。
③ 苏维民：《杨尚昆谈抗美援朝战争》，《百年潮》2009年第4期。

告知"已命令中国军队停止执行进入朝鲜的计划"。① 而实际上，毛泽东在正式答复斯大林之前，下的命令是"10月9日命令暂不实行，东北各部队仍就原地进行整训，暂不出动"，第九兵团"亦仍在原地整训"，同时召已在东北的彭德怀、高岗回京商谈。②

10月13日上午，彭德怀和高岗抵京。下午，毛泽东在颐年堂召开中央政治局紧急会议，对出兵和不出兵的利害关系再次展开讨论。会议最后决定，即使暂时没有苏联空军的支援，在美军大举北进的情况下，不论有多大困难，也必须立即出兵援朝。当晚，毛泽东电告尚在苏联的周恩来，中共中央认为"应当参战，必须参战，参战利益极大，不参战损害极大"。③ 周恩来接到电报后，立即将中共中央的这一最终决断告诉苏方。但是，斯大林却委托苏联外长莫洛托夫转告周恩来：苏联将只派空军到中国境内驻防，两个月或两个半月后也不准备进入朝鲜境内作战。

尽管斯大林的态度不啻往中国领导人头上浇了一盆冷水，但这丝毫没有动摇毛泽东的决心。18日，毛泽东主持召开中央政治局会议，再次讨论出兵援朝问题。在听取了大家的意见后，毛泽东说："现在敌人已围攻平壤，再过几天敌人就进鸭绿江了。我们不论有天大的困难，志愿军渡江援朝不能再变，时间也不能再推迟，仍按原计划渡江。"④ 最后，会议决定：志愿军按照预定计划于19日跨过鸭绿江入朝作战。

至此，中共中央关于出兵与否的权衡考量尘埃落定了。"抗美援朝、保家卫国"也从口号落实到了行动。从10月1日金日成向中国提出军事援助的请求到18日中共中央召开会议最终敲定志愿军渡江作战时间，这一决策过程虽然曲折反复，但足见新中国不畏艰难、敢于迎战世界头号强国的坚定决心。

---

① 沈志华：《毛泽东、斯大林与朝鲜战争》，广东人民出版社2013年版，第282、304、309页。

② 中共中央文献研究室、中国人民解放军军事科学院编：《建国以来毛泽东军事文稿》（上卷），中央文献出版社2010年版，第247、248页。

③ 中共中央文献研究室、中国人民解放军军事科学院编：《建国以来毛泽东军事文稿》（上卷），中央文献出版社2010年版，第253页。

④ 中共中央文献研究室编：《毛泽东年谱（1949—1976）》第1卷，中央文献出版社2013年版，第216页。

二、背水一战：志愿军奋勇抗敌

1950年10月19日，彭德怀率领38、39、40、42军和三个炮兵师首批约26万志愿军战士，在夜幕的掩护下，分别同时从安东（今辽宁丹东）、长甸河口、辑安（今集安市）三个口岸跨过中朝边境的鸭绿江，秘密进入朝鲜战场。由此，中国人民伟大的抗美援朝战争拉开了序幕。

而与此同时，针对中国是否会派出军队参战的问题，美国决策层再次作出了错误判断。10月15日，美国总统杜鲁门和"联合国军"总司令麦克阿瑟相约在太平洋中部的威克岛上会面。谈话间，杜鲁门最关心的问题仍然是中国对这场战争的反应。在听完麦克阿瑟关于战争胜利后朝鲜未来安排的设想后，他径直询问道："中国和苏联出兵干预的可能性有多大？"而麦克阿瑟的回答，依旧是根据此前他本人对战争形势的判断，认为这种可能性非常小。在他看来，"现在我们的空军在朝鲜已经有了基地，如果中国人试图推进到平壤，他们一定会遭到人类历史上最惨重的代价"。[①] 两天后，麦克阿瑟下达了"联合国军第四号作战命令"，集结兵力13万人，由平壤、元山两地分西、东两线，以最快速度向中朝边境推进。狂妄自大的麦克阿瑟没有想到的是，前方等待他们的除了数十万英勇的志愿军战士们外，还有朝鲜北部即将到来的严寒天气。40多年后，曾担任美国第8集团军司令、后接替麦克阿瑟出任"联合国军"总司令的李奇微发出了这样的感叹："作为一个战地指挥官，我最难理解的事情之一就是，东京司令部怎么能这么健忘，把我们的部队送到如此恶劣的条件下去作战。"[②]

在国外战场上厮杀，且敌人是具有高度现代化装备的美国军队，如何取得抗美援朝战争的胜利，对毛泽东和其他军事将领来说，可谓是一个全新的课题。起初，党中央和毛泽东根据朝鲜战场的敌情、地形和我军装备情况，确定志愿军入朝后应先采取阵地战与运动战相结合的方

---

① 转引自〔美〕大卫·哈伯斯塔姆著，王祖宁、刘寅龙译：《最寒冷的冬天：美国人眼中的朝鲜战争》，重庆出版社2010年版，第371页。
② 转引自〔美〕大卫·哈伯斯塔姆著，王祖宁、刘寅龙译：《最寒冷的冬天：美国人眼中的朝鲜战争》，重庆出版社2010年版，第374页。

第二章
中国人民"是惹不得的"

针,先组织有效防御,再实行反攻。而在看到北进之敌兵力较为分散,其东西两线之间存在一个80余公里的战役缺口后,毛泽东、彭德怀当机立断,决定放弃原定计划,利用我军战略上的突然性和敌分兵冒进的弱点,改取在运动中各个歼敌的方针。

10月25日,志愿军在利洞、两水洞分别与南朝鲜军第一师、第六师遭遇,打响了抗美援朝战争的第一仗。这一天后来被定为中国人民志愿军抗美援朝、保家卫国作战纪念日。尽管已发现有中国军队进入朝鲜,但此时的美国军方特别是麦克阿瑟却错误地估计这只是象征性出兵,"还没有迹象表明中国共产党的军队已在进行公开干预"[1]。为此,美军坚持按照其吹嘘的11月23日感恩节前结束朝鲜战争的计划,继续分兵冒进。根据这一有利战机,在彭德怀的指挥下,志愿军西线主力在云山战斗中给美军"王牌"部队——骑兵第1师以沉重打击,首创以劣势装备歼灭现代化装备之敌的先例。战斗结束后,一个被俘的美国军官曾称赞说:"志愿军包围迂回战术运用得好,前头拦住,后尾截住,这样作战,历史上从未见过。"[2] 同时,位于东线的志愿军第42军主力成功地阻击了北上驰援的美第10军,守住了黄草岭阵地,有力配合了我军西线部队的作战。11月5日,第一次战役胜利结束。经过13个昼夜的连续奋战,志愿军共歼敌1.5万余人,将"联合国军"从鸭绿江边赶到清川江以南。第一次战役的胜利初步稳定了朝鲜战局,使志愿军在朝鲜站住了脚跟。

当大批中国军队出现在朝鲜战场上的情报送到办公桌上时,美国决策层的高官们都对这一出乎意料的情况感到惶恐不安,纷纷揣测中国出兵朝鲜的真实意图。从11月3日开始,美国当局接连几天召开会议,讨论朝鲜问题和美国的对策。而身处东京司令部坐镇指挥的麦克阿瑟此时仍然在给华盛顿发去的报告中声称:中国进入朝鲜的部队是2万多人,最多不超过6万人。中国不敢也没有能力与美国较量,即使出兵也不过是为保卫边防安全和鸭绿江上的电力设施。在经过多番磋商后,9

---

[1] 转引自[美]约瑟夫·古尔登著,于滨等译:《朝鲜战争:未曾透露的真相》(上),北京联合出版公司2014年版,第285页。

[2] 杨凤安、王天成:《北纬三十八度线——彭德怀与朝鲜战争》,解放军出版社2000年版,第165页。

日召开的美国国家安全委员会会议认为，中共已经公开化了的行动尚不足以改变目前实行的对朝政策，同时还决定赋予麦克阿瑟"在军事上可以相机行事"的权力。① 随后，麦克阿瑟由东京飞往朝鲜前线，亲自部署筹备已久的全面攻占朝鲜北部的"圣诞节攻势计划"。

为粉碎敌人的新一轮攻击，11月下旬，志愿军发起了第二次战役。战役期间，毛泽东、彭德怀根据敌我形势，决定"于东西两线均采诱敌深入，先歼其侧翼一路，尔后猛烈扩张战果之方针"，力求击退来犯之敌。至12月24日战役结束时，中朝军队共歼敌3.6万余人，其中美军2.4万余人。经此一役，我军收复了平壤及三八线以北除襄阳外所有地区，并进至三八线以南部分地区。值得一提的是，在第二次战役中，我志愿军第九兵团在东线长津湖地区同美军的激战，堪称人类军事史上最惨烈的战役。亲历过那场战役的迟浩田将军曾说，尽管长津湖战役已经过去60多年了，但至今都让我刻骨铭心。

冬季来临后的长津湖地区白雪皑皑，气温骤降，最冷时达到了零下40度。加之群山环抱，道路结冰，作战条件极为恶劣。而担负此次东线作战任务的第九兵团，是在十分仓促的条件下奔赴朝鲜战场的。第一次战役临近结束之际，为加强志愿军左翼进攻力量，毛泽东决定调在山东进行整训的第九兵团入朝，负责在江界、长津方面阻击敌人。因战事紧急，第九兵团在抵达东北后未作停留，便直接开进长津湖地区。衣着单薄、缺少冬装的志愿军在入朝第一天，就冻伤了800多人，更不用说如何在这种高寒条件下同美军作战了。但是，第九兵团的全体将士们却在这场殊死较量中始终保持着革命英雄主义精神，前赴后继、不怕牺牲，出色地完成了上级交于的任务。

11月27日黄昏时分，第九兵团第20、第27军冒着严寒，向敌人发起猛烈进攻。经过一夜的战斗，第九兵团成功地将美军分别包围在下碣隅里、柳潭里、新兴里等地，割断了美军互相之间的联系。在志愿军的顽强阻击下，东线美军被迫由进攻转入防御。29日，美陆战第1师为打开通路，分别向志愿军的各个阵地发起进攻。我军第58师第172

---

① 参见军事科学院军事历史研究部：《抗美援朝战争史》第2卷，军事科学出版社2000年版，第70—71页。

团第 3 连连长杨根思率领该连第 3 排守卫的、位于下碣隅里东南的 1071.1 高地，是被围美军向南逃跑的必经之地。敌军以飞机、大炮对高地进行连番轰炸，倾泻了大量的炸弹、炮弹、燃烧弹。而杨根思则率领该连第 3 排的战士们奋力坚守，连续击退了敌人的数次进攻。当美军发起第 9 次进攻时，我志愿军守军的弹药早已打光，杨根思便带领战士们用刺刀、枪托等同敌人厮杀。战至最后，阵地上仅剩下杨根思和另一名伤员仍在坚守着阵地。在 40 多名敌人爬上山顶，而支援部队尚未赶来的紧要关头，已负伤的杨根思毅然抱起手中仅有的一个 5 公斤的炸药包，拉燃导火索，纵身冲入敌群，与敌人同归于尽。杨根思用年轻的生命践行了自己"人在阵地在"的铮铮誓言。

30 日晚，志愿军第 27 军集中 2 个师 5 个团的兵力，对新兴里地区的美军发起总攻。激战至 12 月 1 日拂晓，志愿军将敌人压缩至一个狭小区域内。在伤亡惨重、孤立无援的情况下，美第 31 团级战斗队指挥官决定丢弃大批辎重，率领剩余人员向南突围。志愿军遂立即展开拦截和追击，并于 2 日 4 时胜利结束战斗。是役，我军全歼了这支美国陆军最精锐部队"北极熊团"，创造了志愿军在朝鲜战场上以劣势装备全歼美军 1 个加强团的典范战例。一位亲历过新兴里战斗的美军炮兵营长后来回忆说："对这场战斗，我感觉是强烈的，因为我失去了很多战友。我们伤亡惨重。我从未见过像这样的战斗。我曾经在二战中，遇到过德军在阿登的最后一次大反攻，但也不似长津湖之战这样激烈，那情景真是不堪回首。"①

此后，根据战场形势，志愿军决定调整东线兵力部署，全力围堵向咸兴、兴南地区退却的美第 10 军部队。经过 10 余个昼夜的激战，第九兵团顺利完成了在长津湖地区歼击敌军的任务，重创美国"王牌"陆战第 1 师以及步兵第 7 师一部。不过，在长津湖战役中，志愿军也付出了巨大的伤亡代价，其中被冻伤的战士就高达 3 万余人，甚至出现成建制的连队全部冻死的情况。而且，严寒天气也使我军武器的使用受到直接影响：部队配备的迫击炮 70% 无法使用，许多枪支也被冻得结结实实，

---

① 转引自何楚舞、凤鸣、陆宏宇：《最寒冷的冬天Ⅲ——血战长津湖》，重庆出版社 2014 年版，第 127 页。

无法射击。对此，毛泽东在战役结束后评价说："九兵团此次在东线作战，在极困难条件之下，完成了巨大的战略任务。"①

为了巩固和扩大战果，不给敌人以喘息的时间，毛泽东和中央军委在深入分析朝鲜战局后决定，志愿军应克服一切困难，乘胜追击，打过三八线。12月13日，毛泽东在给彭德怀的电报中明确指出我军必须越过三八线。如到三八线以北即停止，将给政治上以很大的不利。收到电报后，彭德怀立即同其他志愿军领导商讨如何执行中央关于下一步作战的部署。经过反复研究，彭德怀决定集中志愿军6个军和人民军3个军团共30余万兵力，对"联合国军"在三八线地区所设防御阵地实施进攻，"使美英利用三八线宣传停战之阴谋归于泡影"。

12月31日除夕夜，按照预定计划，中朝联军发起了第三次战役。战至1951年1月2日，志愿军已突入"联合国军"和南朝鲜军防御纵深15至20公里，迫使敌人开始全线撤退。关于当年敌军向南逃跑时的景象，美第8集团军司令李奇微后来在其回忆录中写道："元旦上午，我驱车由北面出了汉城，结果见到了一幅令人沮丧的景象。朝鲜士兵乘着一辆辆卡车，正川流不息地向南涌去。他们没有秩序，没有武器，没有领导，完全是在全面败退。有些士兵是依靠步行或者乘着各种征用的车辆逃到这里的。他们只有一个念头——逃得离中国军队越远越好。他们扔掉了自己的步枪和手枪，丢弃了所有的火炮、迫击炮、机枪以及数人操作的武器。"② 在1月4日攻克汉城后，中朝军队以凌厉的攻势成功地将"联合国军"逼退至北纬37度线附近地区。为避免敌人诱我深入、后勤补给供应不上，彭德怀果断下令停止追击，主力后撤进行休整。第三次战役共歼敌1.9万余人。

在接连三次遭到挫败后，"联合国军"并未放弃对三八线以北地区的争夺，妄图再次占领汉城。凭借在军事运输方面的优势，"联合国军"仅仅花了半个多月的时间，就完成了部署调整和后勤补给。1951年1月25日，"联合国军"集结兵力23万余人，在大量飞机、坦克、火炮

---

① 中共中央文献研究室、中国人民解放军军事科学院编：《建国以来毛泽东军事文稿》（上卷），中央文献出版社2010年版，第410页。
② 转引自军事科学院军事历史研究著：《抗美援朝战争史》第2卷，军事科学出版社2000年版，第181页。

的支援下,自西向东对中朝联军汉江以南阵地进行全线反扑。在判明敌人的企图后,彭德怀决定志愿军于 27 日停止休整,立即开展第四次战役。在历时 87 天的战斗中,中朝联军灵活运用了坚守防御、战役反击和运动防御等多种作战方式,从被动中争取主动,基本上将战线稳定在三八线附近。

此后,为粉碎"联合国军"在中朝军队侧后登陆的企图、夺取战争主动权,中朝军队又于 4 月 22 日发起了第五次战役,先后在西线和东线进行了两个阶段的进攻作战。尽管其间一度处于被动局面,但志愿军和人民军还是成功地将敌军阻止于三八线附近地区。第五次战役是抗美援朝战争期间规模最大的一次战役。经过连续 50 天的激烈战斗,中朝军队歼敌 8.2 万余人,其中志愿军歼敌 6.7 万余人。此后,敌我双方均转入战略防御阶段。

历时 7 个多月的五次战役,让全世界特别是美帝国主义侵略者见识到了中国人民志愿军强大的战斗力和顽强的意志力。而我志愿军之所以能够在朝鲜战场上取得如此辉煌的胜利,一个很重要的原因是亿万中国人民对这场战争的大力支援。在志愿军打响入朝作战第一仗的次日,党和政府即在国内发动了一场声势浩大的全国人民抗美援朝运动。这场运动的蓬勃发展,表达了全国各族人民对志愿军的尊敬和爱戴之情,大大鼓舞了志愿军的战斗意志,而且也有力地证明:无论在任何困难面前,中国人民都是吓不怕、难不倒的。

在"抗美援朝、保家卫国"的号召下,国内迅速掀起了一股参军、参战、支前的热潮。大批青年和学生踊跃报名参加志愿军和各种军事干部学校,全国各地都能看到父母送儿子、妻子送丈夫、兄弟争相参军的动人景象。一位曾在抗日战争和解放战争期间将自己的 4 个儿子送去参军的吉林省朝鲜族老妈妈,在听到抗美援朝战争打响的消息后,毅然把当民兵的第 5 个儿子交给部队。甚至在与朝鲜战场相隔数千公里的西南地区,不少青年都翻山越岭地赶到当地政府那里报名参军。值得一提的是,毛泽东的长子毛岸英坚决要求上前线参加抗美援朝,被批准后随第一批志愿军入朝参战,并在朝鲜壮烈牺牲。此外,大批铁路员工、汽车司机和医务人员志愿到朝鲜担负战勤和运输工作,仅东北地区农民有 60 多万人参加担架队、运输队和民工队。

1951年6月1日，在中国人民抗美援朝总会的号召下，全国掀起大规模的捐献运动。广大人民群众包括华侨都节衣缩食，积极捐献。艺人、演员纷纷为此进行义演、义卖等，将所得钱款全部捐出。到1952年5月底，全国人民在近一年中捐献总额达5.565亿元，可购买战斗机3710架。在抗美援朝战争期间，中共中央确定了"边抗、边稳、边建"的方针，国民经济的恢复工作不但没有因为抗美援朝被延误和推迟，反而在抗美援朝运动的推动下表现出蓬勃的生机，大大促进了国民经济恢复和发展的进程，有力地支援了抗美援朝战争。

三、边打边谈：停战谈判中的拉锯战

早在朝鲜战争爆发之初，党和政府就曾强烈呼吁外国军队撤出半岛，各方停止军事行动，和平解决朝鲜问题。1950年11月底，在联合国安理会举行的会议上，伍修权代表中国政府向安理会正式提出了解决朝鲜问题的三项建议，即：一、联合国安全理事会公开谴责，并采取具体步骤严厉制裁美国政府武装侵略中国领土台湾和武装干涉朝鲜的罪行；二、联合国安全理事会立即采取有效措施，使美国自台湾完全撤出它的武装侵略力量，以保证太平洋与亚洲的和平与安全；三、联合国安全理事会立即采取有效措施，使美国及其他外国军队一律撤出朝鲜，朝鲜内政由南北朝鲜人民自己解决，以和平处理朝鲜问题。[①] 然而，在美国的操纵下，安理会会议未能就伍修权代表提出的三项建议进行讨论，使得中国方面为和平解决朝鲜问题的这次努力付之东流。

此后，中国人民志愿军在毛泽东、彭德怀的指挥下接连取得两次战役的胜利，将"联合国军"赶回到三八线以南地区，扭转了朝鲜战局。当美军在朝鲜战场失利的消息传回到美国国内时，美国政府和舆论界一片哗然，纷纷指责这是一次"美国历史上最惨重的失败""是美国陆军史上最大的败绩"。与此同时，包括英、法等国在内的一些美国盟友们也深感朝鲜局势日趋严重，极力主张通过谈判早日结束朝鲜战争，避免同中国发生更大的冲突。尽管此前美国总统杜鲁门作出强硬表态，声称

---

① 这是刊载于《人民日报》1950年11月30日第1版上的内容。

第二章
中国人民"是惹不得的"

"联合国的部队不打算放弃他们在朝鲜的使命""我们将从三个方面来应付新的局势",即坚持侵朝战争、加强西欧防务、加强美国的军事力量。① 但是迫于各界压力,美国政府还是勉强同意就停火问题进行谈判。

1950年12月14日,在中华人民共和国代表缺席的情况下,美国授意联合国大会通过了成立所谓"朝鲜停战三人委员会"的决议。而该委员会为停战谈判所提出的基本条件却是先实现停火,然后再讨论其他问题。不难看出,美国的真实意图是打着"先停火、后谈判"的幌子,稳住阵脚,争取喘息时间,以利其在军事上做好反攻准备。对于美国玩弄"停火"的两面派手法,党和政府予以了严厉谴责。22日,周恩来在一份声明中明确指出:"我们坚持以一切外国军队撤出朝鲜及朝鲜内政由朝鲜人民自己解决为和平调处朝鲜问题的谈判基础,美国侵略军必须退出台湾,中华人民共和国的代表必须取得联合国的合法地位;这几点不但是中国人民和朝鲜人民的合理要求,也是全世界一切进步舆论的迫切愿望。朝鲜问题和亚洲重要问题的和平解决,离开这几点是不可能的。"② 为了配合政治上的斗争,毛泽东下令志愿军"趁热打铁",适时发起第三次战役,以逼迫敌人接受我方的谈判主张。

从1950年底到1951年春,经过三次战役的较量,中朝联军和"联合国军"在三八线附近地区形成了战略相持局面。双方都意识到,谁也无法取得这场战争的完全胜利。对美国而言,朝鲜战争是"在完全新的情况下,和一个具有强大军事力量的、完全新的强国进行一次完全新的战争"③。而将三分之一陆军、近半数海军和五分之一空军的作战力量投送到朝鲜战场,并且长期陷入苦战,死伤惨重,也使美国自身实力受到严重损耗。据资料统计,在近1年的时间里,美军付出了10万多人的伤亡,战争耗资高达100亿美元。这两项数字都比其在第二次世界大战中头一年的消耗多一倍。过重的负担,也使美国国内民众的反战情绪日益高涨,民众透过不同方式表达了对执政当局的不满。更为重要

---

① 转引自军事科学院军事历史研究著:《抗美援朝战争史》第2卷,军事科学出版社2000年版,第151—152页。
② 这是刊载于《人民日报》1950年12月23日第1版上的内容。
③ 《杜鲁门回忆录》第2卷,世界知识出版社1965年版,第460页。

是，美国决策者认为，美国的主要对手是苏联，在朝鲜半岛与中国志愿军作战，显然是同其以欧洲为重点的全球战略相矛盾的。正如杜鲁门所言："我从来没有使自己忘记：美国的主要敌人正端坐在克里姆林宫里；或者忘记：只要这一敌人还没有卷入战场而只在幕后拉线，我们就决不能将我们再度动员起来的力量浪费掉。"① 为此，美国当局开始检讨其在朝鲜问题上的政策，放弃原先设想的军事占领全朝鲜的目标，转而寻求通过谈判来解决朝鲜问题。

1951年5月3日至6月25日，美国参议院军事委员会和外交委员会联合主持召开了一场听证会。为期50多天的会议集中讨论了美国的朝鲜战争政策问题，大部分与会者都对杜鲁门解除麦克阿瑟职务的决定表示赞同。与此同时，美国国家安全委员会也召开会议，通过了一份有关朝鲜问题的政策备忘录（即NSC48/5号文件），明确建议美国政府通过停战谈判结束敌对行动。5月17日，杜鲁门批准了这份文件。

此后，美国国务卿艾奇逊指派有"苏联通"之称的前驻苏大使馆高官乔治·凯南同苏联驻联合国代表马立克进行私下接触。在两人"朋友式"的交谈中，凯南含蓄地表达了美国政府有意同中国讨论结束朝鲜战争问题、恢复战前状态的讯息。很快，苏联方面将这一情况通报给了中朝两国领导人，而毛泽东也敏锐地把握住了这个机会。

6月3日，毛泽东同专程到访北京的金日成研究了朝鲜战争形势以及如何应对可能到来的停战谈判问题。随后，双方派人将这次会谈情况向斯大林作了汇报。对毛泽东关于如何提出停战谈判建议问题的两种设想，斯大林明确表示，可以由苏联方面对美国的试探作出反应。为了应对军事斗争长期化以及谈判期间美国可能采取的威胁行动，中共中央和毛泽东也于6月中旬确定了"充分准备持久作战和争取和谈，达到结束战争"的基本方针，即"政治斗争与军事斗争双管齐下""争取和，不怕战，准备拖""谈要有耐心，打要坚决，据理力争，直到取得公平合理的停战"。②

6月23日，经中、朝、苏三方协商一致后，苏联驻联合国代表马

---

① 《杜鲁门回忆录》第2卷，世界知识出版社1965年版，第534页。
② 裴坚章主编：《中华人民共和国外交史（1949—1956）》，世界知识出版社1994年版，第199页。

立克在一场公开演说中提出了关于和平解决朝鲜问题的建议，主张交战双方停火，各自把军队撤离三八线，举行停战谈判。30日，"联合国军"总司令李奇微受杜鲁门委托发表声明，同意双方共同举行停战会议。时隔两天，金日成和彭德怀联名复信李奇微，表示愿意派代表与美国方面进行会晤，并建议将会晤地点设在三八线以南的开城。由此，朝鲜战争转入了边打边谈的阶段。

为了有力地进行谈判桌上的斗争，交战双方在挑选各自代表团领导人员的问题上可谓是费了很大心思。中国方面，毛泽东和周恩来考虑再三后，决定选派李克农和乔冠华作为谈判代表，赶赴朝鲜负责谈判的具体事宜。时任中国外交部第一副部长兼中央军委情报部部长的李克农，自1928年起就在周恩来的直接领导下工作，多次参与协助重大的政治谈判，积累了丰富的谈判经验和斗争技巧；时任外交部政策委员会副主任兼国际新闻局局长的乔冠华，曾随伍修权赴美国参加过联合国安理会会议，对国际问题颇有研究。临行前，毛泽东还特意召见了他们二人，同他们作了一番长谈，指示他们立即组织一个精干有力的工作班子。

反观美国方面，"联合国军"总司令李奇微认为，中朝方面很可能在谈判中采取疲劳战术以使对方屈服，因而"联合国军"代表团首席代表必须是一个有着很强自制力、立场十分强硬的高级军官。[①] 于是，李奇微指定美国远东海军司令特纳·乔埃中将担任"联合国军"代表团首席代表。这位曾在第二次世界大战中立下过汗马功劳的将军，对共产党及其意识形态极度憎恶。其他代表团成员包括：美远东海军副参谋长奥尔林·勃克少将、美远东空军副司令劳伦斯·克雷奇少将、美第8集团军副参谋长亨利·霍治少将、南朝鲜第1军团长白善烨少将。

1950年7月10日，全世界的目光都聚焦到了开城来凤庄的一所庭院内。朝鲜停战谈判正式拉开了序幕。这天上午10点，当双方代表入场后，中朝两国代表团选择了面向南的一排座位坐下，因此"联合国军"代表团必须坐在面向北的一面。可此时，"联合国军"代表团首席代表乔埃却提出抗议，认为中朝方面代表的座椅要稍高一些，要求换成

---

① 〔美〕约瑟夫·古尔登著，于滨等译：《朝鲜战争：未曾透露的真相》（下），北京联合出版公司2014年版，第256—257页。

相同高度的椅子，否则就不肯就座。而当"联合国军"代表入座后，乔埃则拿出了一面联合国国旗放在了谈判桌上。毫无准备的中朝代表团只好在下午的会议上，立起了一面比联合国国旗高出约10厘米的旗帜，以示反击。这些在第一次会议开始前后发生的小插曲，足以让人们预感到谈判双方将在接下来的会谈中上演一连串斗智斗勇的对台戏。

此后，经过半个多月的反复磋商，双方代表团于7月26日召开的第10次会议上就停战谈判议程问题达成协议。其内容包括：（1）通过议程；（2）作为在朝鲜停止敌对行为的基本条件，确定双方军事分界线，以建立非军事地区；（3）在朝鲜境内实现停火与休战的具体安排，包括监督停火休战条款实施机构的组成、权力与职司；（4）关于战俘的安排问题；（5）向双方有关各国政府建议的事项。

而当谈判转入实质性讨论后，双方却在关于划定军事分界线的问题上长期僵持不下。中朝方面认为，应当以实际接触线即三八线为军事分界线，但美方却提出将分界线划在中朝军队阵地的后方，即三八线以北的1.2万多平方公里，以作为对美方海、空军优势的补偿。为此，双方代表团展开了激烈斗争。在8月10日举行的第20次会议上，"联合国军"首席代表乔埃在发言中声称：贵方企图讨论以三八线为军事分界线的任何努力，我们都将不予理睬。中朝方面首席代表南日立即驳斥了乔埃的说法，指出美方没有理由拒绝以三八线为军事分界线。乔埃听完南日的发言后，竟然拒不作答，以致会场上出现长时间的沉寂。乔埃一会儿用两手托着双腮，一会儿用右手玩弄着面前的两支铅笔。偶尔和南日目光相遇，他便避开，掏出香烟抽了起来，但就是不开口说话。而他的助手们也一个个抽烟，不抽烟的就用铅笔在纸上乱画，或抬头直盯着中朝代表。而中朝代表也以同样的方式进行对抗。在看到双方沉默近1个小时后，坐在中方参谋席位上的柴成文离开会场，向李克农作了请示汇报。李克农指示：就这样坐下去。柴成文回到会场后，在纸条上写了"坐下去"三个字，并在中朝代表间将纸条进行了传递。这场"静坐"前后持续了132分钟，创下了中外谈判史上的罕见纪录。

在"海空优势补偿论"的无理要求被中朝方面拒绝后，美军遂于1951年8月在东线发起夏季攻势，9月又在西线发起秋季攻势，妄图以军事上的胜利来换取更多的谈判筹码。于是，双方又从谈判桌上转移到

第二章
中国人民"是惹不得的"

战场上进行较量。

面对美军的强大攻势,中朝军队以牙还牙,坚决予以反击。至10月22日,共歼灭美军和南朝鲜军15.7万余人,取得了消灭敌人有生力量的重大胜利,有力地配合了停战谈判。在此期间,美军还利用其空军优势,以摧毁朝鲜北方铁路线为目的发动了"绞杀战"。所谓"绞杀战",是美军仿照二战期间盟国在意大利境内以德军使用的铁路线为主要攻击目标而发动的一次空中战役而炮制的。显而易见,美军妄图在朝鲜半岛的蜂腰部切断中朝联军后方交通线,阻止我军的后勤供应。为此,中朝军队紧密配合,各兵种协同作战,与敌人进行了一场针锋相对的"反绞杀"战斗。当时,志愿军空军的年轻战士们在实战中不怕牺牲、英勇作战,涌现出了一个又一个"空中英雄":像首创用米格-15歼击机击落美军F-86纪录的刘涌新、带领全大队击落29架敌机的空3师大队长王海、前后击落4架F-86飞机的空4师中队长张积辉等。至1952年6月,中朝军队终于顽强抵挡住了美军的"绞杀",建立起了铁路运输、公路运输和人畜力运输相结合,防空、抢修、运输相结合,纵横交错的兵站运输网,也就是"打不断、炸不烂"的钢铁运输线。

战场上的再次失利,迫使美国不得不重新回到谈判桌上,而谈判地点也改在了距开城不远的板门店。经过中朝方面的反复斗争,谈判双方于1951年11月下旬初步就军事分界线问题达成协议,决定以三八线附近实际接触线为军事分界线,同时双方各向后撤两公里以建立非军事区。1952年5月,双方又解决了停战监督和战后限制朝鲜境内军事设施等问题。然而,在交换战俘问题上,"联合国军"代表团又向中朝方面发起了刁难。1929年缔结、1949年8月修订的《关于战俘待遇之日内瓦公约》当中的第118条规定:"战事停止后,应立即释放或遣返战俘,不得延误。"第7条还规定:"在任何情况下,战俘不得放弃本公约所赋予彼等权利之一部或全部。"[①] 而"联合国军"代表却在这一问题上打起了歪主意,提出了所谓"志愿遣返"的方案,企图扣留大批志愿军被俘人员并将其送去台湾。中朝代表断然拒绝了美方的方案,认为这

---

① 转引自《抗美援朝战争史》第3卷,军事科学出版社2000年版,第231页。

一方案公然违背了《关于战俘待遇之日内瓦公约》的原则精神，战俘的释放与遣送不是人口买卖，20世纪的今天更不是野蛮的奴隶时代。

在该方案遭到拒绝后，"联合国军"以3个师、6万余人的兵力，于1952年10月发动了旨在进攻我方战略要地上甘岭的"金化攻势"，企图扭转战局。而志愿军也先后投入3个师又1个团共4万余人，依托以坑道为骨干的坚固阵地进行顽强抵抗。这场战役前后历时43天，敌我反复争夺阵地达59次，双方均死伤惨重。在3.7平方公里的土地上，共发射炮弹超过230万发，岭上泥土平均被炸翻出至少3米。战役的激烈程度可见一斑。最后，志愿军凭借坑道工事，歼敌2.5万余人，牢牢控制住了上甘岭阵地。在上甘岭战役中，我志愿军涌现了多名英雄人物，有当射击台被敌人摧毁后，拿身体作射击台，让副连长将机枪加在自己双肩上进行射击的陈治国；有用自己胸膛挡住敌人枪口、为冲击部队开辟道路的黄继光；有强忍伤痛，拉响最后一颗手榴弹，与敌人同归于尽的孙占元。他们的感人事迹，展现了志愿军将士们英勇顽强、舍生忘死的革命英雄主义精神。

1953年上半年，国际形势的变化和朝鲜战局的发展都促使交战各方再度考虑停火休战的可能。彼时，美国新任总统艾森豪威尔已明确表示希望尽早结束朝鲜战争，并透过"联合国军"总司令克拉克向中朝方面提出先行交换伤病战俘的建议。而斯大林逝世后新上台的苏联领导人亦认为，朝鲜战争拖下去对苏联和中国都不利，希望恢复中断已久的停战谈判。经过反复研究后，中朝方面于3月28日复函克拉克，同意首先交换伤病战俘，并指出这一问题的合理解决应引导到全部战俘问题的顺利解决上。

3月30日，周恩来代表中国政府发表《关于朝鲜停战谈判问题的声明》，声明建议："谈判双方应保证在停战后立即遣返其所收容的一切坚持遣返的战俘，而将其余的战俘转交中立国，以保证对他们的遣返问题的公正解决。"[①] 这一声明，打破了朝鲜停战谈判在战俘问题上的僵局，在国际上产生了积极影响，得到包括英、法在内许多国家的支持，谈判随之出现转机。

---

① 这是刊载于《人民日报》1953年3月31日第1版上的内容。

第二章
中国人民"是惹不得的"

4月26日,朝鲜停战谈判在板门店继续举行。为推动谈判的顺利进行,志愿军适时地发动了夏季反击战役第一、第二阶段作战,迫使美国接受了中朝方面关于解决战俘问题的新提案,即由波兰等5个中立国组成遣返委员会,看管双方不直接遣返的战俘。经过一系列斗争后,交战双方终于在6月8日就战俘遣返问题达成协议。至此,关于朝鲜停战的全部议程均已达成协议。

然而,南朝鲜政府此时却明确表示,拒绝接受停战协议,同时还以"就地释放"为名,强行扣留2.7万余名朝鲜人民军被俘人员。针对南朝鲜公然破坏协议的举动,志愿军决定采取军事行动予以制裁。自6月25日起,志愿军开展了夏季反击战役第三阶段作战。特别是7月进行的金城战役,志愿军集中了5个军的兵力,向南朝鲜军阵地发起突击。此役历时15天,共歼敌5万余人,有力促进了朝鲜停战的实现和保证了停战后的形势稳定。

围绕三八线进行的拉锯式的战争最终让美国一无所获。1953年7月27日,中、朝、美三方在板门店签署了《朝鲜停战协定》及《关于停战协定的临时补充协定》,以三八线为军事分界线实现了停战。在停战协议上签字的美国远东军和"联合国军"总司令马克·克拉克后来在其回忆录中写道:1952年5月,我受命为联合国军统帅,代表17个国家,在韩国抵抗共产党侵略。15个月以后,我签订了一项停战协定,这协定暂时停止了……那个不幸半岛上的战争。对我来说这亦是表示我40年戎马生涯的结束。他是我军事经历最高的一个职位,但是他没有光荣。在执行我政府的训令中,我获得了一项不值得羡慕的荣誉,那就是我成了历史上签订没有胜利的停战条约的第一位美国陆军司令官。我感到一种失望和痛苦。我想我的前任麦克阿瑟和李奇微两位将军一定具有同感。

与克拉克的"失望和痛苦"相反,中国人民志愿军司令员彭德怀则自豪地宣告:"它雄辩地证明:西方侵略者几百年来只要在东方一个海岸上架起几尊大炮就可霸占一个国家的时代是一去不复返了。"[①] 毛泽

[①] 中共中央文献研究室编:《建国以来重要文献选编》第4册,中央文献出版社1993年版,第379页。

东也说:"中国人民有这么一条:和平是赞成的,战争也不怕,两样都可以干。""帝国主义侵略者应当懂得:现在中国人民已经组织起来了,是惹不得的。如果惹翻了,是不好办的。"①

抗美援朝战争以中朝两国军民的获胜而告结束。

四、中国"再也不是第二次世界大战时的那个软弱无能的国家了"

2010年10月25日,习近平同志在纪念中国人民志愿军抗美援朝出国作战60周年座谈会上的讲话中指出:"伟大的抗美援朝战争,打出了新中国的国威和人民军队军威,创造了以弱胜强的范例。"② 抗美援朝战争的胜利,充分展示了在中国共产党领导下昂首挺胸站起来的新中国所蕴藏的无穷力量和动能,"从中国人在整个朝鲜战争期间所显示出来的强大攻势和防御能力中,美国及其盟国已经清楚地看出,共产党中国已成为一个可怕的敌人""它再也不是第二次世界大战时的那个软弱无能的国家了"③。

伟大的抗美援朝战争是在新中国初期各方面困难仍很严重的条件下进行的。当战火烧到鸭绿江边时,中共中央和毛泽东权衡利弊,横下一条心,作出了经得起历史考验的战略决策。中国人民志愿军"雄赳赳、气昂昂"地跨过鸭绿江,出击了、应战了。战争期间,在幅员狭小的朝鲜半岛上,双方投入的兵力最多时达300多万,兵力密度、敌方空中轰炸密度和许多战役战斗的火力密度在世界战争史上都是空前的。美国军队动用了除核武器以外的所有新式武器,还将其陆军的1/3、空军的1/5和海军的大部分兵力投入战场。中国人民志愿军将士则以劣势装备进行了殊死搏斗,即使战斗到只剩一人一枪,仍然坚守阵地,顽强地同敌人血战到底。其间,志愿军先后涌现出30多万名英雄功臣和近6000个功臣集体。

---

① 《毛泽东军事文集》第6卷,军事科学出版社、中央文献出版社1993年版,第354页。
② 这是刊载于《人民日报》2010年10月26日第3版上的内容。
③ 〔美〕沃尔特·G.赫姆斯著:《朝鲜战争中的美国陆军——停战谈判的帐篷和战斗前线》,国防大学出版社1988年版,第565页。

第二章
中国人民"是惹不得的"

抗美援朝战争的胜利,戳穿了美帝国主义不可战胜的神话,并给美国以严重教训。战争中,美军被毙、伤、俘 39 万余人,军费开支达 400 亿美元,消耗作战物资 7300 余万吨。当这场"苦涩的战争"结束后,"大多数美国人都急于把它从记忆的罅隙中轻轻抹掉"①。当然,中国在抗美援朝中也付出了巨大牺牲,志愿军自身作战减员 36.6 万余人,战费开支 62.5 亿元人民币(相当于 25 亿美元),作战物资消耗 560 余万吨,解放台湾的计划也被迫推迟。

但正是这些不得不付出的牺牲和最终赢得的胜利,空前提高了新中国的国际威望,增强了新中国对亚洲事务和世界事务的话语权,大涨了中国人民的志气。美国这个头号帝国主义的军事强国,在中国人民眼里,再也不是不可战胜的了,而中国人民在世界人民的眼里,再也不是孱弱的、无足轻重的、任人欺凌的"东亚病夫"了。中国维护了国家和民族的最大利益,更赢得了长期、持续、潜在的战略利益,包括美国在内的世界各国不得不对中国刮目相看。1954 年中国参加日内瓦会议成为国际关注的焦点;1955 年中国代表团在第一次亚非会议上能够发挥主导作用;1958 年台海危机中为台湾国民党军舰护航的美国军舰一遇到人民解放军炮击就退入公海;20 世纪 60 年代美国地面部队在对越战争中未敢逾越北纬 17 度线,以至今天的中国和中国军队言必信、行必果,在世人面前形成不怕鬼、不信邪、不向强权霸权低头屈服的负责任大国和威武文明之师形象,无不是这种长期影响、潜在利益的具体表现。

抗美援朝战争的胜利,极大地提高了中国人民的爱国主义和国际主义精神,极大地提振了中国人民的民族自信心和民族自豪感,极大地提升了中国共产党在全国人民心目中的威信,也极大地凝聚了党心军心民心,成为加快推动各领域社会变革、铲除危害社会安定的各种反动势力和加速新中国政权巩固的强大动力。

抗美援朝战争已经结束 60 多年了。60 多年来,中国发生了巨变,世界也发生了巨变,在这个巨变中,抗美援朝战争的决策及胜利始终

---

① 〔美〕约瑟夫·古尔登著,于滨等译:《朝鲜战争:未曾透露的真相》(上),北京联合出版公司 2014 年版,第 17 页。

发挥着作用。今天,我们来回顾和评价这场渐去渐远的战争,必须且只能采取的正确态度和原则是:既要关注特定时空条件下的局部得失,更要着眼长远战略利益的研判;既要把握历史细节,更要将其放在全局框架下分析审视。要尊重历史而不是歪曲历史,崇敬英雄而不是亵渎英雄,弘扬正义而不是助长邪恶。只有这样,我们才能走得更久更远。

第三章

最深刻最伟大的变革

——完成三大改造，建立社会主义制度

走社会主义道路，是中国共产党领导革命的明确目标，也是近现代中国历史的必然选择。新中国成立后，在带领中国人民进行国民经济恢复和国家统一的过程中，中国领导人密切关注着国内外形势的变化：他们全面分析中国社会经济发展的矛盾与张力，适时酝酿并制定出过渡时期的总路线，和平推进并顺利完成了生产资料所有制的改造，建立起了崭新的社会主义制度，实现了有史以来中国最深刻最伟大的变革，开辟了新中国由一穷二白走向繁荣富强的现代化全新道路。

一、向社会主义过渡任务的提出

在领导中国革命的过程中，中国共产党人把马克思主义普遍原理与中国革命实际相结合，形成了新民主主义理论，指引中国通过新民主主义走上社会主义的发展道路。中华人民共和国的成立，标志着我国进入新民主主义社会。如何实现由新民主主义向社会主义的过渡？党和国家领导人进行了缜密思考，结合国内外情势进行了调整。

还在领导新民主主义革命时，以毛泽东为主要代表的中国共产党人，对于中国革命取得胜利后的制度选择和社会构建开始了初步设想。按照党的领导人在新中国成立前夕的设想，在中国革命胜利后，新民主

主义制度将会存在"一个相当长的时期"。至于这个时期有多长，说法不一。

最早一次比较具体地估计向社会主义过渡的时间，可以追溯到1948年9月召开的中央政治局扩大会议。在这次会议上，刘少奇讲到"过早地采取社会主义的政策是要不得的""过早地消灭资本主义的办法，则要犯'左'倾的错误"。当时毛泽东插话说："到底何时开始全线进攻？也许全国胜利后还要十五年。"① 在为会议做结论时，毛泽东说："我国在经济上完成民族独立，还要一二十年时间。我们要努力发展经济，由发展新民主主义经济过渡到社会主义。"② 在1949年1月召开的中共中央政治局会议上，毛泽东强调指出："不要急于追求社会主义化，如果希望搞社会主义，太快了会翻筋斗。中共二十八年，再加上二十九年、三十年两年，完成全国革命任务，这是铲地基，花了三十年。但是起房子，这个任务要几十年工夫。"③

1949年3月召开的中共七届二中全会开始为新中国的建立谋篇布局。全会着重讨论了党的工作重心的战略转移问题，也第一次确定了党在全国胜利后的一系列基本政策。全会决议规定："中国要在革命胜利以后，迅速地恢复和发展生产，对付国外的帝国主义，使中国稳步地由农业国转变为工业国，由新民主主义国家转变为社会主义国家。"④ 这一精神在《中国人民政治协商会议共同纲领》（以下简称《共同纲领》）中得到了充分体现，其中明确规定"中华人民共和国为新民主主义即人民民主主义的国家"，并没有把社会主义前途写进去。在政治协商会议期间，有党外人士询问毛泽东：中国什么时候搞社会主义？毛泽东回答：过渡到社会主义，"大概二三十年吧！"⑤

新中国成立初期，党和国家领导人仍然沿用了新民主主义建设时限为一二十年的估计。例如，1950年5月，毛泽东说："私营工商业是会长期存在的，我们不可能很快实行社会主义"，6月，他在中共七届三

---

① 参见薄一波：《若干重大决策与事件的回顾》上卷，中共中央党校出版社1991年版，第47页。
② 《毛泽东文集》第5卷，人民出版社1996年版，第146页。
③ 《毛泽东文集》第5卷，人民出版社1996年版，第236页。
④ 《毛泽东选集》第4卷，人民出版社1991年版，第1437页。
⑤ 参见石仲泉：《毛泽东的艰辛开拓》，中共党史出版社1992年版，第148页。

中全会上指出，在中国实行私营工业国有化和农业社会化，"还在很远的将来""我们的国家就是这样地稳步前进，经过战争，经过新民主主义的改革，在各种条件具备了以后，在全国人民考虑成熟并在大家同意了以后，就可以从容地和妥善地走进社会主义的新时期。"① 对于当时有些人认为可以提早消灭资本主义实行社会主义的想法，他强调"这种思想是错误的，是不适合我们国家的情况的。"② 1951年2月，毛泽东在中共中央政治局扩大会议上提出了"三年准备、十年计划经济建设"的设想，这里的"三年"就是指三年经济恢复时期，"十年"是继续实行新民主主义建设的10年。也就是说，要开始向社会主义过渡大约要在10年之后。周恩来在解释毛泽东的这个设想时说："毛主席的方针是稳步前进，三年恢复，十年、二十年发展。发展新民主主义经济可能要十年、二十年，不能把时间说得那么准，马克思主义不是刘伯温的'推背图'。"③

总之，从新中国成立之前直到1952年，党内是有共识的，即新中国成立后要搞一、二十年甚至更长一段时间的新民主主义建设，集中精力恢复和发展国民经济，集中力量实现国家工业化。只有实现了国家工业化，生产力发展到一定水平，农村也有条件实现机械化，才能实行私营工业国有化和个体农业集体化。这样的设想，把发展生产力当作新民主主义阶段党和国家工作的重心，把是否有利于生产力的发展作为衡量各种经济成分存废的标准，符合马克思主义的唯物史观和当时的中国国情。

但是，到了1952年下半年，情况有所改变。毛泽东提出了向社会主义过渡的任务。根据薄一波的回忆，1952年9月24日的中央书记处会议上，毛泽东首先明确地把向社会主义过渡的任务提了出来，指出"我们现在就要开始用10年到15年的时间基本上完成到社会主义的过渡，而不是10年或者以后才开始过渡。"④ 毛泽东的这个新想法是在很

---

① 《毛泽东文集》第6卷，人民出版社1999年版，第80页。
② 《毛泽东文集》第6卷，人民出版社1999年版，第61、71页。
③ 《建国以来重要文献选编》第3册，中央文献出版社1992年版，第395页。
④ 参见薄一波：《若干重大决策与事件的回顾》上卷，中共中央党校出版社1991年版，第22页。

小的范围内讲的,当时与会的16人一致赞同。这个讲话表明,毛泽东关于新民主主义向社会主义转变的步骤、方法同原来的设想发生了变化。由于事关重大,毛泽东讲话后还是相当慎重的,觉得有必要听听国内外的意见和反映。

首先,是征询苏联的意见。1952年10月,刘少奇同志率代表团参加苏共十九大期间,受毛泽东的委托向斯大林写了一封长信,对我国过渡到社会主义所需的时间和能够实现的条件进行了估算和分析。一方面,他指出,中国现在的工业生产总值(不包括手工业),国营企业已占67.3%,私人企业只占32.7%,随着中国执行第一个五年计划之后,国营经济比重增加和私人经济比重缩小的趋势将会加剧,10年后,当私人资本主义不到10%,而且不能独立经营、必须依赖国家之时,就可以不费力地把它收归国家经营了。另一方面,刘少奇还谈到了在农村进行社会主义改造的有利条件:参加互助合作的农民已占40%,而在老解放区这个比例已高达80%,已建立了几千个组织较好的以土地入股的农业生产合作社和几个集体农场,富农经济已受到很大削弱,互助合作运动是今后中国农村经济发展的主要方式。从刘少奇给斯大林的信看,公私经济比重的变化已使开始过渡有了可能,党内对10年到15年完成过渡达成了一致。中共中央的这个想法,得到了斯大林的赞同。10月24日,斯大林接见中共代表团,并且表态说,我觉得你们的想法是对的。当我们掌握政权以后,过渡到社会主义去应该采取逐步的办法。你们对中国资产阶级所采取的态度是正确的。斯大林对中共中央的设想表示赞同,无疑是对毛泽东在理论上的支持,坚定了毛泽东加快过渡的信心。

其次,是了解地方干部群众的反应。对于农业合作化的问题,毛泽东心里最为关注。1953年2月15日至26日,毛泽东开始南下视察工作,一路了解地方干部和群众的态度。其间,有几个重要史实与过渡问题紧密相关:一是2月15日从听河北省邢台县委负责人的汇报中,毛泽东得到了该县已有87%的农户加入互助组、合作社以及合作社建社当年即实现了粮食增产的信息,由此进一步加深了他关于农业互助合作的认识,这就是:互助合作"是一条由穷变富的道路",多数农民是愿意走这条道路的,关键是领导者采取什么态度。"农业不先搞机械化,也能实现合作化，中国不一定仿照苏联的做法。"① 二是 2 月 17 日他在与湖北孝感地委负责人的谈话中解释了"什么叫过渡时期？过渡时期的步骤是走向社会主义""十年到十五年走完"②，强调了从现在逐步慢慢过渡到社会主义去的重要思想。三是 2 月 17 日晚上他在同中南局、湖北省委、武汉市委负责人的谈话中，第一次批评了"要巩固新民主主义秩序"的观点，提出："新民主主义是向社会主义过渡的阶段。在这个过渡阶段，要对私人工商业、手工业、农业进行社会主义改造"，完成这个任务"从现在起大约需要三个五年计划的时间"③。四是 2 月 19 日他在同中南局负责人的谈话中，进一步提出了过渡的办法："个体农业，要用合作社和国营农场去代替，手工业要用现代工业去代替。……对民族资产阶级，可以采取赎买的办法。"④ 这些事实说明，毛泽东在南下视察调研过程中，一是了解了农业互助合作的效果，二是向基层传达了"逐步"过渡的要求，三是最早勾画了改造的主要办法。应该说，通过此行，一方面，毛泽东增强了从现在开始过渡的决心，另一方面，也初步形成了过渡时期总路线的基本轮廓。

再次，寻求对资本主义工商业改造的具体办法。对民族资产阶级采取赎买办法进行改造的想法虽然已经提出，但具体哪种改造方式能够保证资本主义工商业稳定增长，最初毛泽东心中还没有定见。1953 年春，李维汉率调查组到武汉、南京、上海等地调查，5 月向中央报送了《关于资本主义工业中的公私关系问题》的报告，指出国家资本主义大大增强了国营经济的领导地位和国家的控制力，正是引导私人资本主义工业过渡到社会主义的有效形式。1953 年 6 月中旬，政治局两次召开会议讨论这个报告。这个报告受到毛泽东的高度重视，后经修改形成《关于利用、限制、改造资本主义工商业的若干问题（未定稿）》的文件，从而帮助毛泽东找到了改造资本主义经济的办法，即"我们对私营资本主义工商业的改造，必须通过国家资本主义逐步过渡到社会主义。"⑤

---

① 《毛泽东传（1949—1976）》（上），中央文献出版社 2003 年版，第 246 页。
② 《毛泽东年谱（1949—1976）》第 2 卷，中央文献出版社 2013 年版，第 31 页。
③ 《毛泽东年谱（1949—1976）》第 2 卷，中央文献出版社 2013 年版，第 31—32 页。
④ 《毛泽东年谱（1949—1976）》第 2 卷，中央文献出版社 2013 年版，第 33 页。
⑤ 《毛泽东年谱（1949—1976）》第 2 卷，中央文献出版社 2013 年版，第 139 页。

经过半年多的交流和酝酿，毛泽东正式提出了党在过渡时期的总路线。在1953年6月15日的中共中央政治局会议上，他首次提出了过渡时期总路线："要在十年到十五年或者更多一些时间内，基本上完成国家工业化和对农业、手工业、资本主义工商业的社会主义改造。"① 随着过渡时期总路线的提出，所谓"新民主主义阶段"的概念也就消失了。1953年12月底，由中宣部起草、经毛泽东修改的关于过渡时期总路线的学习和宣传提纲，正式公布了总路线的内容，即"从中华人民共和国成立，到社会主义改造基本完成，这是一个过渡时期。党在这个过渡时期的总路线和总任务，是要在一个相当长的时期内，逐步实现国家的社会主义工业化，并逐步实现国家对农业、对手工业和对资本主义工商业的社会主义改造。"② 这个把"工业化"建设和社会主义改造同时并举的总路线，标志着新中国边建设边改造战略的确立。

从毛泽东的提示到过渡时期总路线的提出，标志着党中央开始改变了原来向社会主义过渡的设想，即不是10年到15年以后才开始采取向社会主义过渡的步骤，而是从现在起就向社会主义过渡。从理论上看，新民主主义社会是一个社会主义因素与资本主义因素同时存在的社会，无产阶级与资产阶级的矛盾是这个社会的主要矛盾。新民主主义社会论逻辑前提的二元论，使人们对所谓"新民主主义秩序"的认识是游移不定的。由于实现社会主义是中国共产党人奋斗的目标，自然希望新民主主义社会的存续时间不是越长越好，而是越短越好。但在现实社会中，真正对毛泽东思考起决定性影响的，是社会主义目标的牵引以及对力量对比的估计，具体说是由以下几个原因引起的。

第一，经济结构发生了重大变化。新中国成立初期，毛泽东和中国共产党人希望通过新民主主义发展生产、繁荣经济，改变中国的落后面貌。1949年到1952年的三年里，在公私兼顾、劳资两利的原则下，社会主义国营经济、合作社经济、国家资本主义经济、个体经济和私人资本主义经济5种经济成分都得到了发展。但由于社会主义经济和半社会主义经济的发展更为迅速，到1952年下半年，中国社会经济形态发生

---

① 《建国以来毛泽东文稿》第4册，中央文献出版社1990年版，第251页。
② 《建国以来重要文献选编》第4册，中央文献出版社1993年版，第700—701页。

了很大变化。国家不仅垄断了金融、统制了对外贸易、掌握了铁路、矿山等经济命脉,而且国营经济在工业中的比重也超过了私人经济,占到了67.3%;国营商业和合作社商业在批发中已占63%,在零售中也占到了43%。同时,私人企业已在国家的掌控之中,半数以上的私人工业已经被纳入国家资本主义轨道,特别是"五反"运动后,私营企业的生存空间已经十分狭小。这种结构性变化是党的领导人原来所没有料到的。工商业公私营比例的显著变化引起了毛泽东的重视,使他认为中国社会主义过渡不仅已在途中,而且还具备了提前过渡的经济条件。这样的认识,在刘少奇1952年10月带给斯大林的信中已表述得非常清楚。

第二,经济社会发展产生了新问题。一个问题是,土地改革后农村逐渐趋于中农化,老区的互助组织开始涣散,对此党内干部普遍表现出担心。根据老区的调查材料,多数土改前的贫雇农逐渐上升为新中农,雇工经营的新富农已经出现,也出现了卖地现象,但是数量不多。这本来正是土改后小农经济自然发展的成果,也兑现了党对于农民发家致富的承诺。然而,各地领导机关对此表现出的不是欣喜,反而是忧心忡忡。他们担忧什么呢?他们担忧的,不在于产生了多少新富农,而在于它所代表的方向以及给农民思想带来的变化。新中农普遍地倾向于单干、个人发家致富,并不要求互助合作,甚至对组织起来感到苦恼,觉得"单干才能发财,有穷有富才能发财"①。农村党员干部思想也出现"退坡"情况,许多人"埋头生产不问政治,只顾个人发财致富,而不顾国家利益"。这使党内一些人担心,如果农民尝到了个人发家致富的甜头,"习惯了新民主主义秩序",就不想社会主义了,形成了所谓"自发的资本主义倾向"。在土改后农村政策应该怎么走的问题上,东北和山西这两个老区首先出现了分歧和担忧,这已经涉及执政党对广大农民领导权的问题了。

另一个问题是,城市开始出现了官商勾结的现象。1951年11月,华北局揭发的天津地委书记刘青山、张子善的贪污案,引起了毛泽东的极大关注,认为出现了"很多党员被资产阶级所腐蚀的极大危险现

---

① 《农业集体化重要文件汇编(1949—1957)》上册,中共中央党校出版社1982年版,第9页。

象"①，促使他在全党发动了一场反贪污、反浪费、反官僚主义的"三反"运动，并将它"当作一场无产阶级和资产阶级之间的大战争"②。从各地揭发的事实表明，许多贪污分子与资本家的贿赂有着密切关系③。一方面，中国民族资本的弱小往往使其采取最为短视的行为；另一方面，私人资本往往会与政权官员相勾结，这就意味着私人资本在获利的同时也代表着政权的合法性在下降。为此，中共中央又决定在私营工商业者中开展反对行贿、反对偷税漏税、反对偷工减料、反对盗骗国家资产、反对盗窃国家经济情报的运动，即针对违法资本家开展"五反"运动。在运动期间，各地集中反映了当时资本积累成本与政权合法性之间互为消长的矛盾关系。例如，在工业比较集中的重庆地区，私营钢铁机器业的不法资本家利用"星四聚餐会"的形式，进行一系列严重违法的地下活动。他们先后拉拢重庆市工商局副局长、西南工业部经理处科长等，垄断了重庆地区国家委托加工订货的分配权，对上蒙骗国家，对下挤垮、吞并中小企业。成渝铁路动工后，他们又以同样手段腐蚀西南铁路局机务处副处长，包揽铁路器材的加工订货业务。仅在制作三十一副道岔的工程中，就通过抬高工价、多报用料等手段，牟取暴利7.4亿余元。

随着各地对资本家"五毒"行为的大量揭露，造成资本家在道义上"灰溜溜、臭烘烘"的④，社会各界唯恐避之不及。这场运动影响所及，也在毛泽东脑子里形成了两个认识：一是加深了对共产党干部道德危机的担忧；二是强化了对私人资本主义的负面印象。所以，1952年6月6日，毛泽东在中共中央《关于民主党派工作的决定（草稿）》上写的批语中指出："在打倒地主阶级和官僚资产阶级以后，中国内部的主要矛盾即是工人阶级与民族资产阶级的矛盾，故不应再将民族资产阶级称为中间阶级。"⑤ 这个批示反映出毛泽东对资本主义和资产阶级的态度发生了变化，预示着中国共产党"公私兼顾"政策将有重大改变。

---

① 《毛泽东文集》第6卷，人民出版社1999年版，第190页。
② 《建国以来毛泽东文稿》第2册，中央文献出版社1988年版，第646页。
③ 《毛泽东年谱（1949—1976）》第1卷，中央文献出版社2013年版，第477、489页。
④ 《建国以来刘少奇文稿》第4册，中央文献出版社2005年版，第527页。
⑤ 《毛泽东文集》第6卷，人民出版社1999年版，第231页。

第三，推进国家工业化建设的需要。按《共同纲领》的精神，新中国初期的新民主主义经济制度，是以公有制为主体、多种经济成分共存的独立自主的国民经济。关于工业建设的路线，是"先轻后重"还是重工业优先，最初有不同意见。应该说，当时新政权的主要任务是恢复国民经济，还未顾得上讨论工业化的路径问题。但是，朝鲜战争爆发后，国际形势的急剧变化对当时中国的内政决策产生了极大的影响。① 中国参加抗美援朝战争及其后的东西两大阵营对峙的国际形势，使得巩固国防安全成为国家面临的头等重要的任务。这样，党最终统一了"重工业优先"的指导思想。

从历史经验看，发展中国家的经济发展战略主要有重工业优先、轻工业优先、进口替代、出口导向、进口替代和出口导向并重等。对于小国来说，出口导向是唯一选择，对于中等发展中国家来说，轻工业优先、进口替代和出口导向并重则为合适选择。但对中国这种大国来说，在恶劣的国际环境下，只有优先发展重工业并兼顾进口替代的发展战略，才是新中国成立初期的不二选择。对此，薄一波曾经回忆说："经过对政治、经济、国际环境诸多方面利弊得失的反复权衡和深入讨论之后，大家认为必须从发展原材料、能源、机械制造等重工业入手。"② 1952年8月，中财委编制出第一个《五年计划轮廓草案》，提出工业建设以重工业为主、轻工业为辅，在可能条件下建设速度应力求迅速。同年12月22日，《中共中央关于编制一九五三年计划及五年建设计划纲要的指示》明确指出："工业化的速度首先决定于重工业的发展，因此我们必须以发展重工业为大规模建设的重点""首先保证重工业和国防工业的基本建设。特别是确保那些对国家起决定作用的，能迅速增强国家工业基础与国防力量的主要工程的完成。"③

推动毛泽东"早过渡"想法的一个关键契机是苏联答应对中国以重工业、国防工业建设为核心的第一个五年计划予以支持。当时，新生政权在管理和组织现代经济方面缺乏必要的知识，更缺乏经验。争取苏联的经济技术援助至关重要。为此，当《五年计划轮廓草案》编制后，中

---

① 林蕴晖、范守信、张弓：《凯歌行进的时期》，河南人民出版社1989年版，第404—405页。
② 薄一波：《若干重大决策与事件的回顾》上卷，中共中央党校出版社1991年版，第285页。
③ 《建国以来重要文献选编》第3册，中央文献出版社1992年版，第449页。

国政府代表团立即携其访问苏联，征询苏方领导人和专家的意见，并寻求苏方的资金技术支持。这个代表团在苏联滞留了大半年之久，才完成了与苏方关于苏联援助的谈判，并据此修订了计划。联系到毛泽东首次提出"从现在就要过渡"的场景，正是发生在1952年9月24日周恩来、陈云汇报访苏结果的中央书记处会议上，改变设想就更有了"恰逢其时"的意味。中国是一个资金短缺的国家，优先发展资本技术密集型的重工业，在当时条件下必然要运用国家的权威进行积累，把资金、人力、物力集中投到重工业上，由此提出向苏联模式的社会主义过渡是十分自然的。因此，毛泽东提出马上开始向社会主义过渡，是当时国内外复杂环境综合使然，也是重工业优先发展战略的必然要求，在当时历史环境下有其合理的依据。

二、富有中国特色的社会主义改造之路

过渡时期的总路线是党对生产资料私有制实行社会主义改造的纲领。1953年9月，在庆祝新中国成立4周年的口号中，中共中央向全党和全国人民公布了这条总路线。随后，各地开展了大规模的宣传贯彻总路线的活动。与此同时，全国启动了大规模的对农业、手工业和资本主义工商业的社会主义改造，推动中国社会经济制度方面的重大变动。

农民个体经济是劳动者的私有制。马克思主义认为，对劳动者不能剥夺。所以，对农民个体经济这种劳动者私有制也不能剥夺。无产阶级在夺取了全国政权以后，对大量存在的小农经济，只能通过合作化的道路进行社会主义改造。新中国成立初期，我国在农业合作化问题上经历了两场争论，一个是关于东北富农问题的争论，一个是关于山西互助合作问题的争论，关系到土改后农村走什么道路的问题。总体上看，农业要朝合作社方向发展，这个大目标在党内是一致的，分歧在于对过渡的条件和步骤有着不同的考虑。

1951年9月，中共中央召开全国农业互助合作会议并形成决议后，党内实现了认识上的基本统一。会议通过的《关于农业生产互助合作的决议（草案）》虽没有明确提出"动摇私有基础"，但也肯定了农民的两种积极性，提出了反对互助合作问题上的两种错误倾向，强调了自愿互

利、民主议定和典型示范的指导原则和不得歧视、打击单干农民。然而其精神侧重点却是要求在土改后的广大农村地区必须通过互助合作的方式发展农业生产，按照积极发展、稳步前进的方针和自愿互利的原则，采取典型示范、逐步推广的方法，大量发展劳动互助组。此后，各地的农业互助合作逐步发展起来。到1952年底，全国40%的农户加入农业生产互助合作组织。1954年参加互助组的农户就占到全国农户总数的58.3%。

开展农村互助合作运动，主观上是为了避免农村重新产生两极分化，客观上却是为了满足国家工业化的积累。1950年的土改法兑现了共产党搞革命动员的承诺，废除地主土地所有制，把它均分给无地和少地的农民。土改后亿万农民拥护共产党，生产积极性也明显增强。在把地主的7亿亩土地分给农民以后，连带上面的500亿斤地租也分给了农民，农民每人每月可以多消费几斤粮食，他们的生活相应得到了改善。然而，在工业化建设的任务确立之后，城市每年需要700亿～800亿斤粮食，通过农业税征收上来的仅有300多亿斤，剩下400亿斤的缺口就无法稳定解决了。这说明，农村组织起来搞合作化有一个很重要的原因就是国家必须进行重工业优先的工业化积累。1953年9月，梁漱溟和毛泽东的那场争论中，针对梁漱溟"工人生活在九天之上农民生活在九地之下"的发言，毛泽东提出了"小仁政"和"大仁政"的观点。坚持工业化建设优先，这当然会侵犯到农民当下的利益，说明长远利益和当下的利益是有冲突的。

党在过渡时期的总路线正式公布后，1953年10月，党中央召开第三次互助合作会议，通过了《关于发展农业生产合作社的决议》。决议分析了土改后农民具有个体经济和互助合作的两种积极性，总结了发展农业生产合作社的经验，阐明了农业社会主义改造的道路。决议强调，必须坚持自愿互利、典型示范和国家帮助的原则。决议肯定了初级农业生产合作社的优越性和它在整个互助合作运动中的重要地位，指出初级社是引导农民过渡到更高级的完全社会主义的农业生产合作社的适当形式，是我们领导互助合作运动继续前进的重要环节。为此，中央要求各级党委要更多更好地注意对发展农业生产合作社的领导，贯彻"积极领导，稳步前进"的方针，既反对放任自流，也反对盲目冒进。中央这一决议发表后，一个以初级社为中心的农业合作化运动迅速发展起来。

初级社由于没有废除生产资料的私有制，并采取了土地入股分红的形式，比较符合当时农民的觉悟程度和生产力发展水平，因而促进了生产的发展。加之党和国家从各个方面支援合作社，使广大农民看到了合作社的好处，纷纷要求参加合作社。因此，在1953年冬到1955年上半年，农业生产互助合作运动有了很大发展。到1955年秋收前，全国初级社已达63.4万个，为1953年的41.3倍；参加农户数为1692万户，是1953年的61.5倍，占全国农户总数的14.2%。与此同时，根据总路线的精神，向高级社的过渡也已开始。高级社由重点试办阶段转入开始在有条件的地区创造经验、准备逐渐推广。到1955年，全国已建立高级社529个（1953年是15个），参加农户4万余户（1953年是2000户）。在63万多个合作社中，80%的社都增加了产量，充分显示了互助合作道路的优越性。

但是，到了1955年夏季，中共领导层就合作化速度问题产生了分歧。1955年7月，党中央召开了省、市、自治区党委书记会议，毛泽东作了《关于农业合作化问题》的报告。报告系统地总结了我国农业合作化的历史经验，从理论上阐明了我国农业社会主义改造的道路、步骤和方法；论述了社会制度革命和技术革命的关系，指出这两种革命必须同时进行。报告还规定了"全面规划，加强领导"的方针，并重申了自愿互利、逐步推广的原则；提出根据农村各阶层农民不同的经济地位和觉悟程度，有先有后，分批吸纳入社；强调注重办社质量，办社前后要有充分的准备，建社后要做好整顿巩固的工作。报告根据我国合作化运动的发展形势，指出全国农村新的社会主义的群众运动高潮就要到来。据此，报告强调了在合作化运动中要反"右倾"，并把持慎重态度的邓子恢和农村工作部批评为"小脚女人"，从而埋下了急躁冒进的祸根。

省、市、自治区党委书记会议后，毛泽东的报告传达到全国，农业生产合作运动开始以迅猛的速度向前发展。特别是1955年10月召开的中共中央七届六中全会，根据毛泽东的报告，通过了《关于农业合作化问题的决议》，再次对所谓"右倾机会主义"作了不符合实际的批判。于是，急躁冒进的情绪有了很大滋长，农业合作化运动进入高潮。从1955年秋季开始，初级社迅速向全国普及。1956年春，全国初级社立足未稳,其优越性还远远没有发挥出来,中共中央又提出向高级社过渡的要求。到1956年底,加入合作社的农户占全国农户总数的96.3%,其中参加高级社的农户占农户总数的87.8%。这就使当初中央预计要经过三个五年计划"过渡到社会主义去"的历史任务,仅仅用了四年的时间就完成了。这种形势对手工业、资本主义工商业的社会主义改造产生了直接的影响。

对个体农业的社会主义改造工作在后期要求过急、步子过快、工作过粗,形式过于单一,一定程度上挫伤了农民的积极性,也给农业生产造成了不利影响,但从总体上看,仍然促进了生产力的发展。其中的缘由,正如陈云所指出的:"农业增产有三个办法:开荒,修水利,合作化。这些办法都要采用,但花钱少、见效最快的,还是合作化。""搞合作化,根据以往的经验,平均产量可以提高百分之十五到三十。并且只有在农业合作化以后,各种增产措施才更容易见效。"[①] 这种认识基本上代表了当时党的高层的普遍认识。这种认识不无道理:因为组织起来的合作经济能够突破小生产的局限,解决单家独户难以解决的困难。也就是说,合作农业比个体农业更能发挥原有生产力的作用,挖掘生产潜力,提高农业产量。事实正是如此:1953—1957年,全国农村扩大耕地面积867万亩,新增灌溉面积2.18亿亩,水利投资26.7亿元,农业总产值年均增长4.5%。随着农业的较快增长,农业对工业建设和出口的贡献明显增大。这一时期,农民通过缴纳农业税累计向国家提供资金151亿元,共计出口粮食997万吨,为国家创造了宝贵的外汇收入,大力支持了国家工业化的起步建设。

个体手工业,就是主要依靠个体或家庭手工劳动、使用简单工具的小规模工业和服务业。早在1951年和1952年,中共中央就先后两次召开全国手工业合作会议,研究和部署手工业的社会主义改造工作。我国手工业的社会主义改造,采取了类似个体农业的逐步过渡的方法,是通过合作化道路进行的。它的指导思想是根据马克思列宁主义关于改造小生产的原理,结合我国国情,在新中国成立初期及时制定了恢复和发展手工业生产和对手工业进行社会主义改造的方针政策,采取从供销入手

[①]《陈云文稿选编(1949—1956年)》,人民出版社1982年版,第224页。

等积极措施，充分发挥手工业在国民经济中的作用。在国民经济恢复时期，一方面，手工业生产迅速得到恢复和发展。全国手工业从业人员由1949年的585.5万人增加到736.4万人（如果包括广大农村集镇的1200多万农民兼营性手工业生产人员在内，合计约2000万人），产值由1949年的32.3亿元上升到73.2亿元，达到新中国成立前最高年产值——1936年产值的96.6%。另一方面，按照"积极领导，稳步前进"的方针摸索前进，国家有重点、有步骤地对手工业合作社进行了典型试办，重点是创办手工业供销生产小组或合作社。全国手工业合作社由1949年的300多个发展到2700多个，社员由1949年的8.8万多人发展到25万人，产值增加到2.5亿元。这个时期的手工业生产合作工作是稳步前进的。

1953年，我国进入国民经济建设的第一个五年计划时期，党中央在正式提出了党在过渡时期的总路线以后，各方面对手工业产品的需要大量增加。这时，分散、落后的个体手工业生产同国民经济不断发展的需要之间的矛盾日益突出。同时，由于前一时期手工业合作社的典型示范作用，广大手工业劳动者和手工业工人纷纷要求组织起来，参加各种类型的合作组织。为此，1953年11月，全国合作总社联合总社召开了具有重要历史意义的第三次全国手工业生产合作会议。会议过程中，刘少奇作了《关于手工业生产合作社问题》的指示，首先着重讲了手工业生产合作社的任务，同时讲了为什么要对手工业实行社会主义改造和手工业合作化的目的、组织对象和生产关系的改变，强调集体经济要保持稳定。朱德在会上作了《把手工业者组织起来，走社会主义道路》的报告，强调手工业在国民经济中的地位、作用以及改造的必要性。他主张把个体手工业者组织起来，应该是从实际出发，采取灵活多样的不同形式，循序渐进、由小到大、由低级到高级，绝对不要规定一个死格式到处硬套。会议根据党在过渡时期的总路线和总任务的精神，总结了几年来党对手工业社会主义改造的三种组织形式（生产小组、供销生产社、生产合作社）和初步经验，明确了手工业社会主义改造要采取"积极领导，稳步前进"的方针。

这次会议为手工业合作化的全面发展铺平了道路，由此，手工业合作化进入了普遍发展阶段。各地在贯彻执行第三次全国手工业合作会议精神时，一般都很注意根据生产发展的需要和手工业劳动者的要求，采用多种多样的灵活组织形式，引导手工业劳动者根据自愿互利原则组织起来。既反对要求过高过急，贪多贪大、盲目发展，也反对放任自流、听其自然，停步不前的倾向，并继续注意整顿和发展相结合，注意培养典型、树立榜样。同时，各地都很重视新中国成立以来各地群众创造的3种主要组织形式，即经过手工业生产小组、手工业供销生产社或经过这两者中间的一种，过渡到手工业生产合作社，是由小到大、由低级到高级的一种发展过程，但并不是都经过这个过程，而是因地制宜、因社制宜，因而手工业合作化工作进展得比较顺利、比较健康。到1955年6月，全国手工业合作组织达到4.98万个，参加合作社的手工业者达143.9万人，占手工业从业人员总数的17.5%。

到了1955年下半年，在农业合作化高潮的刺激下，手工业者要求组织起来的情绪也十分高涨。在仅仅半年时间内，全国手工业合作组织就增加1.48万多个，社（组）员人数增加了53.5%。特别是在1955年12月，毛泽东在《中国农村的社会主义高潮》序言中批判了所谓"右倾保守思想"，并说中国的手工业和资本主义工商业的社会主义改造，也应当争取提早一些时候去完成，才能适应农业发展的需要，还提出了手工业的社会主义改造速度问题，在1956年上半年应当谈一谈以后，既形成了对手工业合作化加快发展的强大动力，也形成了对手工业战线干部的巨大压力。在此背景下，全国手工业合作总社筹委会于12月9日召开了全国重点地区手工业组织检查工作座谈会，检查了所谓"与总路线要求不相适应的保守思想"，提出"加快发展，迎接高潮，全面规划，计划平衡"的新的组织任务。接着于12月21日至28日，召开了第五次全国手工业生产合作会议，研究提出了在第一个五年计划期间要基本完成对手工业社会主义改造的全面规划。

进入1956年，毛泽东指出手工业改造"太慢了，不积极"和"加快手工业的社会主义改造"要求下，手工业社会主义改造掀起了一个又一个高潮。到1956年底，全国手工业生产的合作社、组发展到10万多个，参加人数达604万，占手工业从业人员总数的92%，产值比1955年增长15.61%。其中，集体手工业产值比1955年增长2.68倍。至此，中国手工业基本上实现了从个体经济到集体经济的伟大变革，初步建立起了新型的社会主义集体工业经济。从总体来看，发展方向是对的，成就是主要的。

在马克思、恩格斯看来,无产阶级在夺取政权以后,必须通过变化资产阶级占有的生产资料为社会主义的共有财产,建立起社会主义的经济基础。他们认为实现这种"变化"的途径有两条:一是无偿占有;一是和平赎买。新中国成立以后,党中央和毛泽东从中国的具体情况出发,把马列主义关于对资产阶级实行和平赎买的理论同中国革命的具体实际结合起来,创造性地开辟了一条改造资本主义工商业的道路,即对私人资本主义采取利用、限制、改造的政策,以赎买的形式把私人资本主义改造为社会主义性质。

对资本主义工商业的社会主义改造,是通过国家资本主义道路进行的。国家资本主义国家分为初级、高级两种形式。初级形式是国营经济和国家有关单位对私营工业实行委托加工、计划订货和统购包销;对私营商业则让它为国营商业经销代销。高级形式是国家对资本主义企业实行公私合营。先是个别企业的公私合营,以后进一步发展为全行业的公私合营。从改造过程看,实际上从中华人民共和国成立,特别是从1950年工商业的合理调整就开始了。这个改造大体经过了三个阶段。

第一阶段,是从新中国成立到1953年。在这期间,党和国家对资本主义工商业主要实行委托加工、计划订货、统购包销和经销代销,把资本主义逐步引上了社会主义改造的轨道。这些经过初步改造的资本主义经济,已经不是一般的资本主义经济,而是一种特殊的资本主义经济。因为它是在人民政府的管理之下,用各种形式和国营社会主义经济联系着,并接受工人的监督。它不是为了资本家的利润而存在,而是为了供应人民和国家的需要而存在。这是一种带有一定社会主义性质的国家资本主义经济。这种初级形式的国家资本主义在恢复和发展经济、满足人民生活的需要方面,在限制资本主义企业生产的无政府状态及资本主义的剥削方面起了积极的作用。

第二阶段,是1954年至1955年下半年。党把国家资本主义的初级形式推进到高级形式,开始实行个别企业公私合营。1954年1月,中央财经委员会提出《关于有步骤地将有十个工人以上的资本主义工业基本上改造成为公私合营企业的意见》。9月,政务院公布了《公私合营工业企业暂行条例》,为实行公私合营制定了政策,从而加快了公私合营的步伐。公私合营，就是国家向私营资本主义企业投资入股，并派干部参加企业的管理。企业的利润分配，按照国家的税收、资本家的股息和红利、工人的奖金和福利、企业的公积金4个部分进行，俗称为"四马分肥"。这种公私合营企业的生产关系发生了根本的变化：企业的领导权基本上掌握在国家手中，生产资料的所有权由原来的资本家所有变为公私共有，企业的生产和经营管理克服了资本主义生产的无政府状态，完全纳入了国家的计划，按照社会主义经营的方向发展。因此，这种公私合营企业已基本上属于社会主义性质了。由于党的政策正确、方法对头、步骤稳妥，公私合营工作进行的比较顺利。到1955年底，公私合营的工业产值已占资本主义工业产值的50%，公私合营和合作化商店占私营商业零售额的45%。

第三阶段，是1955年冬到1956年初，大力推行全行业的公私合营。1955年下半年，全国掀起了农业合作化高潮，亿万农民走上了社会主义集体化道路。这一形势，促进了资本主义工商业社会主义改造高潮的到来。1955年11月，中共中央召开对资本主义工商业的改造会议，通过了《关于资本主义工商业改造问题的决议（草案）》，确定私营工商业的社会主义改造，开始从个别企业的公私合营推进到全行业的公私合营，并指出实行全行业公私合营是过渡到完全社会主义公有制具有决定意义的重大步骤。在全行业的公私合营企业里，资本家失去了生产资料的所有权、企业的管理权、利润分配权，资本家的权利仅被限制在获得定息上。

1956年1月里，全国50多个大中城市全部实现了工商业全行业的公私合营。进行全行业公私合营时，对私营工商业主的生产资料进行清理估价、核定私股金额、按期发给固定股息。1956年7月28日，《国务院关于对私营工商业、手工业、私营运输业的社会主义改造中若干问题的指示》中规定：全国公私合营企业的定息户，不分工商、不分大小、不分盈余户亏损户、不分地区、不分行业、不分老合营新合营，统一规定为年息五厘，即年息5%，个别需要提高息率的企业，可以超过五厘。过去早已采取定息办法的公私合营企业，如果它们的息率超过五厘，不降低，如果息率不到五厘，提高到五厘。期限原定7年，后延长为10年。同年底，全国全行业公私合营改造基本完成。至此，企业的生产关系已经发生了根本的变化,这样的企业实际上成为社会主义的国营企业。

到 1956 年底,"三大改造"的任务提前完成。农业方面,参加初级社的农户占总农户的 96.3%,其中参加高级社的达到总农户的 87.8%;手工业方面,全国加入手工业生产合作社、组的从业人员达到总数的 91.7%;工商业方面,原有私营工业已有 99% 的户数、98.9% 的职工及 99% 的总资产以及私营商业 82.2% 的户数实现了全行业的公私合营。[①] 生产资料所有制改造任务的基本完成,使中国胜利地实现了从新民主主义到社会主义的过渡,社会主义公有制经济在整个国民经济中确立了自身的主体地位。

三、这的确是"伟大的历史性胜利"

新中国成立后,中国共产党根据国家政治经济形势的变化,提出了过渡时期总路线,全国开始进行大规模的工业化建设和社会主义改造。为适应国内外形势发展的变化,1954 年制定的《中华人民共和国宪法》对中国社会主义社会的根本政治制度作了更为完备的法律规定。宪法还规定了公民的基本权利和义务,使中国人民的基本人权在新中国第一次获得了宪法上的保障。

继建立社会主义基本政治制度之后,社会主义的基本经济制度也建立起来了。这是中国历史上最伟大、最深刻的社会变革。首先,完成生产关系的变革,实现了从新民主主义到社会主义的转变。中国数千年以来的私有制度,造成了从事个体经营的小生产者的汪洋大海,严重束缚了生产力的发展。三大改造最突出的成就就是实现了生产关系的根本变革,变私有制为公有制,完成了从新民主主义到社会主义的转变,使中国进入了一个新的历史阶段。其次,消灭剥削制度,并将剥削者改造成自食其力的劳动者。国家用和平的方法改造了资本主义工商业,使资产阶级失去了剥削工人的生产资料,从而消灭了资产阶级。对于农村中的富农,国家采取从限制到逐步消灭的政策。无论是资本家还是富农,都

[①] 该组数据来自董志凯等主编:《中华人民共和国经济史(1953—1957)》(上),社会科学文献出版社 2011 年版,第 209、239、259 页。

采取教育和改造，让他们参加学习和劳动，在劳动中改造成为新人。

三大改造的胜利完成具有深远的历史意义。第一，我国的经济结构发生了根本的变化，社会主义经济占绝对优势。国营企业、合作组织企业、公私合营企业等社会主义、半社会主义企业，在国民经济总收入中已达93%。它表明了以生产资料公有制为基础的社会主义制度已经确立。第二，调动了广大群众进行社会主义建设的积极性，巩固了人民民主专政。社会主义改造的胜利，标志着我国社会最后一个剥削阶级已经基本消灭，曾是中国社会主要矛盾的资产阶级与无产阶级之间的矛盾也已基本解决。这个涉及几亿人口的大规模社会变革，不仅避免了在这种情况下通常难以避免的工农业生产下降、商业萎缩、市场萧条、工人失业等不良后果，而且促进了我国社会生产力的发展，使农业生产增长了79%，使原来私营工业的产值增长了一倍多，私营商业的零售额增长了25%左右。第三，社会主义改造的胜利，充分表明了中国共产党根据马列主义的普遍原理结合中国的具体实践所制定的过渡时期的总路线是正确的，三大改造的理论、方针和政策也是符合客观实际的。三大改造的顺利进行，特别是对民族资产阶级实行和平赎买政策的实现，在国际共产主义运动历史上是一个伟大的创举。它是有中国特色的社会主义改造的道路，充实、丰富和发展了马克思列宁主义，是马列主义在中国的又一个胜利。

正因如此，1956年党的八大明确指出，现在这种社会主义改造已经取得决定性的胜利，这就表明，我国的无产阶级同资产阶级之间的矛盾已经基本上解决，几千年来的阶级剥削制度的历史已经基本上结束，社会主义的社会制度在我国已经基本上建立起来了。在新中国成立以后几年的时间里，我们党就在一个人口众多的农业国实现了生产资料所有制的社会主义改造，进入了社会主义初级阶段。这是怎么估计都不过分的巨大成就。正如1981年6月党的十一届六中全会通过的《关于建国以来党的若干历史问题的决议》所指出的：在一个几亿人口的大国中比较顺利地实现了如此复杂、困难和深刻的社会变革，促进了工农业和整个国民经济的发展，这的确是伟大的历史性胜利。

首先，社会主义改造将农民、手工业者的个体经济转变为社会主义集体经济，将资本主义私有制转变为社会主义公有制，消灭了剥削制度和剥削阶级，建立了以生产资料公有制和按劳分配为主要形式和特点的社会主义经济制度，从而实现了中国历史上几千年来最伟大最深刻的社会变革，实现了中国共产党领导中国革命的基本目标。

其次，作为一场涉及亿万人民的社会制度的大变革，不但没有造成大的社会动荡和生产力的破坏，而且是在国民经济稳定增长和人民普遍拥护的情况下实现的，促进了社会生产力的发展。这确实是一个奇迹。在生产发展方面，1953—1956年工农业总产值年均递增11.6%。工业增长速度很快，年均递增19.6%，其中重工业为27.1%，轻工业为14.3%，工业主要产品产量均有大幅度增长。农业总产值年平均增长4.8%。按人口平均的粮食产量由579斤提高到620斤，增加了41斤；棉花由4.6斤增至4.7斤，增加0.1斤；食油由14.7斤增至16.4斤，增加1.7斤。

再次，从中国的基本国情出发，创造了一系列由低级到高级的改造形式，走出了一条有中国特色的社会主义改造道路。特别是在资本主义工商业改造方面，利用各种形式的国家资本主义，成功地实现了对资产阶级的和平赎买，并把资本家改造成为自食其力的劳动者，这是国际共产主义运动史上的一个创举。

由于社会主义制度具有集中力量办大事、促进社会生产力迅速发展的优越性，对于中国这样一个经济文化落后的国家来说，通过社会主义道路实现工业化、现代化，这是最好的选择。在社会主义改造的过程中，后期确实出现了要求过急、工作过粗、改变过快、形式过于单一等问题，使得所有制的变化脱离了生产力的实际水平和群众要求，从而给经济社会秩序造成了不适感。但从总体看，在一个几亿人口的大国比较顺利地实现如此复杂、困难和深刻的社会变革，同时促进了工农业和整个国民经济的发展，的确是一个伟大的历史性胜利。社会主义制度的建立，为此后中国的长远发展和进步提供了制度基础，为中国特色社会主义道路奠定了起步基石。

就国家和民族如何发展而言，"道路"既紧扣社会制度、国家体制与政治架构，又关联实践路径、行为模式和发展方式，还与战略规划、发展目标和未来指向密切相关。社会主义制度的建立，带来了中华民族历史上最为深刻的政治、经济和社会变革：从土地改革到妇女解放，从普及教育到基本医疗保障，从一个接一个的五年计划规划到全方位对外开放，从完整工业体系的建立到独立的国防和科技体系的确立等，这些都为中国和平发展的成功铺平了道路。人民代表大会制度、中国共产党领导的多党合作和政治协商制度等一整套制度安排，使中国的决策过程和政策内容更能体现人民的整体和长远利益。用社会主义生产关系能够更有效、更快地发展和运用这种生产力，其核心机制之一就是集中力量办大事。所谓大事，就是在尽可能短的时间里缩小与资本主义在主要生产力上的差距。

近代中国历史反复证明：在帝国主义列强控制了国家主权的历史条件下，中国失去了通过资本主义道路实现民族独立和国家富强的历史机缘，因而新民主主义革命的必然结果，是通过建立崭新的社会主义制度来实现国家现代化和民族复兴。1956年中国社会主义制度建立以来，在中国共产党的领导下，经过大规模的社会主义建设和波澜壮阔的改革开放，中国已经从"一穷二白"变成了"全面小康"，古老的中华民族以崭新的姿态进入到世界舞台的中央。这个基本的历史事实表明，中国的社会主义基本制度符合中国的实际情况和广大人民的切身利益，具有伟大的生命力。因此，我们必须肯定1956年中国历史的伟大转折，必须牢记"只有社会主义能够救中国"这个历史性的真理。正如党的十七大所指出的："新民主主义革命的胜利，社会主义基本制度的确立，为当代中国一切发展进步奠定了根本政治前提和制度基础。"坚持走社会主义道路，这是人民共和国不可动摇的基础。

第四章

"东方巨响"震惊世界

——"两弹一星"彰显中华民族创造伟力

邓小平曾经指出:"如果六十年代以来中国没有原子弹、氢弹,没有发射卫星,中国就不能叫有重要影响的大国,就没有现在这样的国际地位。这些东西反映一个民族的能力,也是一个民族、一个国家兴旺发达的标志。"① 中国"两弹一星"的成功研制,维护了国家安全和世界和平,巩固了中国的大国地位,并且极大地提升了中华民族的精神气质。

"两弹一星"的成功研制,创造了尖端武器不对称发展的奇迹,为中国振奋,为世界惊叹。如今,当我们掷地有声地处理国际核问题时、当我们骄傲地展示高新精尖武器装备时,更应该扪心叩问:铸核路上何等艰辛,那是一条怎样的拓荒路?从一无所有到举世瞩目,中国人究竟创造了怎样的人间奇迹?当时到底是一种什么样的力量促使第一代"拓荒者"能够如此一往无前、奋不顾身呢?

一、伟大的国家,需要强大的国防

1945 年 7 月 16 日,人类历史上首次核试验在美国新墨西哥州阿拉莫戈多附近的沙漠地区进行了。从此,人类进入了一个崭新的时代——

---

① 《邓小平文选》第 3 卷,人民出版社 1993 年版,第 279 页。

第四章
"东方巨响"震惊世界

核时代。随后不久，8月6日、9日，代号为"小男孩"和"胖子"的原子弹被分别用于对日本广岛和长崎的军事行动当中。连续两次投爆原子弹，以一种极为令人震撼的瞬间杀伤方式向世人昭示：美国已经拥有一种足以称霸世界的绝对武器。在当时那一刻，即使美国领导人假装低调，但美国终究没有作出"谦谦君子"的姿态。新中国成立后，美国对中国采取了政治上孤立、经济上封锁、军事上威胁等政策，尤其是在朝鲜战争期间，美国依仗其核优势，曾多次向中国发出核威胁。

朝鲜战争爆发当日，杜鲁门便下达命令，一旦苏联参战就对其在远东的空军基地（包括在中国大陆的机场）发动核攻击。但是，中国领导人并没有被美国的核威慑吓倒，应朝鲜党和政府请求，中国政府毅然作出了出兵援朝的决定。中国人民志愿军入朝参战后不久，美国陆军情报部门就提出对人民志愿军使用原子弹的建议，他们认为一旦中国共产党发动全面攻势，对其部队和物资集结地使用原子弹，也许是使联合国军守住防线或尽早向中国东北边境推进的决定性因素。11月28日，陆军情报部门再次提出建议，必须向中国发出警告，如果中国不立即从朝鲜撤兵，美国将对中国采取必要的海空行动，包括使用原子弹。1950年11月30日，杜鲁门公开声称，美国将采取任何必要的措施去应对当前的军事形势，包括使用原子弹。1951年4月5日，杜鲁门又批准了参谋长联席会议主席布雷德利提出的向关岛和冲绳部署核武器的建议。4月9日，9架携带核弹头的B－50轰炸机飞往关岛的安德森空军基地。这样，一旦华盛顿发出指令，这些轰炸机即可在16小时内准确地向预定目标投掷原子弹。

1951年6月10日，中国人民志愿军取得了入朝参战后第五次战役的胜利，美国被迫接受朝鲜停战谈判。但是，此时此刻，美国仍寄希望于原子弹。谈判期间，美国陆军部还派人到朝鲜实地考察了使用战术核武器的可能性问题，发现平壤附近集结了大约25万中朝军队，为实施战术核攻击提供了可能。但考虑时机尚不成熟，美国决定先在朝鲜实施模拟战术核攻击，一来美国战略空军可以积累向地面部队提供核支援的经验；二来还能达到向中国施压的目的。

1952年9月至10月，美军在朝鲜实施了代号为"哈德逊港行动"的秘密军事演习。为研究核武器在战场上的实战效能，此次演习严格按照核攻击的方式进行。到 1952 年底，美军已经储备了大量的核弹头，并开始大规模生产用来打击军事目标的战术核武器。此外，一个 F−84 战斗机中队在日本完成了机组人员投掷战术核武器的训练，部署在朝鲜半岛的美国海军也装备了小型原子弹。

正如美国前总统胡佛 1950 年 12 月 20 日于纽约发表广播演说时所讲的那样：当我们对当今世界实际军事力量做出衡量，就必定可以得出某些基本结论，这其中，在军事方面，我们必须认识到原子弹远不像一度想象的那样是绝对优越的武器。[①] 美国接二连三的原子叫嚣，包括所谓的"考虑原子弹的使用"[②]，"要用原子弹轰炸我国"[③]，甚至是实实在在的核部署，反而将原子武器的使用限度暴露得淋漓尽致。事实上，美国军队在朝鲜用尽了空前未有的残酷手段，包括所有各种大规模杀伤性的武器，如细菌武器、毒气弹、凝固汽油弹，但却唯独没有使用原子弹。

尽管如此，中国也不会自欺欺人到视而不见原子弹的地步。朝鲜战争是一场武器装备水平相差极为悬殊的对抗。一边是超级大国的飞机大炮原子弹，另一边却是中国人民志愿军陈旧落后的武器装备。在当时，我们只有一些解放战争时期使用过的轻武器和少量火炮，基本没有可供作战用的飞机、坦克等重型武器。谈及武器装备，可以把时间回溯到 1949 年新中国成立之时。

难忘那场开国盛典的升旗，更难忘那场"万国牌"的盛大阅兵。这是新生的中国在极其困难的条件下进行的首次大阅兵。在阅兵式上，受阅坦克、装甲车 152 辆，汽车 222 辆，军马 2344 匹，飞机 17 架。在这 17 架飞机中，有 4 架战斗机是执行防空警戒任务带弹受阅，参阅的 110 多种、82 种口径的轻重武器装备，却产自世界 24 个国家的 98 个工厂，甚至连毛泽东主席的检阅车都是战争中缴获得来的美式吉普车。看到这些日本货、美国货，有人说，这是美帝国主义和日本帝国主义为咱装备的。也有人说这是他们的运输大队长蒋介石送给咱们的。可是，殊不知，这样幽默的话语中却尽是酸楚。人民军队从井冈山一路走来，走过人类历史上绝无仅有的万里长征，走过艰苦卓绝、浴血荣光的 14 年抗

---

① 《美国反动头子胡佛演说全文》，《人民日报》1950 年 12 月 29 日。
② 《斩断帝国主义侵略的"长矛"》，《人民日报》1950 年 12 月 2 日。
③ 《剥落"蒙面强盗"的面具》，《人民日报》1950 年 12 月 3 日。

战,走过"将革命进行到底"的解放战争,虽是创造了"小米加步枪"打败飞机和大炮的战争奇迹,虽是打破了帝国主义国家的核威慑,但不得不承认的是,我们的军事建设尚处于比较低级的阶段,正规化的程度也很低,我们的武器装备终归只是"小米加步枪",我们没有自己的飞机和大炮,更没有核武器。

因此,"对于美国战争贩子们所鼓吹而且醉心的原子战略",正如当年美国的一位海军军官海斯勒在他的《战后余生》一书中所评价的:"战争威胁,加上大量屠杀的卑鄙的牛皮,已经成为今天外交政策的基本工具。"[①] 中国领导人在这场被原子威胁充斥着的战争中意识到了核武器的战略制衡作用,认识到了原子弹对于国家安全和国家地位的重要意义,更体会到了国防现代化建设的必要紧迫性。因此,为维护国家安全、巩固国家地位、提升国家威信,中国必须发展原子能事业,研制出自己的尖端武器装备。

国防现代化建设是国家建设的重要组成部分。新中国成立后,随着全国形势和当前任务的变化,人民解放军的任务也发生了重大变化。早在1949年元旦,毛泽东在新年献词《将革命进行到底》中,就初步擘画了人民军队的建设目标。他指出,1949年中国人民解放军将向长江以南进军,将要获得比1948年更加伟大的胜利。人民解放军主力兵团的作战将要摆脱现在还存在的某些游击性,进入更高程度的正规化。1949年9月,在中国人民政治协商会议第一届全体会议上,毛泽东指出,我们的国防将获得巩固,不允许任何帝国主义者再来侵略我们的国土。在英勇的经过了考验的人民解放军的基础上,我们的人民武装力量必须保存和发展起来。1950年9月,毛泽东进一步强调,中国必须建立强大的国防军,并把建立强大的国防军与建立强大的经济力量,作为摆在中国人民面前的两件大事的重要地位。同月,毛泽东为全国战斗英雄代表大会题词:"为建设强大的国防军而奋斗。"据此,中央军委提出了新中国军队建设的总目标和总任务是为建设现代化正规化的国防军而奋斗。从此,人民解放军的建设开始了由单一军种向诸军兵种合成军队转变、由低级阶段向高级阶段转变的历程。

---

① 《剥落"蒙面强盗"的面具》,《人民日报》1950年12月3日。

1953年12月7日,全国军事系统党的高级干部会议在北京召开。会议明确指出,人民解放军要"用五年到十年左右的时间,逐步达到武器装备现代化,编制体制合理化,军事制度和军事训练正规化。"① 这次会议是新中国国防史和人民解放军建军史上一次划时代的会议,标志着新中国国防现代化目标的基本确立,是人民解放军由革命战争年代向和平建设时期转变的里程碑。

此后,人民解放军现代化、正规化建设全面展开,逐步一边改善常规武器装备,一边酝酿尖端武器发展之路。在当时的国际环境下,发展尖端武器装备、原子武器的研制必然首当其冲。人民解放军在现代化建设的过程中,如何酝酿尖端武器装备,尤其是原子武器的发展,很大程度上受国际因素的影响,主要是受苏联有关原子武器军事演习的激励,这也是中国之所以在20世纪50年代初期开启人民解放军武器装备现代化历程的又一因素。

1954年下半年,受苏联邀请,人民解放军曾两次派代表去苏联参观苏军有关原子弹的演习,加深了人民解放军对原子弹的认识,也使得人民解放军对研制原子武器的心情变得更为迫切。一次是在10月7日至20日,张宗逊副总参谋长率代表团赴苏联远东巴拉巴什地区观摩苏军在原子武器条件下的抗登陆演习。此次演习有6万多官兵参加,并使用了6枚演习原子弹。

在此之前,还有一支规模更高的代表团赴苏参观了原子弹实爆演习。1954年9月9日,彭德怀、刘伯承、粟裕、陈赓、许光达、刘亚楼、邓华等率军事代表团赴苏联参观原子弹实爆军事攻防对抗实兵演习。这次演习有45000余苏联官兵参加,并用飞机投下了原子弹。在赴苏参观演习之前,彭德怀一行作了充分的相关准备。8月20日,受彭德怀的邀请,钱三强到彭德怀的住处中南海永福堂,向赴苏参观军事代表团介绍了原子弹、氢弹的原理和构造等情况。会上,彭德怀问钱三强:"中国要搞原子弹,怎么搞?最关键的技术、设备是什么?"钱三强回答说:"生产原子弹原料,反应堆比气体扩散法省力,但应先建一个实验性原子弹反应堆准备条件。"钱三强还特别强调:"当前最重要的是

---

① 《彭德怀传》编写组:《彭德怀传》,当代中国出版社2006年版,第299页。

第四章 "东方巨响"震惊世界

要研制实验性反应堆和回旋加速器，培养人才，聚集力量，为建设原子核工业和研制核武器做准备。"①

这一次见面会让彭德怀一行明确了此行的任务不仅仅是参观苏联的核爆炸实验，更重要的是要向苏联发出核求援的信号。因此，在苏联期间，彭德怀便同陈赓一起向苏联方面试探了援助研制反应堆和回旋加速器的可能性。在17日进行的演习总结会上，苏联部长会议主席布尔加宁把苏联飞行员投原子弹的金钥匙的复制品送给了彭德怀。会后陈赓说："光给一把钥匙，不给原子弹有啥用？"彭德怀说："你是军事工程学院院长，咱们还是自己干吧！"10月，赫鲁晓夫、布尔加宁、米高扬等苏联领导人前来北京参加新中国成立五周年庆典。此时，彭德怀仍惦记着钱三强曾建议的关于反应堆和加速器的事情，他亲自向负责中苏合作谈判的李富春说："要把建造反应堆和加速器问题，提请苏联帮助。宁可削减别的项目，这个堆和器一定要争取尽早建起来。"② 1955年2月18日，彭德怀在关于1954年军事工作的书面报告中首次向中共中央提出了"要逐步研究和争取生产核子武器"的建议。③ 5月，彭德怀参加华沙条约国会议顺访苏联时，又亲自向赫鲁晓夫、朱可夫等提请，希望苏联能够帮助中国建造反应堆和回旋加速器。

1955年6月底，北大西洋公约组织在西德、荷兰、比利时和法国东部举行了代号为"空白纸"的空军演习。此次演习，美、英等国空军出动飞机3000多架，历时8天，是第二次世界大战后最大规模的空军演习，目的在于试验"闪击式原子战"的可能性和效果。据中国驻德意志民主共和国大使馆研究室编写的专题资料介绍，美英在分析演习结果时，尤其夸大了原子弹的威力并强调了主动进攻的优越性，某些高级军官甚至还公开表示未来的世界大战可在几天内决定胜负。10月13日，彭德怀把演习情况向毛泽东作了书面汇报。10月19日，毛泽东批语："此件可以一阅。"④ 显然，美英国家又在拿原子弹进行叫嚣，其所宣称

---

① 葛能全：《钱三强年谱长编》，科学出版社2013年版，第246页。
② 葛能全：《钱三强年谱长编》，科学出版社2013年版，第247页。
③ 王焰：《彭德怀年谱》，人民出版社1998年版，第590页。
④ 《建国以来毛泽东军事文稿》中卷，军事科学出版社、中央文献出版社2010年版，第288页。

的"主动进攻的优越性"只不过是想制造美国随时有可能再次投放原子弹的紧张气氛。对此，毛泽东仍然坚持战略上藐视敌人，战术上重视敌人的原则，"不知道美国哪一天来放原子弹，究竟放不放？原子弹并不比刀、枪厉害，你们相信不相信？……我们要准备着。我们无原子弹，不想打。苏联有，也不想打。但如果帝国主义丢下原子弹，我们准备打。"①

总之，抗美援朝战争期间，人民解放军的武器装备虽在机械化方面取得了一些进步，但由于战争尚未停火，国家也还处在国民经济恢复时期，人民解放军只进行了初步的现代化建设。抗美援朝战争结束后，为改变人民解放军武器装备落后于世界先进水平的现状，人民解放军现代化建设全面展开。从这一意义上讲，抗美援朝战争开启了人民解放军现代化建设的进程，中国研制尖端武器的规划也顺势而出。掌握国防尖端技术、研制尖端武器，是中国发展国防科技工业的重要组成部分，更是人民解放军实现现代化建设的必然要求。

二、强大的国防，开创卓绝的伟业

20世纪50年代中期，中国的国防工业、基础工业和科学技术逐渐开始起步。在中国共产党的积极延揽下，尖端技术领域逐渐汇聚了一批优秀的、高水平的科学技术专家。原子能科学技术方面，中国已经成立了专业的核研究机构，并开展了一些理论研究和科学试验工作。火箭与喷气技术方面，已经具备生产喷气式飞机的条件，开展了火箭技术的初步研究，积累了一些经验。恰逢此时，苏联表示愿意在原子能及导弹技术方面给予中国技术援助。在这一利好形势之下，中共中央、毛泽东高瞻远瞩，不失时机地把发展国防尖端技术提上了国家议事日程。

1953年，著名核物理学家钱三强向国家提出了发展原子能事业的建议。1954年秋，赫鲁晓夫访华。在中苏两国政府会谈中，应中国之请，苏联答应帮助中国建造一座原子反应堆和一台回旋加速器。同年冬，大规模的铀矿地质普查工作展开。1955年1月14日，周恩来邀请

---

① 《建国以来毛泽东军事文稿》中卷，军事科学出版社、中央文献出版社2010年版，第293—294页。

第四章
"东方巨响"震惊世界

李四光、钱三强谈话,详细咨询了中国原子能科学的研究现状以及中国铀矿地质资源的勘探等情况。

14日当晚,周恩来便致信毛泽东,希望中共中央尽快择日开会讨论发展原子能事业的问题。次日,毛泽东亲自主持召开中共中央书记处扩大会议。在中南海丰泽园,与会人员共同专门听取了由李四光、刘杰、钱三强所作的有关中国铀矿资源勘探、核科学技术发展以及国外原子弹研制情况的汇报。当他们回答毛泽东询问的有关发展原子能事业的问题时,"周恩来一边插话补充情况,强调一定要大力加强人才的培养,提醒汇报人对重点问题要讲得尽可能详细一些、通俗一些。"①

听完汇报后,毛泽东总结指出:"我们国家,现在已经知道有铀矿,进一步勘探一定会找出更多的铀矿来。解放以来,我们也训练了一些人,科学研究也有了一定的基础,创造了一定的条件。过去几年其他事情很多,还来不及抓这件事。这件事总是要抓的。现在到时候了,该抓了。只要排上日程,认真抓一下,一定可以搞起来。"②当谈到苏联对中国的核援助时,毛泽东说:"现在苏联对我们援助,我们一定要搞好!我们自己干,也一定能干好!我们只要有人,又有资源,什么奇迹都可以创造出来!"③这次会议作出了中国要发展原子能事业的重大决策,标志着中国原子能事业的正式起航。

中国的核决策是一个伟大的开端,开启了中国研制"两弹一星"的峥嵘历程。也就是在中国的核决策作出后不久,国务院、中央军委立即开始研究发展导弹技术的有关问题。1955年10月8日,钱学森在中国政府的严正交涉和周恩来的亲自过问下,冲破重重阻挠,从美国归来。彭德怀在会见钱学森时,与他讨论了研制近程导弹的问题。随后,由军事工程学院火箭武器教授任新民、周曼殊和金家骏3人率先向中央军委提出研制火箭武器和发展火箭技术的建议。中央军委高度重视这一建议,于1955年12月底,指派总参谋部装备计划部部长万毅与钱学森详细分析了研制导弹武器的有利条件,并商讨了需要解决的问题。1956

---

① 中共中央文献研究室编:《周恩来年谱(1949—1976)》上卷,中央文献出版社1997年版,第441页。
② 李觉等:《当代中国的核工业》,中国社会科学出版社1987年版,第14页。
③ 《不尽的思念》,中央文献出版社1987年版,第299页。

年1月20日,彭德怀主持召开中央军委会议,讨论万毅提出的《关于研究与制造火箭武器的报告》。会议决定,向中共中央提出研制导弹的报告。与此同时,二机部党组书记赵尔陆也向国务院提出了关于研制导弹的建议报告。2月16日,周恩来、陈毅特邀接见钱学森,并委托他起草《建立我国国防航空工业的意见书》(当时为保密起见,用"国防航空工业"代替"火箭导弹"一词)。关于新中国的导弹事业,钱学森早已有了规划,便连夜拟定出了这份意见书。中共中央、中央军委高度重视钱学森的意见书。2月22日,周恩来将意见书草拟稿送毛泽东审阅,并说明:"这是我要钱学森写的意见,准备在今晚谈原子能时一谈。"① 2月28日,周恩来又将意见书批给中央军委秘书长、国防部部长黄克诚和中央军委各委员。随后,中央军委多次召开会议讨论关于发展航空火箭技术与制造导弹的问题。3月14日,周恩来主持召开中央军委会议,由钱学森向大会作关于在我国发展导弹技术的报告。同时,大会决定:由周恩来、聂荣臻和钱学森等筹备组建航空工业委员会(简称航委,对外不公开),作为导弹航空科学研究的领导机构。5月26日,中央军委召开会议,正式作出发展中国导弹武器的决定。

发展导弹事业,科研同样必须先行。这其中,首先需要解决的依然是人才和技术问题。1956年5月29日,聂荣臻受周恩来委托,邀请国务院秘书长习仲勋、副总参谋长兼军事工程学院院长陈赓等33位有关部门领导人共同研究并商定:从二机部、中国科学院及军事工程学院、清华大学等高等院校,选调任新民、屠守锷、梁守槃等30多名专家到即将成立的国防部第五研究院工作。1956年10月8日,专门负责导弹的研究、设计、试制任务的国防部第五研究院(简称国防部五院)宣布成立,钱学森任院长。先期选调的30多名专家和当年分配的100多名应届大学生以及随后调入的黄纬禄、姚桐斌、蔡金涛等专家,成为中国发展导弹技术的第一批骨干力量。

中国研制"两弹"决策作出之时,正值中共中央号召全国人民向现代科学技术进军之际。1956年12月,国务院制定了《1956—1967年科学技术发展远景规划纲要(修正草案)》,确定了57项重要的科技任务,

---

① 奚启新:《钱学森传》,人民出版社2011年版,第205页。

第四章
"东方巨响"震惊世界

并从中讨论确定了12个对整个国家生产技术基础有根本性影响的重大且复杂的科技研究项目,前两项分别是原子能技术、喷气与火箭技术。具体来讲,这一时期,中国有关原子能的研究与应用,虽然主要集中在核科研和核工业建设方面,但实际上这些工作也为接下来原子弹的研制提供了技术准备并奠定了物质基础。中国导弹事业的起步阶段,主要任务是仿制液体近程地地导弹,当时的目的就是通过仿制"爬楼梯""大练兵",进而逐步掌握自行设计研制导弹的本领。

众所周知,中国的"两弹"事业在起步之时曾得到了苏联的援助。然而,1959年夏,正当中国的尖端武器事业刚刚进入正轨,苏联决定中断对华技术援助。1959年6月20日,苏共中央致函中共中央,提出暂缓向中国提供原子弹教学模型和图纸资料。对于这一突如其来的变故,中共中央即刻于1959年7月决定:自己动手,从头摸起,准备用八年时间把原子弹研制出来。同年10月,中央军委在向中共中央的报告中提出,国防工业应以抓尖端技术为主,目前主要是导弹问题,同时也要注意核弹头问题。1960年初,在中央军委召开的扩大会议上,又进一步明确了发展国防尖端技术的方针是"两弹为主,导弹第一",并要求军队装备建设的各项工作都要根据这个方针,突出重点,合理安排,集中人力、物力、财力,保证"两弹"研制的需要,以最大的努力在最短的时间内突破"两弹"技术。

可以看到,苏联的毁约停援并没有使得中国"两弹"事业发展进程戛然而止。相反,中共中央、中央军委自力更生发展"两弹"技术的决心更加坚定了国防科技战线广大从业人员突破"两弹"技术的信心和勇气,有力地促进了"两弹"的攻关工作。原子弹研制方面,铀-235生产线很快进入生产准备阶段,原子弹的理论、结构和工艺设计都已陆续展开。导弹研制方面,1960年11月和12月,中国仿制的近程地地导弹进行了3次发射试验,都获得了成功。此后,为适应即将出现的党政军民、各行各业、有关部委、有关地区全面攻关"两弹"技术的局面,中共中央决定,成立一个专门的机构抓"两弹"的工作,"做组织工作,协调工作,下命令的工作。"[①] 于是,1962年11月,中共中央十五人专

[①] 中共中央文献研究室编:《刘少奇年谱》,中央文献出版社1996年版,第289—290页。

门委员会(简称中央专委)成立了。中央专委的成立,以力争1964年爆炸第一颗原子弹为主要目标,卓有成效地加快了原子弹研制的步伐。

1964年10月16日,中国第一颗原子弹试爆成功。此后,为了发展导弹核武器,解决运载工具已成为紧迫任务。也就是说,必须加快中近程地地导弹的研制。早在第一颗原子弹研制工作接近完成时,中央军委就作出了核武器研究方向以导弹为主、空投弹为辅的决定。经过广大核科研人员的奋力拼搏,解决了原子弹小型化等重大难题。中国曾在1962年3月21日进行了首枚中近程地地导弹的飞行试验,但未获得成功。在总结各方面经验教训的基础上,1964年6月19日,第一发改进设计后的中近程地地导弹在西北综合导弹试验基地试飞成功,以后又连续进行多次试验,均获得成功。至1966年9月,中近程地地导弹成功完成定型试验。1966年10月27日,中国第一枚装有核弹头的中近程地地导弹点火发射,核弹头在预定地点上空成功实现了核爆炸。在当时,中国在自己国土上用导弹进行核试验,并且一次就百分之百地成功,这是国际社会的一个重大创举。从第一次核爆炸到小型化弹头,美国用了13年,苏联用了6年,中国只用了两年,比美国快了六倍半,比苏联快了三倍。至此,中国不仅掌握了导弹核武器,而且走完了中近程地地导弹研制的全过程,积累了科研组织管理经验,闯出了自行研制地地战略导弹的路子。此后,中国又相继实现了中程、中远程、洲际地地导弹和固体地地导弹飞行试验的成功。1967年6月17日,罗布泊上空直冲云霄的、比原子弹爆炸更为壮观美丽的"蘑菇云"再次震惊了世界。中国以世界上最快的研制速度试制成功了威力巨大的氢弹,对此,外电宣称"中国爆炸氢弹是世界头等重大事件"。中国人民创造的奇迹,打破了核大国的核垄断、核讹诈,使中国进入了核技术先进国家的行列。

中共中央还十分重视航天技术的发展。1957年,苏联人造地球卫星上天后,中国一些著名科学家便开始积极倡议开展人造卫星的研究工作。1958年5月17日,毛泽东在中共八届二中全会上发出了"我们也要搞人造卫星"的号召。5月29日,聂荣臻召集航委成员,讨论了研制人造卫星的有关问题。随后决定由中科院副院长张劲夫、国防部五院副院长王铮组织有关专家制定人造卫星发展规划。中国科学院把研制人造卫星列为重点任务,并成立新技术办公室(后改为新技术局),主管中国科学院系统所承担的卫星及其他国防新技术的研究工作。从20世纪50年代末起,中国科学院就在张劲夫、竺可桢、裴丽生以及技术专家钱学森、赵九章的组织领导下,在人造地球卫星的理论探索、预先研究以及探空火箭研制方面做了大量的工作,为开展卫星工程研制创造了必要条件。

20世纪60年代中期,中国国民经济状况有了好转,中近程地地导弹发射成功,已有可能把研制和发射人造卫星提上议事日程。1965年元旦前后,赵九章、钱学森先后提出了研制人造卫星的建议,国防科委也为此专门组织了可行性论证并报告中央专委。1965年5月初,中央专委批准了这个报告,并将卫星研制任务列入国家计划。同年8月,中央专委原则同意中国科学院提出的发展人造卫星的规划方案和第一颗人造卫星在1970年左右发射的安排。9月,中国科学院组建了卫星设计院,并在技术负责人钱骥的主持下进行了第一颗卫星的方案制定工作。1967年12月,国防科委副主任罗舜初主持审定了人造卫星的总体和各系统方案:一是中国的第一颗卫星应比苏联、美国的第一颗卫星的技术水平要高一些;二是三级运载火箭的前两级用正在研制的中远程地地导弹改制;三是第三级为固体火箭。1968年,负责卫星研制工作的空间技术研究院成立。为了确保卫星按计划于1970年左右发射成功,空间技术研究院的研制人员努力攻关,解决了一系列技术问题。1970年4月24日,东方红1号卫星发射成功,一曲嘹亮的《东方红》向世界庄严宣告:中国人民成功地掌握了人造卫星的空间技术。

三、卓绝的伟业,造就惊世的奇迹

"两弹一星"的成功研制,是新中国伟大建设成就的重要标志之一,在国内外产生了巨大而深远的影响。尤其是具有开创意义的第一颗原子弹爆炸成功之时,国际社会的反应最是广泛和强烈。

看世界,关于中国第一颗原子弹试爆成功,有国家为之震撼,认为中国掌握原子弹技术在军事上具有民族性的开创意义,他们认为,一个非白人的国家第一次打开了军事技术中的一些最深奥的秘密。中国人已插足于一个过去只有西方民族才能进入的领域。有国家为之衷心赞贺，认为核爆炸提高了中国的国际地位，使7亿人口变成了一个无可比拟的政治上的巨大力量。有国家为之欢欣鼓舞，认为中国的核爆炸提高了亚洲国家的威信，因为中国作为一个亚洲国家，有了核武器。冲击越剧烈，越能展现事业成功之伟大。中国研制第一颗原子弹这一段"逆水而行"的历程，从核决策到首次核试验成功，中华民族用行动创造了史无前例的"不对称"成就，极大地冲击了尖端科学技术既成的强国格局，也颠覆了一些另眼视界对中国能力的既往判断。

第一颗原子弹成功试爆当天，从浩瀚沙漠到荒野戈壁，从边陲小镇到首都北京，人们为之欢呼，为之激昂。在天安门广场上，一位老工人热泪盈眶地说：从此以后，中国不会再有南京大屠杀，不会再有火烧圆明园，我们为此无比高兴和自豪！这一句朴实的话语，鲜活地说明了中国是背负着怎样一种民族屈辱，又肩负着怎样一种民族使命感才研制出了第一颗原子弹。创业愈艰辛，愈能体现精神力量之强大。中国研制第一颗原子弹这一段"背水而战"的历程，不仅造就了尖端武器装备耀眼显赫的成就，更重要的是，它振奋了中国人的豪气和精神，为中华民族跻身世界强国之林注入了激情澎湃的正能量。

以第一颗原子弹研制成功为起点和核心，中国"两弹一星"事业的成功，树立和奉行了正确的核政策，带动了国民经济的发展，保卫和维护了国家安全，推进了现代化建设进程，巩固和提升了中国的大国地位。

（一）确立和宣示中国的核政策

核政策是国家或政党关于核问题根本意志的集中表现，具有鲜明的政治属性。同时，由于原子能在国防方面的用途，又使得核政策具有天然的军事属性。致力于保卫世界和平、维护国家安全，中国始终如一地奉行特有的核政策，其核心内容就是：不首先使用核武器。

中国在20世纪60年代刚刚掌握核武器技术时，外部的环境并不乐观：一方面，以美国为首的西方阵营对社会主义中国依然实行封锁、包围政策；另一方面，社会主义阵营内部，中苏关系已告破裂，且日益紧

第四章
"东方巨响"震惊世界

张。在核力量刚刚起步,而其他核大国奉行核威慑和所谓的"核保护"政策的情况下,中国能够独树一帜地、单方面无条件地作出"不首先使用核武器"的郑重承诺,需要的不仅仅是超群的胆魄,更需要一种超出历史条件局限的战略远见。

中国核政策具有以下特点。第一,一以贯之。中国核政策始终以不首先使用核武器为核心原则,并保持数十年稳定不变,即使在国际格局不断发生重大调整的情况下,既不惧怕可能的"现实遭遇",也不轻信所谓的"作茧自缚",能够做到始终坚持、毫不动摇,这在核时代绝对是独一无二的。第二,军事上的自卫性。与其他核国家的核政策作一对比,可以看到,只有中国的核政策体现了防御和自卫最本质且最完整的含义。中国首次核试验成功后,当即发出声明:中国发展核武器,是为了防御,为了保卫中国人民免受美国发动核战争的威胁。这一声明,符合中华民族长久以来固本安边、立足防御的传统战略,是新中国成立后进行社会主义建设的内在要求。第三,政治上的独立性。中国核政策将国际正义性、国家政治需求、国家现实国情三者融为一体,在适量有限、不搞核军备竞赛原则的基础上发展核武器,保证了中国在核问题上的政治主动。拥有核武器固然重要,但中国是一个发展中国家,要在经济建设得以保证的基础上发展核武器,因此,中国不会走核武器无限扩展之路。

正如中国第一颗原子弹成功试爆后中国政府在《新闻公报》所指出的,中国核试验的成功是中国人民对于保卫世界和平事业的重大贡献。中国核政策在军事上的自卫防御性及政治上的独立性,是中国树立核政策的重要出发点。一方面,中国核政策的自卫防御性决定了中国研制核武器的目的是为了制约核威胁、抵御核战争,这对核时代的世界和平事业意义重大。另一方面,中国核政策坚持适量有限、不搞核军备竞赛的原则,促进了全球核不扩散的进程。自从解决了有无问题,中国核力量始终坚持适量有限的原则。中国不随意发展核武器的战略,在国际社会彰显了中国支持全球核不扩散机制的姿态。中国不首先使用核武器的承诺,将核武器作用抑制在战术范围之外,从政治道义上防止了核扩散,大大降低了世界范围内核军备竞赛的可能。

总之,20世纪五六十年代,中国反对和遏制核战争、不首先使用核武器的核政策，是中国出于军事上自卫的考虑，并以中国一贯所奉行的积极防御战略为基本出发点，以国家战略发展为宏观依据而制定出的正确的核武器发展模式。这一模式体现了核政策防御和自卫的内涵，制约了核威胁、遏制了核战争，降低了世界范围内核军备竞赛的风险，为保卫世界和平作出了重大贡献。

（二）捍卫和维护国家安全

国家安全，通常指一个国家既没有外部的侵略威胁，又没有内部的混乱无序的客观状态。对国家安全造成影响的，既有国际安全形势、国家周边安全环境等外部因素，也有国家政治制度、经济发展政策、传统文化等内部因素。如今，国家安全在传统政治安全和军事安全的基础上又有了诸如经济安全、文化安全、信息安全等新要素。20世纪五六十年代，面对国家安全，中国从未把国家安全孤注一掷地建立在自己拥有核武器上，中国也没有把自己的核力量作为国家防务的唯一基石。中国始终认定：最终决定战争胜负的是人而不是武器，正义的自卫战争必定战胜非正义的侵略战争。那么，中国发展核武器的安全意义何在？就是从根本上改变中国的防务结构，大大提高中国军事力量的整体实力和威慑作用，最终达到保卫国家安全、维护世界和平的目的。

中国研制原子弹，本身就是一个维护世界和平的战略。首先是为了制止敌人使用原子弹，遏制核战争的爆发。掌握原子弹技术，从根本上制约了超级大国的核威胁。特别需要说明的是，中国通过"以核止核"来维护国家安全和世界和平，与一般所谓的核威慑理论有着根本的区别：中国的"以核止核"是积极防御型的战略，只是把核武器的威慑作用使用在慑止超级大国对中国发动核战争或进行核讹诈上，而一般的核威慑理论是依仗核力量挟制他国，从而达成政治、经济或军事目的。

不仅如此，中国的核政策对国家安全和世界和平的贡献还在于中国始终将核力量维持在国家安全所需要的最低水平。这是一种有限发展的核战略，是由中国自卫防御的核政策决定的。一方面，中国是一个发展中国家，国家的主要任务是集中力量搞经济建设，发展国民经济，不会在扩大核力量的规模上无限制地投资。有人说，也正是因为中国是发展中国家，尤其在 20 世纪五六十年代，国家经济条件根本不允许中国大规模地发展核武器，所以，中国有限的核发展战略从根本上讲是受制于国家经济条件的，是不得已而为之的策略。但试想，既然受制于国家经济条件，当年中国人为什么还要勒紧裤腰带、毅然决然地把原子弹研制出来呢？从根本上讲，还是因为我们的国家安全受到了威胁。如果没有巩固的国防，没有一个相对安全外部环境，任何经济发展、国家建设都将处于风雨飘摇之中。另一方面，中国奉行的是积极防御的战略方针，不以称霸为目的，也就不会无限制地发展核武器。中国始终坚信，核武器的巨大破坏力已经制约了对它的再次使用，尽管这是一种假设，但却是客观的实际。因此，中国不追求增强"第一次核打击"的能力，更不追求利用核武器称霸世界。

由此可见，中国在保卫自己国家安全的同时，也在积极消除世界不安全因素，这就又自然而然地将家国情怀上升到了国际大爱的层面。通过实现核目标而维护世界和平的精神风范，历史性地辉映于与当下中国所倡导的人类命运共同体，中国从一而终都在秉持人类命运共同的理念。中国人懂得"什么样的世界是美好世界"，中国也明白"怎样建设美好世界"，这是中国人对世界的贡献。

（三）推进国防现代化建设进程

纵观当代中国武器装备的发展历程，"两弹一星"的成功研制，有着坚实且重要的基础性的地位。"两弹一星"的研制过程中对尖端科学技术的探索以及为此造就的尖端武器研究队伍，为此后其他武器的研制提供了技术准备。

历史表明，实现军队的现代化，必须首先实现武器装备的现代化。也就是说，衡量一国国防是否迈向现代化的一个重要标准就是武器装备是否实现了现代化。20 世纪 50 年代以来，随着现代化武器装备在局部战争中的使用，人们愈益认识到军事高技术对于提高武器装备质量的重要意义。发展并促进现代化科学技术在军事领域的广泛应用，是实现科学技术价值的重要途径，也是实现武器装备现代化的必然要求。从近代科学技术发展的历史来看，在军事领域，武器装备是科学技术最集中的物质表现，而科学技术作为关系武器装备发展的决定性因素之一，又会极大地影响武器装备的发展。基于此，以毛泽东为核心的中国共产党第一代中央领导集体，将中国国防现代化建设的突破口放在发展以原子弹为核心的尖端武器技术上，这既符合发展逻辑，又顺应了客观需求。

中国"两弹一星"的研制，是对20世纪50年代中期中共中央发出的"向科学进军"伟大号召的积极响应，是中国武器装备水平追赶"科学技术新发展中最高峰"的具体实践，是当代中国尖端武器发展的重要探索，推进了中国国防现代化建设的进程。"两弹一星"的成功研制，不仅促进了武器装备的现代化，在一定程度上还带动了国防现代化建设的其他方面，例如对具有先导意义的军事思想现代化的影响，主要表现在：依据时情与需要提出适当的战略指导思想。以毛泽东关于国防建设与经济建设的认识为例。1956年4月，毛泽东在听取了关于发展国民经济的第二个五年计划汇报后指出，国防建设要既考虑需要又考虑可能，"减少国防费用，多搞些经济建设""你对原子弹是真正想要、十分想要，还是只有几分想，没有十分想呢？你是真正想要、十分想要，你就降低军政费用的比重，多搞经济建设。你不是真正想要、十分想要，你就还是按老章程办事。这是战略方针的问题。"[①] 毛泽东的这一认识，把经济建设和国防建设的关系作了适当的安排与调整，成为毛泽东军事思想的重要内容之一。

总之，中国"两弹一星"的成功研制，是当代中国国防科技事业自力更生、艰苦奋斗、努力追赶世界科学技术发展最高峰的突出成就，为尖端武器装备的发展奠定了坚实的基础，有力推进了中国国防现代化建设的进程。

（四）带动国民经济和科学技术的发展

纵观国防高技术的发展历史，可以看到，国防高技术具有以下特质。第一，国防高技术具有前沿性，在展现科学技术进步最新成果的同

[①]《建国以来毛泽东军事文稿》中卷，军事科学出版社、中央文献出版社2010年版，第306、308—309页。

第四章
"东方巨响"震惊世界

时,还引领了科学技术发展的方向。第二,国防高技术具有全局性,其重大突破经常会为科技及相关产业开拓出广阔的发展空间。第三,国防高技术具有系统性,当代国防科技项目多为大型系统工程,融诸多科技领域于一体,对相关科技及其集成整合乃至管理科学发展都具有极大的带动作用。因此,国防高技术发展的最佳模式,是将国防科技与国家经济建设相融合。一方面,在经济条件允许的范围之内发展国防科技;另一方面,在物化国防科技的同时,将其关键技术与核心成果渐次向经济建设转移。

"自然的和人为的放射现象的发现与对重原子核分裂的链锁反应的研究、对于生产力的发展具有重大的意义。"① 中国开展核科学技术研究,开发原子能,虽以其在国防方面的用途为直接目标,但最初以原子能的和平利用为突破口,并终将回归到这条道路上。这是因为,从国民经济发展需求看,原子能和平利用的现实价值大于其军事用途。原子能和平利用与国民经济、人民生活关系密切,包括核电建设、同位素和其他核技术的开发应用等。原子能的军事利用,即核武器的研制,可以为国家发展建设提供安全稳定的环境。从这层意义上讲,原子能的军事用途是为其和平用途服务的。如果原子能的利用仅停留在军事层面,那么,就等于忽略了原子能创造经济价值和提升人民生活水平的功能。因此,在原子能的利用问题上,一旦军事需求得以满足,其重心就必然会向和平方面转移,从而体现出原子能为国民经济服务的根本属性。

20世纪五六十年代,中国原子能事业奉行"以军为主"的方针,这在当时的国际形势以及国家安全环境下是完全必要的。事实上,自原子能事业创建伊始,中国就对原子能的和平利用给予了特殊的关注,曾经考虑在北京建造中国第一个原子能电站。中国核事业初期,对和平利用原子能的受益考量,主要着眼于以下三个方面:其一,利用原子能解决动力来源问题。动力来源是一切工业建设首先要考虑的问题。由于不受燃料供应地理条件的限制,原子能发电站的建立可使经济建设在规划方面摆脱动力来源的限制,减轻工业密集区的负荷,拉动其他地区经济和工业的发展。此外,相比水力发电基本建设耗时较久、耗资较大且受

---

① 《为国民经济服务的原子能》,《人民日报》1954年7月3日。

地理条件限制以及火力发电又得考虑其原料煤的来源、储藏和运输等缺陷，原子能发电站的基本建设费用比水力发电站低，经营费用又比火力发电站低，还可降低煤的使用，减少工业城市的煤烟污染。因此，原子能发电站所提供的电力将会是物美且价廉的。其二，利用原子能改善交通运输业。在当时，铁路交通力量很大一部分都被用在了工业用煤的运输上。一旦原子能代替了工业用煤，就可以将更多的铁路运输力量放在建筑材料、工业成品以及人的交通问题的解决上。同时，如果交通动力能够借助于原子能，还会提升陆路、航运的运输管理效率。其三，原子堆的副产物——放射性同位素在其他科学门类上的有效应用。在医学上，某些放射性同位素可以代替镭来治疗癌症，放射性碘可以治疗甲状腺疾病，放射性磷可以治疗血管肿瘤和其他皮肤病等；在工业上，放射性钴可以用来检测金属制品的内部损伤；在农业上，放射性磷肥可以有效提高土豆、棉花等农作物的产量。可以说，当原子能用于和平目的后，国家建设的诸多领域以及人们生活的很多方面都会受到积极的影响。

事实正是如此。当年，在原子能军事利用的带动下，中国较快地掌握了核科学技术。中国第一颗原子弹研制成功，是当代中国科学技术发展史上最具影响力的事件之一，开启了当代中国国防科学技术发展的光辉旅程，不仅为核工业建设在物质技术方面奠定了良好的基础，建立了一套比较完整的原子能工业体系，还拉动了冶金、机械、电子、化工、材料等一批传统工业部门取得了较大程度的技术进步，开辟了核仪器设备制造、核安全防护及环保卫生事业、核教育事业等新兴的科学技术领域，为使原子能更好地为国民经济服务奠定了坚实的基础。

（五）巩固和提升中国的大国地位

大国地位不仅要求国家应拥有符合大国身份的综合国力，还要求国家要能够广泛参与并能对本区域或世界范围内的国际事务有重大影响。抗日战争结束后，中国在联合国安理会常任理事国席位的确立，从法理上确定了中国的大国地位。核武器诞生后，就综合国力而言，核力量已成为衡量一国军事实力的重要标准，为大国地位增添了新的要素。同时，也为一国综合国力的其他方面，如政治、经济、科技等的发展注入了新的能量，就国家参与本区域或世界范围内的国际事务而言，掌握和拥有核武器成为一国解决世界核问题、引导核形势提供了国际话语权和制衡力量。参照以上概念和逻辑可以得出，中国"两弹一星"的成功研制，不仅增强了中国包括军事、经济、科技等在内的国家实力，同时也维护了中国的大国形象，提升了中国的国家威信，振奋了中华民族的民族精神，从而进一步巩固了中国的大国地位。

一方面，中国"两弹一星"的成功研制，为中国维护大国形象提供了战略平台。建设和发展能够保卫世界和平的武装力量，并在首次核试验成功后作出先发制人的政治和道义表态，对于维护中国的大国形象具有重要的战略意义。但是，不论是树立以威慑霸权为核心的核国家形象，还是树立以维护和平为核心的核国家形象，都必须首先站在核武器国家的行列中。跻身于核国家之列，已经远远超越了抢占军事高地的目的，更重要的是拥有树立核国家形象的战略平台。掌握原子弹技术，是中国利用核国家的平台以获得维护世界和平的话语权和行动力的必要前提。这种变被动为主动的国家形象的树立，必然有挑战，难免有非议。客观而言，核武器的极大破坏性和毁伤性，会引导一个国家的核形象自然地偏向于破坏、恐怖、威慑等非和平方向。对于中国国家形象而言，掌握了原子弹技术，要么随波逐流，"以核为本"，要么独树一帜，"以核止核"。最终，中国选择了"以核止核"。中国树立"以核止核"形象的第一步就是发出《中华人民共和国政府声明》。这是中国有关核问题的第一份国际倡议，得到了世界爱好和平的国家和人民的支持，"我们相信，中华人民共和国进入核大国行列，对促进我们一贯共同主张的全面彻底裁军正在作出卓有成效的贡献。"[①] 中国作出"不首先使用核武器"的承诺，是综合国家利益和世界和平事业的慎重决定，"是现实的，是合情合理的，是简单易行而不牵涉监督问题的。如果有关国家都愿意承担这个义务，就可以立即减少发生核战争的危险。这就向全面禁止和彻底销毁核武器的最终目标迈开了重大的第一步。"[②] 中国的承诺，在

---

① 《西哈努克亲王致电刘主席热烈祝贺我国核试验成功》，《人民日报》1964年10月22日。
② 《打破核垄断消灭核武器》，《人民日报》1964年10月22日。

核国家中是独一无二的，扭转了一直以来核国家"以核为本"的军事负面形象。可以说，这一为世界和平作出的贡献，是当今世界上任何一个核国家都无法企及的。

另一方面，中国"两弹一星"的成功研制，为中国提升国家威信提供了历史契机。任何一个有威信的领导者，都不是只会动动嘴皮子的演说家。一个领导者有没有威信、有没有群众基础，关键看他为群众做了多少有意义的事情。同样的道理，国家威信的提升也不能靠单纯的外交斡旋，还需要以特定的历史事件为依托。就中国第一颗原子弹研制历程而言，从核决策的作出到争取苏联的核援助，再到苏联毁约停援，最终到我们独立自主地实现首次核试验成功，中国表现出的跻身大国行列的战略眼光和战略勇气以及为实现目标而体现出的艰苦奋斗、顽强拼搏的民族精神，赢得了世界爱好和平国家和人民的称赞。就中国第一颗原子弹成功研制后在核武器问题上作出的表态而言，中国保证承担核国家在核问题上应有的责任和义务，并率先作出不首先使用核武器的承诺，表明了中国在核问题上强烈的责任意识。对承诺的一以贯之就是最好的执行。时至今日，中国始终坚守这一承诺不动摇，这种责任感和行动力铿锵有力，必然会得到世界爱好和平国家和人民的信任。就中国为保卫世界和平事业做出的贡献而言，中国拥有并掌握核武器，制衡了核威慑力量，遏制了核战争。回想当年，中国是在怎么样的一种经济条件、工业和科技基础下研制出原子弹的？这种举全国之力的气势并不是为了威慑，却是为了和平。尽管中国的原子弹研制是相对保密的，但首次核试验成功的消息却是第一时间公开的，这才使得中国的首次核试验成功并没有让国际社会草木皆兵，更多的是赞誉和支持，此维度下的世界和平理念，也必然会受到世界爱好和平国家和人民的尊重。

四、惊天的奇迹，创造伟大的精神

"两弹一星"的伟业，是新中国建设成就的重要象征，是中华民族的荣耀与骄傲，也是人类文明史上勇攀科技高峰的空前壮举。

20世纪50年代初期，中国的科学技术、经济和工业基础都比较薄弱，不符合原子能研究与应用所需的耗资巨大、技术高精、设备精良等

第四章
"东方巨响"震惊世界

要求,而中国却偏偏在这种情况下作出了发展原子能事业的重大战略决策。时至今日,仍有很多人对这一决策不那么理解。有时,历史的不可思议,正体现了历史本身的伟大。中国的核决策,是一个伟大的决心,是20世纪50年代中期中国人民向现代科学技术进军过程中最能体现其胆略和远见的决定之一。这一决策,体现了中国人民对祖国无限的忠诚与热爱,彰显了中华民族不怕艰难、勇敢向前的无畏精神。以这种爱国情怀和坚韧品质为起点,"两弹一星"精神开始萌芽。

在中国第一颗原子弹的研制历程中,"两弹一星"精神得以集中生成。在中国第一颗原子弹研制的过程中,中国要与超级大国的核威慑进行博弈,要过人力、财力关,还要过技术设备关,此后,原子弹研制还一度受到了"大跃进"运动的影响,后来又遭遇了苏联的毁约停援、经历了三年困难时期。然而,即便困难重重,中国第一颗原子弹研制的从业者们依然坚定信念、坚守初心、不畏艰险、不懈拼搏。在中央专委会的协调下,全国各方面的力量积极投入到社会主义大协作当中,最终实现了首次核试验成功。因此,尽管中国第一颗原子弹研制是一个异常艰辛的过程,但是,它集中考验了一个民族的志气,也极大升华了一个民族的精神。以中国第一颗原子弹成功试爆为标志,"两弹一星"精神的内涵基本形成。

在此后中国自行研制导弹和人造卫星的过程中,中国在第一颗原子弹研制过程中对尖端科学技术的探索,对尖端武器研究、设计、试制、试验基本技能的掌握以及为此造就的科技队伍、形成的全国规模的协作网,为之后我们自行研制导弹和卫星积累了人才优势、提供了技术准备、创造了物质条件。这些技术准备和物质基础,会同中国人在中国第一颗原子弹研制过程中迸发出的那一股精气神,共同推进了"两弹一星"事业的完成。至此,"两弹一星"精神得以完整体现。"两弹一星"精神,反映的是中国人民热爱祖国、甘于奉献的无私情怀,彰显的是中国人民自强不息、傲然向上的雄心壮志,显示的是中华民族不畏艰险、敢于担当的坚韧品质。

由此可见,在"两弹一星"事业的奋斗进程中,广大研制工作者培育和发扬了一种崇高的精神,这就是"热爱祖国、无私奉献,自力更生、艰苦奋斗,大力协同、勇于登攀"的"两弹一星"精神。

奇 迹

"热爱祖国、无私奉献",是"两弹一星"研制者们坚强的精神支柱。中国"两弹一星"的从业者们传承了爱国主义的民族精神,尤其是一批从海外学成归来的专业研究人员。他们以报效国家为己任,以民族振兴为己业,为中国"两弹一星"的成功研制作出了重要贡献。在新中国成立前后、一切百废待兴之时,对曾经远渡重洋留学西方并且获得一定科研荣誉的他们来讲,回国需要更多的爱国情怀和奉献精神。在23位"两弹一星"功勋奖章获得者中,有19位是在新中国成立前后回国的。在这批回国的科学家身上有一个共同的特点:痛恨帝国主义列强对中国的欺侮,有着改变旧中国落后面貌的共同心愿。尽管回国路上有诸多艰辛,尽管回国后科研路上并不那么一帆风顺,但是,这仍阻挡不住他们用智慧和双手报效祖国的激情和热情。回国后,这些科学家们不仅是中国"两弹一星"事业的主力军,而且也是生力军。可以说,他们是中国尖端科学技术研究力量生根发芽的种子。爱国是信念、奉献是夙愿,这些科学家们的爱国情怀和奉献精神有如他们的名字一样,为新时代的人们所敬仰。

在2011年感动中国人物中,有一位"两弹一星"元勋,他是朱光亚。他的颁奖词这样写道:人生为一大事来。他一生就做了一件事,但却是新中国血脉中,激烈奔涌的最雄壮力量。细推物理即是乐,不用浮名绊此生。遥远苍穹,他是最亮的星。"这一大事",就是新中国的原子能事业;"他一生就做了一件事",这句话,不仅是在说朱光亚一个人,而是在说一个科学家群体:他们的这一生都做了这一件事,他们是新中国"两弹一星"事业的开拓者、奠基人和奉献者。他们在20世纪30年代抱着科学救国的理想奔赴西欧、北美求学,接受了世界著名物理学家和科学家的直接指导与严格训练,学成之后,又义无反顾地回到祖国,在国内科研条件和安全环境都不稳定的情况下,从事尖端科技的研究工作。他们不仅在各自的学科领域内取得了重要的研究成果,而且还培养出了一批优秀的青年核研究人才。当时,人们非常幽默地把他们比作老母鸡,说他们这些人,一人带一群,几年下来,现在的几十人就是几百、几千人。

比如,"两弹一星"元勋周光召,他的导师也是一位"两弹一星"元勋,他的名字叫"无颜"。在中国第一颗原子弹的过程中,他隐姓埋

第四章
"东方巨响"震惊世界

名给自己起了这个名字。他说,之所以起这个名字是因为自己长得不好看。事实上,"两弹一星"元勋的荣耀超越一切外在美。他的真实名字叫彭桓武,是英国爱丁堡大学的哲学和科学双博士。1948年,在世界著名物理学家薛定谔的极力推荐下,他当选为爱尔兰皇家科学院院士。但当年,他却毅然决然地放弃了国外优厚的待遇回到了祖国。当有人问他为什么回国时,他回答说,回国需要理由吗?你们这样问是有问题的,你们应该问那些不回国的人,为什么不回来?除领导和参与了中国第一颗原子弹的研制与试爆外,彭桓武还领导了氢弹的原理设计和试验,参加了中国第一次地下核试验的理论领导工作,并且是中国核潜艇动力方案的制定者之一。越是艰苦的工作,越是能考验一个人的道德品质,也越是能升华一个人的精神境界。彭桓武就是这样深深地爱着祖国,默默地做着贡献。他的挚友钱三强曾多次感叹说:彭桓武默默地为中国核武器研制做了许多重要工作,但却很少有人知道他。

这就是为"两弹一星"事业作出贡献的科学家们。他们对科学的追求,绝对不仅仅是为了实现自身的价值,他们是将自己的信仰,甚至生命与祖国的安全、祖国的地位紧紧地联系在了一起,他们将祖国的利益作为自己毕生的追求,用行动诠释了"热爱祖国、无私奉献"的真谛,用一生诠释了对事业的执着、对国家的忠诚。在实际工作中,他们不是用口号去标榜价值,而是在隐姓埋名的工作中自然而然地构架起他们"热爱祖国、无私奉献"的精神世界。他们的这种精神也感染了其他研制工作者,从而渲染出一个"无为而治"的精神高地。这里有默默无闻的科研工作者,有日夜兼程的技术人员,还有军人、工人等无名英雄。他们都有一种向榜样看齐的精神追求,并将这种看齐意识转化为自觉的行动。因此,"热爱祖国,无私奉献"的精神,不仅体现在为"两弹一星"研制作出贡献的科学家身上,还属于所有"两弹一星"事业的从业者们,他们用信念、激情、热忱,甚至生命为祖国的强大谱写了一部独一无二的壮丽史诗。

"自力更生、艰苦奋斗"是中国"两弹一星"成功研制的立足基点。中国首次核试验成功后,有报纸称,中国是一个大国,应该有原子弹,因此,对于中国掌握原子弹技术,是不足为奇的。但令人惊讶的是,中国竟然在无苏联的援助下、在如此之短的时间内建立起原子工业并实现了首次核试验成功。当时，有苏联学生也说，他不相信中国自己会制造原子弹。就在中苏签订《国防新技术协定》前半年，美国有关"追踪中国"（Tracking the Dragon）的国家情报评估还认定，中国没有足够数量合格的原子能科学家支持一个意义重大的原子能计划。即使通过苏联原子能援助计划和联合核研究所提供的帮助，中国得以在基础核物理、医药、农业以及工业研究原子能应用方面培训自己的科学家，但是就算有这些帮助，在本评估期间中国仍旧不具备独自开发核武器的能力。这里所说的本评估期间，指1957年至1961年。在此后的跟踪评估当中，我们看到，美国情报部门一直都怀疑中国独立自主掌握核武器的能力，他们甚至对中国的核能力不屑一顾。例如，在1958年5月美国情报部门的一次评估中有这样的记载：由于缺少技术人员，以及其他军事和经济计划对其有限资源的需求，到1962年几乎可以肯定中国没有独立发展导弹或核武器的能力。

然而，中国确实独立自主、自力更生地掌握了"两弹一星"技术。当然，独立自主不是关起门来，自力更生不是拒绝外援。正如1956年美国情报部门所认定的那样：中国缺少资金、工业与实验设备以及工艺技术来独立地开发原子能计划，甚至在核科学领域进行重大的研究。因此，为了实现"两弹"事业的快速起步，中国积极争取到了苏联的援助，从核科学技术研究到铀矿地质开采，从尖端仪器设备供应到"两弹"研试基地设计，从原子弹研制到导弹仿制，中国千方百计地将苏联援助的利用率最大化。中国还竭力搜集一切有利的外国科技情报资料仔细研究，从字里行间寻找线索、挖掘信息、去伪存真，吸收任何对"两弹"研制有用的东西。

但事实上，"苏联在提供援助时采取了非常慎重的步骤，以尽量阻止中国人掌握制造核武器的能力"，[①] 因此，中国在"两弹"的研制过程中，始终坚持将基本立足点放在自己的力量之上，一方面积极争取外援，另一方面却也不依赖于任何外援。对于外国的图纸资料，中国的原则是：只可作为参考，绝不盲目照搬照抄。中国希望引进国外先进的技术设备，但从未放弃过技术创新的努力。正是因为坚守以我为主的原

---

① 王泰平：《中华人民共和国外交史》第2卷，世界知识出版社1998年版，第321—322页。

第四章
"东方巨响"震惊世界

则,中国原子弹、导弹研制过程中一些至关重要的关系,如建设规模与国力可能的关系、干与学的关系、学习与创新的关系,等等,才能得到客观正确的处理,从而进一步保证了中国"两弹"研制的有序性与健康性。当1960年8月,苏联单方面撕毁协定、撤走全部核专家时,尽管有人说,中国的核工业遭到了"毁灭性打击",已"处于技术真空状态",没有苏联的帮助,中国"20年也搞不出原子弹来"。但是,中国第一颗原子弹研制并没有中断,正在进行的导弹的仿制也没有停滞,中国人坚持要独立自主、自力更生研制出"两弹"的热情和斗志被激发出来了。在中国共产党的坚强领导下,苏联的毁约停援反而促成了中国自行研制原子弹、导弹的历史性转折。正如钱三强所说,曾经以为是艰难困苦的关头,却成立中国人民干得最欢、最带劲、最舒坦的黄金时代。苏联中断援助后,广大研制工作者们更加发愤图强,努力钻研。他们奋斗在荒野戈壁、行走在浩瀚大漠、露宿在深山峡谷,他们顽强拼搏、锐意创新,攻克了一个又一个技术难关。他们用行动彰显了中华民族在自力更生的基础上自立于世界民族之林的坚强决心和强大力量。

"大力协同、勇于登攀"是中国"两弹一星"能够成功研制的重要保证。这一精神,是社会主义制度下集中力量办大事、依靠集体智慧协同攻关、不断创新、不断攀登科技高峰的生动体现。邓小平曾经指出,"两弹一星"的成功研制,反映一个民族的能力,也是一个民族、一个国家兴旺发达的标志。这一论断的历史依据就在于:"两弹一星"的研制,是在中国政治环境异常严峻、经济、工业、科技技术相对落后的条件下,举全国全民之力、勇敢攀登科技高峰的历史典型。

像"两弹一星"这样规模宏大、技术复杂的科技工程,必须举全国之力,纳入各个门类机构的力量,同时,各个门类的机构还必须分工明确、相互协调、密切配合,形成拳头,集智攻关。尤其对于中国第一颗原子弹研制工程而言,这是中国历史上第一个在国家层面组织的大科学工程。在研制中国第一颗原子弹的过程中,在中央专门委员会的组织领导下,全国各地区、各部门,数以万计的科研专家、技术工人、工程人员迅速汇集,科学重组、团结协作、群策群力。据统计,当时全国先后有26个部(院)、20个省市、自治区,包括900多家工厂、科研机构和大专院校参与到了这场攻关会战中。应该说,要形成如此规模庞大、齐心协力的攻关态势，没有社会主义制度的保障是不行的。

还需要特别指出的是，"大力协同、勇于登攀"不仅体现了中华民族众志成城、精诚所至的精神，还彰显了中国人民以大局为重、不畏牺牲的品质。奋斗路上免不了牺牲的代价。在战争年代是这样，在经济建设的发展过程中也需要一些人挺身而出，为集体利益、民族大业牺牲个人的利益。仍然以中国第一颗原子弹研制为例：作为尖端事业的开创性项目，在人才、技术、设备都较为贫瘠的情况之下，尤其需要集合人力与智慧，将各个领域的优秀科学家集中起来。但是，在社会主义建设刚刚开始不久，在尖端科学研究领域，我们面临人才稀缺的窘境。如果抽调这些人去支援原子弹研制的话，对其所在单位而言，正常的科研工作会因为研究人员的变动而受到影响，甚至会是极大的损失。同时，对于研究人员个人来讲，绝大多数人也要放弃自己正在进行的科研工作，在新的工作岗位从零开始、从头摸起。面对这样的抉择，科学家们、研究者们义无反顾地选择了国家、民族与集体。当他们走向原子弹研制攻关会战第一线时，他们毫无怨言、甘心情愿。在全新的工作岗位，面对繁重的科研重任，他们无私无畏、开拓进取、求真务实、大胆创新，突破了一系列关键技术，使中国科研能力实现了质的飞跃。

总之，"大力协同，勇于攀登"的精神，因为生长于社会主义的中国而独具中国气质。与资本主义相比，社会主义具有许多方面的优越性，集中力量办大事即是其中之一。1982年，邓小平在谈论"六五"计划时说："社会主义同资本主义比较，它的优越性就在于能够做到全国一盘棋，集中力量，保证重点。"① 如果没有社会主义制度能够集中力量办大事的政治优势，在"两弹一星"的研制过程中，我们不可能做到全国一盘棋，也难以有效整合社会资源，将有限的人力、物力、财力集中起来，从而也就难以形成干事创业的强大合力。"两弹一星"的成功研制，是震惊世界的伟大壮举，不仅铸就了我国国防安全的战略基石，而且以任务带学科，推动了全国科学技术体系的建立，对国家科技发展产生了深远影响。改革开放以来，我国又利用社会主义集中力量办大事这一优势，先后建成了三峡工程、青藏铁路、京沪高铁、京广高

---

① 《邓小平文选》第3卷，人民出版社1993年版，第3页。

铁、西气东输、西电东送以及世界上最大的电信网络等举世瞩目的建设项目，完成了神舟飞船、"天宫一号""天宫二号""天河二号""蛟龙"号等高科技骨干项目。事实一再证明：进行社会主义建设，我们最大的优势是我国社会主义制度能够集中力量办大事，这是我们成就事业的重要法宝。

"两弹一星"精神在历史中生成，伴随时代成长。20世纪五六十年代，中国人以"把我们的血肉筑成新的长城"的满腔爱国热血，以别人已经做到的事，我们要做到，别人没有做到的事，我们也一定要做到的大无畏气概，克服难以想象的困难，攀登难以逾越的尖峰，成功研制出了乾坤震惊、世界瞩目的"两弹一星"。中国"两弹一星"的研制历程，是一幅创造人类奇迹的历史画卷，也是一部生成不朽精神的宏伟史诗。在此后的日子里，"两弹一星"精神依然刚劲有力，迸发出了一往无前、排山倒海的巨大力量，催化了中国诸多世界瞩目的重大科技成果的诞生。"两弹一星"精神，是新中国"向科学进军"时创造出的伟大民族精神。而今，在新时代响应习近平总书记提出的"向世界科技强国进军"的伟大号召，仍须弘扬"两弹一星"精神。这对燃起全国人民攀登世界科技高峰的激情、增强建设世界科技强国的责任感和紧迫感有着重大的时代意义和现实意义。

第五章

千嶂绝壁上的"蓝色飘带"
——战天斗地，苦干实干，重整山河

20世纪50年代末至60年代初的三年经济困难，给中国人民带来了极为严峻的考验。面对自然灾害、物质匮乏的困难，中国人民敢于直面挑战，敢于和困难作斗争，团结一致、奋发图强，进行了艰苦卓绝的工作。许多奇迹般的业绩在这一期间被创造出来。从大寨到红旗渠，再到大庆油田，中国人民成就了大寨人自力更生、艰苦奋斗的典范，创造出了林县人战天斗地、改造山河的壮举，书写了大庆人攻坚克难、苦干实干的佳话。

从1953年到1964年初的11年当中，大寨十年受灾，但大寨人却"不要国家的救济粮、救济款、救济物资"，几乎完全凭借自己的双手，苦干、实干、拼命干，保证实现了"原计划的国家征购粮、集体储备粮、社员口粮都不减少"，实现了曾经想都不敢想的丰收夙愿。

当年，红旗渠工程共削平了1250座山头、架设了151座渡槽、开凿了211个隧洞，修建各种建筑物12408座，挖砌土石达2225万立方米。据计算，如把这些土石垒筑成高2米、宽3米的墙，可纵贯祖国南北，绕行北京，把广州与哈尔滨连接起来。因此，周恩来说，红旗渠是盘绕在太行山千峰绝壁上的蓝色飘带，是新中国创造的奇迹。

一代代开拓者克服了思想关、技术关、管理关和生活关，发扬了以"爱国、创业、求实、奉献"为主要内涵的大庆精神和铁人精神，自觉运用毛泽东哲学思想指导石油勘探、开发的全部工作，从中国的实际出发，在石油地质理论、科学技术、企业管理和思想工作等各个方面实行了一系列变革和创新，并开辟了独立自主、自力更生发展中国石油工业的道路。

一、自力更生，艰苦奋斗

大寨位于山西省晋中太行山麓海拔1000多米的山区。这里自然条件恶劣、土地贫瘠，全村耕地被沟壑切割成无数小块，分散在七沟、八渠、一面坡上。尤其是这七条大沟，荒废了大寨大片的土地。必须加以改造，将深沟变良田。经过大寨党支部的充分讨论，1953年冬，改造大寨穷山恶水的第一场战斗打响了。

大寨七条大沟之一的白驼沟，是大寨人要征服的第一个对象。白驼沟全长一里半、宽三丈多，需要打20多道石坝。大寨全村50多个劳力全部进了白驼沟。寒风凛冽，滴水成冰，在白驼沟和大自然搏斗的大寨人，却人人浑身淌汗。每天天刚亮，他们就出了村，星星眨眼才收工。他们吃在地里、憩在地里。陈永贵领着四个贫农垒坝打先锋，二三百斤的大石头，两人一努劲就垒上去了。石头把他们冻得麻木的手碰破了，血一点一点滴在石块上，陈永贵却像没事一样，就连火都不烤一烤。社员们见陈永贵他们干得卖力，都恨不得一个人使出两个人的劲来。

闸住了白驼沟，大寨社员们又乘胜前进。1954年冬天到1955年春，他们把后底沟、赶牛道沟、念草沟和小北峪沟也都闸住了。但是，在战斗的第六个回合——闸狼窝掌的时候，大寨人却一连失败了两次。狼窝掌有三里长，两丈多宽，是大寨最大的一条沟。社员们把狼窝掌叫作"黑老山沟"。每到暴雨季节，山洪像脱缰的野马一般肆虐横行。1955年冬天，58个劳力上了狼窝掌，他们干了一冬一春，筑下25道坝，填了好几万方土，狼窝掌终于变成了一层层簸箕形的梯田。没想到，第二年夏天，竟被一场洪水冲了个干干净净。1956年，他们总结了头一年失败的教训，又重整旗鼓向狼窝掌进军。这次，他们针对第一次失败的教训，把坝基扎得更深了，用的石头也更大了。为了防止洪水冲击，还在上游修了个一亩大、两丈深的水库。不想，1957年的雨更大、山洪更猛，水库冲塌了，25道石坝又被冲了个精光，一冬一春的劳动又白搭了。但是，社员们仍然没有气馁，在总结了前两次的教训之后，又继续进行了第三次大战狼窝掌的战斗。这次任务更艰巨，全沟要筑32条大坝，最高的大坝是两丈五，灌浆用的石灰就要六万斤。打坝用的石头要从山上开，要从山上运下来。几万方土被冲走，几万方土又要重新垫起来。在当时的条件下，这样巨大的工程却只能靠人的两只手、两个肩膀来完成。然而，计划一经公布，社员们都争着要上"前线"。开工那天，全村17对夫妻一起进了沟，7户社员全家上了阵。当时，只有60多个劳力的大寨，就有70多个人出了工。大寨人在冰天雪地里大干了27天，比计划提前三天完成了任务。狼窝掌，这个大自然给大寨人设置的一个最顽固的碉堡，终于被大寨人攻克了。

为改造大寨的七条沟，社员们用了5年的时间，垒起了180多条大坝，将300亩坡地垒成了水平梯田，将4700多个分散地块修整成了2900块，还增加了80多亩好地。曾经的沟壑碎田终于变成了良田。1962年，在全国大灾和严重困难的年景下，大寨粮食亩产竟达774斤，高出同县平均产量530斤，一亩等于别人的三亩半。这是大寨农民创造的奇迹。

1963年8月初，大寨遭受了特大洪灾，损失严重。70%的房窑塌了，庄稼都倒伏了，23%的梯田的土层被冲光了。大寨人痛心集体经济遭到的损失，但他们并没有泄气。在大寨党支部的带领下，他们全体动员起来进行灾后重建。遭灾以后，县上、公社又打电话又慰问、又给物资又给钱，大寨人感动得落了泪。但是，他们却没有接受这些支援。有人说他们执拗，其实并不然，是因为长期的灾害锻炼了他们的能力，让他们对自己的力量充满信心：11年中壮大起来的集体经济，已经积累了足够的物资，能战胜这场自然灾害；11年中训练出来的干部和社员，有足够的力量，能战胜这场自然灾害。在这场集体财产保护战中，大寨人在狂风暴雨里连续奋战了七天七夜。共青团支部副书记贾吉义领着一帮年轻人，刚刚把23头大牲口从快要倒塌的圈里救出来，忽然又听见大队长贾承让喊："抢救粮食呀，仓库快塌了！"于是他们又直奔仓库。夜黑得像一片漆，放着粮食的窑洞，土皮一片一片塌下来。情况危急，十分危险。但是，贾承让冲进去了，贾吉义冲进去了、陈明珠冲进去了，年轻人、老年人都冲进去了。他们冒着塌窑的危险，扛的扛、担的担，奋战了两个小时。等三万斤粮食刚运出窑洞，突然，轰隆一声，窑顶裂开了一尺宽的大缝，泥土哗哗塌下来。七天七夜，大寨人很少合过眼。大寨300多人团结得像一个人一样。房子冲毁了，大家就挤到一处住。社员贾货的小房子塌了，全家五口人没着落，贫农贾承禄把自己房子腾出来，还帮他们砌火炕、修房间。陈永贵的儿媳妇刚生下娃娃，房子本来不宽余，可他们宁肯自己人受累，还是把好房让给别人住。

经过艰苦卓绝的抗灾斗争，被洪水冲倒在泥浆里的秋禾，一棵棵被扶起来，经过培土施肥，被众人千方百计地救活了。结果，除少量完全被冲垮了的梯田绝收外，粮食亩产获得了700多斤的高产。接着，大寨人又研究了洪水为害的规律，修订第二个10年造地规划，建设起了抗御旱涝能力更强的稳产高产的新梯田、沟坝田、河滩田。被洪水冲毁了的旧大寨，也按照统一规划，用集体的公共积累，重建家园。他们以白天治坡、夜间治窝的惊人毅力，建起了焕然改观的新大寨。仅仅半年多的时间，半数社员就欢欣鼓舞地搬进了新居。

从1953年到1964年初的11年当中，大寨10年受灾，但大寨人却提出并实现了"三不要"（即不要国家的救济粮、救济款、救济物资）、"三不少"（即原计划的国家征购粮、集体储备粮、社员口粮都不减少）的口号，他们几乎完全凭借自己的双手，苦干、实干、拼命干，终于实现了丰收的夙愿，其间只借过国家一次钱，却向国家交售了1758000斤粮。这充分展示了大寨人不屈不挠、奋发图强的英雄气概和顾全大局的高风亮节。

大寨人创造大寨经验和大寨精神的时候，正是中国三年严重困难后国民经济进行调整的时期。当时，农业生产还没有全面恢复到1957年水平，又加上国际局势紧张、中苏交恶、越战升级、中印关系紧张、蒋介石也叫嚷要"反攻大陆"，因此，国防工业和基础工业受到高度重视，甚至有人还提议要减少农业投资以保证国家重点工程建设的需要。在这种历史背景之下，整个国家亟须发扬自力更生、艰苦奋斗的精神，需要榜样和典型来激励人民建设的激情。因此，党和政府极为重视大寨人艰苦奋斗的事迹。

中共晋中地委首先发现了这个典型，并于1959年12月在大寨开了现场会，推广大寨党支部的先进经验。后来又于1962年将大寨经验总结为：干部参加生产和领导生产相结合，革命干劲和科学态度相结合，以农田基本建设为中心，运用八字宪法，高速度地发展农业生产，并号召全地区推广。中共山西省委于1960年2月批转中共晋中地委的报告，发出了"学习模范支部书记陈永贵的号召"。在《山西日报》上发表了《陈永贵——党支部书记的好榜样》的社论。之后，山西省委又于1963年3月请陈永贵同志在全省劳模会上介绍大寨的经验，引起与会者强烈反响。同年11月9日，山西省委总结了大寨的新经验，对大寨的精神用3句话作了高度概括：貌视困难，敢于革命的英雄气概；自力更生，奋发图强的坚强意志；以国为怀，顾全大局的高尚风格。随后，山西省委向全省农村、城市的各级党组织发出向大寨学习的通知。

1964年2月10日，《人民日报》登载了介绍大寨发展经过的报道，同时还发表了题为《用革命精神建设山区的好榜样》的社论，要求各地从4个方面学大寨：一要学大寨人远大的革命理想和对未来坚定不移的信心；二要学大寨人敢于貌视困难、自力更生、发愤图强的优良作风；三要学大寨人以整体为重的共产主义风格；四要学大寨人永远向前并把伟大的革命精神和严格的科学态度结合起来的好作风。这个报道和社论发表以后，在全国农业战线反响很大。

1964年3月，毛泽东在听取山西省委对大寨先进事迹的介绍时，也赞赏和肯定了大寨人的艰苦奋斗精神。4月，时任农业部部长廖鲁言到大寨作了20天的考察，着重总结了大寨自力更生，艰苦奋斗，按照农业"八字宪法"建设稳产高产农田的经验。他特别赞赏大寨经过多年努力，使建起的水平梯田成为活土层在一尺以上的、蓄水保肥、抗旱保墒的"海绵田"。他认为这种"海绵田"对于发展我国旱作农业具有普遍的科学意义。他回京后，向周恩来和毛泽东作了书面汇报。同年5月，毛泽东在中央农村工作会议上讲话指出，农业主要靠大寨精神，自力更生，要在种好16亿亩地的基础上建设4亿亩稳产高产田。1964年12月，周恩来在第三届全国人民代表大会上所作的政府工作报告中，第一次公开向全国发出"农业学大寨"的号召，并提炼了大寨精神的科学内涵，即政治挂帅、思想领先的原则；自力更生、艰苦奋斗的精神；爱国家、爱集体的共产主义风格。从此，农业学大寨运动在全国开展起来。

二、战天斗地，改造山河

20世纪六七十年代，河南林县（现林州市）人民在党的领导下，用最普通的工具，劈开太行山的重峦叠嶂，引漳河水入林县，建成了"人造天河"红旗渠。这条盘绕在太行山千峰绝壁上的蓝色飘带，是新中国建设的伟大成就，也是人类建设史上的一大奇迹。

林县位于太行山东麓，自古以来就是严重干旱缺水的地区，极度贫困。从明初到1920年的500年间，林县发生严重旱灾30多次，人民群众不仅逃粮荒，还要逃水荒。有碑文记载：林县每遇干旱，河干井涸，地裂禾焦，颗粒无收，饿殍遍野，惨不忍睹。合涧镇小寨村一记载碑记述了清光绪三年（1877）闹旱灾的悲惨情景："……回忆凶年，不觉心惨，同受灾苦，山西河南，唯我林邑可怜……人口无食，十室之邑存二三。夫卖其妻，而昨张今李；父弃其子，而此东彼西。食人肉而疗饥，死道路而尸皆无肉，揭榆皮以充腹，人庄村而树尽无皮，由冬而春，由春而夏，人之死者大约十分有七矣……"在桂林镇琅沃村有《重修六圣祠碑记》，刻有一首悲惨揪心的诗曰："光绪三年人食人，男女饿毙逃出门。东村不敢西村走，娘食儿肉不心疼。米价每石十七串，麦价十五串有零。瓜秧豆秧白干土，剥去树皮刨草根。二八妇女不上串，十岁女儿换烧饼。出卖田产没人要，牛犊更比卖地行。指望春暖修絮菜，天降瘟疫可不轻。贫富得病皆泣死，连病带饿七八分。"在采桑镇沙河村有一《人相食碑记》曰："丁丑戊寅人相食，村人逃亡者十居六七，因而掀房屋拆院墙，凡可易一粟充饥者，斯减殆尽，此庙宇之门窗户扇，所以也难保全。"

新中国成立后，人民群众在政治上翻了身，做了社会的主人后，迫切要求在经济上再来个翻身。可是，缺水仍像过去的"三座大山"一样，把老百姓压得喘不过气来。当时，全县共有90多万亩耕地，只有1万多亩水浇地，其他耕地都是靠天收获。遇到小旱就薄收，遇到大旱必绝收，小麦的种植面积很少，即使丰收年景，亩产也仅限七八十市斤，秋粮亩产也不过百把斤。因此，当地老百姓过着糠菜半年粮的贫苦生活。全县550个行政村，有305个村庄人畜吃水困难，有的村群众要跑5至10里才能取到水，甚至有的要跑更远的路程，才能把水取回来。一个区3万至5万人，只有3至5眼活水井。东姚公社方圆几十里，靠的就是东姚村的南大井及合顺厂、白象井等村的几眼活水井。茶店附近靠的是茶店、辛店等村的活水井。一到干旱年头，井旁人和水桶就会排成长队，人们从早等到晚，每天只能担上一挑水。石头砌成的井口，因长年累月被麻绳摩擦而出现一道道深沟。为了能取到水，群众之间经常发生斗殴打架的事情，甚至发生伤人亡命事件。全县每年因远道取水而导致的误工竟达300多万个。当时，在林县群众中流传着"吃水如吃油"的俗语，有一首民谣更是令人心酸：咱林县，真苦寒，光秃山坡旱河滩。雨大冲得粮不收，雨少旱得籽不见。

因为缺水，很多山区小伙子娶不上媳妇。任村镇牛岭山村因为缺水，本村闺女嫁到山下，别村闺女不上山。当时，全村40岁以下的未婚"光棍汉"有30多个。茶店镇大峪村每遇天旱，就跑30里山路去合涧镇三道河取水吃，有劳力的人家走一天只能担回一担水，仅够全家用一天，没劳力的人家，只好背井离乡到有水的地方找水吃。河顺镇马家山村，从1949年到1952年，全村发生5起火灾，因没有水，只能用土去压火，其中王万和家因没有水救火，眼睁睁看着5间草房被火烧尽。

长期以来，林县人民养成了惜水如命的传统习惯。有些山村的农民，平时很少洗手脸、衣服，很多人都是到过年过节、走亲戚时才洗手脸。在林县，经常会看到：不少村庄群众赶着毛驴驮上带盖的大水桶，跑10多里路取水，赶毛驴的人还要再挑一担水。在这种悲惨的情况下，山区群众幻想得到老天的恩赐，就省吃俭用、捐资集财，到处修建龙王庙，烧香叩头，祈天求神降雨水，结果想水盼水千万年。一朝一代过去了，庙盖了很多，香也没少烧，头也没少磕，但干旱缺水仍像一把要命的刀，架在林县人民的脖子上永远取不下来。

时任林县县委书记的杨贵不忍心林县人民长期受缺水之苦，想尽一切办法解决林县干旱缺水的问题，先后组织群众修建了英雄渠和南谷洞、要子街、弓上三大水库等。但一遇长时间的大旱，渠库干涸，仍然摆脱不了缺水的威胁。在天上无水蓄、地下无水汲的情况下，林县人敢于战天斗地，并大胆设想：是否可以出境引漳河水。要知道，在当时出境引水困难之大，难以想象，再加上国内正在遭受自然灾害，国际敌对势力又对中国进行经济封锁，出境引水是该"上马"还是等条件好了再说？经过反复讨论，县委同志一致认为，引漳入林是有条件的：这是人民群众的迫切要求，顺应民意；组织群众引水，改变林县贫困面貌，符合党中央的指示；新中国成立后，特别是合作化以来兴建大大小小水利工程取得的经验，为进行这场引水攻坚战做好了准备；林县人民勤俭办社，经济上的积累为引漳入林奠定了物质基础；更重要的是，林县党群、干群关系团结和谐，从政治上、组织上保证了引水入林的顺利进行。最终，大家决定：既然战争年代可以为争取解放而置生命于不顾，和平时期建设社会主义更应面对困难敢于担当，必须争朝夕、早动工、早引水，这样就能早得利、得大利。

1959年夏季，中共林县县委扩大会议提出了跨越太行山到山西斩断浊漳河，然后逼水上山，把水引进林县，彻底改变缺水状况的大胆设想。这个计划得到了中共河南省委的大力支持。山西省委同意了林县人民的请求。1960年2月11日，农历正月十五这一天，3.7万名林县民工向太行山开战了。经过不到8个月的奋战，林县人民斩断了45道山崖、搬掉了13座山、填平了58道沟壑、穿凿了总长度600余米的7个隧道，建渡槽、路桥和防洪桥56座，完成土石方445.65万立方米，砌石42.86万立方米，终于拦住了奔腾不羁的浊漳河。此后，林县人民又经过4年苦干，于1965年4月5日实现了总干渠的通水。红旗渠总干渠全长70.6公里（山西石城镇—河南任村镇），干渠支渠分布全市乡镇，被誉为"人工天河""中国水长城"。与此同时，千百年来，林县人民渴望水的梦想终于得以实现。据统计，红旗渠建成40年以来，总引水量达到85亿立方米，历年来灌溉面积达8000万亩次，共增产粮食31.8亿斤，发电4.7亿度，创效益17亿元，相当于总投资的23倍。

事实上，红旗渠工程开工之时，上级部门除在政策、精神上给予支持外，在资金、技术、人才、设备、粮食等方面资助极其有限。就林县自身情况来看，虽然早早就开始为修渠大业做积累，也只积攒下3000万斤粮食和300万元资金。对于庞大的红旗渠工程而言，这只是九牛一毛，微乎其微。就是在这种情况下，林县人民立足自身，自筹资金、粮食，自制建材、工具、炸药，创造了人类修渠史上的奇迹。在修渠过程中，面对太行挡道和悬崖峭壁，林县人民立下愚公移山志，干部群众同吃、同住、同劳动、同学习，共同协商解决问题。缺少机动车辆，大家分工协作，用人挑、车推的办法把物料和蔬菜运到工地；缺少床铺房屋，大家各自枕石盖草，住在石壁上的崖洞中；缺少工程设施，大家挽手并肩，在合龙的水闸前，用人墙拦住冰冷的河水；缺少技术和工具，大家边干边学、边学边造。在这些英勇而普通的人群中，80%是共产党员和共青团员。他们在太行山的崖壁上燃起大无畏的革命精神之火，用血肉之躯铸就了红旗渠精神。

"自力更生、艰苦创业、团结协作、奋斗不息"的红旗渠精神，有着深刻的内涵和具体的内容，是中国共产党革命精神在特定的历史时期与特定的时代背景、特定的地理环境相结合产生的，对特定区域经济社会发展状况产生了革命性变革的精神力量。

自古以来，中华民族的优秀文化基因中便有了自力更生。"愚公移山"的历史典故就是中华民族优秀文化品质的生动写照。中国共产党自成立之日起，秉承了自力更生的文化理念，坚持从群众中来、到群众中去，坚持为了群众、依靠群众、相信群众，团结一切可以团结的力量来战胜艰难险阻。毛泽东更是把自力更生作为一种实践原则。1945年8月13日，毛泽东在延安干部会议上所作的《抗日战争胜利后的时局和我们的方针》演说中指出，"我们的方针要放在什么基点上？放在自己力量的基点上，叫做自力更生。"红旗渠精神就是对自力更生文化因子的真实呈现和时代承续。为了改变缺水现状，林县人民在杨贵书记的带领下，不等不靠，充分发扬自力更生的精神，提出了"重新安排林县河山"的豪言壮语，作出了"引漳入林"的工程布局。在工程过程中，林县人民破解了一个又一个困难，克服了一个又一个险关，实现了一次又一次胜利，诠释了红旗渠精神中自力更生的核心要义。他们依靠自己的智慧和双手，自带工具和口粮，不足部分从生产队储备粮中补助，建渠用的石灰自己烧、水泥自己造，一分钱、一袋水泥、一个钢筋头、一根锤把子都做到了物尽其用，在奋战了10个春秋后，终于引来了祖祖辈辈盼望的生命水、幸福水。

艰苦创业精神引导人们把劳动创业活动与艰苦奋斗的传统美德融合起来，培育了人们坚忍不拔的品质、积极进取的活力。它既是一种崇高的精神境界，又是事业成功的精神动力。邓小平在设计改革开放和绘制中国未来蓝图时提出，在相当长的一段时间里，我们不能不提倡和实行艰苦创业。其理论的立足点就是中国的基本国情，即底子薄、起点低、起步晚。只有发扬和践行敢为人先、百折不挠的艰苦创业精神，才能实现中华民族的腾飞。红旗渠自1960年修建，外无资金支持，内无经验、技术和材料。在这样各方面都极端短缺的状况下，党和人民群众践行了艰苦创业的精神，提出了"自力更生是法宝，众人拾柴火焰高，建渠不能靠国家，全靠双手来创造"。为寻找水源，林县人民发挥集体智慧，创造性地提出"引漳入林"工程；为保证工程的顺利实施，"飞天英雄"任羊成带领大家凌空除险，扫除潜在危险；为节省资金，村里人秉承节约一点是一点、花小钱办大事的理念；为提高施工效率，林县广大干部群众打成一片，同吃、同住、同劳动，其结果是增长了知识、解决了问题。正是在贫困中积极进取、在困难中不畏艰险、在逆境中百折不挠、在实践中巧夺天工，村里人诠释了艰苦创业的伟大和璀璨。正如当时修渠人的心愿，为了实现水利化，再苦再累心也甘。这真正揭示了红旗渠精神的本真。

团结协作就是凝聚人民共识、整合社会资源，解放和发展生产力、集中力量办大事，是社会主义的本质要求和集体主义的价值体现。林县人民在和自然界的长期斗争中，逐渐认识到了团结协作的力量。只有依靠人民群众的智慧和力量，才能生存和发展，才能做到"聚精会神挖水渠，一心一意引水来"。在建设过程中，施工人数众多，合理分工、科学调配、相互补充、团结一致，全县一盘棋，党群一条心。工地是前方战场，机关、厂矿、农村就是后方战场。为实现这共同的目标，全县上下齐心协力，前后双方紧密配合，前方开山劈岭，后方提供支援。林县大众煤矿加班加点，全力供应；粮食部门成立临时粮管所，商业系统派出人员成立小商店，工业系统成立工具修理组，卫生系统派出人员到工地医治伤员，文化系统派出剧团、电影放映队到沿途村庄巡回演出。在修建过程中，党中央、国务院对红旗渠建设给予大力支持，周恩来、李先念等中央领导多次询问红旗渠建设情况；"引漳入林"从立项到与山西省进行联系、沟通和协调，从工程技术到资金、物质等方面供应都离不开河南省委、省政府以及有关领导的支持。红旗渠总干渠的修建，离不开山西省委和平顺县的无私援助，真正体现了一方有难、八方支援的精神。

中国共产党98年的发展历程并不是一帆风顺的，而是历经坎坷和磨难。当面临生死存亡和严峻考验时，中国共产党人敢于担当，艰苦努力，却始终能够实现峰回路转、绝处逢生，从而不断走向胜利。20世纪60年代，林县人民面对用水难、吃水难的问题，"宁愿苦干，不愿苦熬"，选择战天斗地，重造山河。他们凭着坚强的意志和坚定的信念，苦干巧干、顽强奋战，不怕苦、不怕累、不怕牺牲、排除万难，最终完成了改变自己命运的创举。需要指出的是，红旗渠精神并未停留于20世纪六七十年代，而是实现了代接赓续。林县人民将红旗渠精神代代相传，实现了从十万大军"战太行"向80年代的十万大军"出太行"、90年代的十万大军"富太行"，以及21世纪初的十万大军"美太行"转变，不断从胜利走向胜利。毋庸讳言，其成功的背后熔铸着知难而进、代接赓续的奋斗不息的精神。

三、攻坚克难，苦干实干

石油是目前世界上最重要的能源，号称"工业的血液"。没有石油，地上奔跑的汽车、海上扬帆的轮船、天上翱翔的飞机都动弹不了，更谈不上发展以石油为原料的石油化工业。正因如此，自1859年美国人狄拉克在宾夕法尼亚州钻出第一口油井后，世界上许多国家都把石油开采作为重要产业来抓。但是，旧中国的石油工业却十分落后。据统计，1907年至1948年，全国（不包括台湾和新疆独山子）共钻井169口，总进尺6.7万米。在广阔的国土上，做过石油地质调查的仅有陕西、甘肃、新疆、四川、贵州、黑龙江、辽宁、浙江和台湾等几个省（区）的局部地区。1948年全国投入开发的只有台湾出磺坑、陕西延长、新疆独山子、甘肃老君庙（玉门）四个油田和自流井、石油沟、圣灯山7个气田。在东北有9个人造油厂，大都没有完全建成。旧中国原油产量最高的是1943年，年产量32万吨，到1948年，中国大陆原油年产量只有8.9万吨。从1904年到1948年的四五十年中，旧中国（不包括台湾、独山子）累计生产原油只有278.5万吨。根据1949年以前44年的统计，由于外国石油公司的油品倾销中国市场，这个期间共进口"洋油"2800万吨。那时候，中国的化工产业和生活用油基本依赖于"洋油"，不仅各种车辆的燃油大多依赖从外国进口，就连老百姓照明用的煤油也要从外国进口，以至于一些外国专家留于成见，认为中国地下根本没有石油，中国是一个"贫油国"。

新中国成立后，国家投入大量人力物力进行石油勘探和开发。20世纪50年代建成了新疆克拉玛依、甘肃玉门和青海冷湖三个石油工业基地，使原油产量增加到145.7万吨。但是，同国家经济建设的快速发展相比，这个产量仍离需要相去甚远。从1955年开始，国家开始对东北松辽盆地进行地质勘查。这个勘查是根据沉积构造中油气能够生成的理论进行的。1959年9月，钻探人员在位于松辽盆地中央凹陷区北部的大同镇找到了工业性油流，并进而发现了高台子油田。这是中国石油地质勘探取得的一个重大成果。因国庆10周年将近，人们将油田命名为"大庆油田"。

但此时此刻，中国石油工业面临的形势仍然十分严峻。首先，原油和产品产量远远不能满足需要。1959年全国石油产品的销售量为504.9万吨，其中自产的仅205万吨，自给率为40.6%。为解决国内需要，不得不耗用大量外汇进口原油和成品油。商业部门年底库存量1959年比1958年分别下降15%和24%，1960年比1959年又下降了38%和23%。高级的航空燃料全部依赖进口。1960年，苏联又单方面撕毁合同，撤走了全部在华专家，石油工业外援濒于断绝，油品更加紧缺，许多公共汽车背上了气包，部队执勤、训练也因缺油受到影响。石油工业作为能源生产部门，面临的形势是极其严峻的。其次，石油工业的布局与国民经济的需要不相适应。作为石油工业基础的天然石油资源，偏居西北一隅。1959年时，98%的天然原油产量和61.7%的原油加工能力在陕、甘、青、新四省区，而90%以上的消费量在东部经济较发达的地区，生产和消费的布局很不协调。

如何解决原油生产增长受制约的问题？根据邓小平1958年同石油工业部领导谈话的精神，从战略上选择突击方向是石油勘探的第一个重大课题，而这一课题的突破口正是大庆油田。到1960年初，经过前一段的扩大勘探，已经查明大庆地区是一个面积达2000多平方公里的有利于含油的二级构造带——大庆长垣，并在其南部基本探明了200平方公里的含油面积，而且根据地质资料分析，长垣北部的构造，可能是油层更厚、产量更高的地区。石油工业部认真反复地研究了大庆长垣的恳谈形式，确认这里的地质条件好、前景大、地理位置优越，是解决石油资源问题的有利的突破口。如果能够在这个全局性的关键所在取得突破，就能使石油工业的形势发生重大变化。

1960年2月13日，石油工业部党组向党中央做了《关于东北松辽地区石油勘探情况和今后工作部署问题的报告》。报告指出，目前，已经在黑龙江省肇庆县大庆地区，探明了一块二百平方公里储油面积的大油田。初步估算，可采储量在一亿吨以上，大体相当于新疆克拉玛依油田。产油情况很好，现在已经打出来的探井，经过1个多月的采油试验，平均每口井日产量在12吨左右。大庆地区的石油勘探工作，虽然经过了很大的努力，取得了很大的效果，但总的来讲还是一个开始，要想把石油全部探明，并投入开采，还需要做更大的更艰巨的工作。根据这个地区的情况，我们认为应该下一个狠心，用最大的干劲，用最高的速度，迅速探明更大的油田面积和更多的新油田。为了实现上述任务，我们打算集中石油系统一切可以集中的力量，用打歼灭战的办法，来一个声势浩大的大会战。2月20日，中央批准石油部在大庆地区进行石油勘探开发大会战，并且指出，积极地、加快地进行松辽地区的石油勘探和开发工作，对于迅速改变我国石油工业的落后状况，有着重大的作用，要求国务院有关部委和省、市给予大力支援。

作为国家重点建设项目，党中央和国务院高度重视大庆油田的勘探。1960年3月9日，国务院副总理薄一波主持召开支援松辽会战专门会议，会战以石油部、地质部为主，同时由农垦、机械、冶金、电力、建工、铁道、林业、商业等部提供大力支援。会战初期，全国有500多家工厂企业为大庆生产机电产品和设备，有200多个科研、设计单位和企业在技术上支援会战。全国石油系统37个厂、矿、院、校的精兵强将和大批设备、物资也陆续集中到大庆。在当年退伍的军人中，有3万名解放军战士和3000名转业军官，也分别从沈阳部队、南京部队和济南部队来到大庆，参与到会战当中。

1960年3月25日至27日大庆石油会战第二次筹备会议在哈尔滨召

开。余秋里部长在会上宣布：石油会战领导机关立即迁往第一线办公。到4月上旬，石油工业部机关党委、各司局领导干部和松辽石油勘探局相继搬迁到黑龙江省安达县，组成了石油会战的指挥机关。据当年4月的统计，全国参与会战总计4万多人，其中总工程师和地质专家等各类工程技术干部达1000多人。1960年4月29日，大庆会战誓师大会在萨尔图召开，此后，在黑龙江省人民政府全力支持和全国各方的大力支援下，大庆会战全面展开。

大庆石油会战是在困难的时候、困难的地区、困难的条件下开始的。当时，中国由于"大跃进"和"反右倾"的错误造成的危害，加上自然灾害和苏联的毁约停援，国民经济十分困难。1960年，国家给石油工业的投资只有10亿元，1961年又减少了52%。大庆处于边远牧区，尤其是会战开始，几万人拥到茫茫的大草原上，既无房屋，又缺少运输工具，连锅灶、用具也不齐全，生产、生活极度困难。特别是当时冬季就要到来，在零下几十摄氏度的条件下，能不能站住脚都是很大的问题。大庆油田的开拓者们就是在这样极端困难的条件下打赢了这场攻坚战。

首先，需要克服思想关。像大庆会战这样大规模的油田勘探和建设，在中国石油工业历史上还是第一次，没有现成的经验可循。大庆人面临的不仅是吃、住、物资器材供应等物质上的困难，还有由此而来的思想认识上的分歧和顾虑。有人因条件艰苦而产生顾虑：这样差的条件，哪像个搞工业的样子，甚至有人因此退出了会战。在这种局面下，要把几万人组织起来，战胜一个又一个困难去夺取胜利，必须有一个正确的、统一的指导思想。因此，会战领导机关的第一个决定就是《关于学习毛泽东同志所著"实践论"和"矛盾论"的决定》，号召从领导干部到全体职工都来学习"两论"，用"两论"的立场、观点、方法来指导会战的全部工作。大家在学习了《矛盾论》中关于抓主要矛盾的论述后，得出了"这困难、那困难，都是暂时的、局部的困难，无非是我们多吃些苦，多受些累，而国家缺油才是最大的困难。上有困难，退下来国家和人民的困难就更大"的结论。这一认识，使职工把自己在会战中付出的艰苦劳动同国家的命运紧密联系起来，自觉地迎着困难艰苦创业，解决了一个又一个物质上、思想上、工作上和科学技术上的难题。

其次,需要克服技术关。大庆会战,是坚持把高度的革命精神和严格的科学态度结合起来的典范。会战当中,即便需要抢时间,也不能忽视抓基础性工作、基本功训练和基层建设,这关系到中国石油工业的整体和长远发展。基础工作包括在生产中录取、积累齐全准确的第一手资料,包括20项资料72种数据,保证优良的工程质量和良好的设备状况。从1960年到1963年,共钻井取芯1.3万米,井壁取芯1.45万颗;每口井电测15~18条曲线,共测曲线2.8万多条,测地层压力9480井次,流动压力3.6万井次,为油田开发建设提供了可靠的第一手材料。基本功是要求每个工人的生产操作出手过硬。基层建设是搞好基层队伍的领导班子和基层党支部的建设。特别是普遍实行了基层岗位责任制度,做到了事事有人管、人人有专责、处处有人把关,在全油田建立起严格的生产秩序。

再次,需要克服管理关。大庆会战之所以能够取得胜利,离不开党中央的高度重视和领导干部的亲力亲为。石油工业部党组成员和部机关一半以上干部都搬到会战前线办公。时任部长余秋里、副部长康世恩以身作则,长期驻扎会战第一线,在条件最艰苦的时候,甚至住在现场的一座牛棚里。在时间紧任务重的情况下,会战现场处处都有领导亲自调研督战的身影,几乎每一个攻坚任务都是由会战领导直接部署和指挥,从而保证问题能及时解决。需要作出重要决策时,也都是由会战领导亲自调度,取得第一手材料后就地作出符合实际的决策并协调各方积极配合决策的执行。领导深入第一线,也带动了整个会战机关和油田各级干部形成了深入生产第一线、一切为前线胜利、一切围绕为基层服务的好风气。

最后,需要克服生活关。会战一开始就面临着严重的生活问题。没有住房,没有菜吃,粮食定量不够,甚至锅碗瓢勺也买不到,大家就在野外露营,喝盐水、吃野菜。当时最大的困难是在高寒地区几万人如何过冬。这个问题靠常规办法很难解决。石油工业部领导提出要发挥当年解放区的"南泥湾精神",自己动手,丰衣足食。1960年入冬之前,会战基地动员职工,不论领导干部、教授、工程师、工人还是职工家属,男女老少齐上阵,抽出时间自己动手盖"干打垒"房屋。仅四五个月就盖起了30多万平方米的房屋,保证了队伍顺利过冬。为了解决粮食不足的问题，职工、家属自己动手开荒种地。会战领导带头下地拉犁，表扬和树立了"五把铁锹闹革命"的薛桂芳等一批家属中的先进人物。1960年当年种地567公顷，秋后收粮10多万公斤，产菜65万多公斤。3年多的会战中，共开荒种地约6700公顷、收粮2300万公斤、菜3000多万公斤，保证了会战职工的基本生活需要，稳定了队伍情绪，并且在发展中初步形成了工农结合、城乡结合、有利生产、生活方便的新型矿区。

大庆会战从开始大规模勘探到油田基本建成，历时3年多。大庆会战的成功，对石油工业发展具有深远的意义。

第一，高速度、高水平地探明和建设了一个大油田。大庆油田从1959年9月第一口探井见油到1960年底基本探明865平方公里的含油面积，只用了1年多一点的时间。到1963年底，大庆油田累计打井1178口，形成年产600万吨原油的生产能力，当年生产原油439.3万吨，占全国原油产量的67.8%，对实现石油基本自给起了决定性的作用。1963年全国原油、汽油、柴油、煤油和润滑油等主要产品产量全面超额完成计划；中国自己设计和新建成的大型炼油厂，建设时间缩短了一年。

第二，推动了中国石油地质理论的发展和勘探开发技术的进步。大庆石油会战丰富了中国的陆相生油理论，用事实证明了陆相地层同样可以生成大油田，从而使人民的认识从陆相贫油的束缚中解放出来，大大改变了对中国石油资源的评价和看法。"中国贫油"的说法，从此成为历史的陈迹。会战期间，大庆人狠抓综合研究和技术攻关，组织包括教授、专家在内的800人的油层研究队，对取得的大量资料进行了上百万次的分析试验和1700多万次地层对比，比较清楚地掌握了油层的基础情况。在此基础上编制的油田内部横切割注水开发方案，经过实践验证是合理的。对油层在注水中的变化，计算也比较准确。1963年有28口油井见水，见水时间与1961年计算出的时间只差20天左右。

第三，探索和总结了一套科学的管理制度。会战中，根据油田的实际情况，建立了强有力的生产指挥系统，制定并普遍执行了一套行之有效的岗位责任制，把油田的各项工作有条不紊地组织起来。同时，在设备管理、基建管理、仓库管理等方面，实行了一系列变革，建立了一批有利于生产、服务于生产的规章制度。这些做法和经验，促进了整个石油工业企业管理水平。

第四，锻炼培养了一支有政治觉悟、有一定技术素养，干劲大、作风好，有严密的组织纪律，能吃苦耐劳、打硬仗的队伍，积累了比较丰富的队伍建设经验。这其中，也涌现出了一大批先进模范人物，最突出的代表是"铁人"王进喜。

1923年10月8日，王进喜出生在甘肃省玉门县赤金堡一个贫苦农民家里。在灾难深重的旧中国，王进喜受尽苦难，8岁便开始给地主放牛、放羊以顶租还债，15岁到玉门油矿做苦工。苦难的经历和恶劣的生存环境炼就了他刚毅坚韧、倔强不屈的性格，也增强了他对光明、自由生活的向往和期盼。1949年玉门获得解放，王进喜也从此翻身得解放、当家做主人。1950年，他通过操作考核，成为新中国第一代钻井工人。他把朴素的阶级情感升华为崇高的理想信念，化作奋发思变的行动。1956年4月29日，王进喜光荣地加入了中国共产党。入党后不久，他又担任了钻井队长。他提出"月上五千，年上双万"的口号，创出月进尺5009.3米的全国钻井最高纪录，成为"钻井闯将"，也因此而成为全国著名劳动模范。1959年，王进喜出席了全国群英会。他在北京看到公共汽车上还背着个庞大的煤气包，感到作为一个石油工人不能为国家提供更多的石油很难过，心里憋足了一股气，要拼命为国家多找石油、多生产石油。1960年初，石油工业部部长余秋里点将，调玉门王进喜等队赴松辽参加石油大会战。到了大庆后，他一不问吃、二不问住，下车先问三句话："钻机到了没有？""钻井的井位在哪里？""这里的钻井纪录是多少？"4月2日，钻机终于到了，可他们却遇到了前所未有的困难：一套钻井设备总重60多吨，在玉门拆散搬家，需要吊车、拖拉机各4部、大型载重汽车10辆。然而，刚组建的萨中探区吊运设备非常少。王进喜告诉工人们："我们绝对不能等，就是人拉肩扛也要把钻机全都拉上井场。"于是一场人与钢铁、力量与困难的较量开始了。就这样，王进喜带领工人肩扛手拉，用撬杠撬、滚杠滚、大绳拉，历经三天三夜，把五六十吨的钻机部件卸下火车，又用同样的方式装卸上汽车，在现场安装设备，竖起了井架。在人拉肩扛过程中，王进喜和几个司钻轮流喊着号子来鼓舞全队士气，他们喊出了"石油工人一声吼，地

第五章
千嶂绝壁上的"蓝色飘带"

球也要抖三抖""石油工人干劲大,天大困难也不怕"的豪迈语句。在搬运中,王进喜被砸伤了右腿,可他不顾伤痛继续指挥。4月29日,他带伤参加了万人誓师大会。开钻时,需要用大量的水调制泥浆,但当时既没有铺设供水管线,水管也很少。他不等不靠,带领职工从一里外的水泡子里用脸盆一盆盆地端水,争取时间提前开了钻。

由于地层压力太大,第二口井钻至700米浅气层时突然发生井喷,如果不及时制止,就可能井毁人亡。为了压井,需要重晶石粉,可是现场没有。王进喜当机立断决定加水泥来提高泥浆比重,可现场又没有搅拌设备,水泥加进去就沉了底,不能融合。见此情况,王进喜拖着一条伤腿和几个工人穿着工服、纵身跳进齐腰深的泥浆池,用身体搅拌泥浆。经过两个小时的搏斗,一场井喷事件避免了,可是王进喜和两个工人的身上已被碱性很强的泥浆烧起了许多大泡。王进喜吃在井场、住在井场,饿了啃几口干粮,困了枕着枕头躺在成排的钻杆上休息一会儿。从安装钻机到他们钻的第一口井完钻,他一连7天7夜不下"火线"。当地的老乡感动地说:"王队长可真是铁人啊!"从此,"铁人"这个响亮的名字传遍了大庆油田。

当然,像王"铁人"这样的英雄人物,在大庆油田岂止一人。马德仁和段兴枝也是两个出名的钻井队长。他们为了保证钻机正常运转,在最冷的天气里,下到泥浆池调制泥浆,全身衣服被泥水湿透,冻成了冰的铠甲。薛国邦作为油田上第一个采油队长。在祖国各地迫切需要石油的时候,他战胜了人们想象不到的许多困难,使大庆的首班原油列车顺利外运。朱洪昌,工程队队长。为了保证供水工程赶上需要,他用双手捂住管道裂缝,堵住漏水,忍着灼伤的疼痛,让焊工在自己的手指边焊接。奚华亭,维修队队长。在一次油罐着火的时候,他不顾粉身碎骨的危险,跳上罐顶,脱下棉衣,压灭猛烈的火焰,避免了一场严重事故。毛孝忠和萧全法两个通讯工人,在狂风怒吼的夜晚,用自己的身体连接断了的电线,接通了紧急电话。管子工许协光等20名勇士,在又闷又热的炎夏,钻进直径只比他们肩膀稍宽一点的一根根钢管,把总长4800米的输水管线,清扫得干干净净。

大庆石油会战,不仅为国家创造了大量的物质财富,还产生了影响深远的、集中体现中华民族和中国工人阶级优良传统与优秀品质的大庆精神。50年来，大庆精神一直得到党的四代领导集体的培育和倡导。1964年，毛泽东发出了"工业学大庆"的号召，并多次接见"铁人"王进喜。中共中央转发了《石油工业部关于大庆石油会战情况的报告》，总结了大庆会战的9条经验，即：社会主义现代化企业必须革命化；高度的革命精神与严格的科学态度相结合；现代化企业要认真搞群众运动；认真做好基础工作，狠抓基层建设；领导干部亲临前线，一切为了生产；积极培养和大胆提拔年轻干部；培养一个好作风；全面关心职工生活；认真地学习人民解放军的政治工作经验。1977年4月20日至5月13日，中共中央先后在大庆和北京召开全国工业学大庆会议。会议指出，大庆是学习和运用毛泽东思想的典范，是大学解放军、具体运用解放军政治工作经验的典范，坚持了集中领导同群众运动相结合的原则，坚持了高度革命精神同严格科学态度相结合的原则，坚持了技术革命和勤俭建国的原则。1978年，邓小平第三次视察大庆时，作出了"建设美丽的大庆油田"的重要指示。1981年，中共中央47号文件转发国家经委党组《关于工业学大庆问题的报告》，充分肯定了大庆职工面对霸权主义的封锁，发愤图强、自力更生，以实际行动为中国人民争气的爱国主义精神和民族自豪感；在严重困难面前，充分肯定了他们无所畏惧、勇挑重担，靠自己双手艰苦创业的革命精神；充分肯定了他们在生产建设中，一丝不苟、认真负责、讲究科学、"三老四严"、踏踏实实做好本职工作的求实精神；充分肯定了他们在处理国家和个人关系上，胸怀全局、忘我劳动、为国家分担困难、不计较个人得失的献身精神。1990年，江泽民视察大庆并指出大庆精神的内涵，即为国争光、为民族争气的爱国主义精神；独立自主、自力更生的艰苦创业精神；讲究科学、"三老四严"的求实精神；胸怀全局、为国分忧的奉献精神。1996年，胡锦涛在接见大庆油田负责同志时指出，大庆的历史功绩不仅在于为国家生产了大量的原油资源，还在于为国家造就了一支英雄的工人阶级队伍，培养输送了一批领导骨干和科技骨干；不仅在于创造了巨大的物质财富，而且在别人卡我们脖子、国家十分困难的时候，用石油支撑了共和国的经济大厦。还有很重要的一条，就是在大庆油田的开发建设中培育了大庆精神、铁人精神这一宝贵的精神财富。

2009年，在庆祝大庆油田发现50周年庆祝大会上，习近平总书记

第五章
千嶂绝壁上的"蓝色飘带"

指出，大庆油田的开发建设，铸就了以"爱国、创业、求实、奉献"为主要内涵的大庆精神和铁人精神，造就了一支敢打硬仗、勇创一流的优秀职工队伍，涌现了铁人王进喜、新时期铁人王启民等不少在全国很有影响的先进典型，形成了团结凝聚百万石油人的强大精神动力，集中展现了我国工人阶级的崇高品质和精神风貌。大庆精神、铁人精神已经成为中华民族伟大精神的重要组成部分，也是新中国成立 70 年形成的伟大精神之一，体现了当代中国人民的理想、信念和追求，是社会主义核心价值观的直接体现，永远是激励中国人民不畏艰难、勇往直前的宝贵精神财富。

爱国主义是人们对祖国的深厚情感，是一个民族、一个国家经济发展和社会进步的强大动力。大庆石油会战所洋溢出的不甘落后、知难而进，决心改变我国石油工业落后面貌的团结精神和以铁人王进喜为代表的英雄模范所表现出来的革命加拼命的英雄主义气概，集中展现了石油职工为国争光、为民族争气的爱国主义情怀。

面对国外敌对势力对我国实行的经济封锁和军事威胁，加上遭遇了国内连续三年自然灾害，又恰逢国民经济出现了严重困难，国家迫切需要石油。为此，会战队伍喊出了"三要""十不"的豪言壮语。"三要"是：一要甩掉石油工业的落后帽子；二要高速度、高水平拿下大油田；三要在会战中夺世界冠军，争取集体荣誉。"十不"是：第一，不讲条件，有条件上，没有条件要创造条件上。第二，不讲时间，特别是工作紧张时，不分白天黑夜地干。第三，不讲报酬。第四，不分级别，有工作大家一起干。第五，不讲职务高低。第六，不分你我，互相支援。第七，不分南北东西，就是不分玉门来的、四川来的、新疆来的，一齐上。第八，不管有无命令，只要是该干的活抢着就干。第九，不分部门，大家同心协力干。第十，不分男女老少，能干就干，什么需要就干什么。

创业是一个民族、一个国家、一个企业实现崇高理想和奋斗目标的意志体现。大庆石油会战是一部艰难的创业史。广大石油职工战天斗地、以苦为乐，在十分艰难困苦的条件下，干出了前人没有干出的业绩。大庆油田开工 3 年多，就建成了集油、输油、储油、注水、供电、机修、通讯、道路八大系统工程。

奇 迹

大庆油田的勘探和开发,没有外国人参与,完全是我们中国人摸索出来的。它用铁一般的事实证明,我们国家完全能够依靠自己,高速度、高水平地勘探大油田、开发大油田。苏联第二个大油田——杜依玛兹油田从1945年到1955年用了10年多的时间,建成了年产原油995万吨的生产规模,而大庆油田达到它同样的生产规模仅用了大约5年的时间。苏联勘探速度最快的同时也是最大的油田——罗马什金油田,从头一口井见油到大致了解油田面积用了3年多时间,而大庆油田探明油田面积并大体上算出储量仅用了1年多时间。苏联部长会议正式命名的格林尼亚功勋钻井队,1960年用11个半月时间打井31300米,而大庆油田1202钻井队在1961年只用了九个半月时间就打井31746米。

1963年12月2日,周恩来在二届全国人大四次会议上庄严宣布:我国需要的石油,现在可以基本自给了。这个消息轰动了全世界。这是一件振奋人心的大事情。中国结束了依靠洋油过活的日子,这是我国社会主义建设中的大胜利。至1965年底,我国实现了国内消费原油和石油产品的全部自给。其中,大庆油田提供的高产原油起到了决定性的作用。

科学求实就是尊重实践,遵循事物发展的客观规律。大庆油田会战把革命精神和科学态度紧密结合起来,以《实践论》和《矛盾论》为指导,进行了大量的科学研究工作,解决了几个重大技术难题,创造了世界石油发展史上的一个奇迹。

在制订油田开发方案的科学依据方面,大庆油田的资料依据比较充分,有85口探井的资料及2.8万多块岩心样品的分析数据。而苏联杜依玛兹油田制订开发方案时,只有16口探井的资料、1270多块岩心样品的分析数据。为了弄清原油在铁路运输中的温度变化,以确定冬季油库合理的加热温度,技术人员手持温度计,顶着寒风,跟随油罐车走了上万公里。大庆油田的生产井,全部做到了井场无油污、井下无落物,这是苏联在之前没有做到的事情。一丝不苟的严格管理,使大庆石油职工形成了"当老实人、说老实话、办老实事""严格的要求、严密的组织、严肃的态度、严明的纪律"的优良作风。

会战时期,石油职工始终不渝地把国家的利益放在第一位,识大体,顾大局,积极为国家作贡献。一望无际的大草原上天寒地冻,没有床铺、灶具，连吃饭、住房等起码的生存条件都成了问题。沼泽地很多，蚊子多得吓人，可大庆人却安之若素。是先建石油城，还是先把会战搞上去？面对这个问题，大庆人毫不犹豫选择了后者。当时国家资金有限，在处理国家与个人、生产与生活的关系上，大庆石油职工提出："先国家后个人""先生产后生活"。打井没有水，就破冰取水。没有房子，就挖"地窝子"，建"干打垒"。粮食短缺，他们就挖野菜充饥，开荒种地。

大庆人始终把国家的利益放在第一位，乃至愿意献出自己的生命。井喷取气样的故事是一个典型案例。1960年5月，二探区的一口井发生井喷事故，井口喷出的油气水柱足有10米多高，咆哮着冲天而射。井场周围已被泥浆、油水浸没。制服井喷必须首先取得气样进行分析化验，搞清出气的层位。可是，井口周围没膝的泥浆和松软的泥沙随时可能将人吞没；井口咆哮喷出的油气水，也时刻威胁着人的生命安全。书生模样的田光道勇敢地站了出来，卷起裤腿蹚过泥水，一步一步地靠近井口。在取得了两瓶气样后，他已经感到头晕耳鸣、身子打晃，可他又坚持着取了第三瓶气样后，才摇摇晃晃地离开井口，胜利地完成了任务。

在这样的奉献精神下，大庆油田取得了较好的经济效益。1960年到1963年期间，大庆油田共用国家投资7.1亿元，上缴利润9.44亿元，折旧1.16亿元，合计10.6亿元，投资回收率达到149%。除全部投资回收外，还为国家积累了资金3.5亿元。在建设大庆油田上，大庆人真正做到了又多、又快、又好、又省。

第六章

"具有深远意义的伟大转折"
—— 党的十一届三中全会决策改革开放

1978年12月18日,在中华民族历史上、在中国共产党历史上、在中华人民共和国历史上,都是一个必将永载史册的重要日子。这一天,中国共产党召开了十一届三中全会,实现了新中国成立以来党的历史上具有深远意义的伟大转折。通过这次全会及其作出的一系列重大决策,党和国家彻底挣脱了十年"文化大革命"的"左"的羁绊,"从危难中重新奋起",开启了通过改革开放大踏步"赶上时代"潮流、在中国特色社会主义道路上创造民族复兴"奇迹"的伟大征程。

一、伟大转折的国内国际背景

1976年10月,历时10年的"文化大革命"结束。"文化大革命"给党、国家和民族造成的危害是全面而严重的,在政治、思想、文化、经济、党的建设等方面都产生了灾难性后果。

在政治上,党的组织和政权机构受到严重破坏,党和国家的大批领导干部被打倒,党和政府的各级机构长期陷于瘫痪或不正常状态,冤假错案堆积如山。据对林彪、江青两个反革命集团起诉书所列举的受诬陷名单统计,"文化大革命"中,党和国家领导人受诬陷的有38人,其他中央党政军领导干部、民主党派负责人、各界知名人士受诬陷的有382

人。另据中央组织部统计,"文化大革命"中全国被立案"审查"的干部共230万人,占"文化大革命"前1200万干部的19.2%。[1] 全国人民代表大会停止活动达9年之久,中国人民政治协商会议10年内根本没有召开。人民解放军和公安、检察、法院等机关受到严重冲击,打砸抢成风,人民的生命、财产安全没有保障,整个社会生活陷入持续不断的动荡之中。在思想上,"文化大革命"所依据的"无产阶级专政下继续革命的理论"既不符合中国实际,又在许多方面违反了马克思列宁主义的原则。由于"左"倾错误理论的影响,党风和社会风气败坏,一些人道德水准下降,极左思潮、无政府主义、极端个人主义、个人迷信等严重泛滥。在文化上,"文化大革命"对我国科学文化事业造成极大破坏,无数优秀的祖国文化典籍被付之一炬,很大一部分教育、科学、文化等领域的知识分子被打成"牛鬼蛇神"。一段时间里,学校关闭、学生停课,文化园地荒芜,科技发展水平同世界先进国家差距被拉得更大。"文化大革命"期间,中国科学院仅在北京的171位高级研究人员中,就有131位先后被列为打倒和审查对象,全院被迫害致死的达229名。[2] 据1982年的人口普查统计,全国文盲和半文盲人数达2.3亿,占全国总人口数的近1/4。[3] 在党的建设上,一大批党和国家领导人以及党的干部被当成"走资派"打倒,受到各种迫害,绝大多数党的组织甚至一度停止了组织生活,民主集中制和党的优良传统遭到严重破坏。一批造反派进入党内,造成党的组织严重不纯,假话、空话、套话成风,形式主义盛行、歪风邪气泛滥,严重削弱了党的号召力和凝聚力。

"文化大革命"的长期动乱对我国经济建设造成的冲击尤为严重,正常的生产秩序和经营活动很难维持,经济增长缓慢。在"左"倾错误思想指导下,社会主义建设的许多正确原则,如发展生产力、发展商品经济、实行按劳分配等,都被当作资本主义加以批判。一些人鼓吹"宁要社会主义的草,不要资本主义的苗",不允许个体经济存在和发展,

---

[1] 中共中央党史研究室:《中国共产党历史》第2卷(下),中共党史出版社2011年版,第967页。

[2] 《惊回眸,那个春天——记1978年全国科学大会召开的前前后后》,《科技日报》2008年3月17日。

[3] 中共中央党史研究室:《中国共产党历史》第2卷(下),中共党史出版社2011年版,第968页。

热衷于"割资本主义尾巴"。在分配制度上，他们轻视物质利益，平均主义泛滥；在对外经济关系上，批判"洋奴哲学""爬行主义"，致使对外引进工作难以正常开展。按照正常年份百元投资的应增效益推算，"文化大革命"十年内乱使我国国民收入损失了5000亿元，这相当于新中国成立后30年全部基本建设投资的80%，相当于全国40万个工交企业的全部固定资产的总和。从统计数字看，"文化大革命"十年中，有5年经济增长不超过4%，其中3年负增长：1967年增长－5.7%，1968年增长－4.1%，1976年增长－1.6%。[①]人民生活未能得到应有的较大改善。就粮食储备方面看，粮食人均消费量1976年为380.56斤，比1966年的379.14斤仅多1.42斤，比此前最高的1956年的408.58斤减少了28.02斤；食用植物油人均消费量1976年为3.19斤，低于1966年的3.52斤。10年中，全民所有制各部门职工仅在1971年调整过一次工资，全民所有制单位职工平均实际工资的年均增长速度均为负。

从20世纪50年代中期到70年代中期，在中国相继经历"大跃进"、人民公社化运动、"文化大革命"之时，美国和欧洲的西方资本主义国家以及日本、韩国等中国周边的一些国家和地区，却在以原子能技术、信息技术、生物技术、空间技术等为主要内容的新科技革命浪潮的推动下实现了经济科技的迅速发展，社会面貌发生了意义深远的重大变化。1945年7月，美国成功试爆第一颗原子弹。原子能技术首先被应用于军事领域，但很快在商业运用上取得重要进展。1954年6月，苏联建成第一个原子能电站。1957年苏联第一艘核动力破冰船下水。1957年，美国西屋公司建成了世界上第一个压水堆型商用核电站。1961年至1968年，德、日、加、意、比、瑞士、瑞典等国也相继建成核电站。到1977年，世界上已有22个国家和地区拥有核电站反应堆229座。1946年2月，世界上第一台电脑ENIAC在美国宾夕法尼亚大学诞生。1958年出现了晶体管计算机。20世纪60年代中期以后出现了每秒运算千万次的集成电路，即第三代计算机。1971年，世界上第一

---

① 中央财经领导小组办公室编：《中国经济发展五十年大事记》，人民出版社1999年版，第222、228、282页。

台以大规模集成电路做芯片的微型计算机在美国制成。计算机的出现,为人类开辟了一个崭新的信息时代。空间技术是现代技术高度发达的体现。1957年10月4日、11月3日,苏联相继成功发射了两颗人造地球卫星,开创了空间技术发展的新纪元。此后,美、苏两国开始了激烈的太空竞争。1961年4月12日,苏联发射载人宇宙飞船成功,人类首次涉足太空。1969年7月16日美国"阿波罗11号"飞船将两名宇航员送上月球,这是人类历史上第一次在月球上留下自己的脚印。此后,生物技术、新材料技术、海洋技术等也开始迅速发展。

新科技革命的蓬勃兴起,特别是电子计算机的普及,极大地改变了世界的面貌和人们的生活方式,成为劳动生产率提高和整个经济增长的源泉。在新科技革命的推动下,美国经济高速发展。从1961年1月到1969年10月,美国经济连续上升了106个月,20世纪60年代的美国被称为"繁荣的十年"[1]。第二次世界大战后,欧洲经济濒于崩溃。为了帮助欧洲经济摆脱困境,1947年6月,时任美国国务卿马歇尔在哈佛大学发表演说,提出了著名的"马歇尔计划"。到1951年底,"马歇尔计划"提前结束。美国对欧拨款共130多亿美元。在"马歇尔计划"的助力下,欧洲经济逐步走出困境。1951年到1971年,联邦德国国民生产总值增加了5倍多。1951年到1970年,法国工业年均增长率达到近6%[2]。日本的发展更令人瞩目。1955年12月,日本编制并开始实施《经济自立五年计划》(1956—1960年),1960年,又实施了为期10年的"国民收入倍增计划"。1955年至1960年,日本经济的年均增长率为8.5%,1960年至1965年为9.8%,1965年至1970年为11.8%。从1955年到1970年,日本国民生产总值增长了7.2倍。1960年,日本国民生产总值超过加拿大,1967年超过英国和法国,1968年超过联邦德国,成为位居美国之后的资本主义世界第二经济大国[3]。1973年,日本的船舶、收音机、电视机等产品产量已居世界第1位,水泥、橡胶、汽车等产品产量居世界第2位。

在这期间,中国周边原来一些比较落后的国家和地区,如韩国、新

---

[1] 宋则行、樊亢主编:《世界经济史》(下卷),经济科学出版社1994年版,第48页。
[2] 宋则行、樊亢主编:《世界经济史》(下卷),经济科学出版社1994年版,第50页。
[3] 宋则行、樊亢主编:《世界经济史》(下卷),经济科学出版社1994年版,第52页。

奇 迹

加坡等，也抓住机遇快速发展，实现了经济起飞。新中国成立初期，韩国经济总量和中国的山东省差不多。但韩国从20世纪60年代开始大力发展国民经济，创造了著名的"汉江奇迹"。到20世纪80年代，韩国一改贫穷与落后的面貌，经济总量是山东的几倍。香港，只是一个弹丸之地，1977年，其进出口总额竟达到196亿美元，而当年整个中国大陆的对外贸易总额仅有148亿美元。①

20世纪六七十年代正是世界科技、经济蓬勃发展的时候，而中国却因为"文化大革命"陷入"危难"，在严重内乱内耗中丧失了宝贵的发展机遇，教训极为深刻。

二、初步拨乱反正与真理标准问题大讨论

"文化大革命"结束后的中国，百废待兴。作为执政党的中国共产党亟须痛定思痛，带领全党全国人民从严重挫折中奋起，大踏步赶上时代潮流。

在粉碎"四人帮"以后，党中央很快采取了一系列稳定全国局势的重大措施，并部署开展了揭发批判"四人帮"的运动。经过艰苦努力，到1977年上半年，由派性造成的武斗和动乱基本被制止，被"四人帮"的帮派势力篡夺的领导权被夺回，问题较多的部分省市党政领导班子得到改组和加强，许多地区的长时期社会动乱被逐步平息。到1978年，全国绝大部分地区和单位的清查和干部调整工作取得显著成果，人民群众渴望已久的安定政治局面初步形成。"四人帮"的粉碎，使得人民群众长期被压抑的生产积极性终于得到解放。党中央在部署揭发批判"四人帮"罪行、稳定全国局势的同时，还立即着手工农业生产的整顿和恢复工作，要求"努力把国民经济搞上去"，加强生产责任制，推动经济战线的生产和工作秩序逐步走上正轨。一批企业的混乱状况得到改变，工业生产有了较快回升，整个经济形势在摆脱急剧滑坡的危险后出现明显好转。

---

① 国务院办公室〔1978〕12号参阅文件：《港澳经济考察报告》（汇报提纲），1978年5月31日。

第六章 "具有深远意义的伟大转折"

但是，"文化大革命"10年内乱留下的后果十分严重，要在短期内消除它在政治上、思想上造成的混乱并非易事。1977年2月7日，《人民日报》《红旗》杂志、《解放军报》发表了题为"学好文件抓住纲"的社论，提出"两个凡是"方针，即"凡是毛主席作出的决策，我们都坚决维护，凡是毛主席的指示，我们都始终不渝地遵循"。这种不从实际出发、拒绝对事物作任何具体分析的方针，在理论上违背了马克思主义认识论和唯物史观，在实践上为新形势下坚持真理、深入揭批"四人帮"和纠正"文化大革命"的错误设置了障碍。

对于"两个凡是"，在"文化大革命"期间被打倒、这时候还尚未正式恢复领导职务的邓小平从一开始就表示了明确反对的态度。1977年2月和4月，在同前来看望他的一些中央负责同志谈话时，邓小平即表示，"'两个凡是'不行"，这"不是马克思主义，不是毛泽东思想"。4月10日，他致信华国锋、叶剑英并转党中央，提出必须世世代代地用准确的完整的毛泽东思想来指导我们全党、全军和全国人民。5月24日，邓小平再次针对"两个凡是"指出："毛泽东同志说，他自己也犯过错误。一个人讲的每句话都对，一个人绝对正确，没有这回事情。""毛泽东思想是个思想体系"，"我们要高举旗帜，就是要学习和运用这个思想体系"。① 邓小平提出，要准确的完整的毛泽东思想，成为许多干部和理论工作者批评"两个凡是"的理论武器。陈云、叶剑英、聂荣臻、徐向前等也反复强调实事求是优良传统，抵制"两个凡是"。

在全国局势逐步稳定的基础上，1977年7月16日至21日，党的十届三中全会在北京召开。这次会议最重要的成果是邓小平的再次复出以及担任中央党政军领导职务。会议决定恢复1976年邓小平被撤销的全部职务，即中共中央委员、中央政治局委员、中央政治局常委、中共中央副主席、中共中央军委副主席、国务院副总理、中国人民解放军总参谋长。邓小平在会上作了复出后的第一次正式讲话，再次郑重强调，"要对毛泽东思想有一个完整的准确的认识，要善于学习、掌握和运用毛泽东思想的体系来指导我们各项工作。只有这样，才不至于割裂、歪

---

① 中共中央文献研究室编：《邓小平年谱（1975—1997）》（上），中央文献出版社2004年版，第155、157、159—160页。

曲毛泽东思想，损害毛泽东思想。""毛泽东同志倡导的作风，群众路线和实事求是这两条是最根本的东西。"① 邓小平的重新复出，顺应了党内外广大干部和群众的要求，有力地推动了各个领域亟待开展的拨乱反正的工作。

鉴于国家形势发生的重大变化，根据党的十届三中全会批准的提前召开党的十一大的决定，1977年8月12日至18日，中国共产党第十一次全国代表大会在北京举行。大会重申了在20世纪内把我国建设成为伟大的社会主义现代化强国的奋斗目标，初步总结了揭批"四人帮"的斗争，批判了"四人帮"宣扬的"老干部是民主派，民主派就是走资派"等谬论，顺应了民心。已经重新参加中央领导工作的邓小平在大会闭幕词中号召全党：一定要恢复和发扬毛主席为我们党树立的群众路线、实事求是、批评和自我批评、谦虚谨慎、戒骄戒躁、艰苦奋斗和民主集中制的优良传统和作风，在全党、全军、全国努力造成一个又有集中又有民主，又有纪律又有自由，又有统一意志，又有个人心情舒畅、生动活泼，那样一种政治局面。这个讲话，抓住了实现拨乱反正任务的关键。但是，这次大会及其修订通过的新党章仍然肯定了"文化大革命"的理论和实践，仍然坚持"以阶级斗争为纲"，因而未能承担起从根本上纠正"文化大革命"的错误和为实现历史转折制定正确的路线方针政策的重大任务。同提前召开党的十一大一样，提前召开第五届全国人民代表大会也势在必行。1978年2月26日至3月5日，第五届全国人民代表大会第一次会议在北京举行，大会通过了新修订的《中华人民共和国宪法》，选举叶剑英为全国人大常委会委员长，继续任命华国锋为国务院总理，任命邓小平、李先念等13人为副总理。一批德高望重的老一辈革命家重新回到国家领导岗位。与此同时，1978年2月24日至3月8日，中国人民政治协商会议第五届全国委员会第一次会议在北京举行。会议选举产生了新一届政协领导成员，邓小平当选为第五届全国政协主席。

党的十一大和五届全国人大一次会议、全国政协五届一次会议的相继召开，使"文化大革命"中被打乱的党和国家政治生活秩序逐步得到

---

① 《邓小平文选》第2卷，人民出版社1994年版，第42、45页。

恢复并走上正常轨道，各项工作有所前进。但由于党在指导思想上的"左"的错误并未得到根本纠正，党和国家的工作总体上仍处于在徘徊中前进的局面。

在揭批"四人帮"、恢复党和国家正常政治生活秩序的过程中，各领域的拨乱反正也在阻力中努力进行。1976年12月，中共中央发出通知宣布，凡纯属反对"四人帮"的人，已拘捕的，应予释放；已立案的，应予销案；正在审查的，解除审查；已判刑的，取消刑期予以释放；给予党籍团籍处分的，应予撤销。1977年10月7日，《人民日报》发表胡耀邦主持撰写的《把"四人帮"颠倒了的干部路线是非纠正过来》一文，呼吁各级组织部门要敢于冲破阻力，对于一切强加给干部的诬蔑不实之词一定要推倒，颠倒的干部路线是非一定要纠正。11月27日，《人民日报》又发表了《毛主席的干部政策必须认真落实》的评论员文章，进一步指出，无产阶级的原则是有错必纠，部分错了，部分纠正；全部错了，全部纠正。在落实党的干部政策过程中，凡是符合事实的结论和材料，都应当保留，决不能"一风吹"；一切不符合事实的结论和材料，即使是一个"尾巴"也不能保留。这两篇文章表达了党内外广大干部群众的强烈呼声，为平反冤假错案、落实干部政策作了舆论准备。12月10日，党中央任命胡耀邦为中央组织部部长。胡耀邦到任后，在邓小平等人的有力支持下，坚持实事求是、有错必纠，为平反冤假错案、落实干部政策做了大量工作，使一大批长期受迫害、被关押或被下放劳动的老同志陆续被解除监禁或被接回北京治病，一些重大冤假错案开始重新进行复查。文化和教育领域在"文化大革命"中首先遭到冲击，在这些领域进行拨乱反正必将对其他领域产生影响和带动作用。邓小平复出后，自告奋勇分管教育和科学工作。1977年8月，他主持召开科学和教育工作座谈会，明确肯定新中国成立后17年的教育战线主导方面是红线，推翻了林彪、江青等人鼓吹的"两个估计"。在邓小平的大力推动和直接决策下，1977年底到1978年初，在"文化大革命"中被废弃的学校考试制度得到恢复，全国约有570多万名知识青年参加了全国统一的高等学校招生考试。科技领域的拨乱反正同时展开。1978年3月18日至31日，在北京举行了盛况空前的全国科学大会，有力地推动了科技领域的拨乱反正。在经济领域，针对"文化大革命"对我国经济建设造成的严重破坏,从1977年春开始,经济理论工作者就我国经济中的一系列重大理论问题展开讨论,澄清了一些理论是非:在商品经济问题上,纠正否定商品生产和商品交换的错误观点,重新肯定社会主义必须大力发展商品生产和商品交换,重视价值规律的作用;在按劳分配问题上,清算对所谓"资产阶级法权"和按劳分配原则的错误批判,重新强调按劳分配和物质利益原则;在经济规律问题上,批判长官意志、"政治挂帅",提出按客观经济规律办事,以提高经济管理水平;在发展生产力问题上,否定对"唯生产力论"的批判,强调发展社会生产的重要性,提出要"理直气壮地抓经济"[①]。这个讨论,率先在经济理论领域吹响了思想解放的号角。

"文化大革命"结束后的两年间,党和国家各项工作有所前进,一些领域的拨乱反正已经开始并取得了若干重要进展。这和"文化大革命"时期的停滞和严重混乱形成了对比。在此基础上,人们急切地期待着党能够带领全国各族人民更迅速地摆脱困境,迈出更大的步伐前进。但是,由于"左"的指导思想仍然没有根本改变,实践的发展步履维艰。揭批"四人帮"和平反冤假错案,受到"两个凡是"方针的限制,一遇到毛泽东批准、定性的案子,不管事实如何,都不准触动;在科学、教育、文化工作中进行拨乱反正,也有人拿出毛泽东批过的文件进行阻挠;在相当一部分领域,"左"的方针政策仍然大行其道,有的干部虽已平反却仍心有余悸;在生产上,混乱状况有所好转,国民经济得到比较快的恢复,人民生活水平也有所提高,但又发生了急于求成的冒进倾向,加剧了国民经济的比例失调。面对"两个凡是"造成的各种障碍,人们越来越感到,要彻底澄清"四人帮"造成的思想混乱,就不能不首先解决这样的问题:究竟应当用什么样的态度对待毛泽东的指示和决策?毛泽东说过的话、做过的事,无论正确不正确,是否都要无条件遵照执行?检验真理、判定历史是非的标准到底是什么?事实证明,不澄清在这些问题上的混乱认识,不挣脱"两个凡是"的枷锁,各方面的拨乱反正就难以深入,中国社会主义发展的新道路也无从开创。

1978年5月11日,《光明日报》以"特约评论员"的署名,公开

[①] 《李先念文选(1935—1988)》,人民出版社1989年版,第311—312页。

第六章　"具有深远意义的伟大转折"

发表了《实践是检验真理的唯一标准》一文。文章开门见山提出:"检验真理的标准是什么?这是早被无产阶级的革命导师解决了的问题。但是这些年来,由于'四人帮'的破坏和他们控制下的舆论工具大量的歪曲宣传,把这个问题搞得混乱不堪。"文章强调,"实践不仅是检验真理的标准,而且是唯一的标准"。文章针对在这个问题上的错误认识,明确提出:"林彪、'四人帮'为了篡党夺权,胡诌什么'一句顶一万句''句句是真理'。实践证明,他们所说的绝不是毛泽东思想的真理,而是他们冒充毛泽东思想的谬论。"对于"四人帮"设置的禁锢人们思想的各种"禁区","我们要敢于去触及,敢于去弄清是非"。文章最后指出:面对新的实践新的问题,"躺在马列主义毛泽东思想的现成条文上,甚至拿现成的公式去限制、宰割、裁剪无限丰富的飞速发展的革命实践,这种态度是错误的。我们要有共产党人的责任心和胆略,勇于研究生动的实际生活,研究现实的确切事实,研究新的实践中提出的新问题"。① 这篇文章阐述的是马克思主义的基本常识,虽然没有点名"两个凡是",但其批判的锋芒却处处指向"两个凡是",说出了广大干部和人民群众心中要说而又不敢说出的话,一下子就引起了强烈反响。5月12日,《人民日报》《解放军报》以及《解放日报》《新华日报》《福建日报》《河南日报》等4家省报转载。5月13日,又有《河北日报》《山西日报》《辽宁日报》《安徽日报》《甘肃日报》《江西日报》《贵州日报》《云南日报》《四川日报》等15家省报转载。但是,也正因为这篇文章的锋芒是指向"两个凡是"的,针对性极强,因此文章一经发表,就立即遭到一些人的严厉指责,认为这篇文章犯了方向性的错误。理论上是错误的,政治上问题更大,很坏很坏,甚至有人以为作者的意图就是要"砍旗"。胡耀邦了解情况后,要求理论动态组写一篇《历史潮流滚滚向前》的文章,从历史发展大趋势的高度批评"两个凡是"思潮。一场关系党和国家前途命运的关于真理标准问题的讨论由此拉开帷幕。

邓小平对这场讨论给予了及时而有力的支持。1978年6月2日,在全军政治工作会议上的讲话中,他尖锐批评了在对待毛泽东和毛泽东

---

① 《实践是检验真理的唯一标准》,《光明日报》1978年5月11日。

思想问题上"两个凡是"的错误态度,着重阐述了毛泽东关于实事求是、一切从实际出发、理论与实践相结合的观点,号召"一定要肃清林彪、'四人帮'的流毒,拨乱反正,打破精神枷锁,使我们的思想来个大解放"。① 6月24日,在罗瑞卿支持下,《解放军报》发表《马克思主义的一个最基本的原则》一文,强调究竟应该怎样对待马列主义、毛泽东思想,这确实不是一个小问题。这里涉及一个是真捍卫毛泽东思想还是假捍卫毛泽东思想的问题。文章的理论性、针对性很强,把讨论进一步引向深入。7月21日,邓小平同张平化谈话,就真理标准问题提出"不要再下禁令、设禁区了,不要再把刚刚开始的生动活泼的政治局面向后拉。"② 7月22日,在和胡耀邦谈话时,邓小平明确支持真理标准问题讨论,指出:"《实践是检验真理的唯一标准》这篇文章是马克思主义的。争论不可避免,争得好。"③ 8月13日,在同吴冷西谈话时,邓小平又说:"实践是检验真理的唯一标准,是马克思主义的。实践标准那篇文章是对的,现在的主要问题是要解放思想。""不要从'两个凡是'出发,不要设禁区,要鼓励破除框框。"④ 8月19日,在听取中央宣传部第一副部长黄镇等汇报工作时,邓小平再次指出:"《实践是检验真理的唯一标准》这篇文章是马克思主义的,是驳不倒的,我是同意这篇文章的观点的,但有人反对,说是反毛主席的,帽子可大啦。""我们做事一定要从实际出发,实事求是,理论联系实际,要认真思考问题,提出问题,解决问题。毛主席没有讲过的话多得很呢。我们不要下通知,划禁区。"⑤ 9月,在东北、天津等地视察工作时,邓小平说:"有一种议论,叫做'两个凡是',不是很出名吗?凡是毛泽东同志圈阅的文件都不能动,凡是毛泽东同志做过的、说过的都不能动。这是不是叫

---

① 《邓小平文选》第2卷,人民出版社1994年版,第119页。
② 中共中央文献研究室编:《邓小平年谱(1975—1997)》(上),中央文献出版社2004年版,第345页。
③ 中共中央文献研究室编:《邓小平年谱(1975—1997)》(上),中央文献出版社2004年版,第346页。
④ 中共中央文献研究室编:《邓小平年谱(1975—1997)》(上),中央文献出版社2004年版,第357页。
⑤ 中共中央文献研究室编:《邓小平年谱(1975—1997)》(上),中央文献出版社2004年版,第359—360页。

高举毛泽东思想的旗帜呢？不是！这样搞下去，要损害毛泽东思想。"①"我们要根据现在的国际国内条件，敢于思考问题，提出问题，解决问题。千万不要搞'禁区'。'禁区'的害处是使人们思想僵化，不敢根据自己的条件考虑问题。"②他指出："由于林彪、'四人帮'的干扰破坏，这些年把一些人养成懒汉，写文章是前边摘语录，后边写口号，中间说点事。过去不能碰'禁区'，谁独立思考就好像是同毛主席对着干。实际上毛主席是真正讲实事求是的。"③

与此同时，《人民日报》《光明日报》等报刊连续发表文章，许多老一辈革命家也以不同方式支持或参与讨论。中央各部门、全国绝大多数省、市、自治区党委主要负责人和解放军各大军区、大单位负责人相继表态支持真理标准讨论，不同意"两个凡是"，理论界、学术界、新闻界更是踊跃参与，站到讨论的前沿。

真理标准问题大讨论冲破了"两个凡是"禁锢，极大解放了全党全社会的思想，为重新确立马克思主义的正确思想路线、政治路线、组织路线和实行改革开放政策奠定了理论基础，成为党和国家实现历史性伟大转折的思想先导。

三、大规模出国考察与改革开放的酝酿

粉碎"四人帮"以后，随着国内政治环境变得相对宽松和对国际形势的深入认识，我国外交工作更加积极主动，对外部世界的了解和评论也更为客观。1976年11月16日，轻工业部大批判组在《人民日报》发表文章提出，我们强调自力更生，把方针放在自己力量的基点上，并不是提倡闭关自守，而是对外国的好经验、先进的科学技术都要学习，都要吸收过来为我所用。那种认为凡是引进先进技术就是"洋奴哲学"，就是"爬行主义"，实际上是主张"闭关自守"。这是对人类文明史的愚

---

① 《邓小平文选》第2卷，人民出版社1994年版，第126—128页。
② 中共中央文献研究室编：《邓小平年谱（1975—1997）》（上），中央文献出版社2004年版，第381—382页。
③ 中共中央文献研究室编：《邓小平年谱（1975—1997）》（上），中央文献出版社2004年版，第387页。

妄无知，是对独立自主、自力更生方针的恶意歪曲。1977年9月，邓小平在会见外宾时谈道："国际形势变化很大，许多老的概念、老的公式已不能反映现实，过去老的战略规定也不符合现实了。"①

要学习外国首先要了解外国。从1977年下半年起，国务院即安排各部委派团出国访问考察：轻工部派人去美国、联邦德国、日本、英国考察；地质部派人去法国、联邦德国考察；农业部派人去意大利、法国、英国、丹麦、日本考察；冶金部派人去日本、美国、加拿大和西欧考察；石油部派人去美国、日本考察；国家经委派人去英国、法国、日本考察等。到了1978年，全国掀起了一股声势更大的出国考察热潮。据国务院港澳办公室统计，仅从1978年1月至11月底，经香港出国和去港考察的人员就有529批，共3213人。重要的考察团有：3—4月，以林乎加为团长的中国赴日经济代表团，考察战后日本经济发展的经验；以李一氓为团长，于光远、乔石为副团长的中共中央代表团访问南斯拉夫；4—5月，以段云为组长的港澳经贸考察组，实地调研香港、澳门经贸发展情况；5—6月，谷牧带领中国经济代表团访问法国、瑞士、比利时、丹麦、德国这西欧五国。其他考察团还有：4—6月，中国农业机械化代表团访问意大利、法国、英国和丹麦；5—6月，中国农业代表团和中国基本建设代表团先后访问日本；7—9月，中国农业代表团访问美国；8月，中国林业代表团访问奥地利、罗马尼亚；8—9月，中国农业代表团访问罗马尼亚、西德、法国、加拿大；9—10月，中国财经代表团访问南斯拉夫、罗马尼亚，中国农业代表团访问日本；10—12月，袁宝华率国家经委代表团赴日本考察企业管理；11月，国家计委代表团访问南斯拉夫；等等。

在以上经贸考察团中，以谷牧率领的西欧五国考察团规格最高也最引人注目。代表团成员包括水电部部长钱正英、农业部副部长张根生、国家建委副主任彭敏、北京市副市长叶林、广东省副省长王全国、山东省副省长杨波等30多人。代表团临行前，邓小平专门找谷牧等谈话，要求他们广泛接触、详细调查，深入研究些问题，看看人家的现代工业

---

① 中共中央文献研究室编：《邓小平年谱（1975—1997）》（上），中央文献出版社2004年版，第200页。

发展到什么水平了,也看看他们的经济工作是怎么管的,资本主义的先进经验,我们应当把它学回来。访问期间,代表团先后访问了5国25个城市,参观了80多个工厂、矿山、港口、农场、大学及科研单位,同这些国家的政府领导人及各界人士进行了深入交流,对这些国家的工业、农业、交通运输、城市建设、科技现代化水平以及他们急切希望同我国开展经贸合作的意愿等,都留下了深刻的印象。他们看到:联邦德国一个年产5000万吨褐煤的露天煤矿只用2000名工人,而中国生产相同数量的煤需要16万名工人,相差80倍;瑞士伯尔尼公司一个低水头水力发电站,装机容量2.5万千瓦,职工只有12人。我国江西省江口水电站,当时装机2.6万千瓦,职工却有298人,高出20多倍。法国马赛索尔梅尔钢厂年产350万吨钢只需7000工人,而中国武钢年产钢230万吨,却需要67000工人,相差14.5倍。法国戴高乐机场,一分钟起落一架飞机,一小时起落60架;法国的地铁,那么复杂的系统,到它们的控制中心一看,地铁运行情况清清楚楚,每个站台,卖票都是自动化。高速公路纵横交错,整个欧洲连成一片[①]。农业也是科技型、集约化的,从耕地、播种、施肥、除草直到收割、加工,全部实现机械化,基本上消灭了手工劳动。法国农业人口只占全国总人口的10.6%,生产的粮食除供应国内消费外,1976年净出口谷物1255万吨。丹麦的农业劳动生产率最高,有耕地4300万亩,农业劳动力只有13万人,占全国总劳动力的6%,生产的粮食、牛奶、猪肉、牛肉,可供3个丹麦人口的需要。联邦德国每350户农民就配有一个科技顾问,专门负责指导种什么、怎么种。瑞士政府则规定:农场主不能随便把自己的农场交给儿子经营,需受过高等教育并拿到相关学科证书,还要在别的农场做工3年,才有资格继承父亲的农场。谷牧回国后,到一些单位作报告,大发感慨,说:"过去,'四人帮'搞闭关锁国,夜郎自大,吹嘘什么都是'天下第一',什么都是我们的好,走出国门一看,完全不是那么回事!"代表团成员之一、时任广东省副省长的王全国,20年后提及这次出访,仍然激动不已,他说:"那一个多月的考察,让我们大开眼界,思想豁然开朗,所见所闻震撼每一个人的心,可以说我们很受刺激!闭

[①] 《追寻1978:中国改革开放纪元访谈录》,福建教育出版社1998年版,第543页。

关自守，总以为自己是世界强国，动不动就支援第三世界，总认为资本主义腐朽没落，可走出国门一看，完全不是那么回事，你中国属于世界落后的那三分之二！"[①]

各考察团回国后，都通过口头汇报或书面报告的形式，把他们出访的观感和建议向党中央和国务院领导吹风通气。1978年6月1日、3日、30日，华国锋三次主持中央政治局会议，分别听取赴日经济代表团、港澳经贸考察组和西欧五国团的汇报。赴日经济代表团谈了日本经济"为什么能在一二十年间取得这样飞跃的进展"的三个关键"窍门"：第一，大胆引进新技术，把世界上的先进东西拿到自己手上；第二，充分利用国外资金，不惜付出较高的利息从国外贷款；第三，大力发展教育事业和科学研究，培养科技人才。港澳经贸考察组汇报了香港、澳门经济发展情况，提出要千方百计夺回在港澳市场的优势地位，并提出了把宝安、珠海两县改为省辖市，实行某些特殊管理办法，以及利用港澳大力发展对外加工装配业务等建议。在听了汇报后，华国锋表示，看准了的东西，就要动手去干。要抓落实，切实见成效，要用外汇进口新技术，可以加一些；利用外资，胆子也要大一些。

伴随对外交往的日益活跃，中美和中日关系改善取得重大进展。1978年4月，美国总统卡特公开宣布：美国承认一个中国概念。7月初，中美双方开始在北京举行建交谈判。1978年8月12日，《中日和平友好条约》在北京正式签订。10月，邓小平访问日本，这是新中国成立后中国领导人首次访问日本。访问期间，邓小平代表中国政府出席了《中日和平友好条约》互换批准书的仪式，向日本各界人士反复介绍了中国的内外政策，还专门对日本具有国际先进水平的现代化企业、高科技设施等进行了详细考察。中日关系的改善，进一步促进了正在进行的中美建交谈判。1978年12月16日，中美两国发表正式建交的联合公报，结束了两国关系长达30年的不正常状态。中美和中日关系的改善，对中国外交和世界局势产生了深远影响，有利于为中国现代化建设创造良好的外部环境。

外交工作取得的积极成果和对外交往的活跃，为打开国门搞建设、

[①]《追寻1978——中国改革开放纪元访谈录》，福建教育出版社1998年版，第558页。

大力引进国外先进技术和设备创造了有利条件。1978年3月13日，中央政治局讨论并批准了国家计委《关于一九七八年引进新技术和进口成套设备计划的报告》。华国锋在讨论时提出：引进先进技术和先进装备，是加快经济发展的一项重要措施。3月18日，邓小平在全国科学大会开幕式上的讲话中进一步强调，"独立自主不是闭关自守，自力更生不是盲目排外"。"任何一个民族、一个国家，都需要学习别的民族、别的国家的长处，学习人家的先进科学技术。"① 根据党中央的部署，国家计委等部门拟定了《今后八年发展对外贸易，增加外汇收入的规划要点》，提出到1985年累计外汇收入要达到1050亿美元，其中引进新技术和进口成套设备200亿美元。5月，经党中央批准，国务院专门成立了引进新技术领导小组，以统一领导引进工作。1978年出访的一些代表团、考察团回国后，也纷纷向中央提交报告，建议借鉴国外发展经济的经验，利用国际上的有利条件，引进国外的资金和先进技术设备，以加快中国经济建设的速度。6月23日，邓小平指出，"洋为中用是自力更生的一个重要内容""我们派了许多代表团到欧洲和日本去考察，发现我们可以利用的东西很多，许多国家都愿意向我们提供资金和技术，条件也不苛刻，从政治、经济角度对我们都有利，为什么不干呢？国际条件有利，国内条件也有利，只要下决心干，就可以加快建设速度。"② 在听取谷牧关于出访欧洲五国的汇报时，邓小平再次强调："一、引进这件事要做；二、下决心向国外借点钱搞建设；三、要尽快争取时间。"③ 在党中央的推动和国务院有关部门的积极努力下，我国引进先进技术和设备的步伐明显加快。

真理标准问题讨论促进了全党思想大解放，对外交往的增加拓展了我们更广阔的国际视野。在进行历史反思和放眼世界时，人们强烈地感受到了中国在经济和科技上同西方发达国家之间的巨大差距，许多人还意识到我国不但在经济科技水平上落后，而且在管理水平上同样落后，在学习和引进先进科学技术的同时，必须进行管理体制上的改革。邓小

---

① 《邓小平文选》第2卷，人民出版社1994年版，第91页。
② 中共中央文献研究室编：《邓小平年谱（1975—1997）》（上），中央文献出版社2004年版，第329页。
③ 中共中央文献研究室编：《回忆邓小平》（上），中央文献出版社1998年版，第156页。

平提出:"引进先进技术设备后,一定要按照国际先进的管理方法、先进的经营方法、先进的定额来管理,也就是按照经济规律管理经济。一句话,就是要革命,不要改良,不要修修补补。"①

1978年7月至9月,国务院召开了为期两个月的务虚会,专门研究如何加快我国现代化建设速度的问题。与会的60多位中央有关部门负责人在认真总结经验教训的基础上,纷纷提出改革僵化的经济管理体制和引进国外先进技术、设备和资金的建议。李先念在会议的总结讲话中指出,实现四个现代化是一场根本改变我国经济和技术落后面貌的伟大革命,这场革命既要大幅度地改变目前落后的生产力,也就必然要多方面地改变生产关系、改变上层建筑。为此,在经济领导工作中,要坚决地摆脱墨守行政层次、行政方式而不讲经济核算、经济效果、经济责任的老框框,打破小生产的狭隘眼界,改变手工业式、小农经济式甚至封建衙门式的管理方法,掌握领导和管理现代化工农业大生产的本领。他还指出,目前的国际形势对我国十分有利,我们应该有魄力、有能力利用国外的先进技术、设备、资金和组织经验来加快我们的建设,决不能错过这个非常难得的时机。这比关起门来样样靠自己从头摸索要快不知多少倍。9月上旬,全国计划会议又提出,经济工作必须实行3个转变:一是"从上到下,都要把注意力转到生产斗争和技术革命上来";二是"从那种不计经济效果、不讲工作效率的官僚主义的管理制度和管理方法,转到按照经济规律办事,把民主和集中很好地结合起来的科学管理的轨道上来";三是"从那种不同资本主义国家进行经济技术交流的闭关自守或半闭关自守状态,转到积极地引进国外先进技术,利用国外资金,大胆地进入国际市场"②。

在全党关于改革开放的呼声越来越强烈时,1978年9月,邓小平到东北三省视察并发表重要谈话,对冲破"两个凡是"禁区、进行体制改革和对外开放、实现全党工作着重点转移作了又一次重要的思想动员。他说:"我们国家的体制,包括机构体制等,基本上是从苏联来的,人浮于事,机构重叠","总的说来,我们的体制不适应现代化,上层建

---

① 《邓小平文选》第2卷,人民出版社1994年版,第129—130页。
② 中央财经领导小组办公室编:《中国经济发展五十年大事记》,人民出版社、中共中央党校出版社1999年版,第299页。

第六章
"具有深远意义的伟大转折"

筑不适应新的要求。""我们要根据现在的国际国内条件,敢于思考问题,提出问题,解决问题。千万不要搞'禁区'。'禁区'的害处是使人们思想僵化,不敢根据自己的条件考虑问题。""要提倡、要教育所有的干部独立思考,不合理的东西可以大胆改革。"① 邓小平强调,"我们要在技术上、管理上都来个革命,发展生产,增加职工收入。要加大地方的权力,特别是企业的权力。大大小小的干部都要开动机器,不要当懒汉,头脑僵化。以后既要考虑给企业的干部权力,也要对他们进行考核,要讲责任制,迫使大家想问题。现在我们的上层建筑非改不行。"②

邓小平还提出了全党工作着重点转移的问题。他针对军队揭批"四人帮"中的问题,在接见沈阳军区机关及军区师以上干部时指出:"对搞运动,你们可以研究,什么叫底?永远没有彻底的事。通过运动主要是把班子搞好,把作风搞好,有半年时间就可以了。运动不能搞得时间过长,过长就厌倦了。""有的单位,搞得差不多了,就可以结束。"③ 1978年10月,邓小平又说,揭批"四人帮"运动,"有几条杠杠作为验收运动的标准是很重要的,不然,要把运动进行到底,底在哪里,摸不着。运动搞久了,容易倦烦……运动不能老搞下去,到一定时候要转入正常。绝大多数转入正常,少数继续搞。"④ 同月,在中国工会第九次全国代表大会致辞时,邓小平更加明确地提出,揭批"四人帮"的斗争在全国广大范围内已经取得决定性的胜利,"我们已经能够在这一胜利的基础上开始新的战斗任务",而这一新的战斗任务,就是要实现四个现代化,大幅度改变中国落后的社会生产力,改革生产关系和上层建筑。为此,"各个经济战线不仅需要进行技术上的重大改革,而且需要进行制度上、组织上的重大改革。进行这些改革,是全国人民的长远利益所在,否则,我们不能摆脱目前生产技术和生产管理的落后状态"。⑤

---

① 中共中央文献研究室编:《邓小平年谱(1975—1997)》(上),中央文献出版社2004年版,第376、381页。
② 中共中央文献研究室编:《邓小平年谱(1975—1997)》(上),中央文献出版社2004年版,第384页。
③ 中共中央文献研究室编:《邓小平年谱(1975—1997)》(上),中央文献出版社2004年版,第383页。
④ 中共中央文献研究室编:《邓小平年谱(1975—1997)》(上),中央文献出版社2004年版,第402页。
⑤ 《邓小平文选》第2卷,人民出版社1994年版,第135、136页。

邓小平的上述意见，在广大干部群众中引起了巨大反响。

1977年以来，特别是进入1978年下半年，在加快现代化建设速度的共同呼声中，由国务院务虚会、全国计划会议集体议论，由邓小平等积极倡导、提出的关于改革开放的一系列思考和部署，对人们的思想观念和实际工作产生了重大而直接的影响：1978年，改革已在安徽农村悄然萌动，封闭半封闭的心态、状态和政策也被逐步打破。1977年，《国际贸易问题》杂志第3期发表文章还宣称，"我国是社会主义国家，根本不允许外国资本来开发资源，也不同外国资本搞什么联合经营。"[①]1978年4月22日，外贸部部长李强还强调，以下几种做法在"四人帮"干扰时我们不能做，现在可以做：补偿贸易；来料加工、来样加工；用外商商标牌号定牌；协作生产；寄售；分期付款、延期付款。但有两种做法，我们是坚决不干的：一是借款，二是不搞合资。1978年5月，由中国社会科学院经济研究所编写出版的《"四人帮"对马克思主义政治经济学的篡改》一书仍然表示："我们既不允许外国资本家同我们办联合企业，更不允许把领土、领海的主权租让给外国"[②]。但是形势变化很快，到了1978年12月15日，外贸部部长李强在香港向世界公开宣布了中国利用外资政策的重大转变："不久以前，我们在对外贸易上，还有两个禁区。第一，政府与政府之间的贷款，不干，只有银行与银行之间的商业贷款。现在不是了。第二，外商在中国投资不干。最近我们决定把这两个禁区取消了，基本上国际贸易上惯例的做法都可以干。"[③]

四、达成一系列"共识"的36天中央工作会议

1978年11月10日至12月15日，中共中央召开工作会议。这次会议是在真理标准问题讨论的大背景下、在国务院务虚会和全国计划会议

---

① 茅文：《宜将剩勇追穷寇——把外贸战线上被"四人帮"颠倒了的路线是非纠正过来》，《国际贸易问题》1977年第3期。
② 中国社会科学院经济研究所：《"四人帮"对马克思主义政治经济学的篡改》，山西人民出版社1978年版，第313页。
③ 《突破"禁区"，为四个现代化大干贸易》，《经济导报》1978年12月20日。

的基础上召开的,是对这两次会议所讨论的议题和所提出的主要观点进一步讨论的继续,同时又为召开党的十一届三中全会作了准备。

华国锋在主持会议时宣布了会议的三项主要议题:一是讨论如何进一步贯彻执行以农业为基础的方针,尽快把农业生产搞上去;二是商定1979年和1980年两年国民经济计划的安排;三是讨论李先念在国务院务虚会上的讲话。华国锋又宣布,在讨论上面这些议题之前,先讨论一个问题,这就是:从明年一月起,把全党工作的着重点转移到社会主义现代化建设上来,动员全党、全军和全国各族人民,同心同德,鼓足干劲,全力以赴,为加快我国社会主义现代化建设而奋斗。华国锋强调,这是一个关系全局的问题,是我们这次会议的中心思想。这样,会议实际上要讨论四项议题。这次会议开了36天,经过深入讨论,取得了以下4个重要成果和共识。一是一致同意从1979年起,把全党工作的着重点转移到社会主义现代化建设上来;二是决定为"天安门事件"和历史遗留的一批重大冤假错案平反,重新评价一些重要领导人的功过是非;三是经过尖锐思想交锋,充分肯定了真理标准问题讨论的重大意义;四是通过了中央政治局关于人事问题和中央纪律检查委员会人选的建议。

提出把全党工作的重点转移到现代化建设上来,意义重大。胡乔木在华北组发言认为,这个转变,非常重要。这不是党的具体工作的着重点的通常性质的转变,而是具有历史意义的根本性转变。新中国成立后,毛泽东"多次强调把建设社会主义作为中心任务","但是由于种种客观上和主观上的原因,由于种种干扰破坏,特别是林彪、'四人帮'的十年破坏,一直没有能够稳定地有系统地贯彻始终地进行这个转变。……现在我们克服了林彪、'四人帮'的破坏,具备了完成党的工作着重点的根本转变的条件,进入了新的发展时期""除了发生战争,今后一定要把生产斗争和技术革命作为中心,不能有其它的中心。否则,四个现代化的任务,就不可能在本世纪内完成。"①

把党的工作着重点转移到社会主义现代化建设上来,从"以阶级斗

---

① 《胡乔木同志谈全党工作着重点的转移问题》,红旗杂志社图书资料研究室编:《理论资料(5)》,1978年12月22日。

争为纲"转为"以经济建设为中心",势必要对长期以来妨碍现代化建设的僵化体制机制以及各种不合时宜的观念和做法进行调整和重大变革。这样,围绕会议议题,众多与会者还就进行上层建筑领域改革、调整农村和农业政策、改革计划管理体制、引进国外先进技术和借鉴国外先进经验等问题进行了深入讨论。

在讨论李先念在国务院务虚会上的讲话时,与会代表深入反思了我国经济管理体制存在的严重弊端,强烈呼吁改革经济管理体制,打开国门学习借鉴国外有益经验。会议印发了《苏联在二三十年代是怎样利用外国资金和技术发展经济的?》《香港、新加坡、南朝鲜、台湾的经济是怎样迅速发展起来的?》《战后日本、西德、法国经济是怎样迅速发展起来的?》《罗马尼亚、南斯拉夫的经济为什么能高速发展?》4份材料以及中央有关部门出国考察形成的考察报告。这些材料揭示了一个共同的规律,即当今世界任何国家和地区的经济要获得迅速发展,都不可能封闭自己,都离不开利用外国的资金和技术。在这样的规律面前,如果中国再"陶醉"于"既无内债、又无外债",就显得太僵化了。在发展经济方面,应当解放思想,认真研究其他国家的做法,汲取别国成功经验。

按照最初的设想,这次中央工作会议主要是讨论经济工作的。但是,从当时的政治形势和人们的内心愿望看,要想真正把经济工作落实好,就必然在向前看的同时,发生向后看的问题,即正视和解决新中国成立以来特别是"文化大革命"中产生的各种历史遗留问题,包括当时最引人关注的"天安门事件"问题。11月11日,小组讨论一开始,谭震林就在华北组提出,进行工作着重点转移,要先解决天安门事件、"二月逆流""百万雄师"等问题。11月12日,陈云在东北组发言,一口气提出了包括为"天安门事件"平反在内的6个党内外关注的重大历史遗留问题,把讨论引向了高潮。[①] 面对绝大多数与会者的愿望,11月25日,华国锋代表中央政治局在会上宣布了9项重大决定,为天安门事件等彻底平反。

关于真理标准的讨论,在中央工作会议之前已开展了半年之久。中

---

① 《陈云文选》第3卷,人民出版社1995年版,第232—234页。

央工作会议开始后，虽然华国锋宣布的会议议题中没有这方面的内容，但仍然有不少人在小组发言中涉及了这场讨论。华国锋在会上就提出"两个凡是"观点作了自我批评。在华国锋宣布的这次会议的4个议题中，最初并没有中央人事调整问题。但是，随着与会者提出要解决历史遗留问题、要追究真理标准讨论中的是非和责任问题，人事调整问题也就自然被提了出来。经过充分酝酿，12月10日，中央政治局召开会议，对人事问题做出如下决定：拟增补陈云为中央政治局委员、政治局常委、中央委员会副主席，增补邓颖超、胡耀邦、王震为政治局委员，增补黄克诚、宋任穷、胡乔木、习仲勋、王任重、黄火青、陈再道、韩光、周惠9人为中央委员。这个人事安排提交党的十一届三中全会审议通过。

1978年12月13日，中央工作会议举行闭幕会，邓小平在会上发表了题为《解放思想，实事求是，团结一致向前看》的讲话。讲话开宗明义点出"解放思想是当前的一个重大政治问题"，提出要破除"条条框框"，"独立思考，敢想、敢说、敢做"，强调"一个党，一个国家，一个民族，如果一切从本本出发，思想僵化，迷信盛行，那它就不能前进，它的生机就停止了，就要亡党亡国。"倡导"干革命、搞建设，都要有一批勇于思考、勇于探索、勇于创新的闯将。没有这样一大批闯将，我们就无法摆脱贫穷落后的状况，就无法赶上更谈不到超过国际先进水平"。希望"各级党委和每个党支部，都来鼓励、支持党员和群众勇于思考、勇于探索、勇于创新，都来做促进群众解放思想、开动脑筋的工作"[①]。

讲话强调"民主是解放思想的重要条件"，要"使民主制度化、法律化，使这种制度和法律不因领导人的改变而改变，不因领导人的看法和注意力的改变而改变"，并着重阐述了"发扬经济民主的问题"。发扬"经济民主"，实际上就是要改革不合理的经济管理体制。讲话中说："现在我国的经济管理体制权力过于集中，应该有计划地大胆下放，否则不利于充分发挥国家、地方、企业和劳动者个人四个方面的积极性，也不利于实行现代化的经济管理和提高劳动生产率。应该让地方和企

---

① 《邓小平文选》第2卷，人民出版社1994年版，第141—143页。

业、生产队有更多的经营管理的自主权。我国有这么多省、市、自治区，一个中等的省相当于欧洲的一个大国，有必要在统一认识、统一政策、统一计划、统一指挥、统一行动之下，在经济计划和财政、外贸等方面给予更多的自主权。"讲话认为，"当前最迫切的是扩大厂矿企业和生产队的自主权，使每一个工厂和生产队能够千方百计地发挥主动创造精神。……全国几十万个企业，几百万个生产队都开动脑筋，能够增加多少财富啊！为国家创造财富多，个人的收入就应该多一些，集体福利就应该搞得好一些。""革命是在物质利益的基础上产生的，如果只讲牺牲精神，不讲物质利益，那就是唯心论。"① 讲话阐明："这次会议，解决了一些过去遗留下来的问题，分清了一些人的功过，纠正了一批重大的冤案、错案、假案。这是解放思想的需要，也是安定团结的需要。目的正是为了向前看，正是为了顺利实现全党工作重心的转变。"②

讲话提出，要"研究新情况，解决新问题"，当前"尤其要注意研究和解决管理方法、管理制度、经济政策这三方面的问题"。讲话集中阐述了改革的必要性和重点任务。在管理方法上，讲话郑重指出，"我们的经济管理工作，机构臃肿，层次重叠，手续繁杂，效率极低。政治的空谈往往淹没一切。这并不是哪一些同志的责任，责任在于我们过去没有及时提出改革。但是如果现在再不实行改革，我们的现代化事业和社会主义事业就会被葬送"。我们要学会用经济方法管理经济，"自己不懂就要向懂行的人学习，向外国的先进管理方法学习。不仅新引进的企业要按人家的先进方法去办，原有企业的改造也要采用先进的方法。在全国的统一方案拿出来以前，可以先从局部做起，从一个地区、一个行业做起，逐步推开。中央各部门要允许和鼓励它们进行这种试验"。讲话提出，今后，"看一个经济部门的党委善不善于领导，领导得好不好，应该主要看这个经济部门实行了先进的管理方法没有，技术革新进行得怎么样，劳动生产率提高了多少，利润增长了多少，劳动者的个人收入和集体福利增加了多少。各条战线的各级党委的领导，也都要用类似这样的标准来衡量。这就是今后主要的政治"。在管理制度上，讲话提出，

---

① 《邓小平文选》第 2 卷，人民出版社 1994 年版，第 144—146 页。
② 《邓小平文选》第 2 卷，人民出版社 1994 年版，第 147 页。

"当前要特别注意加强责任制""任何一项任务、一个建设项目,都要实行定任务、定人员、定数量、定质量、定时间等几定制度""要扩大管理人员的权限""要善于选用人员,量才授予职责""要严格考核,赏罚分明",并"同物质利益联系起来"。在经济政策上,讲话提出,"要允许一部分地区、一部分企业、一部分工人农民,由于辛勤努力成绩大而收入先多一些,生活先好起来",这样"就必然产生极大的示范力量,影响左邻右舍,带动其他地区、其他单位""使整个国民经济不断地波浪式地向前发展,使全国各族人民都能比较快地富裕起来""这是一个大政策,一个能够影响和带动整个国民经济的政策"。[①]

邓小平在中央工作会议闭幕会上的讲话,高屋建瓴、意蕴深远,反映了人民的呼声和全党共识,是一篇具有强烈危机意识、发展意识、开拓意识、进取精神,旨在激发全党全国人民摆脱"因循守旧,安于现状,不求发展,不求进步,不愿接受新事物"的"僵化或半僵化的状态"而敢闯敢干、敢为人先,强力倡导改革创新精神的政治呼吁书、宣言书。它为即将召开的党的十一届三中全会提供了指导思想,实际上也是党的十一届三中全会的主题报告。

五、党的十一届三中全会实现伟大转折

经过36天中央工作会议的充分准备,1978年12月18日至22日,党的十一届三中全会在北京召开。出席会议的中央委员有169人、候补中央委员112人。华国锋主持会议时,首先向与会代表通报了中央工作会议的情况,他说:三中全会之前,中央开了36天有中央和地方党政军主要负责同志200多人参加的工作会议。经过到会同志的充分讨论,一致赞同中央政治局关于从明年1月起,把全党工作着重点转移到社会主义现代化建设上来的重大决策;解决了为天安门事件彻底平反和过去运动中遗留的一批重大问题,重新评价了一些担任过党政军重要领导职务的同志的功过是非;修改了关于农业问题的两个文件,原则上确定了明后两年国民经济计划的安排;通过了中央政治局关于人事问题和中央

[①] 《邓小平文选》第2卷,人民出版社1994年版,第149—152页。

纪律检查委员会人选的建议。这次会议为开好党的十一届三中全会做了充分准备、创造了有利条件。所以，中央政治局的意见，这次全会只开5天。开幕会后，鉴于会期较短，19日，各组集中时间继续阅读文件，包括看印发的汪东兴、纪登奎、吴德、陈锡联四人的书面检讨材料。在阅读材料的基础上，20日至22日这3天，各组进行讨论，讨论的内容，概括起来主要是4个方面：一是原先参加中央工作会议的中央委员以发言的形式向未参加会议的中央委员介绍中央工作会议的情况；二是所有出席者都对中央工作会议闭幕会上中央领导人的讲话表态、对中央人事调整表态、对设立中央纪律检查委员会及其委员候选人名单表态；三是同中央工作会议一样，对"两个凡是""实践是检验真理的唯一标准"、平反冤假错案、康生问题等发表意见。四是对十一届三中全会公报的草稿表态并提修改意见。

在经过了中央工作会议的充分讨论并取得共识的基础上，全会顺利完成了各项议程。

第一，全会决定："及时地、果断地结束全国范围的大规模的揭批林彪、'四人帮'的群众运动"，1979年起，"把全党工作的着重点和全国人民的注意力转移到社会主义现代化建设上来"。全会作出的这一决策，解决了自1957年以来一直没有解决好的在无产阶级掌握政权、建立了社会主义基本制度以后，究竟应把党和国家的主要精力放在什么上面的问题，具有重大而深远的意义。依据全党工作着重点转移的新形势，全会提出了改革开放的任务，强调："实现四个现代化，要求大幅度地提高生产力，也就必然要求多方面地改变同生产力发展不适应的生产关系和上层建筑，改变一切不适应的管理方式、活动方式和思想方式，因而是一场广泛、深刻的革命。"必须"根据新的历史条件和实践经验，采取一系列新的重大的经济措施，对经济管理体制和经营管理方法着手认真的改革，在自力更生的基础上积极发展同世界各国平等互利的经济合作，努力采用世界先进技术和先进设备"。[①] 由此，中国开始了从"以阶级斗争为纲"到以经济建设为中心、从僵化半僵化到全面改

[①] 中共中央文献研究室编：《三中全会以来重要文献选编》（上），人民出版社1982年版，第4—6页。

革、从封闭半封闭到对外开放的历史性转变。

第二，全会高度评价了真理标准问题讨论，认为这对于促进全党同志和全国人民解放思想、端正思想路线具有深远的历史意义。全会指出："只有全党同志和全国人民在马列主义、毛泽东思想的指导下，解放思想，努力研究新情况新事物新问题，坚持实事求是、一切从实际出发、理论联系实际的原则，我们党才能顺利地实现工作中心的转变，才能正确解决实现四个现代化的具体道路、方针、方法和措施，正确改革同生产力迅速发展不相适应的生产关系和上层建筑。"①

第三，全会讨论并原则同意了1979年和1980年两年的国民经济计划安排，并针对我国经济管理体制中存在的权力过于集中的缺点，提出了应该有领导地大胆下放权力，让地方和工农业企业在国家统一计划的指导下有更多的经营管理自主权，以"发挥中央部门、地方、企业和劳动者个人四个方面的主动性、积极性、创造性"②；应该着手大力精简各级经济行政机构，把它们的大部分职权转交给企业性的专业公司或联合公司；应该坚决实行按经济规律办事，重视价值规律的作用，认真解决党政企不分、以党代政、以政代企的现象，实行分级分工分人负责，加强管理机构和管理人员的权限和责任，认真实行考核、奖惩、升降等制度。全会还深入讨论了农业问题，原则通过了《中共中央关于加快农业发展若干问题的决定（草案）》和《农村人民公社工作条例（试行草案）》，要求必须集中主要精力把农业尽快搞上去，并为此提出了发展农业生产的一系列政策措施和经济措施，包括切实保护人民公社、生产大队和生产队的所有权和自主权；不允许无偿调用和占有生产队的劳力、资金、产品和物资；认真执行按劳分配原则，可以包工到作业组，联系产量计算劳动报酬，实行超产奖励；任何人不得乱加干涉社员自留地、家庭副业和集市贸易；提高粮食统购价格并降低农用工业品销售价格；积极发展农村社队工副业等。全会要求要逐步解决生产、建设、流通、分配中的重大比例失调问题，基本建设也必须积极地而又量力地循序进

---

① 中共中央文献研究室编：《三中全会以来重要文献选编》（上），人民出版社1982年版，第11页。

② 中共中央文献研究室编：《三中全会以来重要文献选编》（上），人民出版社1982年版，第7页。

行，不可一拥而上。

第四，会议认真地讨论了"文化大革命"中发生的一些重大政治事件以及"文化大革命"前遗留下来的某些历史问题，决定撤销中央1976年发出的有关"反击右倾翻案风"运动和"天安门事件"的错误文件；审查和纠正了过去对彭德怀、陶铸、薄一波、杨尚昆等同志所作的错误结论，提出解决历史遗留问题必须遵循实事求是、有错必纠的原则，认为这正是完整地、准确地掌握毛泽东思想的科学体系的表现。在此基础上，全会强调了加强社会主义民主法治建设的重要性。全会指出，由于国内现在还存在着极少数敌视和破坏我国社会主义现代化建设的反革命分子和刑事犯罪分子，决不能削弱无产阶级专政。对于社会主义社会的阶级斗争，应该按照严格区别和正确处理两类不同性质的矛盾的方针去解决，按照宪法和法律规定的程序去解决，决不允许混淆两类不同性质矛盾的界限。过去那种脱离党和群众的监督，设立专案机构审查干部的方式，弊病极大，必须永远废止。全会强调，在人民内部的思想政治生活中，只能实行民主方法，不能采取压制、打击手段。为了保障人民民主，必须加强社会主义法制，使民主制度化、法律化，使这种制度和法律具有稳定性、连续性和极大的权威，做到有法可依、有法必依、执法必严、违法必究。从现在起，应当把立法工作摆到全国人民代表大会及其常务委员会的重要议程上来。检察机关和司法机关要保持应有的独立性；要忠实于法律和制度、忠实于人民利益、忠实于事实真相；要保证人民在自己的法律面前人人平等，不允许任何人有超越法律之上的特权。

第五，全会在坚持实事求是原则解决历史遗留问题的同时，充分肯定了毛泽东的伟大功勋，强调如果没有毛泽东的卓越领导，没有毛泽东思想，中国革命有极大的可能到现在还没有胜利，我们党就还在黑暗中苦斗；要求一个革命领袖没有缺点、错误，那不是马克思主义。全会郑重指出，党中央在理论战线上的崇高任务，就是领导、教育全党和全国人民历史地、科学地认识毛泽东的伟大功绩，完整地、准确地掌握毛泽东思想的科学体系，把马列主义、毛泽东思想的普遍原理同社会主义现代化建设的具体实践结合起来，并在新的历史条件下加以发展。

第六，全会总结和吸取党的建设中的历史经验教训，决定健全党的

第六章
"具有深远意义的伟大转折"

民主集中制，健全党规党法，严肃党纪。强调党中央和各级党委实行集体领导，全国报刊宣传和文艺作品要多歌颂工农兵群众，多歌颂党和老一辈革命家，少宣传个人；一定要保障党员在党内对上级领导直至中央常委提出批评性意见的权利，对一切不符合党的民主集中制和集体领导原则的做法应该坚决纠正；党的各级领导干部必须带头严守党纪。对于违犯党纪的，不管是什么人，都要执行纪律，做到功过分明、赏罚分明、伸张正气、打击邪气。这些规定和要求，对于克服"文化大革命"给党的组织和纪律造成的破坏，提高党的凝聚力、战斗力具有重要意义。

全会还调整了中央领导机构成员，从组织上加强了中央领导机构，保证了全会确定的各项路线方针政策的贯彻执行。这次会议后，邓小平事实上成了党中央领导集体的核心。

党的十一届三中全会是中国共产党发展史、执政史上一座高耸的"界标"。由这次全会提出和推动的一系列根本性转变，标志着党和国家结束了粉碎"四人帮"后两年来各方面工作在徘徊中前进的局面，实现了新中国成立以来党的历史上"具有深远意义的伟大转折"[①]。党在思想、政治、组织等领域的全面拨乱反正在这次全会后全面深入展开；伟大的社会主义改革开放由这次全会揭开序幕；中国特色社会主义新道路、新理论以这次全会为起点开辟。十一届三中全会是一个光辉的标志，它表明中国从此进入了社会主义事业发展的新时期。此后40多年里，中国共产党带领全国各族人民以一往无前的进取姿态和波澜壮阔的创新实践，开创和发展了中国特色社会主义，大踏步追赶时代进步潮流，在推进中华民族伟大复兴的征程中乘风破浪、攻坚克难，创造了一个个举世瞩目的奇迹！

---

① 中共中央文献研究室编：《三中全会以来重要文献选编》（下），人民出版社1982年版，第821页。

第七章

当代中国"最壮丽的气象"

——改革为中国经济发展注入强大动力

"文化大革命"结束后,面对中国与发达国家的经济科技发展差距进一步拉大、思想上政治上存在积重难返的混乱以及人民群众的生活长期处于较为困难的严峻局面,经过一段时间的酝酿和准备,党的十一届三中全会最终作出了实行改革开放的历史性决策,由此打开了中国发生历史性巨变的战略通道。40 多年的改革与发展,尤其是对经济体制的改革,为中国发展注入了强大动力,使我国的经济社会发生了翻天覆地的变化,"改革开放成为当代中国最显著的特征、最壮丽的气象"[1]。

一、改革从农村起步并取得突破

以 1978 年 12 月党的十一届三中全会召开为标志,我国拉开了改革开放的序幕。这一时期,我们党恢复了"解放思想、实事求是"的思想路线,把工作重心转移到社会主义现代化建设上来,从而为经济体制改革提供了有力的思想和组织保障。

改革首先在农村取得突破性进展。1978 年之前,在"一大二公"的人民公社体制下,农村长期实行统一经营、集中劳动、平均主义分配

---

[1] 习近平:《在庆祝改革开放 40 周年大会上的讲话》,《人民日报》2018 年 12 月 19 日。

的体制。这种经济体制脱离了农村生产力水平和农业生产实际,严重束缚了农民生产的积极性,造成了农业生产长期在低水平徘徊。1978年,安徽省遭受大旱灾,秋种遇到严重困难。在严峻的形势下,安徽省委决定把部分土地借给农民种麦种菜,所产粮菜不征购、不计口粮。这一应急性措施立即将群众的积极性调动起来。同年12月,安徽凤阳县梨园公社小岗村18位农民冒着风险,秘密在一份土地承包责任书上按下了18个红手印,以"包产到户"的形式,率先开启了中国经济体制改革的历史序幕。然而,对于农村出现的包产到户、包干到户的责任制形式,当时党内外很多人存有疑虑,担心这种行为会不会偏离社会主义。在"双包"责任制发展的关键时刻,1980年5月,邓小平发表了《关于农村政策问题》的讲话,肯定和支持了安徽农村改革经验。不久,中央召开了由各省、自治区、直辖市党委第一书记参加的座谈会,专门讨论了加强和完善农业生产责任制问题,形成了《关于进一步加强和完善农业生产责任制几个问题》的文件,肯定了"在那些边远山区和贫困落后地区,群众要求包产到户的,应支持群众的要求,可以包产到户,也可以包干到户",第一次在党的正式文件中认可了"包产到户"这一解决农村贫困问题的方案。

随着"包产到户"和"包干到户"实践的推广,从1982年到1985年,中央连续出台了四个1号文件,最终确立了以家庭承包经营为基础、统分结合的双层经营体制,取代了"三级所有、队为基础"的人民公社制度,完全改变了农村生产关系。到1984年底,全国569万个生产队中,99%以上实行了包产到户或包干到户,其中96%以上是包干到户。

农村经济改革虽推动了农业和农村经济的迅速发展,但改革不可能一步到位。伴随着改革深化和经济发展,农村经济体制的原有弊端开始显现出来,还产生了一些新问题。因此,必须进一步深化农村体制改革。进入21世纪以后,我国主要从以下方面深化了农村经济体制改革。

一是实行最严格的耕地保护制度。实行严格的耕地保护制度不仅是由我国人多地少的基本国情和农业在国民经济中的特殊地位决定的,更是实行土地家庭承包经营制度和确保粮食安全战略这一基本国策的重要前提。但多年来,由于开发区的先后设立、城市建设开发、农业结构的调整和生态退耕等原因,使得大量的耕地资源被占用。因此,必须实行最严格的耕地保护制度。实行这一制度,除了要对基本农田施行特殊保护政策以外,还要严格区分公益性用地和经营性用地,并实行不同的政策;增强土地利用规划的约束力;严格控制国家建设用地数量;改进土地征用补偿方式;坚决贯彻执行《中华人民共和国农村土地承包法》的措施控制征地规模。上述各项措施的贯彻,在制止大量占用耕地方面开始显现成效。

二是完善农村土地经营制度。完善农村土地经营制度政策措施主要包括以下两个层面。第一,稳定和完善土地家庭承包经营制度。自20世纪80年代初农村普遍实行家庭承包经营以来,党和政府一直强调要长期稳定土地承包关系,并将此确定为党在农村的基本政策。2003年制定的《中华人民共和国农村土地承包法》(以下简称《农村土地承包法》)对农村土地承包进一步作了具体规定,为我国农村经济发展和社会稳定奠定了坚实的法律基础。但多年来,有些地方侵犯农民的土地承包经营权益的情况常常发生。如随意缩短承包期、收回承包地和提高承包费;随意调整承包地,多留机动地;不尊重农民的生产经营自主权等。因此,要加大对《农村土地承包法》的执法力度,依法保护农民的权益。在稳定土地承包关系的前提下,根据市场经济发展规律的要求,进行土地承包经营权流转,逐步发展适度规模经营。《农村土地承包法》明确规定,通过家庭承包取得土地承包经营权可以依法采取转包、出租、互换、转让,或通过其他方式流转。实践证明:依法实行农民承包经营权流转,对保护农民权益具有重要意义。在此基础上,土地规模经营开始逐步发展。2006年流转承包地面积为5551.2万亩,仅占全国承包总面积的4.6%。到2016年时,流转承包地上升到4.8亿亩,比2012年增加了2.0亿亩,增长72.3%,年均增长14.6%[①]。第二,完善集体层面的经营制度。这主要体现在农村专业合作组织的发展上。伴随市场经济的发展,获得市场信息、优良品种和先进适用技术以及提高进入市场的组织化程度、降低农产品生产和销售过程中的风险和成本等开始成为农民日益迫切的要求。在这一条件下,由农民自愿发起的各类

---

① 《改革开放40年》,中国统计出版社2016年版,第124页。

农村专业合作组织逐渐发展起来。2003年实施的《中华人民共和国农业法》规定：国家鼓励农民在家庭承包经营的基础上自愿组成各种专业合作经济组织；国家鼓励和支持农民专业合作经济组织参与农业产业化经营、农产品流通和加工以及农业技术推广等。2007年，国家又开始实施《中华人民共和国农民专业合作法》。这就大大加速了各类农民专业合作社的发展。到2008年年底，全国实有农民专业合作社11.09万个，出资总额880.16亿元，实有成员总数141.7万人，其中农民成员133.94万人，占成员总数的94.51%。而且，合作社经营领域不断拓展，服务内容不断增多，并在以保持农业为主体的情况下，开始向第二、三产业发展。

三是实行农村税费改革。自改革开放以来到20世纪90年代末，农村税费制度和征收办法不合理，导致农民负担很重。在这一情况下，推行农村税费改革就具有重大的经济和政治意义。按照党中央、国务院的部署，2000年以来，安徽等地进行了农村税费改革的试点。经过两年多的试点，取得了重要的阶段性成果。在此基础上，根据中央提出的"积极稳妥，分步实施"的方针，国务院决定2002年进一步扩大农村税费改革试点范围。2003年，按照党的十六大以及中央经济工作会议和中央农村工作会议的精神，国务院印发了《关于全面推进农村税费试点工作的意见》，从而促进了全面推进农村税费改革试点工作的开展。但是，当时农民负担水平依然偏高，种粮农民负担仍然较重，相关配套改革相对滞后，农民减负的基础还不牢固，甚至存在负担反弹情况。为此，2004年的中央一号文件提出要继续推进农村税费改革，并依据改革试点经验在这方面提出了一系列切实可行的有效措施。2006年，全国彻底取消了农业税，这是一个具有划时代意义的重大变革。农村税费改革不仅取消了原先336亿元的农业税赋，而且取消了700多亿元的"三提五统"和农村教育集资等，还取消了各种不合理收费，农民得到了很大实惠。

四是推进农产品流通市场体系改革。经过20多年的改革，我国农村商品流通体制改革取得了很大进展，包括棉花和油料等在内的绝大多数农产品都实现了市场主体自主流通和市场定价，但作为最主要农产品的粮食流通尚未完全放开。1998年，在粮食供过于求、市场粮食价格持续下滑的情况下,为了保护农民的利益,国务院实行了"按保护价敞开收购农民余粮,粮食收购资金封闭运行,国有粮食购销企业收购的粮食顺价销售,深化国有粮食企业改革"的粮食流通政策。实行这项政策,使市场粮价下滑的幅度得到了控制,对基本稳定粮食生产起到了积极作用。但它未从根本上摆脱计划经济体制统购统销的思路,并不适合市场经济的要求,因而难以持久实行。于是,从2001年开始,北京、天津、上海、江苏等8个粮食主销区开始实行粮食购销市场化改革。至2003年,除粮食主产区外,多数省、区、市的粮食收购已经实行了市场定价。在此基础上,党的十六届三中全会进一步提出:"完善农产品市场体系,放开粮食收购市场,把通过流通环节的间接补贴改为农民的直接补贴,切实保护种粮农民的利益。"① 依据上述决定精神,国务院于2004年5月26日发布了《粮食流通管理条例》,就粮食流通管理总则和粮食经营、宏观调控、监督检查及法律责任等方面做了规定。2004年5月31日至6月1日,国务院召开了全国粮食流通体制改革工作会议,就这项改革做了全面部署,提出了深化粮食流通体制改革的原则、总体目标、主要任务,并制定了5项具体工作措施。这些工作措施在实际中得到了有力贯彻。对种粮农民实行的直接补贴,在2004年就使每个农民平均增收50~55元。2008年,国家财政用于粮食直补、农资综合补贴、良种补贴、农机购置补贴资金高达1030亿元。2011年,这些补贴资金增加到1309.89亿元。2004年放开了粮食收购价格,深化了粮食流通体制改革,使我国基本上建立了适应市场经济要求的市场主体自主流通、市场定价的农产品流通体制。

五是改革和创新农村金融体制。改革开放以来,农村金融体制改革严重滞后,金融缺失成为制约农村经济发展的最大瓶颈。进入21世纪以后,党中央先后提出了"改革和创新农村金融体制""建立现代农村金融制度"的任务。在这一精神的指导下,农村金融体制逐步得到了深化。第一,中国农业银行于2009年3月正式建成了中国农业股份有限公司,完成了由国有独资商业银行向国家控股的股份制商业银行的转

---

① 《中共中央关于完善社会主义市场经济体制若干问题的决定》,人民出版社2003年版,第18页。

变。第二，农业发展银行以国家信用为基础，大量筹措支农资金，成为政府支农的有效金融工具和引导社会资金回流农村的主要载体。第三，农村信用社的改革取得了决定性进展。自2003年开始，国家对江西等8个省（市）的农村信用社进行改革试点。2004年8月，试点扩大到北京等21个省、市、区的农村信用社，并取得成效。进入21世纪以来，农村金融还进行了一系列的创新。第一，中国邮政储蓄银行于2006年12月正式开业，同时小额贷款扩展到包括农村在内的全国范围。第二，推动农村民间金融的发展。到2011年年底，全国已组建新型农村金融机构786家，贷款公司10家，农村金融互助社50家[①]。通过改革，我国在农村金融方面已经初步形成了以国有（或国家控股的）金融为主导的、多种所有制金融并存，政策性金融、商业性金融和合作性金融并存以及大中小型金融组织并存的框架。

党的十八届三中全会以后，我国还积极推进了"三权分置"的农村集体土地经营制度改革。自改革开放以来，农村经济改革首先实现突破的是以"二权分置"为特点的农村集体土地制度改革，即土地的所有权归集体所有，而经营权由农民所有。这种农村土地制度改革适应了当时的生产力发展要求。但伴随着工业化、农业现代化和城镇化的发展，它开始日益不适应社会生产力发展的要求，尤其是不适应土地适度规模经营的要求。农业土地适度规模不仅是发展农业生产、增加农民收入、实现农业现代化的必然选择，而且是推进城镇化和工业化的客观要求。但要实现土地适度规模经营，就必须把经营权从承包权中分离出来，以便土地的流转，为土地适度规模经营创造必要条件。这样，实现集体土地所有权、承包权和经营权分离的"三权分置"的改革，就成为实现农业现代化、城镇化和工业化的客观要求。在这种客观形势下，2013年召开的党的十八届三中全会提出：在稳定农村土地承包经营关系、坚持和完善最严格的耕地保护制度前提下，赋予农民对承包地占有、使用、流转及承包经营权抵押、担保权能，允许农民以承包经营权入股发展农业化经营；鼓励承包经营权在公开市场上流转，发展多种形式

[①] 参见张晓山：《中国农村改革30年研究》，经济管理出版社2008年版，第203—210页；《中国经济时报》2010年1月25日；《中国经济年鉴》，中国经济年鉴社2012年版，第32、42页。

规模经营①。2015年党的十八届五中全会进一步明确指出：完善土地所有权、承包权、经营权分置办法，依法推进土地经营权有序流转②。在此基础上，2016年中共中央、国务院印发的《关于完善农村土地所有权承包权经营权分置办法的意见》阐述了"三权分置"的重要意义，提出了实现"三权分置"的总体要求，并按要求逐步形成"三权分置"格局及确保"三权分置"的有序实施。在上述政策措施的推动下，我国农村土地流转有了很大的发展。到2016年年底，在全国拥有承包地的2.03亿农户中，已有近7000万户部分或全部流转了承包经营权；农村流转的土地已经达到了4.7亿多亩，超过了承包地总数的35%。

二、国有企业改革和纵深推进

改革开放初期，我国国营经济占据绝对优势。1978年，国营工业企业产值占到了工业企业总产值的77.6%。国营企业采取了高度集中统一的计划管理体制，发展缺乏活力，经济效率低下。围绕着搞活国营企业的中心任务，国企改革首先开始实行以放权让利为基本思路的改革探索。

1978年10月，四川省选择了重庆钢铁公司等6户企业进行"扩大企业自主权"试点，成为国营企业改革的开端。1979年7月，国务院发布了相关文件，将试点向全国推广。试点的主要内容包括：允许国有企业在生产计划、产品销售、资金使用、中层干部任用等方面拥有部分权力。扩大企业自主权的试点调动了国营企业的积极性，提高了企业效益。此后，国务院决定从1981年起把扩大企业自主权的工作在国营工业企业中全面推开，使企业在人财物、产供销方面拥有更大的自主权。这在一定程度上提高了企业的积极性，使企业具有了盈利意识。

扩大企业自主权的试点调动了企业的生产积极性，但仍然没有解决政企关系问题，国家尚难以对众多试点企业进行有效监督以及科学评价

---

① 《党的十八届三中全会〈决定〉学习辅导百问》，党建读物出版社、学习出版社2013年版，第14页。

② 《中共中央关于制定国民经济和社会发展第十三个五年规划的建议》，人民出版社2015年版，第14页。

第七章
当代中国"最壮丽的气象"

其经营业绩。在这个背景下,扩大企业自主权开始转向推行经济责任制。1981年9月,国家经济委员会、国务院体制改革办公室下发了《关于实行工业生产经济责任制若干问题的意见》,确定了利润留成、盈亏包干和以税代利、自负盈亏的经济责任制基本形式。从实践看,大部分企业选择了"盈亏包干"的经济责任制形式。经济责任制明确了企业的"责、权、利",是国企改革扩大企业自主权的延伸和拓展,也是国企改革明晰政企关系的初步探索,在短期内起到了刺激企业盈利动机的作用,但并未从根本上解决国营企业自我约束的问题。1983年4月,国务院决定将国营企业向国家上缴利润改为向国家缴纳税金。1983年6月,试行第一步"利改税",实际是税利并存。1984年9月,开始实施第二步"利改税",实现了国营企业以税代利的改革。"利改税"是明确国家和企业收入分配关系的改革探索。这一阶段的国企改革开始赋予企业一定的自主权利和活力,为国企改革进一步引入市场机制和实现制度创新开启了探索道路。

1984年10月,党的十二届三中全会通过的《中共中央关于经济体制改革的决定》明确提出:增强大、中型企业的活力,是以城市为重点的整个经济体制改革的中心环节。此后,国有企业改革沿着简政放权和增强企业活力的基本思路继续推进,改革的目标是使国有企业成为相对独立、自主经营、自负盈亏的商品生产者和经营者。国企放权让利的改革改善了企业激励机制。但由于国家与企业的关系仍然没有明确,企业盈利大部分被工资、奖金和福利侵蚀,同时,价格改革尚未根本突破,企业盲目追求计划外生产和提高产品价格的冲动,一定程度上造成了宏观经济的不稳定。在这种情况下,国企改革的思路进一步从放权让利转向所有权和经营权的分离,采取的一项重要措施是广泛推行承包经营责任制,即通过企业主管部门同企业的厂长(经理)签订任期目标责任制合同,对责权和奖惩作出明确规定,以增强企业经营者的责任感。从改革实践看,承包制调动了企业经营者和职工的积极性,产生了一定的增产增收效应。但承包制并没有真正解决国有企业政企不分、预算"软约束"等制度性弊端,从长期看也无法提高国有企业经营效率和效益。此时,部分企业在这一阶段开始进行股份制改革尝试。

1984年4月,国家经济体制改革委员会在江苏省常州市召开的城市经济体制改革试点工作座谈会上提出，对城市集体企业和国营小企业要进一步放开，允许职工投资入股，年终分红。此后，股份制改革试点开始零星地在商业、金融业及轻工业等领域展开。1986年12月，国务院在《关于深化企业改革增强企业活力的若干规定》中明确指出，各地可以选择少数有条件的全民所有制大中型企业，进行股份制试点，进一步推动了股份制试点工作。1992年，国家体改委会同有关部门制定并陆续公布了《股份制企业试点办法》《股份有限公司规范意见》《有限责任公司规范意见》等14个配套文件，股份制试点逐步向规范化方向发展。截至1992年底，全国股份制试点企业已达3700多家，其中有69只股票分别在上海和深圳的证券交易所公开上市[1]。股份制的提出和实践，对深化"两权分离"的认识、探索公有制的实现形式和国营企业产权制度创新有着深远的影响，为后来国有企业建立现代企业制度奠定了基础。

1992年初，邓小平发表南方谈话。1992年10月，党的十四大召开，明确了建立社会主义市场经济体制的改革目标。1993年11月，党的十四届三中全会做出了《中共中央关于建立社会主义市场经济体制若干问题的决定》，勾画了社会主义市场经济体制的基本框架和蓝图，我国经济体制改革进入了新的历史阶段。在这一阶段，作为微观基础的国有经济，从落实企业经营自主权进入了制度创新阶段。改革沿着两条战线展开：一方面是国有大中型企业建立现代企业制度的试点，另一方面是国有小企业的产权制度改革实践。

1994年11月，国务院决定，在百户国有大中型企业中进行现代企业制度试点。此外，到1994年底，省、市两级政府确定的现代企业制度试点企业达到近2000家。从总体上看，试点工作为全国国有企业改革、制度创新探索了办法，积累了一些经验，起到了一定的示范作用。与此同时，股份制试点工作迅速推开。一方面，现有的股份公司按照《公司法》进行规范，重新登记；另一方面，积极扩大国有企业股份制试点的范围，促进国有企业向现代企业制度转变。同时，从1992年开

---

[1] 章迪诚：《中国国有企业改革编年史（1978—2005）》，中国工人出版社2006年版，第204页。

始，以产权制度改革为核心的国有小企业改革在全国范围内迅猛发展。1996年6月，国家体改委印发《关于加快国有小企业改革的若干意见》，鼓励国有小企业改革形式不拘一格、大胆实践。到1997年底，许多省市半数以上的国有小企业进行了改制改组，进展较快的山东省改制面已经达到了80%。从实际结果来看，以产权制度改革为核心的国有小企业改革进行得比较彻底，走出了一条成功的道路。

改革开放以来，我国国有资产管理体制改革取得了一定的进展，但一直未能建立起适应社会主义市场经济要求的国有资产管理体制的基本框架，国有资产管理体制性障碍还未从根本上得到解决，这是出现国有资产质量不高、运营效率低、产权转让不规范、资产流失等问题的一个根本原因。国有资产管理体制改革滞后的突出表现是出资人没有真正到位和对国有资产施行多头管理。一方面，政府的公共管理职能与出资人职能没有分开。另一方面，监管国有资产的职能实际上分散在若干部门，其权利、义务和职责不统一，管资产和管人、管事相脱节。为从根本上解决上述问题，2002年，党的十六大提出，国家要制定法律法规，建立中央政府和地方政府分别代表国家履行出资人职责，享有所有者权益，权利、义务和责任相统一，管资产和管人、管事相结合的国有资产管理体制。依据党的十六大精神，2003年5月，国务院组建了国有资产监督管理委员会（简称国资委）。这是第一次在中央政府层面上真正做到了政府的公共管理职能与出资人职能分离，实现管资产与管人、管事相结合。国资委成立后，依据党的十六大精神，采取以下措施来构筑新的国有资产管理的基本框架：一是制定和完善国有资产监督管理的法律法规体系；二是切实做到出资人层层到位；三是建立一套科学的国有资产经营责任制度；四是继续推进国有企业监事会的工作。这些改革措施使得国有企业保值增值的活力增强、掌握社会资本的功能放大、对国民经济的控制力增强，其在国民经济中的主导作用也得到进一步发挥。

党的十八届三中全会后，国有企业改革进一步深化，逐步形成了以混合所有制改革为核心，以国企分类改革为框架，以国有资产的资本运营为理念，以供给侧实现结构性改革为目标的国企改革路线图。

股份制是混合所有制的一种重要形式，自20世纪90年代起，大量国有企业改制为股份公司并上市。但这些上市公司的经营机制和管理方式仍带有很强的行政色彩,特别是中央企业的上市公司。在这类上市公司的股权结构中,国有资本占有绝对控股地位,国有控股大股东"一股独大",其体制机制和控股母公司一样。这实际上没有起到改革国有企业治理结构、放大国有资本的控制力、融合各种所有制共同发展的作用。因此,国有企业混合所有制改革必须进一步深化。2013年11月,中共十八届三中全会通过的《中共中央关于全面深化改革若干重大问题的决定》提出,国有资本、集体资本、非公有资本等交叉持股、相互融合的混合所有制经济,是基本经济制度的重要实现形式,要允许更多国有经济和其他所有制经济发展成为混合所有制经济。此后,2015年8月出台的《中共中央国务院关于深化国有企业改革的指导意见》及2015年9月国务院发布的《关于国有企业发展混合所有制经济的意见》,为国企混改的提速提供了顶层设计。截至2017年9月底,各层级企业混改的数量占到整个中央企业的68.9%,地方国有企业中混改的企业数量也占到了47%①。

混合所有制改革只有在分类的基础上明确各类国有企业的功能定位,才能进一步地得到深化和推进。党的十八届三中全会明确提出,要准确界定不同国有企业功能。在此基础上,中共中央、国务院于2015年8月印发的《关于深化国有企业改革的指导意见》(以下简称《意见》)明确提出了"国有企业分类改革",并详细规定了国有企业的分类依据以及如何分类、分为几类,各类的功能、监管考核原则等内容。《意见》根据国有资本的战略定位和发展目标,结合不同国有企业在经济社会发展中的作用、现状和发展需要,将国有企业分为商业类和公益类两大类型。商业类国有企业按照市场化要求实行商业化运作,以增强国有经济活力、放大国有资本功能、实现国有资产保值增值为主要目标,依法独立自主开展生产经营活动,实现优胜劣汰、有序进退。商业类国有企业又可分为普通竞争性商业类和战略性商业类。普通竞争性商业类是指主业处于充分竞争行业和领域的商业类国有企业,原则上都要实行公司制股份制改革,积极引入其他国有资本或各类非国有资本实现

---

① 《十八大以来国企改革情况发布会实录——国务院国有资产监督管理委员会》,国务院国有资产监督管理委员会网,http://www.sasac.gov.cn/n2588025/n2588119/c7936035/content.html.

股权多元化，国有资本可以绝对控股、相对控股，也可以参股，并着力推进整体上市。对这些国有企业，重点考核经营业绩指标、国有资产保值增值和市场竞争能力。战略性商业类是指主业处于关系国家安全、国民经济命脉的重要行业和关键领域，主要承担重大专项任务的商业类国有企业，要保持国有资本控股地位，支持非国有资本参股。对这些国有企业，在考核经营业绩指标和国有资产保值增值情况的同时，要加强对服务国家战略、保障国家安全和国民经济运行、发展前瞻性战略性产业以及完成特殊任务的考核。公益类国有企业以保障民生、服务社会、提供公共产品和服务为主要目标，引入市场机制，提高公共服务效率和能力。这类企业可以采取国有独资形式，具备条件的也可以推行投资主体多元化，还可以通过购买服务、特许经营、委托代理等方式，鼓励非国有企业参与经营。对公益类国有企业，重点考核其成本控制、产品服务质量、营运效率和保障能力，根据企业不同特点有区别地考核经营业绩指标和国有资产保值增值情况，考核中要引入社会评价。《意见》的制定，进一步推进了国有企业分类改革。

为了进一步开展国有资产管理体制改革，推进政企分开的切实落地，我国在党的十八届三中全会以来还推进了国有资本投资公司和国有资本运营公司的试点。2015年11月4日，国务院发布《关于改革和完善国有资产管理体制的若干意见》，就改组组建国有资本投资运营公司等做出"顶层设计"。一部分央企集团有限公司和地方大型企业集团总部将被改建为国有资本运营管理公司，主要是对处于竞争性领域里的国有资本进行价值管理，以追求国有资本的保值增值，将产权买卖作为工具，施行完全市场化运作。另一些央企和地方大型企业集团总部将被改建为国有资本投资管理公司，集中于国有资本在重要行业和关键性领域等进行战略性投资。在《意见》的指导下，2016年先后有10家中央企业参加国有投资运营公司试点，各省完成改组组建国有资本投资、运营公司52家[①]。到2018年7月，中央企业层面已经选择了10户企业开展投资运营公司试点，各地方国有企业已改组组建国有资本投资、运营公司89家。国有资本运营公司共发起6只基金，总规模近

---

① 杨烨：《国有投资运营公司试点扩容》，《经济参考报》2017年3月1日。

9000 亿元①。2018 年 7 月 14 日，国务院印发了《关于推进国有资本投资、运营公司改革试点的实施意见》，对两类公司的功能定位、组建方式、授权机制、治理结构、运行模式、监督与约束机制等主要内容进行了明确。该意见指出，试点的目的是通过改组组建国有资本投资、运营公司，构建国有资本投资、运营主体，改革国有资本授权经营体制，完善国有资产管理体制，实现国有资本所有权与企业经营权分离，实行国有资本市场化运作。从功能结构定位上，经营性国有资产管理建立了一个有三层结构的框架：第一层是国有资产监管机构（国务院国资委及各省级国资委）、第二层是国有资本投资运营公司、第三层是商业类和公益类企业。国资监管机构将对经营性国有资产的管理从"管资产、管人和管事相结合"转变为"管资本为主，不管第三层"，对第二层将行使股东会权力，第二层不设股东会，设董事会，执行董事和外部董事由监管机构委派，董事长由监管机构指定。国资监管机构作为政府部门将和第三层的企业完全隔离，国资监管机构直接考核投资运营公司，投资运营公司通过股权以股东身份参加第三层公司治理。这一意见的发布，将进一步推动国有资本投资公司和国有资本运营公司的改革试点，从而为改革继续深化积累有效经验。

三、非公有制经济在改革开放中快速发展

改革开放后，党和国家还对所有制结构进行了改革。过去在"左"的指导思想影响下，片面追求"一大二公"，使所有制形式越来越单一，束缚了生产力的发展。1979 年，知识青年"上山下乡"运动结束后，近 2000 万返城"知识青年"的就业问题成为重大社会问题。从 1979 年起，党中央、国务院果断采取支持城镇集体经济和个体经济发展的方针，允许多种经济形式同时存在，以广开就业门路和搞活经济为目的，并取得积极成效。1981 年 6 月党的十一届六中全会通过的《关于建国以来党的若干历史问题的决议》明确提出，国营经济和集体经济是我国

---

① 高江虹、侯悦婵：《国企国资改革深入推进："两类公司"第二批试点名单将出》，《21 世纪经济报道》2018 年 8 月 30 日。

基本的经济形式，一定范围内的劳动者个体经济是公有制经济的必要补充。这是我们对社会主义所有制形式的新认识。此后，中共中央和国务院又制定了有利于实行多种经济形式和多种经营方式的政策规定。在这一形势下，城镇集体企业和个体经济开始快速发展。

在1984年召开的党的十二届三中全会以后，个体经济获得了飞速发展。但个体经济发展中的问题也突出起来，除了仍然存在的阻碍城乡个体经济顺利发展的"左"的思想和乱收费以外，还有以下方面的问题：部分个体户生产经营中存在违章违法活动；由于偷税漏税或税收征管不严以及其他因素的作用，部分个体工商户收入过高；对个体工商户管理的法规不健全，工商行政管理部门人员少，部分人员素质差。为了解决这些问题，政府采取了以下重要措施。一是加强对个体工商户的监督、管理，以保护其合法权益。二是对个体工商户进行整顿。三是成立中国个体劳动者协会，加强个体工商户的自律。通过上述各项工作，个体经济进入了快速发展阶段。

改革开放以后，在新的政治、经济形势下，适应社会生产力发展要求的私营经济应运而生。改革开放之初，私营企业尚未取得合法地位。1987年10月召开的党的十三大报告中首次明确提出：在社会主义条件下，私营经济一定程度的发展，是公有制经济必要的和有益的补充；必须尽快制定有关私营经济的政策和法律，保护它们的合法利益，加强对它们的引导、监督和管理[1]。在此基础上，1988年通过的宪法修正案规定："国家允许私营经济在法律规定的范围内存在和发展。国家保护私营经济的合法的权利和利益，对私营经济实行引导、监督和管理。"[2]从此，私营经济在我国社会主义初级阶段中的法律地位在宪法中被确定下来。面对当时私营经济发展中存在的诸如对私营企业权益的保护、违法经营的管理和税负的处理等问题，国务院于1988年6月发布了《私营企业暂行条例》《私营企业所得税暂行条例》和《关于征收私营企业投资者个人收入调节税的规定》[3]。这些法律法规的出台为私营经济的

---

[1] 《中国共产党第十三次全国代表大会文件汇编》，人民出版社1987年版，第32页。
[2] 《中华人民共和国第七届全国人民代表大会第一次会议文件汇编》，人民出版社1988年版，第119页。
[3] 《中国经济年鉴》，经济管理出版社1989年版，第Ⅷ—6、8、25—26页。

发展创造了有利条件，促进了私营经济的发展。

根据邓小平南方谈话精神和党的十四大确立的目标，从1992年起，国务院有关部门陆续出台了一系列鼓励和扶持非公有制经济发展的新举措。这使得非公有制经济的公平竞争环境得到改善，其发展进一步加快了。到2002年，城镇个体就业人数为2269万人，城镇私营企业就业人数为1999万人，"三资"企业就业人数为758万人，城镇非公有制经济就业人数占城镇就业人数的比重为20.3%。

2002年，党的十六大进一步提出：充分发挥非公有制经济的重要作用；放宽国内民间资本的市场准入领域，采取多项措施，实现公平竞争；依法加强监督和管理；完善保护私人财产的法律制度[①]。后来，《中共中央关于修改宪法部分内容的建议》进一步提出：国家保护非公有制经济的合法的权利和利益，鼓励、支持和引导非公有制经济的发展，并对非公有制经济依法实行监督和管理。这一建议在2004年3月的十届全国人大二次会议上获高票通过。在此基础上，国务院及其有关部门制定了一系列促进个体私营经济发展的政策，从而促进了个体、私营经济继续得到快速发展。

在以往党的文件的基础上，党的十八大进一步提出："毫不动摇鼓励、支持引导非公有制经济发展，保证各种所有制经济依法平等使用生产要素，公平参与市场竞争、同等受到法律保护。"[②] 党的十八届三中全会进一步提出："公有制为主体、多种所有制共同发展的基本经济制度，是中国特色社会主义制度的重要支柱，也是社会主义市场经济的根基。公有制经济和非公有制经济都是社会主义市场的重要组成部分，都是我国经济社会发展的重要基础。"[③] 这就把非公有制经济的地位提高到了一个新的高度。在这些政策精神的指导下，国家推进了商事制度改革。2014年对《个体独资企业登记管理办法》《个体工商户登记管理办法》两部规章进行了修改，将年检验照制度改为年度报告公示制度。2015年又深入进行了商事制度改革，主要是完成了"三证合一、一照一码"的改革，加快推进了"先照后证"的改革。2016—2017年进一

---

① 《中国共产党第十六次全国代表大会文件汇编》，人民出版社2002年版，第26页。
② 《中国共产党第十八次全国代表大会文件汇编》，人民出版社2012年版，第19页。
③ 《中共中央关于全面深化改革若干重大问题的决定》，人民出版社2013年版，第7—8页。

步推进了商事制度改革,实行了多证合一,扩大了"证照分离"试点。非公有制经济在这一条件下有了更为宽松的政策和法律环境,从而得到了快速发展。

这一期间,非公有制经济的加速发展还得力于小微企业的迅猛发展和大众创业、万众创新的快速铺开。2014年我国大中小型企业单位数分别占企业单位总数的2.62%、14.66%、82.72%;三者主营业务收入分别占主营业务收入总额的39.45%、24.23%、36.31%[①]。实践表明:小微企业在稳增长、促创新、转方式、调结构、扩就业、惠民生、保稳定等方面都有不可替代的重要作用。为此,国务院于2014年10月31日发布了《关于扶持小型微型企业健康发展的意见》,在资金扶持、落实并继续出台支持政策、加大对中小企业创业基地建设的支持力度、完善融资担保政策、建立信息互联互通机制、推进公共服务平台建设等方面作了具体规定。推进大众创业、万众创新与发展小型微型企业密切相关。推进大众创业、万众创新的政策也有利于发展小型微型企业的改革。2015年6月11日,国务院发布了《关于大力推进大众创业万众创新若干政策措施的意见》,其主要内容为:一是创新体制机制,实现创业便利化;二是优化财税政策,强化创业扶持;三是搞活金融市场,实现便捷融资;四是扩大创业投资,支持创业起步成长;五是发展创业服务,构建创业生态;六是建设创业创新平台,增强支撑作用;七是激发创造活力,发展创新型企业;八是拓展城乡创业渠道,实现创业带动就业。在上述政策措施的引导和推动下,我国小型微型企业迅猛发展。2016年新设市场主体1651.3万户,新增市场主体均为小微企业。小微企业活力不断提升,初次创业小微企业占新设小微企业的85.8%。小微企业的发展还推动了非公有制经济的加速发展。2016年,个体、私营经济从业人员增长到3.1亿人,比2015年增加了2781.1万人。

四、宏观经济管理体制的改革

宏观经济管理体制改革涉及计划、投资、价格、财政税收、金融、

[①] 《中国统计年鉴》,中国统计出版社2015年版,第425页。

商业、外贸、劳动、工资、社会保障以及行政管理和国家机构等方面的改革。本部分主要围绕计划、投资、价格、财政税收、金融及行政管理和国家机构等方面的改革展开叙述。

一是宏观经济管理体制改革的起步（1979—1984年）。这一期间，适应社会主义市场经济要求的各项改革均已开始迈出步伐。在改革以指令性计划为特征的计划投资体制上，主要是下放计划管理权限，缩小指令性计划范围。

价格改革，采取调放结合、以调为主的方针①，主要开展了以下工作：其一是陆续提高了农副产品以及煤炭、矿石、冶金、建材和铁路、水运的价格，降低了一部分电子、机械等产品的价格，使农产品同工业品以及能源、交通、原材料同加工工业产品之间比价不合理的状况有了改善。其二是按照减少国家定价、扩大企业定价的方向，缩小了国家指令价的比重，扩大了国家指导价和市场调节价的比重。此外，这一期间的价格体制改革还在以下两个方面取得了重要突破：一方面对几百种日用小商品和大部分修理服务行业的价格，国家不再统一规定价格，由企业自行定价。另一方面对煤炭等重要生产资料，开始实行价格"双轨制"，即在坚持计划以内产品执行国家定价的前提下，允许企业将超计划生产的产品以高于或低于国家规定的价格自行销售。

为了改变统收统支局面，财税体制方面开始进行改革。在中央政府与地方政府的财务关系方面，1980年实行了旨在打破原来"大锅饭"体制的"分灶吃饭"制度。其基本内容是：依据国有的企事业单位的行政隶属关系，划分中央政府和地方政府的收支范围，依此范围确定各个地方政府的包干基数；中央政府与地方政府的分成比例以及中央政府向地方政府的补助额，都是五年不变，地方政府可以自行安排预算，多收可以多支，少收也可以少支，自求收支平衡。

这一时期的金融方面的改革主要有如下方面。其一是正式确立中国人民银行的中央银行地位，使其集中力量承担全国的金融宏观管理。其二是在1983年以后，中央银行改变了主要运用行政指令计划控制现金流通量的方式，而开始运用贷款利率和存款准备金等经济手段调节货币

---

① 所谓"调"指调整不合理比价，"放"指放开指令价格。

供应量。在信贷管理方面,由原来的存贷款总额指标管理改为存贷差额指标管理,即在完成总行计划的前提下,分行可以多存多贷,从而具有一定的贷款自主权。

为适应经济改革和经济发展的需要,在1982年进行了一次规模较大的政府机构改革。这次改革在精简政府机构、解决由"十年动乱"造成的干部严重老化、废除事实上存在的领导职务终身制、实现干部队伍革命化、年轻化、知识化和专业化方面起了重要作用。经过改革,国务院机构由原来的100个减少到61个。此后,地方政府机构改革也取得了重要进展。

二是宏观经济管理体制改革的深化(1985—1992年)。党的十二届三中全会作出《关于经济体制改革的决定》后,我国的经济体制改革进入全面展开阶段,宏观经济管理体制改革也随之得到深化。

深化计划、投资体制改革方面,总体来说,主要是继续缩小国家对重要产品的指令性计划范围,扩大指导性计划和市场调节范围;扩大地方、部门、企业在固定资产投资计划管理方面的权限;实行多种形式的计划承包责任制。1984—1992年,国家指令性计划管理的工业产品产值比重由40%左右下降到11.7%,国家统一分配的物资由60多种减少到19种[①]。

就投资体制来说,开始实行以下一些重要改革。其一是对长期、重大建设实行分层次管理:全国性重点建设工程由中央政府或以中央政府为主承担;区域性重点工程和一般工程由地方政府承担。同时扩大企业投资决策权,使其成为一般建设的投资主体。其次是为了保证重点建设有稳定资金来源,建立基本建设基金制。其三是为了用经济手段管理投资,建立投资公司。四是为了增强企业投资能力和提高投资效益,还在项目建设管理、投资决策和拓宽投资渠道等方面推行了一系列改革。

价格改革采取了调放结合、以放为主的方针,主要是实行了三次较大的价格改革。其一是从1985年开始,除粮、油的合同定购部分和棉花、糖料等少数几种关系国计民生的重要农产品收购价格仍由国家定价

---

① 汪海波:《中国经济体制改革(1978—2018)》,社会科学文献出版社2018年版,第152页。

外，绝大部分农产品价格均由市场调节。其二是从1985年开始，先后放开了多种重要工业消费品（包括缝纫机、手表、收音机、自行车、名烟、名酒、电风扇和电冰箱）的价格。其三是对工业生产资料继续实行"双轨制"，并在1985年以后，将此前生产资料计划外部分实行加价20%的办法，放宽为计划外部分实行议价。同时，在放开物价方面取得了重要成就。1984—1992年，国家定价的农副产品价格比重由40%以上下降到12.5%，国家定价的社会零售商品价格比重由50%以上下降到5.9%，国家定价的生产资料价格比重由60%以上下降到18.7%。

这一时期，在深化财税体制改革方面做了多方面的探索。在中央政府财政部门与各经济主管部门的财务关系方面，进一步推行了财务大包干制和基金制，即把原来要列入国家预算的一部分财政收支划给有关经济部门，由其自行管理收支。

金融改革的主要内容有：进一步建立金融系统。1986年重新组建了交通银行。此后，还陆续建立了中信实业银行、光大银行、华夏银行、民生银行、招商银行、深圳发展银行、浦东发展银行和广东发展银行，大批城市信用社、信贷投资公司和证券公司以及上海证券交易所和深圳证券交易所。继1983年中国人民保险公司成为独立的经济实体以后，1986年又建立了新疆建设兵团农牧业保险公司，其后又恢复了中国人寿保险公司在国内的业务，建立了平安保险公司和四川省人寿保险公司，并恢复了典当业务。

这一时期，为了适应经济体制改革的需要，还进行了新一轮的政府机构改革。从1988年开始，国务院按照转变职能、精干机构、精简人员、提高效率以及逐步理顺政府和企事业单位的关系等原则，将国务院机构由原来的76个精简到66个。更为重要的是，这次改革提出了转变政府职能的目标，对以后的政府机构改革具有深远影响。

三是宏观经济管理体制框架的初步建立（1993—2000年）。邓小平发表南方谈话和党的十四大以后，围绕着建立市场经济新体制的改革目标，国家大力推进了计划投资、财税、金融等体制改革，初步建立了向市场经济转轨的宏观经济管理体制框架。

计划体制改革取得了重要进展。指令性计划大幅度缩小，指导性计划逐步成为计划的主要形式，市场逐步成为社会生产资源配置的主要方式。在生产方面,1979年以前,国家计划对25种主要农产品产量实行指令性计划管理,到20世纪90年代末已全部取消。改革前,工业产品有120多种由国家计委下达指令性计划,到90年代末已减少到不足5种,占全国工业总产值的比重由70%下降到不足4%[①]。

在投资体制改革方面也取得了重要进展。改革以前,作为计划经济体制重要组成部分的投资体制,具有投资主体单一、投资决策层次单一、投资方式单一、投资来源单一、管理方式单一5个方面的特点。经过20多年的改革,这5个方面都发生了巨大变化:其一是投资主体多元化,形成了中央和地方政府、企业以及国内外私人等投资主体的多元化格局。其二是投资决策多层次,形成了中央政府、地方政府、行业部门、企业和私人等多层次项目决策。其三是投资方式多样化,形成了政府投资、合资、合作、股份合作、项目融资(BOT、TOT等)、承包、租赁等多种方式。其四是投资来源多渠道,形成了财政拨款、国内银行贷款、投资主体自有资金、发行债券、国外贷款、外商直接投资等多种资金来源渠道。其五是管理方式间接化,国家在投资管理中逐步用指导性计划取代指令性计划,逐步依靠市场机制作用和运用经济杠杆来取代行政命令。

价格改革继续取得重要进展。其一是继续放开竞争性商品价格。第一,用先调后放的办法,各地区先后放开粮食和食用油的销价。从此,实行了约40年的低价供应城镇居民粮油制度宣告结束。第二,继续放开尚未放开的工业消费品价格。第三,工业生产资料大部分并轨实行单一的市场价格。第四,大幅度地调高了农产品收购价格和能源、原材料价格。这样,到2000年,政府定价在社会商品零售总额中的比重由1992年的5.9%下降到3.2%;在农副产品收购总额中,则由12.5%下降到4.7%;在生产资料销售总额中则由18.7%下降到8.4%。其二是建立健全价格宏观调控体制。主要是初步建立了重要商品的价格调节基金制度和重要商品的储备制度;建立与价格宏观调控体制相适应的省、区、市一级调控体系;建立全面、准确、及时地反映价格总水平变动的

[①] 汪海波:《中国经济体制改革(1978—2018)》,社会科学文献出版社2018年版,第198—199页。

价格指数体系，从宏观上监测市场价格的变化。

财税体制改革取得重大进展。第一，在财政体制改革方面，建立了以中央和地方分税制为基础的分级财政管理体制，初步形成了公共财政制度框架。第二，税收体制改革的主要内容有：在商品课税方面，取消了原来的统一工商税，确立了以规范的增值税为核心，辅之以消费税、营业税的新流转税体系，原来对农、林、牧、水产业征收的产品税改为征收农林特产税；在所得税方面，将过去对不同所有制企业征收不同的所得税改为实行统一的内资企业所得税，并建立了普遍使用于中、外籍人员和城乡个体工商户的统一的个人所得税；在税收征管制度方面，各地税务机构分设国税局和地税局，由此初步构建了新的税收制度的基本框架。

金融体制改革取得重大进展，总的来说就是初步建立了适应社会主义市场经济要求的金融体制框架。第一，初步建立了金融组织体系的基本框架。中国金融组织体系开始由 4 类金融机构组成，即国家金融管理机构、商业银行、政策性银行和非银行金融机构。第二，中央银行金融宏观调控体系初步建立。中国人民银行确定保持人民币币值的稳定，并以此促进经济的发展作为货币政策的目标；推出了货币供应量指标体系，将货币供应量作为货币政策的中介目标；调控方式已基本实现了信贷规模管理这种直接调控向间接调控的转变，即运用存款准备金、再贴现、利率、公开市场操作、中央银行贷款等货币政策工具来控制货币供应量，调节信贷结构。

为适应经济改革和发展的需要，这一时期进行了两次政府机构改革。首先是 1993 年的改革。与以往的改革相比较，这次改革把适应建立社会主义市场经济体制的要求作为改革目标，把转变政府职能作为改革重点。其中，转变政府职能的具体要求是：按照市场取向改革的要求，加强宏观经济调控和监督部门以及社会管理部门职能，减少行政事务和对企业的直接管理；合理划分各部门的职责权限，避免交叉重复，调整机构设置，并精简各部门的内设机构。这次改革是在试点基础上由中央政府到地方政府逐步展开的，历时 3 年，取得了成效，精简了国务院机构和内设机构。其次是 1998 年的改革。这次改革按照发展社会主义市场经济的要求，根据精简、统一、效能的原则，转变政府职能，实现政企分开,建立办事高效、运转协调、行为规范的行政管理体系,完善国家公务员制度,建设高素质的专业化行政管理干部队伍。这次改革取得了较大成效。除国务院办公厅外,国务院组成机构从40个减少到29个。国务院直属机构与办事机构也进行了相应的调整与改革。按照转变政府职能、实行政企分开的要求,国务院各部门转交给企业、社会中介组织和地方的职能有200多项,在部门之间调整转移的职能有100多项,部门内设的司局级机构减少200多个,精简1/4,人员编制总数减少47.5%。

四是完善宏观经济管理体制(2001—2011年)。改革开放以来,我国已经对传统投资体制进行了一系列改革。但投资体制还存在诸多问题,特别是企业投资决策权还没有完全落实,政府投资决策的科学化、民主化水平需要进一步提高,投资宏观调控和监督的有效性需要提高。为此,国务院于2004年7月发布了《关于投资体制改革的决定》,其要点如下:其一是改革投资管理制度,确立企业投资主体地位。其二是完善政府投资体制,提高政府投资的社会效益和效率。其三是加强和改善投资宏观调控,促进总量平衡和结构优化。其四是加强和改进投资的监督管理,规范和维护投资与建设的市场秩序。这个决定的发布和实施,是我国投资体制改革进入实质性改革的标志。这突出表现在实行投资主体多元化方面。2000年至2011年,全社会固定资产投资实际到位资金由33110.3亿元增加到3459842亿元。其中国家预算资金占比由6.4%下降到4.7%,国内贷款(包括向银行和非银行金融机构的各种贷款)占比由20.3%下降到13.4%,自筹资金(包括企业、事业单位自筹的资金)和其他资金(包括社会集资和个人资金等)占比由68.2%上升到80.9%[①]。

价格改革总趋向仍然是市场化,即继续缩小政府行政指令价,扩大政府指导价和市场调节价。2000年至2007年,在社会商品零售总额中,政府定价的比重由3.2%下降到2.6%,政府指导价和市场调节价的比重由96.8%上升到97.4%。在农副产品收购总额中,政府定价的比重由4.7%下降到1.1%,政府指导价和市场调节价的比重由95.3%

---

① 《中国统计年鉴》,中国统计出版社2012年版,第161页。

上升到98.9%。在生产资料销售总额中,政府定价的比重由8.4%下降到5.4%,政府指导价和市场调节价的比重由91.6%上升到94.6%。至此,产品价格改革已经大体实现。

在20世纪末初步建立公共财政体制的基础上,财税改革又取得了进展。财政方面的进展主要有:取消了农业税,并加大了对"三农"和公共产品的投入;完善了分税制和转移支付制度。这样,就在实现城乡统一、基本公共服务均等化、中央和地方在事权和财权相互匹配的公共财政体制方面又向前迈出了重要的一步。

税收方面的进展主要有如下方面。一是所得税收入分享改革。从2002年1月1日起,实施所得税收入分享改革。除少数特殊行业或企业外,绝大部分企业所得税和全部个人所得税实行中央与地方按比例分享,分享范围和比例全国统一。二是农村税费改革已经取得成功。三是实现了增值税由生产型向消费型的转变。四是完善了出口退税机制,多次调整了出口税率。五是统一了内外资企业所得税。六是实行了综合和分类相结合的个人所得税。七是调整和完善了消费税。八是着手推进了统一规范的物业税(即房地产税)的实施。

金融体制的改革主要从四个方面推进。其一是推进了多种所有制结构、多种金融机构并存的金融企业体系的形成。其二是深化了以国有商业银行为重点的金融企业改革。其三是完善了金融监管体制。其四是健全了金融调控机制。

此外,还推进了行政管理体制的改革。其重要内容之一,就是进行了两次政府机构改革。2003年进行的国务院机构改革,是要按照完善社会主义市场经济体制和推进政治体制改革的要求,坚持政企分开、精简、统一、效能和依法行政的原则,进一步转变政府职能,调整和完善政府机构设置,理顺政府部门职能分工,提高政府管理水平,形成行为规范、运转协调、公正透明、廉洁高效的行政管理体制。这次国务院机构改革的主要任务是:第一,深化国有资产管理体制改革,设立国务院国有资产监督管理委员会;第二,完善宏观调控体系,将国家发展计划委员会改组为国家发展和改革委员会;第三,健全金融监管体制,设立中国银行业监督管理委员会;第四,继续推进流通管理体制改革,组建商务部;第五,加强食品安全和安全生产监管体制建设,在国家药品监督管理局的基础上组建国家食品药品监督管理局,将国家经济贸易委员会管理的国家安全生产监督管理局改为国务院直属机构;第六,将国家计划生育委员会更名为国家人口和计划生育委员会;第七,不再保留国家经济贸易委员会、对外贸易经济合作部。这次改革以后,国务院共设置53个部门,其中组成部门28个,直属机构18个,办事机构7个。

2008年又进行了一次政府机构改革。这次改革的重点是:其一是加强和改善宏观调控,促进科学发展;其二是保障和改善民生,加强社会管理和公共部门服务;其三是依据职能有机统一的大部门体制的要求,对一些职能相近的部门进行整合,综合设置、理顺关系。在这次改革中,国务院新组建了工业和信息化部、交通运输部、人力资源和社会保障部、环境保护部、住房和城乡建设部,改革涉及调整变动的机构近20个,增减相抵,国务院正部级机构减少6个[①]。2008年,国务院机构改革基本完成,并推进了地方政府机构改革。

通过上述一系列的改革,我国在宏观经济管理体制方面取得了重要进展,从而更加适应了社会主义市场经济的发展。

五是全面深化宏观经济管理体制改革(2012年至今)。党的十八大以后,党和政府又在宏观经济管理体制上进行了新一轮的改革,使宏观经济管理体制与社会主义市场经济的发展进一步相适应。

转变政府职能,是市场取向改革的基本内容。推行行政体制改革、实行简政放权,是转变政府职能的最重要方面。党的十八届三中全会提出:"必须切实转变政府职能,深化行政体制改革。""进一步简政放权,深化行政审批制度改革。"[②] 在全面深化改革阶段,这方面改革步伐大大加快。2013年取消和下放了416项行政审批事项;2014年再取消和下放了246项行政审批事项;2015年又取消和下放了311项行政审批事项,取消了123项职业资格许可和认定事项。

这期间,投资体制改革进一步深化。党的十八届三中全会提出:"企业投资项目,除关系国家安全和生态安全、涉及全国重大生产力布

[①]《十一届全国人大二次会议政府工作报告辅导读本》,人民出版社2009年版,第432—433页。

[②]《中共中央关于全面深化改革若干重大问题的决定》,人民出版社2013年版,第16—18页。

局、战略性资源开发和重大公共利益等项目外,一律由企业依法依规自主决策,政府不再审批。"① 2014年,国务院发布的《关于创新重点领域投融资机制鼓励社会投资的指导意见》又提出:在公共服务、资源环境、生态建设、基础设施等重点领域进一步创新投融资机制,充分发挥社会资本特别是民间资本的积极作用。这些政策措施的贯彻执行,大大激发了企业(特别是民间企业)投资的积极性。

同时,价格体制改革得到了进一步深化。党的十八届三中全会提出:凡是能由市场形成价格的都交给市场,政府不进行不当干预。政府定价范围主要限定在重要公用事业、公益性服务、网络型自然垄断环节②。2015年,中共中央、国务院发布了《关于推进价格机制改革的若干意见》,提出的基本原则是:坚持市场决定;坚持放管结合;坚持改革创新;坚持稳慎推进。同时,该意见还提出,要深化重点领域价格改革,充分发挥市场决定价格作用;建立健全政府定价制度,使权力在阳光下运行;加强市场价格监管和反垄断执法,逐步确立竞争政策的基础性地位。以上这些政策措施的实行,使得2012年以来的价格改革又取得了重要进展。

党的十八大还提出了"加快财税改革"的任务,由此开始了新的财税体制改革。2014年中共中央政治局审议通过了财政部提交的《财税体制改革总体方案》。该方案在税制改革方面包括以下几方面内容:其一是推进增值税改革;其二是完善消费税制度;其三是加快资源税改革;其四是建立环境保护税制度;其五是加快房地产税立法并适时推进改革;其六是逐步建立综合与分类相结合的个人所得税制度。在上述政策措施的推动下,财税改革各方面获得了进一步发展,税收改革实现突破。首先是平稳有序推进了税制改革,在税种改革上取得新进展。其次是放管结合,深化了税务行政审批制度改革,全年取消和下放了45项审批事项,同时还配套修订税务规章并全面清理税收规范性文件。再次是提出和落实了税收优惠政策,新出台了较大的税收优

---

① 《中共中央关于全面深化改革若干重大问题的决定》,人民出版社2013年版,第16—18页。
② 《中共中央关于全面深化改革若干重大问题的决定》,人民出版社2013年版,第12—13页。

惠政策 12 类 26 项,加大了减免税力度。最后是加快了推进税收法律制度建设。

党的十八届三中全会提出了"完善金融市场体系"的任务。2014年以来,国务院还发布了《关于进一步促资本市场健康发展的若干意见》和《关于加快发展现代保险服务业的若干意见》等文件。在这些政策措施的引领和推动下,金融改革全面深化。

在银行业方面:第一,国家开发银行、中国银行和中国进出口银行三家政策性、开发性金融机构改革取得突破;中国工商银行、中国农业银行、中国建设银行和交通银行这些大型商业银行继续深化改革,公司治理进一步完善。第二,在 2013 年全面放开贷款利率管制的基础上,2014 年将人民币利率浮动区间上限由基准利率的 1.1 倍扩大至 1.2 倍,2015 年取消存款利率上浮限制。第三,存款保险制度建设取得进展。2015 年,存款保险覆盖了中国境内设立的商业银行、农村合作银行、农村信用合作社等吸收存款的银行业金融机构。第四,汇率市场化迈出重大步伐。2014 年,银行间即期外汇市场人民币兑美元交易价浮动幅度由 1% 扩大至 2%,并取消了银行对客户美元挂牌买卖价差管理。至此,银行对客户外币挂牌汇价区间限制全部取消,央行基本退出常态外汇干预。第五,这期间还强化了审慎监管。此外,还在证券业和保险业方面进行了多项内容的改革。

总体来说,这一时期我国在全面深化宏观经济管理体制改革方面已经迈出了巨大一步。实践经验表明:我国完全可以实现党的十八届三中全会制定的预期目标,即:到 2020 年,在重要领域和关键环节改革上取得决定性成果,形成系统完备、科学规范、运行有效的制度体系,使各方面制度更加成熟更加完整[①]。

五、构建开放型经济体制

随着改革的推进,对外开放开始有重大突破。早在 1978 年 4 月,

---

① 参见《中共中央关于全面深化改革若干重大问题的决定》,人民出版社 2013 年版,第 7 页。

国家计委、外贸部派遣的经济贸易考察组赴香港、澳门进行实地考察后，就向中央建议，要借鉴港澳的经验，把靠近港澳的广东宝安、珠海划为出口基地，建设具有相当水平的对外生产基地、加工基地和吸引港澳同胞的游览区。1979年1月中共中央、国务院决定设立蛇口工业区，同年7月中央批准了广东、福建两省实行"特殊政策和灵活措施"。这是中国对外开放的重要一步。1980年5月，中央决定在广东省的深圳市、珠海市、汕头市和福建省的厦门市试办经济特区。经济特区采取与内地不同的体制和政策，按照市场化取向的改革要求，在计划、投融资、流通、劳动工资、土地管理、财税、金融和政府管理等各方面进行一系列改革探索，有力地促进了特区的经济发展，为全国改革提供了有益的经验和借鉴，从而推动了中国经济体制改革的进程。

党的十二届三中全会召开以后，以城市为重点的经济体制改革全面推开，为对外开放创造了更为完善的条件。在总结前5年对外开放工作经验的基础上，1984年5月，国务院决定将大连等14个沿海港口城市对外开放。1985年2月，国务院决定分两步将长江三角洲、珠江三角洲、闽南厦（门）漳（州）泉（州）三角地区开辟为经济开放区，1988年又将辽东半岛、胶东半岛以及河北环渤海湾地区一些沿海市县列入，共同开辟为沿海经济开放区，沿海经济开放地带基本形成。1988年，海南建省并成为经济特区。1990年4月，国家宣布开发上海浦东新区，随后开放武汉、重庆等6个沿江城市及合肥、长沙、南昌、成都4个沿江省会城市，形成了以上海浦东新区为龙头的长江流域经济开放带。1991年，开放满洲里、丹东、绥芬河、珲春4个北部口岸。

以邓小平同志南方谈话为契机，我国的对外开放迅速由沿海地区向广大内陆腹地拓展，外向型经济保持良好发展势头，市场多元化战略取得积极成效，国际经贸关系得到显著改善，对外开放进入了质量和水平全面提高的新阶段，对外开放地域迅速扩大。1992年，国务院批准海南省开发建设洋浦经济开发区。1992年8月，国务院决定以上海浦东为龙头，开放芜湖、九江等9个城市和三峡库区，同时开放黑河、绥芬河等13个边境城市，在内陆地区开放所有省会城市等重要战略部署。1994年2月又批准建设了苏州工业园区。此后，又陆续开放了一批符合条件的内陆城市。至此，以沿海开放地带、沿江开放地带、沿边开放地带和内陆省会城市为代表的全方位、多层次对外开放格局基本形成。此后，我国利用外资的领域和规模逐步扩大，对外贸易成就显著。到2001年年底，中国已批准外商投资企业39万多个，其出口额和进口额占全国的比重首次超过50%。2001年，我国外贸进出口总额达到5098亿美元，比改革开放初期增长了20多倍，我国在世界贸易中的排名从1978年的第32位上升到2001年的第6位。2001年12月11日，历经15年的风风雨雨，我国终于成为世界贸易组织的成员，标志着我国对外开放进入了一个新阶段。

为了把吸引外资同我国产业结构调整和实施西部大开发战略结合起来，经国务院批准，国家计委、国家经贸委和外经贸部于2002年3月公布了新的《外商投资产业指导目录》及其附件。新目录分鼓励、允许、限制和禁止4类，共列371个条目。2003年3月发布的《外商投资并购境内企业暂行规定》，规范了外资以购买股权、购买资产等方式并购境内企业，在相对完整的意义上建立了我国外资并购的法律规范。2011年，又修订并公布了《外商投资产业指导目录》，进一步明确了外商投资的产业导向。为了给吸引外资提供更完善的法律环境，2001年我国修改和实施了《中华人民共和国中外合资企业法》《中华人民共和国中外合作企业法》《中华人民共和国外资企业法》三个关于外商直接投资的基本法律及其实施细则。这些法律进一步体现了对外资企业实施的国民待遇原则。同时，为了推进吸引外资工作，2002年以来，我国建立了外商投资企业注册局，并修订了全国统一的新式外商投资企业登记注册表格，开通了《中国外资登记网》，完善了外资登记管理法规体系（如出台了《关于外商投资企业创业投资管理规定》和《关于外国投资者并购国内企业的规定》等）。为了在外汇方面给吸引外资创造有利条件，我国继续推行了汇率和人民币在资本项目下可兑换的改革。改革以来，我国先后采取了调整国家外汇牌价、实行贸易结算价、允许外汇调剂市场按供求确定汇率等多种改革措施。1994年汇率并轨以后，我国开始实行以市场供求为基础的、单一的、有管理的浮动汇率制度，初步确立了市场配置外汇资源的基本框架。我国已于1996年年底正式接受国际货币基金组织协定第八条款的义务，实现了人民币经常项目可兑换。2005年又进一步实行以市场供求为基础、参考"一篮子"货币、有管理的人民币汇率制度。国际货币基金组织将资本项目交易划分为43项。当时，我国已有19项不受限制或只有较少限制，有24项受到较多限制或严格管制①。至此，我国已经实现了资本项目的部分可兑换。

在进出口贸易的增长上，促进外贸增长主要采取了以下主要措施。第一，为了适应"入世"的要求，修订了大量的涉外法律法规。第二，进一步推进了外贸体制的改革。第三，在进口方面，逐步降低关税、减少进口许可证管理的商品品种和放开投资领域；出口方面，在退税、融资和保险等方面也采取了一系列积极推进的措施。第四，继续推进出口多元化战略，巩固和扩大传统市场，开辟新的市场，推进地区之间经贸关系的发展。第五，继续实施科技兴贸和以质取胜的战略，提高出口产品科技含量和附加值。第六，从发展、改革和管理等方面采取多项措施促进企业提高产品的国际竞争力。第七，进一步发挥人力资源丰富和劳动力成本低的两大优势。以上措施推动了我国进出口贸易的迅速发展。2000年至2011年，我国进出口总额由4742.9亿美元增长到36918.6亿美元，出口总额由2492亿美元增长到18983.8亿美元，进口总额由2250.9亿美元增长到17934.8亿美元，这使得我国进出口贸易总额居世界位次急剧上升。2000年居第7位，2007年上升到第2位。2009年以后，我国不仅进出口总额保持了世界第2位，而且出口总额上升到世界第1位。

对外开放格局的发展还表现在对外投资的迅速增长上。改革以来，资金、技术和人才等方面的积累为中国实现"走出去"战略奠定了基础，而且随着改革的深化和现代化建设的发展，也要求进一步充分利用两种市场和两种资源。因此，21世纪初，我国加大了实施"走出去"战略的力度，按照以市场为主导、以企业为主体、政府提供服务的原则，加快建立起中国对外经济合作的管理服务体系。其一是形成稳定、透明的涉外经济管理体制，创造公平和可预见的法制环境。其二是建立新型的对外经济合作的管理服务体系。其三是帮助对外经济合作的中介机构准确定位、完善功能。其四是为中外企业的合作创造较好的国际环

---

① 李扬等：《中国金融改革开放30年研究》，经济管理出版社2008年版，第98页。

境。这些政策措施的实施,推动了我国对外投资的迅速发展。第一,投资地区和行业得到进一步拓展。第二,境外资源开发取得积极进展。第三,境外加工贸易业务发展迅速。主要涉及纺织、家电、机电、化工、制药等行业。第四,经营主体迅速壮大,大型企业作用明显。我国从事跨国投资与经营的各类企业已发展到数万家,一些大企业已成为跨国公司。第五,投资方式日趋多样化,经营层次逐步提高。跨国并购方式的投资迅速增长。第六,营业额和投资规模迅速增长。2011年非金融领域对外直接投资上升到601亿美元,累计达到3220亿美元[①]。

对外开放总体格局的进一步发展还表现在如下方面。第一,以外向型经济为主导的天津滨海新区和广西北部湾地区的建设和发展。第二,2003年以来,自由贸易区实现从无到有的迅速发展。到2008年,我国与世界五大洲的29个国家和地区已经建成和正在建设的自由贸易区达到了12个,其贸易额占到我国外贸总额的20%以上。2010年1月1日,中国—东盟自由贸易区正式全面建成。这是21世纪以来我国对外贸易进一步发展的一个重要的标志性事件[②]。

党的十八大以来,党中央提出并实施了一系列推进我国对外开放的改革和发展战略:2012年党的十八大提出了"全面提高开放型经济水平"的战略任务;2013年党的十八届三中全会提出了"构建开放型经济新体制"[③]。正是这些有利因素使我国对外开放总体格局步入了以构建开放型经济新体制为特征的新阶段。为了建立开放型经济新体制,我国采取了一系列政策措施。第一,2015年5月,国务院印发了《关于构建开放型经济新体制的若干意见》,形成了我国开放型经济建设的顶层规划和"施工路线图"。第二,2016年5月,经党中央、国务院同意,济南市、南昌市、唐山市等12个城市和区域被列为开展构建开放型经济新体制综合试点试验地区。与开放型经济新体制综合试点试验地区并行推进的,还有不断扩容的自贸试验区。从2013年设立上海自贸

---

① 《中国统计年鉴》,中国统计出版社2016年版,第380页;《中国经济年鉴》,中国经济年鉴社2012年版,第56—57页。
② 《十一届全国人大一次会议〈政府工作报告〉辅导读本》,人民出版社2008年版,第6页。
③ 参见《中国共产党第十八次全国代表大会文件汇编》,人民出版社2012年版,第22页;《中共中央关于全面深化改革若干重大问题的决定》,人民出版社2013年版,第25—27页。

试验区开始到2016年8月,我国自贸试验区已经发展到11个。自贸试验区已成为我国新一轮开放的重要平台。除了综合试点试验地区和自贸试验区之外,地方层面也在结合实际构建具有当地特色的开放型经济。在综合试点试验地区、自贸试验区、地方平台等多轮驱动下,我国构建开放型经济新体制全面提速,取得了显著成效。根据商务部的数据,自2013年启动以来,自贸试验区用两万分之一的土地面积吸引了全国十分之一的外资,自贸试验区取得的114项试点经验已经复制推广到全国。第三,2013年提出建设丝绸之路经济带、21世纪海上丝绸之路的战略构想,并大力付诸实施。由于"一带一路"涉及面广,为国际合作开拓了广阔的新空间和新领域。截至2018年底,中国已累计同122个国家、29个国际组织签署了170份政府间合作文件。有数据显示,2013年至2018年这5年中,我国与"一带一路"沿线国家进出口贸易总额为64691.9亿美元;新签对外承包工程合同额超过5000亿美元;对外直接投资超过800亿美元。[①] 第四,在利用外资方面进一步放宽了政策。第五,为了适应经济发展的形势,提出了一系列发展对外经济关系的新战略。

上述政策的实施,推动我国对外开放取得了新的重大成就,使我国对外开放发展到一个新阶段。在吸收外资方面,2011年至2018年,外商非金融类直接投资由1160亿美元增加到1350亿美元。在对外投资方面,2016年我国对外直接投资创下1701.1亿美元的历史最高值,超过了外商直接投资441.1亿美元,连续两年成为世界第二大对外投资国。在对外贸易方面,2011年至2018年,我国货物进出口总额由236402亿元增长到305050亿元。其中,出口总额由123240亿元增长到164177亿元,进口总额由113161亿元增长到140874亿元。

六、改革推动中国经济跃上大台阶

第一,改革推动中国经济总量实现了持续稳定高速增长。持续增

---

① 《数说"一带一路"成绩单》,中国一带一路网,https://www.yidaiyilu.gov.cn/jcsj/dsjkydyl/79860.htm。

长,即经济都是逐年增长的,没有经济负增长的年份。稳定增长,即经济周期的波谷年份与波峰年份的经济增速的落差很小,是微波周期。有学者依据我国经济周期变化的具体情况,将波谷年与波峰年经济增速的落差在20个百分点以上设定为超强波周期、10个百分点左右为强波周期、5个百分点左右为中波周期、1个百分点左右为微波周期[①]。

新中国成立后的30年,经济发展取得了伟大成就,其集中表现是建立了独立的工业体系和比较完整的国民经济体系。但这期间既没有实现经济持续增长,也没有实现经济稳定增长。1953年至1978年,曾经出现了6年经济负增长,还发生过两次强波周期和三次超强波周期。这期间的经济增速虽远远超过了半殖民地半封建中国,但其增速并没有达到它可能而且应该达到的高度。

改革开放以后,这些方面都发生了巨大变化。1979年至2018年,我国经济持续增长,没有出现经济负增长年份,实现了经济的持续增长。这期间经济周期也没有发生强波周期和超强波周期,而是逐步实现了从中波周期到微波周期的转变。这一期间经济年均增速达到了9.4%,在对比基数大大增长的情况下,其增速仍然比1953年至1978年年均增速高出3.3个百分点。

第二,改革推动了中国经济结构的优化。

一是产业结构趋于优化。在党的十一届三中全会倡导的实事求是思想路线的指引下,我国从根本上摒弃了片面优先发展重工业战略,使得改革前经济严重失衡状况得到了根本改变。在1979—2018年,第一产业、建筑业和第三产业年均增速分别由1953—1978年的2.1%大幅上升到4.4%,由7.2%显著上升到10.1%,由5.4%大幅上升到10.4%;而工业由11.5%下降到10.7%。这样,第一产业在国内生产总值中的占比由1978年的27.7%大幅下降到2016年的8.6%,建筑业由3.8%大幅上升到6.7%,第三产业由24.6%攀升到51.6%。2018年,第一、二、三产业在国内生产总值中的占比分别为7.2%、40.6%和52.2%。

[①] 汪海波:《中国经济体制改革(1978—2018)》,社会科学文献出版社2018年版,第384页。

二是地区经济结构趋于优化。改革后,自20世纪末先后提出西部大开发、中部崛起、东部率先发展、东北振兴的地区战略以来,特别是党的十八大以来,地区经济结构趋于优化。其表现是地区差距不断缩小。2012年以来,西部地区居民人均可支配收入年均增速为10.3%,比中部地区高0.4个百分点,比东部地区高0.9个百分点,比东北地区高1.8个百分点。2018年东部地区与西部地区居民人均收入之比值为1.65(西部地区居民收入为1),中部地区与西部地区居民人均收入之比值为1.06,东北地区与西部地区居民人均收入之比值为1.16。东部与西部、中部与西部、东北与西部居民人均收入之比值分别比2012年缩小0.06、0.02、0.08。四大地区市场总值在国内生产总值中占比的差距也趋于缩小。在2012—2016年,东部地区生产总值上升了0.3个百分点;中部地区改变了此前占比下降状况,上升了0.6个百分点;西部地区占比上升幅度最大,上升了1.1个百分点;东北地区因振兴难度较大、进展较慢,下降了1.9个百分点。所以,总的来说,地区经济结构是趋于优化。

第三,改革促进人民生活水平大幅提升。

一是消费水平大幅上升。改革前我国居民平均消费水平由1952年的80元上升到1978年的184元,年均增速仅为2.3%;改革后由1978年的184元迅速上升到2016年的21228元,年均增速高达7.9%;后者为前者的3.4倍。

二是消费质量明显上升。其表现在物质生活和文化生活的诸多方面。如在作为最基本消费的食品方面,全国居民趋向于营养型高品质的食品,2012年以来表现得尤为明显。比如,2016年城镇居民的人均食用植物油消费10.6公斤,比2012年增加1.4公斤,增长15.2%;人均牛羊肉消费4.3公斤,比2012年增加0.6公斤,增长16.2%;人均鲜奶消费16.5公斤,比2012年增加2.6公斤,增长18.7%。2016年农村居民人均猪肉消费18.7公斤,比2012年增加4.3公斤,增长29.9%;人均蛋及其制品消费8.5公斤,比2012年增加2.6公斤,增长44.1%;人均奶及其制品消费6.6公斤,比2012年增加1.3公斤,增长24.5%;人均水产品消费7.5公斤,比2012年增加2.1公斤,增长38.9%。

三是小康水平趋于全覆盖。改革40年以来，我国已有7亿多人脱贫，尤其突出表现在党的十八大以来精准扶贫所取得的巨大成就上，主要包括以下方面：（1）农村贫困人口大幅减少，贫困发生率持续下降。2012年以来，按现行国家农村贫困标准（2010年价格水平每人每年2300元）测算，全国农村贫困人口由2012年的9899万人减少至2018年的1660万人，累计减少8239万人，平均每年减少1373万人；全国农村贫困发生率由2012年的10.2%下降至2018年的1.7%，下降8.5个百分点，平均每年下降1.4个百分点[①]。（2）贫困地区农村居民收入保持快速增长，增速持续高于全国农村平均水平。2016年，贫困地区农村居民人均可支配收入8452元，名义水平是2012年的1.6倍；扣除价格因素，实际水平是2012年的1.5倍。2013—2016年贫困地区农村居民人均收入连续保持两位数增长，年均名义增长12.8%，扣除价格因素，年均实际增长10.7%。2013—2016年，贫困地区农村居民人均可支配收入年均实际增速比全国农村平均水平高2.7个百分点。（3）贫困地区与全国农村平均收入水平差距不断缩小。2016年贫困地区农村居民人均可支配收入是全国农村平均水平的68.4%，比2012年提高了6.2个百分点。（4）贫困地区持续增收能力不断提高，主要有以下几个方面：①农村居民就业机会增多，工资性收入占比提高。2016年贫困地区农村居民人均工资性收入2880元，与2012年相比，年均增长16.5%，占可支配收入的比重为34.1%，比2012年提高4.1个百分点。②2016年贫困地区农村居民人均经营性净收入3443元，与2012年相比，年均增长8.3%。③2016年贫困地区农村居民人均财产性净收入和转移性净收入分别是107元和2021元，与2012年相比，年均分别增长17.1%和16.9%，占可支配收入的比重为1.3%和23.9%。这一切都为2020年全体贫困人口迈入小康社会打下了坚实基础，表明小康生活正在向全体贫困人口实现全覆盖。

第四，改革使中国迈上了世界经济大国地位并向经济强国挺进。

一是我国经济总量及其主要组成部分的指标已经跃升到国际前列。

[①]《中国统计摘要（2019）》，中国统计出版社2019年版，第66页。

奇迹

2017年，我国国内生产总值按不变价格计算比1978年增长33.5倍[①]。2010年我国超越日本成为世界第二大经济体以来，国内生产总值稳居世界第二位，占世界经济总量的比重逐年上升。2018年，我国国内生产总值已由2012年的8.6万亿美元上升到12.2万亿美元，占世界总量的15.2%，比2012年提高3.7个百分点。我国人均国民总收入也连年大幅上升。2012—2018年，我国人均国民总收入由5940美元提高超过8000美元，接近中等偏上收入国家的平均水平[②]。与世界平均水平的差距也大幅缩小。对外经济关系的指标也跃居世界前列。2018年，我国全年实现货物进出口总额46229亿美元，占世界的比重从2012年的10.4%提高到11.8%，连续两年位居世界第一位。2012年我国对外服务贸易总额居世界第四位，2013年上升至第三位，2014—2017年稳居世界第二位。2017年，我国对外服务贸易总额达6957亿美元。2012—2015年，我国对外直接投资快速增长，年均增长率为18.4%。2015年，我国对外直接投资达1457亿美元，首次跃居世界第二位。2016年我国对外直接投资又上升到1701.1亿美元。2012—2016年，我国吸引外商直接投资稳步增长，年均增长3.5%。2016年，我国吸引外商直接投资达到1269亿美元，连续五年居世界前三位。

二是我国经济增长速度快，充分显示了我国发展经济的活力。1978—2017年，我国经济年均增长率为9.5%，平均每8年翻一番，远高于同期世界经济2.9%左右的年均增速，在全球主要经济体中名列前茅。1978年，我国国内生产总值只有3679亿元，之后连续跨越，1986年上升到1万亿元，1991年上升到2万亿元，2000年突破10万亿元大关，2006年超过20万亿元，2017年突破80万亿元的历史新台阶。2018年，我国的国内生产总值首次站上了90万亿元的历史新台阶。

三是我国对世界经济增长的贡献率居全球首位。根据世界银行测算，2013—2016年，中国对世界经济的贡献率平均为31.6%，超过美国、欧元区和日本贡献率的总和。2016年，中国对世界经济增长的贡献率达到34.7%，是世界经济增长的第一推动力。

[①]《改革开放40年》，中国统计出版社2018年版，第3页。
[②]《中国统计摘要（2019）》，中国统计出版社2019年版，第193页。

四是我国国际竞争力明显提升。《2018年度世界竞争力报告》显示，中国竞争力排名由2012年的第25位跃升至2018年的第13位，较2017年上升5位。世界知识产权组织的《2018年全球创新指数报告》显示，2018年，我国的创新指数居全球第17位，比2012年提高17位，首次跻身全球创新指数20强。世界经济论坛的《2018年全球竞争力报告》显示，2018年，我国的国际竞争力在140个国家和地区中排名第28位。2018年《财富》杂志公布的世界500强企业中，中国占了120家。这些资料表明：中国已经迈上了世界经济大国地位，并正在向经济强国挺进。

改革开放40多年来的伟大成就雄辩地证明：改革开放是党和人民事业大踏步赶上时代的重要法宝，是党和国家保持生机活力的关键，是当代中国最鲜明的特色。党的十九大对我国发展提出了更高的奋斗目标，形成了从全面建成小康社会到基本实现现代化、再到全面建成社会主义现代化强国的战略安排。同时，改革本身进入了深水期和攻坚期，对外开放在当前国际形势下也面临着更加严峻的挑战。这些都要求："全党全国各族人民要更加紧密地团结在党中央周围，高举中国特色社会主义伟大旗帜，不忘初心，牢记使命，将改革开放进行到底，不断实现人民对美好生活的向往，在新时代创造中华民族新的更大奇迹！创造让世界刮目相看的新的更大奇迹！"[1]

---

[1] 习近平：《在庆祝改革开放40周年大会上的讲话》，《人民日报》2018年12月19日。

第八章

打开国门,走向国际"竞技场"

——以"海纳百川"的气度全方位对外开放

实行对外开放,是党的十一届三中全会以来我们党根据国际形势的发展变化和党的中心工作的要求制定的重大战略,是建设中国特色社会主义的一项基本国策。30年的对外开放,极大地加快了中国的现代化进程,极大地改变了中国社会的面貌,使中华民族以更加昂扬自信的姿态屹立于世界。实践充分证明,实行对外开放,有利于推动我国经济社会发展,有利于促进我国科技进步和创新,有利于提高我国国际竞争力和影响力,是推进我国社会主义现代化建设的必由之路。

一、"关起门来搞建设,搞了好多年,导致的结果不好"

中国共产党本不是自我封闭的党。为着中国的工业化和现代化,我们党是积极主张加强对外经济贸易合作交流的。

早在1936年,在延安接受美国记者埃德加·斯诺访问时,毛泽东就表示:"苏维埃政府欢迎外国资本的投资""如果中国真正赢得了独立,外国人在中国的合法贸易利益将会有比过去更多的机会。"[①] 1944年6月,毛泽东在与合众社记者福尔曼等人谈话时,进一步表示中共欢

---

① 马连儒、柏裕江编:《毛泽东自述》,人民出版社1996年版,第125页。

第八章
打开国门，走向国际"竞技场"

迎外国政府和外国资本家来中国解放区投资，他说："我们欢迎外国人及外国资本来中国做这些事。中国是落后的国家，所以非常需要外国的投资。"① 同年7、8月间，在同美军中缅印战区驻延安观察组组长包瑞德、成员谢伟思等人谈话时，毛泽东又说：中国必须工业化。在中国，工业化只能通过自由企业和在外国资本帮助之下才能做到。中国和美国的利益是相同和相互关联的。他们可以在经济上和政治上互相配合。② 在党的七大上作的《论联合政府》的报告中，毛泽东提出了检验"中国一切政党的政策及其实践在中国人民中所表现的作用的好坏、大小"的"生产力标准"。为发展生产力，毛泽东再次强调：在服从中国法令，有益中国经济的条件下，外国投资是我们所欢迎的。③ 解放战争时期，中共中央和毛泽东仍然没有完全放弃与以美国为首的西方国家发展经济贸易交往的努力。1946年5月3日，由刘少奇起草经毛泽东审阅发布的《中央关于解放区外交方针的指示》，要求山东等解放区采取直接与美国及英法等国政府及其个别商人进行经济合作的方针，在两利的原则下订立经济契约，"吸收外资来开发山东的富源，建立工厂，发展交通，进行海外贸易与提高农业和手工业……允许外国人来经商开矿及建立工厂，或与中国人合作来经营工矿。"④ 1948年9月，英国政府曾指派其在华人员与我方接触，要同我谈判贸易问题，党中央指出："赞成与英国进行商业来往"⑤。在党的七届二中全会上，在谈到是否同外国人做生意时，毛泽东说：那是没有问题的，有生意就得做……我们必须尽可能地首先同社会主义国家和人民民主国家做生意，同时也要同资本主义国家做生意。⑥ 同年6月，在新政治协商会议筹备会上，他又宣告：中国人民愿意同世界各国人民实行友好合作，恢复和发展国际间的通商事

---

① 顾龙生编：《毛泽东经济年谱》，中共中央党校出版社1993年版，第148页。
② 参见《毛泽东等中共领导人与谢伟思的六次谈话》，《党史通讯》1983年第20—21期合刊。
③ 参见《论联合政府》，《解放日报》1945年5月2日。
④ 中共中央文献研究室、中央档案馆编：《建党以来重要文献选编（1921—1949）》第25册，中央文献出版社2011年版，第244页。
⑤ 中共中央文献研究室、中央档案馆编：《建党以来重要文献选编（1921—1949）》第25册，中央文献出版社2011年版，第507页。
⑥ 参见《毛泽东选集》第4卷，人民出版社1991年版，第1435页。

业，以利发展生产和繁荣经济。① 1949年9月29日，中国人民政治协商会议第一次全体会议通过的起到临时宪法作用的《中国人民政治协商会议共同纲领》第57条规定："中华人民共和国可在平等互利的基础上，与各外国的政府和人民恢复并发展通商贸易关系。"这就以国家根本大法的形式确定和表明了新中国积极发展与外国正常经济贸易往来的鲜明态度。1950年6月朝鲜战争爆发后，美国及西方国家对新中国实行全面军事封锁和贸易禁运政策，切断了新中国与其开展正常经贸交往的路。在这种情况下，中国只能同苏联等社会主义国家发展经济贸易联系，实行"半开放"的对外政策。1950年2月，《中苏友好同盟互助条约》在莫斯科签订，苏联给予中国3亿美元贷款以偿还苏联交付的机器设备和器材。同年3月，两国又签订关于在新疆创办中苏石油股份公司、中苏有色及稀有金属股份公司以及中苏民用航空股份公司等三个经济协定。《人民日报》就此发表题为"欢迎有利于中国经济建设的中苏经济合作"的社论，指出：利用国外资金和技术发展我国的经济建设，是一件大事，"不独是和苏联，就是和其他新民主国家以至某些资本主义国家，不独开办这三个合股公司，就是开办其他适当的合股公司以至某些事业的租让，在原则上都是许可的，在事实上有时也还是需要的。"② 整个20世纪50年代，我国共从苏联获得14.27亿美元的贷款，并用这些贷款引进了苏联的156项成套设备，建立了新中国经济的主干。

但是，到了50年代末和60年代中期，随着中苏关系恶化，我国对外经济交流与合作受到进一步冲击和影响。特别是"文化大革命"期间，由于党在指导思想上出现严重"左"的错误，"四人帮"把独立自主、自力更生与发展对外经济关系对立起来，画地为牢，把"既无内债、又无外债""无债之国"宣传为我国社会主义建设的一项"巨大成就"和"伟大胜利"③，对外开放、学习外国被说成搞"洋奴哲学""崇洋媚外""投降主义""卖国主义"，对引进、利用国外资金和先进技术促进经济发展的态度由肯定转为否定，对外贸易虽未完全中断，但占国

---

① 参见《毛泽东选集》第4卷，人民出版社1991年版，第1466页。
② 《欢迎有利于中国经济建设的中苏经济合作》，《人民日报》1950年4月5日。
③ 蔡正：《毛主席的独立自主、自力更生伟大方针的胜利——欢呼我国成为一个既无内债、又无外债的社会主义国家》，《人民日报》1969年5月11日。

民生产总值比重很低，在相当长一段时间里，中国市场上没有外国商品，图书馆里没有外国期刊，工厂里没有国外的新技术，人们"谈洋色变"，事实上造成了中国与外部世界的隔绝。20世纪70年代，在中美关系改善、我国恢复联合国合法席位后，有的西方国家试探要在中国投资，但中国仍坚持不允许外国人在中国投资，也不向外国输出资本，强调社会主义国家根本不会引进外国资本或同外国共同开发本国或其他国家的资源；根本不会同外国搞联合经营；根本不会低三下四地乞求外国的贷款。1975年，邓小平主持中央和国务院日常工作期间，曾试图突破"四人帮"设置的禁区，把积极发展对外经济关系、引进先进设备、增加进出口作为发展国民经济的一项"大政策"，但由于"四人帮"的破坏，这个"大政策"未能得到贯彻落实。

新中国成立后，由于在某种程度上我们也还是闭关自守，再加上其他一些"左"的政策，给我们带来了一些灾难，特别是"文化大革命"的发生，使我国失去了难得的发展时机，进一步拉大了与西方发达国家的差距。

中国与西方国家及周边一些国家和地区在经济科技发展上的巨大差距，是在粉碎"四人帮"以后，通过大量派团出国考察切实感受到的。

"文化大革命"结束后，国内局势发生深刻变动，这促使人们急切希望了解外部世界。1977年7月26日，国家计委在向中央政治局提交的报告中，首次提出要"认真组织好出国考察工作"。从1977年下半年起，国务院即安排各部委分别派团出国参观访问。如轻工部派人去美国、联邦德国、日本、英国考察；地质部派人去法国、联邦德国考察；农业部派人去意大利、法国、英国、丹麦、日本考察；冶金部派人去日本、美国、加拿大和西欧考察；石油部派人去美国、日本考察；国家经委派人去英国、法国、日本考察等。1978年，全国掀起了一股声势更加浩大的出国考察热潮。据当时的国务院港澳办公室统计，仅从1978年1月至11月底，经香港出国和去港考察的人员就达529批，共3213人。重要的考察团有：3—4月，以林乎加为团长的中国赴日经济代表团，考察战后日本经济发展的经验；以李一氓为团长，于光远、乔石为副团长的中共中央代表团访问南斯拉夫；4—5月，以段云为组长的港澳经贸考察组，实地调研香港、澳门经贸发展情况；5—6月，谷牧带领中国经济代表团访问法国、瑞士、比利时、丹麦、德国等西欧五国。其他考察团还有：4—6月，中国农业机械化代表团访问意大利、法国、英国和丹麦；5—6月，中国农业代表团和中国基本建设代表团先后访问日本；7—9月，中国农业代表团访问美国；8月，中国林业代表团访问奥地利、罗马尼亚；8—9月，中国农业代表团访问罗马尼亚、联邦德国、法国、加拿大；9—10月，中国财经代表团访问南斯拉夫、罗马尼亚，中国农业代表团访问日本；10—12月，袁宝华率国家经委代表团赴日本考察企业管理；11月，国家计委代表团访问南斯拉夫；等等①。这些代表团中，以谷牧率领的西欧五国考察团规格最高，也最引人注目。代表团成员包括水电部部长钱正英，农业部副部长张根生，国家建委副主任彭敏，北京市副市长叶林，广东省副省长王全国，山东省副省长杨波等30多人。这些代表团在国外访问都看到了什么，有怎样的印象和感受呢？

第一个强烈印象是：没有想到当代世界现代化会发展到如此程度，中国与发达国家之间的发展差距会如此之大。以林乎加为团长的赴日经济代表团，1978年3月28日出国，4月22日回国，访问了东京、大阪等地。在日本他们看到：日本工厂的生产过程高度自动化，劳动生产率很高。如丰田汽车厂有职工4.3万人，加上直接协作的工厂，不过15万人，年产汽车却高达270万辆，而当时中国最先进的长春第一汽车制造厂年产汽车只有6万辆。丰田的内燃机工厂，实现完全自动化，生产20种发动机，年产240万台，工作实行两班制，每班工人只有46人。新日铁君津钢铁厂，职工不到1万人，年产粗钢1000万吨，一座4000立方米的大高炉，一班只有4人。自1960年到1976年，日本总的劳动生产率提高了3倍。西欧五国考察团1978年5月2日出发，6月6日回国，行程36天，一共访问了西欧五国25个主要城市，参观了80多个工厂、矿山、港口、农场、大学及科研单位。欧洲经济的自动化、现代化、高效率，给考察团留下了深刻印象。五国工业设备技术先进，不仅有大型技术复杂的工厂，如原子能发电站、汽车制造厂、机场和地铁

---

① 参见张树军、高新民：《共和国年轮：1978年》，河北人民出版社2001年版，第187—191页。

等，普遍使用电子计算机操作，劳动生产率比我国高得多。他们看到：联邦德国一个年产5000万吨褐煤的露天煤矿只用2000工人，而中国生产相同数量的煤需要16万工人，相差80倍；瑞士伯尔尼公司一个低水头水力发电站，装机容量2.5万千瓦，职工只有12人。我国江西省江口水电站，当时装机2.6万千瓦，职工却有298人，高出20多倍。法国马赛索尔梅尔钢厂年产350万吨钢只需7000工人，而中国武钢年产钢230万吨，却需要67000工人，相差14.5倍。法国戴高乐机场，平均一分钟起落一架飞机，一小时起落60架。法国的地铁，那么复杂的系统，到他们的控制中心一看，运行情况清清楚楚，每个站台，卖票都是自动化。高速公路纵横交错，整个欧洲连成一片[1]。农业也是科技型、集约化的，从耕地、播种、施肥、除草，直到收割、加工，全部实现机械化；家畜、家禽饲养也逐步机械化、自动化，基本上消灭了手工劳动。法国农业人口只占全国总人口的10.6%，生产的粮食除供应国内消费外，1976年净出口谷物1255万吨。丹麦的农业劳动生产率最高，有耕地4300万亩，农业劳动力只有13万人，生产的粮食、牛奶、猪肉、牛肉，可供3个丹麦总人口的需要。瑞士政府则规定：农场主不能随便把自己的农场交给儿子经营，需受过高等教育，并拿到相关学科证书，还要在别的农场做工3年，才有资格继承父亲的农场。谷牧回国后，应邀到中央党校等单位作报告，大发感慨，他说：过去，"四人帮"搞闭关锁国，夜郎自大，吹嘘什么都是"天下第一"，什么都是我们的好，走出国门一看，完全不是那么回事！广东省副省长王全国，是代表团成员之一，20年后提及这次出访，仍然激动不已，他说："那一个多月的考察，让我们大开眼界，思想豁然开朗，所见所闻震撼每一个人的心，可以说我们很受刺激！闭关自守，总以为自己是世界强国，动不动就支援第三世界国家，总认为资本主义没落腐朽，可走出国门一看，完全不是那么回事，你中国属于世界落后的那2/3！"[2]

  第二个强烈印象是西欧、日本这些国家老百姓的生活水平比我们高

---

  [1] 参见宋晓明、刘蔚主编：《追寻1978——中国改革开放纪元访谈录》，福建教育出版社1998年版，第543页。

  [2] 参见宋晓明、刘蔚主编：《追寻1978——中国改革开放纪元访谈录》，福建教育出版社1998年版，第558页。

出很多。西欧五国工人的工资都相当高，城市住房人均达20至30平方米，农民的生活水平同工人相差无几。访问日本的人介绍：1950年前后，日本国民生活非常困难，仅可满足温饱，有大米饭、咸菜、大酱汤就很不错了。但从1955年到1976年，日本国民生产总值22年中增长了4.8倍，1978年达到近1万亿美元，仅次于美国，居世界第二位。日本工人平均实际收入，1955年到1976年增长2.1倍，扣除物价上涨的因素，平均每人每年增长6%。随着经济的高速发展和工资收入的增加，国民生活有了很大改善。普通工人家庭一般都有四五十平方米的住宅，全国平均每两户有一辆汽车，95%的家庭有电视机、电冰箱、洗衣机、电唱机、吸尘器、电器炊具等耐用消费品。农民的物质生活同城市工人没有多大差别，一般都穿毛料子，服装样式很多。访问中看到的一家属于日本当地中上等的农户，9口人，4个劳动力，33亩地，全年收入1150万日元，合人民币约10万元，家中有3部小汽车、3辆摩托车和全套的农业机械——这些农业机械，一年的收入即可买齐；有两套沙发，三代人各有一部电视机，还有一些其他耐用消费品。即使生活最差的农民一年也有收入150万日元。而当时的中国，农村还有2.5亿人食不果腹，没有解决温饱问题，城市职工20多年没涨工资，城市人均住房面积只有3.6平方米，电视机、电冰箱等电器很多人连见都没有见过；大多数家庭努力追求的目标还停留在"三转一响"四大件上。日本东京一些百货商店商品多达50万种，而北京王府井百货公司仅有2.2万种，相比之下，实在觉得我们很寒伧①。大家的一个共同感受是：比比人家，我们真是太落后了，我们党再不调整政策，另寻出路，奋起直追，真是愧对人民、愧对民族、愧对时代了！

第三个强烈印象是：欧洲、日本等国在发展经济上的很多理念先进，做法超前，值得中国学习。比如，重视环境保护。日本20世纪60年代大建工厂，造成的环境污染问题严重。在各方压力下，日本政府自1967年起陆续制定防治公害法律条例，采取严格措施，搞好环境保护，防止污染。经多年治理，赴日经济代表团看到的日本大钢铁厂，厂区都很干净，废气、废水都作了处理。东京、大阪等城市基本上解决了空气

---

① 参见邓力群：《访日归来的思索》，《经济管理》1979年第3期。

污染，街道上汽车噪声极少，从高楼上四望，已看不到烟雾弥漫现象。联邦德国的一个露天煤矿，随开采随回填造林，整个矿区郁郁葱葱，除正在开采的工作面外，全有森林覆盖。比如，重视科学技术。西欧五国团考察中发现，欧洲国家所以能在一二十年时间内实现国民经济的现代化，科学技术起了关键作用。他们的做法是：政府和大企业都设立专门科研机构，投入大量研究经费；都积极从别的国家引进先进技术和专利；都非常注重职业教育和技术培训，提高管理技能。欧洲经济的现代化，实际上是一次新的科技工业革命，中国也必须进行这样的革命[①]。日本经济高速度发展的原动力也在于重视科学技术。再如，重视产品质量。就日本而言，战前日本货质量并不好，战后日本大量派人出国考察，认识到靠生产大路货无法在国际市场上竞争。为提高产品质量，日本政府和企业花了很大功夫，制定了质量管理立法和一整套严格的规章制度。日本的每种工业产品都有质量保证书，在一定时期内对用户负责到底。又如，工作效率高，时间观念强，情报发达，消息灵通。日本企业生产流通环节紧密联系，一环扣一环，办事手续简便，说干就干。企业负责人精通业务，不论大厂小厂，不但了解本企业的生产、经营和技术情况，而且通晓国外同行的基本情况和动态。产品花色品种丰富多彩，工厂生产注意用户的需要和市场的变化，顾客需要什么式样、品质的商品，企业就生产什么，有随机应变的极大灵活性。

1978年，也是中国领导人出国访问的高峰，一年中有12位副总理、副委员长以上领导人20多次出访，访问了50多个国家。

1978年8月，华国锋率团访问罗马尼亚、南斯拉夫。访问中，代表团了解到：罗马尼亚、南斯拉夫同中国的同类工厂、企业相比，其规模、设备都不如中国，但效率却比中国高很多，企业还挤出一部分产品出口换外汇，而中国的企业权利太小，自己关门搞建设，既不引进外国先进技术，又由国家垄断出口，企业产品不能进入国际市场去接受外国消费者对产品质量的裁判。印象最深的是南斯拉夫首都贝尔格莱德的农工联合企业（中文译为"背靠背"企业），不仅搞农、牧、畜业，还搞加工，还有自己的销售网点。南斯拉夫和罗马尼亚的对外经济合作完全

[①] 参见《谷牧回忆录》，中央文献出版社2009年版，第301页。

开放，搞补偿贸易，吸收外国投资等，并没有损害国家主权。

1978年11月，国务院副总理王震率团出访英国。出访之前，一度以为会在伦敦看到贫民窟以及严重的工人贫穷现象。但出乎意料的是，代表团在英国了解到：英国大部分工人、职员、知识分子、小资产阶级、约占全国人口70%的普通百姓，都拥有在中国人看来相当阔绰的私人住宅和家用轿车，每年都可以度假出国旅游。在一个失业工人家庭访问时，代表团发现这位工人住着一栋100多平方米的两层楼房，有餐厅、客厅，有沙发、电视机，装饰柜子里珍藏着银器，房后还有一个约50平方米的小花园。由于失业，他可以不纳税，享受免费医疗，子女免费接受义务教育。对此，王震大发感慨，他说：我看英国搞得不错，物质极大丰富，三大差别基本消灭，社会公正、社会福利也受重视，如果加上共产党执政，英国就是我们理想中的共产主义社会[①]。

1978年邓小平也多次出访，特别是当年10月对日本的访问，给他留下了极为深刻的印象。访日期间，邓小平参观了一些现代化的大工厂，通过比较对中日之间经济和技术的巨大落差有了切身感受。当乘坐新干线"光—81号"超特快列车，以每小时210公里的速度从东京去京都访问途中，他应日本记者之请谈了对乘坐新干线的感受，说："就象推着我们跑一样，我们现在很需要跑！"[②] 同年11月，在同中国驻新加坡机构主要负责人谈到访日感受时，他说："在日本访问时，我们到处讲穷……本来长得很丑，为什么要装美人呢？苏联就吃这样的亏，自以为什么都是自己的好，其实农业、技术都很落后，结果是自己骗自己。我们的框框太多了，一下子要改过来不容易。北京在前门一带建了30栋房子，外面好看，里面就不行了。可派人出来看看，学人家是怎么搞的。大家要开动脑筋，有的人总认为自己好。要比就要跟国际上比，不要与国内的比。"[③]

访问新加坡后3个月，1979年初，邓小平又到美国访问，先后参观了福特汽车厂、约翰逊航天中心、休斯公司、波音公司等大型现代化

[①] 参见吴江：《吴江文稿》（上），中央编译出版社2009年版，第291页。
[②] 《邓副总理离东京抵京都友好访问》，《人民日报》1978年10月27日。
[③] 参见冷溶、汪作玲主编：《邓小平年谱（1975—1997）》（上），中央文献出版社2004年版，第429页。

公司企业，美国社会高度现代化的"冲击力"，再次给邓小平留下了深刻印象。在美期间，当有人询问他视察时的感受时，邓小平回答："很有收获""不虚此行"①。

1978年9月4日，在会见张澈为团长的朝鲜国立交响乐团时，邓小平说："到国外参观后，发现我们差得太远了。现在确实要学习，而且要善于学习"②。9月12日，在朝鲜同金日成会谈时，邓小平进一步讲到了由这些出访带来的巨大心理冲击和震撼，他说：我们一定要以国际上先进的技术作为我们搞现代化的出发点。最近我们的同志出去看了一下，越看越感到我们落后。什么叫现代化？50年代一个样，60年代不一样了，70年代就更不一样了③。10月10日，在会见格奥尔格·内格韦尔为团长的德意志联邦共和国新闻代表团，邓小平再次指出：我们过去有一段时间，向外国学习先进的科学技术被叫作"崇洋媚外"。现在大家明白了，这是一种蠢话。我们派了不少人出去看看，使更多的人知道世界是什么面貌。④ 总之，关起门来搞建设，搞了好多年，导致的结果不好⑤，要实现四个现代化，就要善于学习，大量取得国际上的帮助。要引进国际上的先进技术、先进装备，作为我们发展的起点。⑥

二、兴办深圳等经济特区：打开对外开放突破口

还在1978年上半年，鉴于因长期"左"的错误而进一步拉大的中外经济科技间的巨大差距，邓小平、华国锋等人就已下定了在对外开放中加快中国现代化速度的决心，他们正在思索和考虑的不是"要不要开

---

① 参见冷溶、汪作玲主编：《邓小平年谱（1975—1997）》（上），中央文献出版社2004年版，第485、486页。
② 参见冷溶、汪作玲主编：《邓小平年谱（1975—1997）》（上），中央文献出版社2004年版，第368—369页。
③ 参见冷溶、汪作玲主编：《邓小平年谱（1975—1997）》（上），中央文献出版社2004年版，第372—373页。
④ 参见冷溶、汪作玲主编：《邓小平年谱（1975—1997）》（上），中央文献出版社2004年版，第398—399页。
⑤ 《邓小平文选》第3卷，人民出版社1993年版，第238页。
⑥ 参见冷溶、汪作玲主编：《邓小平年谱（1975—1997）》（上），中央文献出版社2004年版，第398—399页。

放"，而是"怎么搞对外开放"的问题①。党的十一届三中全会正式作出改革开放决策后，这个"怎么搞对外开放"、对外开放从何处起步的问题，被更加现实而紧迫地提了出来。正是在思考这个问题的过程中，党中央、国务院采纳广东省关于发挥临近港澳的优势、在改革开放中"先走一步"的意见，作出了在深圳、珠海等地试办经济特区的战略决策，从而历史性地打开了新时期我国对外开放的突破口。

广东省的宝安、珠海两地临近香港、澳门，在利用港澳资金、技术加快经济发展方面，具有得天独厚的优势。但是，由于长期"左"的错误的干扰破坏，两地的优势未能发挥，经济发展缓慢，人民生活与港澳地区差距巨大，"偷渡""逃港"事件频发。1962年4月底至7月初，来自全国各地的10多万人涌入深圳，刮起了一股外逃风。广东省委第一书记陶铸曾问时任宝安县委书记的李富林：来宝安之后有什么困难？李富林回答：最怕晚上接电话，因为都是关于偷渡的事情，一弄就是一个通宵。为此，李富林向陶铸汇报了"利用香港，建设宝安"的设想，说：现在香港虽然是属英帝国主义管辖，但它和宝安也属于城乡关系。如果能够很好地利用香港这个国际市场，可以解决很多问题！②但这个设想未能成为决策。直至"文化大革命"结束，宝安等地的贫穷状况并未改观，"偷渡""逃港"仍相当严重。仅1977年7月，宝安县所在的惠阳地区就有1031人偷渡外逃，逃出318人，比1976年同期分别上升了120%和61%③。粉碎"四人帮"后，宝安、珠海等地成了中央有关部门调查研究的重点，两地干部、群众要求调整政策、利用优势加快发展的呼声不断反映到中共广东省委和党中央领导层。

1977年春，财政部部长张劲夫到宝安县调查研究，在中共宝安县委书记方苞的陪同下视察沙头角、莲塘、罗芳、皇岗、福田等边境村镇，实地了解边境经济政策在"文化大革命"前后的变化及其影响。当看到深圳河岸因边民"逃港"而导致耕地荒芜，表示要向国务院反映这

---

① 参见中共中央文献研究室编：《回忆邓小平》（上），中央文献出版社1998年版，第156页。
② 参见深圳市政协文史和学习委员会编：《深圳文史》第8辑，海天出版社2006年版，第182—183页。
③ 参见中共惠州市委党史研究室：《中国共产党惠阳地区历史大事记（1919.5—1988.2）》，中共党史出版社2008年版，第459页。

第八章
打开国门，走向国际"竞技场"

里的民情心声。同年 11 月，外贸部副部长、国务院财贸领导小组组长姚依林到深圳口岸调查研究，听取了宝安县领导的意见后，也表示要向国务院反映宝安县干部群众迫切要求开放、搞活的要求。在此期间，广东省有关方面负责人刘田夫、王首道、王全国、寇庆延、范希贤、曾定石、李建安，外贸部副部长郑拓彬、贾石等也曾到宝安县的边境农村进行调查研究，听取当地干部群众意见，研究把宝安、珠海两地建设成供应香港澳门鲜活农副产品的出口商品生产基地问题。11 月 11 日至 19 日，邓小平到广州考察，要求广东写个报告给中央，把问题分析一下，什么是自己要解决的，什么是需要外省和中央解决的，并说看来中心的问题还是政策问题①。

1978 年 3 月 15 日至 24 日，国家计委、外贸部、中国人民银行和国家进出口总公司及其驻香港五丰行等单位和广东省外贸厅组成联合工作组，在广东对建立宝安县外贸基地问题进行调查研究。4 月 10 日至 5 月 6 日，由国务院委派、国家计委副主任段云带领的港澳经贸考察组到香港、澳门进行了近一个月的考察调研，这是新中国成立后，中央政府首次派团对资本主义制度下的香港、澳门专题进行的经贸考察活动。考察组成员一踏上香港土地，就立即被香港经济社会的繁荣景象所震动，同时也深深地为中国大陆在过去几十年里因种种原因错失良机并造成经济濒临崩溃而痛惜，强烈的紧迫感、危机感油然而生。考察组结束考察返经广州时，向习仲勋、刘田夫等广东省党政领导通报了考察情况，建议把宝安、珠海两个县改为省辖市。广东省领导也向考察组提出了利用港澳、促进当地经济发展的大胆建议。1978 年 5 月，国家计委副主任李人俊到宝安县调研，听取关于外贸基地建设规划的汇报并传达中共中央副主席李先念的批示：无论如何要把宝安和深圳建设好。不建设好就是死了也不甘心。

港澳经贸考察组回到北京后，很快于 5 月 31 日写出《港澳经济考察报告》提交中央。报告说：1966 年我供应的商品占香港总进口的 27.4％，现在下降到 16.6％，由占第一位变为第二位，远远落在日本

---

① 参见冷溶、汪作玲主编：《邓小平年谱（1975—1997）》（上），中央文献出版社 2004 年版，第 239 页。

之后；我们必须下决心狠抓出口商品生产，在保证质量的前提下，力争到1980年或者再多一点时间，把我供港澳的商品在现有基础上翻一番，夺回我在港澳市场的优势地位。报告认为，宝安、珠海紧邻港澳，顶多个把小时就可以到达，发展出口商品生产，条件十分有利，特别是鲜活商品，是任何国家和地区都比不上的，应努力在三至五年内把这两个县建设成为具有相当水平的工农业结合的生产基地和对外加工基地，建设成为吸收港澳游客的游览区，使其成为新型的边防城市。为了把两个县尽快建设好，报告提出有必要在两县"实行某些特殊管理办法"：一是把宝安、珠海两县改为两个省辖市；二是两个县的商品收购、出口和所需材料、设备的进口，在统一计划安排下，直接同我驻港澳的贸易机构联系，不再事事经过上报审批；三是两个县生产建设所需原料、材料、燃料和设备，原则上由广东省供应，供应两县的上述物资，作为出口计算；四是3年以内，除了归还贷款之外，两个县所收的税收和利润暂不上交，留给当地，出口砖、瓦、砂、石的收入，包括外汇收入，也全部留给当地，用于扩大再生产；五是到两县游览的港澳同胞、华侨和外国人，可以凭港澳居民证和护照进出，并简化海关手续；六是恢复边境小额贸易办法和给渔民分一部分外汇购买渔需物资的办法。这两种办法，给边境社队和渔民一点外汇机动，解决他们的实际需要，1967年取消了，应考虑恢复。报告最后说：这些年，各资本主义国家都在争夺和利用港澳市场，纷纷在那里设工厂，开商店，办银行，搞航运，房子越建越多，越建越高……我们有许多有利条件，为什么不能干，为什么不去利用呢？过去由于"四人帮"的破坏，束缚了人们的思想，什么"投机倒把"，"不务正业"，"资本主义经营"，等等，帽子一大堆。现在，应该解放思想，放手干了。这个报告在中央最高决策层产生了很大的影响。6月3日，中央政治局召开会议，专门听取考察组的当面汇报。华国锋在汇报结束时讲话说：在宝安、珠海两个县搞出口基地，总的精神我赞成。他明确表示：看准了的东西，就要动手去干。会后，邓小平在一次谈话中进一步提出：不仅宝安、珠海可以这样搞，广东、福建的其他县也可以这样搞[①]。这是关于在广东等地实行特殊政策和灵活措施的

---

① 参见《李先念传（1949—1992）》（下），中央文献出版社2009年版，第1071页。

第八章
打开国门，走向国际"竞技场"

主张首次在中央最高领导层讨论。

广东省对党中央、国务院的决策意图迅即作出反映。1978年6月20日，刚于4月就任广东省委第一书记的习仲勋主持召开广东省委常委会议，学习邓小平等在中央政治局讨论《今后八年发展对外贸易、增加外汇收入的规划要点》时的讲话以及中央政治局在听取赴日本经济代表团、赴港澳经贸考察组汇报时的指示精神，研究迅速开展对外加工装配业务和宝安、珠海两县的建设问题。7月初，习仲勋到宝安调研，支持破除过去"左"的思想形成的旧的条条框框，提出要抓好对外经济贸易，大力组织砂石和土特产、农副业产品出口，引进香港同胞和外商投资办厂，抓好外贸出口基地建设①。8月，广东省委派省计委副主任张勋甫率工作组到宝安、珠海调研，修订两县外贸出口商品生产基地计划，并形成《关于宝安、珠海两县外贸基地和市政建设规划设想》的报告。10月23日，该报告由广东省革委会向国务院上报。1979年2月14日，国务院批复了这个报告，要求从各方面充分利用两县的优越条件，凡是看准了的，说干就干，立即行动，把它办成、办好。国务院深信，经过三、五年的努力，实现中央领导同志的指示，把宝安、珠海两个县建设成为具有相当水平的工农业结合的出口商品基地，建设成为吸收港澳游客的游览区，建设成为新型的边防城市，是完全可能的。② 这是建立"特区"的最初构思。为了加强对宝安、珠海两地的领导，广东省革委会还于1979年1月13日向国务院请示：将宝安县改为深圳市，珠海县改为珠海市。3月5日，国务院批复同意两县改设为市。

1978年11月，习仲勋在中央工作会议中南组分组会议上作了题为《广东的建设如何大干快上》的发言，其中特别提到：根据中央的指示，从港澳引进技术、设备、资金、原材料，搞加工装配业务的工作，现在初步展开。到9月底止，签订协议合同近一百种产品，金额3350万美元。积极开展这项工作，不仅有利于开辟劳动力的出路，而且对提高技术，促进外贸，发展工业，也大有好处。但是现在思想很不解放，条条

---

① 参见深圳市史志办公室编：《中国共产党深圳历史大事记：1924—1978》，中共党史出版社2003年版，第354—355页。

② 参见钟坚、郭茂佳、钟若愚主编：《中国经济特区文献资料第1辑》，社会科学文献出版社2010年版，第4页。

框框太多，机构运转不灵，办事效率太低，这种状况必须迅速改变，否则就做不好生意，为此，他建议中央考虑：鉴于广东与港澳来往密切，希望能允许广东在香港设立一个办事处，加强调查研究，与港澳厂商建立直接的联系；凡是来料加工、补偿贸易等方面的经济业务，授权广东决断处理，以便减少不必要的层次和手续。① 会上，福建省也提出要利用侨乡优势，吸收外资侨资，放手大搞出口贸易，建议中央在具体政策上给予支持，开放福州、厦门等港口，为发展福建经济创出一条路子。这些意见引起了中央的重视。

正当广东紧锣密鼓酝酿在宝安、珠海两地实行"特殊管理办法"，筹划建立外贸出口基地之时，国家交通部所属香港招商局为了自身经营和加快发展②，也在积极酝酿并向中央提出了在毗邻香港的广东沿海设立工业区，把国内廉价土地和劳动力与国外资金技术结合起来，经济上实行"特殊化"的构想。

1978年6月，交通部外事局副局长袁庚受交通部部长叶飞的委派，赴香港考察整顿该部所属香港招商局的工作，历时两个月。袁庚后来说：真是不看不知道，一看吓一跳。置身于繁荣的香港，我当时的感受是"山中才七日，世上几千年。"与内地相比，一个繁荣，一个贫困落后，这样的强烈对比深深震撼了我。③ 10月9日，交通部党组向中共中央、国务院递交了由袁庚起草的《关于充分利用香港招商局问题的请示》报告，提出今后香港招商局的经营方针应当是立足港澳、背靠国内、面向海外、多种经营、买卖结合、工商结合，要冲破束缚，放手大干，争取五至八年内，将招商局发展成为能控制香港航运业的综合性大企业；经营企业的资金来源则本着自力更生的精神，不向国家要投资，主要是就地筹集资金，依靠扩大发展业务，采取"滚雪球"的办法；或向银行贷款（包括向外资银行抵押贷款）；也可试行发股票和有价证券，多方设法吸收港澳与海外的游资；企业管理上实行独立核算，自负盈

---

① 参见《习仲勋文选》，中央文献出版社1995年版，第284—285页。
② 招商局成立于19世纪70年代，是中国创办最早、规模最大的航运企业。总部设在上海，香港招商局是分局之一。1950年1月该局及留港的13艘船舶和60多名员工宣布起义后，归交通部领导，仍沿用原有名称。
③ 参见宋晓明、刘蔚主编：《追寻1978：中国改革开放纪元访谈录》，福建教育出版社1998年版，第524页。

亏。经营形式应根据市场情况灵活多样，有就地独立处理问题的机动权等。① 10月12日，李先念批示：拟同意这个报告。② 华国锋、叶剑英、邓小平、汪东兴也圈阅同意。10月28日，交通部决定调袁庚任香港招商局常务副董事长。袁庚鉴于香港是弹丸之地，银行利息高、劳动工资高、地价高，难以扩大业务，在筹划香港招商局经营发展战略时，把目光投向了邻近香港的广东省宝安县境内，提出一项大胆举措：充分利用招商局在香港的便利地位，将国内廉价的土地、劳动力和香港的资金、技术结合起来，建立一个立足国内、面向海外的外向型工业区。这个构想同广东省委准备建立出口特区的想法不谋而合。11月22日，当袁庚把这个构想向广东省革委会副主任刘田夫介绍时，当即得到支持。香港招商局以及广东有关方面随即进行调研考察，最终选定在蛇口兴建工业区③。

在前期充分准备的基础上，广东省革命委员会、交通部于1979年1月6日正式向李先念副总理并国务院报送了《关于我驻香港招商局在广东宝安建立工业区的报告》，报告说：招商局初步选定在宝安蛇口公社境内建立工业区，这样既能利用国内较廉价的土地和劳动力，又便于利用国外的资金，先进技术和原材料，把两者现有的有利条件充分利用并结合起来，对实现我国航运现代化和促进宝安边防城市工业建设，以及对广东省的建设都将起积极的作用。④ 1月31日，李先念批示：拟同意。请谷牧召集有关同志议一下，就照此办理。⑤ 2月2日，国务院副总理谷牧主持召开有国家计委副主任段云、顾明，国家建委副主任彭敏，外贸部副部长刘希文，中国人民银行副行长乔培新、卜明，财政部副部长王丙乾，交通部副部长彭德清以及袁庚等参加的国务院会议。谷牧说：香港招商局原来设想在香港设厂，受条件限制，他们已和广东省委商量好，要在我靠近香港一边蛇口地区开设工厂，在这里设厂当然要得到特殊待遇，除地方行政按国内一套办外，在经济上要闹点"特殊

---

① 参见鞠天相：《争议与启示：袁庚在蛇口纪实》，中国青年出版社1998年版，第22—23页。
② 参见《李先念传（1949—1992）》（下），中央文献出版社2009年版，第1073页。
③ 参见《曾生回忆录》，解放军出版社1992年版，第750—751页。
④ 参见钟坚、郭茂佳、钟若愚主编：《中国经济特区文献资料第1辑》，社会科学文献出版社2010年版，第325页。
⑤ 参见《李先念传（1949—1992）》（下），中央文献出版社2009年版，第1076页。

化"，就是要享受香港的待遇，进出自由。他们的分红办法是给广东省三成，给资本家三成，招商局得四成，就是我们合起来占七成。① 2月21日，交通部派出由34人组成的工作组到蛇口进行实地勘察，拟定了工业区总体规划和"五通一平"（通水、通电、通航、通车、通讯、平整土地）工程方案。5月30日，广东省革委会发布实施《关于香港招商局蛇口工业区海关边防管理试行办法》。蛇口工业区是我国对外开放的第一块微型"试验田"②，在经济特区建设史上扮演先行者、探路者、多项特区纪录首创者的角色。袁庚1980年在主政蛇口工业区时提出的"时间就是金钱，效率就是生命"口号，对唤醒和激发20世纪80年代中国人的时间观念、效率意识发挥了重要影响。

  党的十一届三中全会后，在贯彻落实全会精神的过程中，中共广东省委根据广东毗邻港澳、华侨众多、商品经济比较发达的特点，进一步大胆向中央提出了发挥广东优势，实行特殊政策，让广东在改革开放中"先走一步"的设想。试办经济特区成为"先走一步"总思路中的关键一着。

  1979年1月8日至25日，广东省委召开四届二次常委扩大会议，中心议题是研究如何贯彻十一届三中全会精神，实现工作重点转移问题。出席会议的有地、市、县委书记等。1月8日，王全国在会上发言说："广东毗邻港澳，华侨众多，在当前大好国际形势下，这方面大有可为，我们应当做得更活些，更放手些……应当组织力量进行调查研究，作出规划，包括改革上层建筑，向中央作出报告，在全国体制未解决前，要求对广东作些特殊规定，放给更大的权力""可以设想，如果工业上放手大搞加工装配和一定的合营、补偿贸易，农业上运用外资、技术和国际市场，建立发展一批农业、畜牧、水产品基地，再能搞成几个大的引进项目以及相应的交通运输建设，广东的经济将会很快发展起来，人民的收入将会显著提高，将会为国家作出更大的贡献。"③ 习仲勋在会议结束时作总结发言说："我省毗邻港澳，对于搞四个现代化来

---

  ① 参见广东省政协文史资料研究委员会编：《经济特区的由来》，广东人民出版社2002年版，第280页。
  ② 参见《李先念年谱》第2卷，中央文献出版社2011年版，第7页。
  ③ 罗木生：《中国经济特区发展史稿》，广东人民出版社1999年版，第7页。

说，这是很有利的条件。我们可以利用外资，引进先进技术设备，搞补偿贸易，搞加工装配，搞合作经营。中央领导同志对此已有明确指示，我们要坚决搞，大胆搞，放手搞，以此来加快我省工农业生产的发展。"① 同月，叶剑英对广东省领导人说："我们家乡实在是太穷啊，你们快想想办法，把经济搞上去！"② 也是在这时，一份关于香港厂商要求回广州开设工厂的来信摘报送到了邓小平那里，邓小平作了批示："这种事，我看广东可以放手干。"

1979年4月5日至28日，中央召开工作会议，主要讨论国民经济调整问题。4月8日，在中央工作会议中南组的发言中，习仲勋说："广东邻近港澳，华侨众多，应充分利用这个有利条件，积极开展对外经济技术交流。这方面，希望中央给点权，让广东先走一步，放手干。看来，在计划、财政、外贸、外汇、物资、对外经济技术交流等方面，都有正确处理中央和地方的关系问题。'麻雀虽小，五脏俱全'，作为一个省，是个大麻雀，等于人家一个或几个国。但现在省的地方机动权力太小，国家和中央部门统得过死，不利于国民经济的发展。我们的要求是在全国的集中统一领导下，放手一点，搞活一点。这样做，对地方有利，对国家也有利，是一致的。当然，有一条原则，中央给了权，我们就要很好运用，真正搞好，对整个国民经济有利。"③ 此时也在积极探索对外开放、促进经济发展新路子的福建省委听说广东提出"先走一步"的建议后，认为福建华侨也不少，又面对台湾，要求中央比照广东，对福建省也实行特殊政策和灵活措施。4月17日，中央政治局召集中央工作会议各组召集人开会，听取会议情况汇报。习仲勋在汇报时再次"希望中央给点权"④。他说，广东打算仿效外国加工区的形式，进行观察、学习、试验，在毗邻港澳的深圳市、珠海市和侨乡汕头市划出一块地方，单独进行管理，作为华侨港澳同胞和外商的投资场所，按

---

① 《习仲勋主政广东》编委会编：《习仲勋主政广东》，中共党史出版社2007年版，第233页。
② 《习仲勋主政广东》编委会编：《习仲勋主政广东》，中共党史出版社2007年版，第234页。
③ 中共中央党史研究室编：《习仲勋文集》（上），中共党史出版社2013年版，第509页。
④ 广东省政协文史资料研究委员会编：《经济特区的由来》，广东人民出版社2002年版，第192页。

照国际市场的需要组织生产,初步定名为"贸易合作区"。对此,与会的邓小平明确表态:广东、福建实行特殊政策,利用华侨资金、技术,包括设厂,这样搞不会变成资本主义。因为我们赚的钱不会装到华国锋同志和我们这些人的口袋里,我们是全民所有制。如果广东、福建两省八千万人先富起来,没有什么坏处。①

在这次历时20多天、十一届三中全会后第一次召开的中央工作会议上,邓小平对搞改革开放的决心很大,对于广东省委提出的在深圳、珠海以及汕头兴办出口加工区的名称问题,邓小平说:还是叫特区好,陕甘宁开始就叫特区嘛!中央没有钱,可以给些政策,你们自己去搞,杀出一条血路来。② 这次中央工作会议结束后,习仲勋回到广东,在多次会议上传达会议精神和邓小平的有关指示。1979年9月21日,在广东省委召开的地委书记会议上的总结发言中,习仲勋说:中央决定对广东实行特殊政策,灵活措施。这一方面是省委向中央"要权"要来的;另一方面,也是更重要的一方面,是中央从搞好四化建设出发,对体制改革所作出的一个具体的、又是重要的决策。这件事情的实质,就是中国如何搞好体制改革,以适应四化的需要。如果我们不提,中央也会提出来。广东要从全国的大局出发,把这件事搞好。现在不是搞不搞的问题,也不是小搞、中搞,而是要大搞、快搞,不能小脚女人走路。全国除广东、福建这种形式的试点外,还有其他形式的试验,目的都是为了摸索改革经济体制的规律。形势逼人,我们要全力以赴,一定要在如何把对外经济活动搞活和办好特区等方面闯出一条路子来,作为全国的参考。对这个问题,在态度上我看要有"三要"和"三不要":第一,要有决心有信心,不要打退堂鼓;第二,要有胆识,勇挑重担,不要怕犯错误,怕担风险;第三,要有务实精神,谦虚谨慎,不要冒失,不要出风头,不要怕否定自己。③

1979年4月中央工作会议还决定,由主管这方面工作的中央书记

---

① 参见冷溶、汪作玲主编:《邓小平年谱(1975—1997)》(上),中央文献出版社2004年版,第506页。
② 参见冷溶、汪作玲主编:《邓小平年谱(1975—1997)》(上),中央文献出版社2004年版,第510页。
③ 中共中央党史研究室编:《习仲勋文集》(上),中共党史出版社2013年版,第555—556页。

第八章
打开国门，走向国际"竞技场"

处书记、国务院副总理谷牧率中央工作组来广东、福建，主持起草两省在对外经济活动中实行特殊政策、灵活措施的文件。5月初，为迎接工作组的到来，广东省委组织专门班子，起草了汇报提纲和《关于试办深圳、珠海、汕头出口特区的初步设想》。从5月11日至6月5日，谷牧带领国务院进出口领导小组办公室副主任甘子玉、国家计委副主任段云、外贸部副部长贾石、财政部副部长谢明以及国家建委、物资部等部门的10余位负责干部组成的工作组，来到广东、福建做调查。5月16日，在珠海市考察时，谷牧说：和港澳对比之下，我们落后了。如果还在"睡觉"，就看不见问题；如果"醒"了，就看到问题了。看到你们这里的形势，更加觉得中央下决心解决广东的体制问题十分必要。如果现在再不下决心，就像孙中山所说的，我们确实是在"睡觉"了。我们不能再"睡觉"了，要"醒"过来，来一个大转变。他希望广东充分利用沿海的有利条件，在科技上发展成为东方大工业区，现在是港澳郊区，将来发展起来要超过港澳，到20世纪末，要是港澳离了你们（珠海、深圳）就寸步难行。只要我们不"睡觉"，不发生"四人帮"事件，不受到大的破坏，到20世纪末保证可以赶上他们。谷牧说：广东面临港澳，划深圳、珠海为特区，在国家统一的大政方针下，坚持社会主义道路，不能搞联邦，不能搞资本主义。但可以考虑你们特殊的一些做法，基本的做法可以比其他省更活一些。我们想通过广东吸取经验，解决全国的问题，来考虑全国的体制改革。总之，我们应当"醒"了，不能再"睡"下去了。前几年"四人帮"干扰破坏，一抓生产就扣帽子，实际上，多年来我们在沉睡状态，现在到了觉醒的时候了……现在要求广东搞快一点，也是为全国体制改革摸索经验。我们应有信心改变落后状态，努力赶上港澳……什么"风景那边独好"，将来是我们这边风景独好。在深入调研的基础上和中央工作组的指导下，6月6日，中共广东省委向党中央、国务院呈报《关于发挥广东优越条件，扩大对外贸易，加快经济发展的报告》，提出在深圳、珠海、汕头试办出口特区。6月9日，中共福建省委向党中央、国务院呈报了《关于利用侨资、外资，发展对外贸易，加速福建社会主义建设的请示报告》，提出在厦门试办出口特区。7月15日，中共中央、国务院正式批转了这两个报告，指出：广东、福建两省靠近港澳，华侨多，资源比较丰富，具有加快经济发展的许多有利条件。中央确定,对两省对外经济活动实行特殊政策和灵活措施,给地方以更多的主动权,使之发挥优越条件,抓紧当前有利的国际形势,先走一步,把经济尽快搞上去。两省报告所建议的经济管理体制,即在中央统一领导下实行大包干的办法,中央和国务院原则同意试行。出口特区,可先在深圳、珠海两市试办,待取得经验后,再考虑在汕头、厦门设置。批语强调,对两省采取对外经济活动的特殊政策和灵活措施,是一项新的工作,各方面都缺乏经验,特别是对外经济活动方面,我们很多东西还不懂。省委和各级党委要加强领导,加强调查研究,善于学习,在思想和工作作风上都要有很大的转变。中央和国务院对两省的发展,寄予很大的期望。关键在于两省的工作,地方同志的担子更重了。中央各部门也要善于在新体制的情况下进行工作,业务领导的责任不是轻了,而是需要加强。①

党中央、国务院对广东、福建两省实行的"特殊政策和灵活措施",主要内容包括:第一,计划体制以地方为主,经济发展计划以省为主制订,原由中央直属的企事业单位,除铁路、邮电、民航、银行、军工生产和国防科研以外,全部下放给省管理。第二,财政体制实行大包干,划分收支,定额上交(或补贴),5年不变。广东年上缴中央财政基数定为12亿元(后减为10亿元);对福建财政,中央每年补助1亿元(后增至1.5亿元),增收部分由省安排于经济建设。第三,扩大外贸权限。在国家统一的对外贸易方针指导下,由两省分别自行安排和经营本省的对外贸易,成立省外贸公司,承办口岸进出口业务。外贸出口收汇,以1978年实绩为基数,增收部分上交中央三成,余额留地方使用。第四,改革金融体制,两省可设立投资公司,吸收侨商和外商投资,自借、自用、自还。第五,物资、商业体制运用市场机制,以1978年为基数,保证国家的调出和调入,其余由省灵活地统筹安排。第六,在劳动工资和物价管理上,扩大省级权限,两省可以自定省内自销产品价格,劳动力安排不受国家劳动指标限制。第七,出口特区内允许华侨、港澳商人和外国厂商投资办厂,实行优惠税率,可以从加工装

---

① 参见国家经济体制改革委员会办公室编:《经济体制改革文件汇编1977—1983》,中国财政经济出版社1984年版,第471页。

配、轻型加工工业和旅游业入手，积累资金，逐步兴办技术水平高的项目等。

广东、福建两省实施特殊政策、灵活措施，试办出口特区，理所当然要广泛利用外资，引进先进技术，兴办工业，也兴办商业、旅游、房地产等行业，以促进经济快速发展。但是，"特区"作用若仅限于这些，还不足以承担我国对外开放先行先试的重任。随着开放实践的深入，在研究、讨论"特区"功能定位的过程中，广东、福建两省干部逐步认识到："特区"应该既是一个生产和出口基地，又是我国改革开放的前沿"阵地""窗口"和"试验场"。中国应能通过这个前沿"阵地"和"窗口"观察世界经济走势、科学技术和市场供求的变化，学习引进别国的先进技术和经营管理经验，"试验"加快我国经济改革和发展的新路子。而要实现上述任务，"出口特区"的提法显然有些偏窄，不能全面反映"特区"应发挥的功能。1979年10月31日，中共广东省委召开有深圳、珠海、汕头三市和省直有关部门负责人参加的特区工作座谈会，讨论建立特区的方针政策和做法。在这次会议上，大家一致提出应把"出口特区"改为内涵更加丰富的"经济特区"，认为用"经济特区"这个名称才与中央举办特区的初衷最为贴近。1980年3月，谷牧在广州主持召开广东、福建两省会议，经广泛讨论，采纳了广东省提出的把"出口特区"改称"经济特区"的建议。为了使兴办经济特区有法可依，1980年8月26日，五届全国人大常委会第十五次会议批准《广东省经济特区条例》。《条例》共6章26条，集中反映了中国经济特区在经济上对外开放的程度和发展经济的特殊办法，概括起来主要有：（1）在维护中国主权和利益的前提下，鼓励外商投资，坚持平等互利的原则，保障投资者的合法权益；（2）对投资者给予特殊的优惠；（3）实行一套适应特区性质和要求的管理体制。

经济特区是我国最早对外开放的地区，是对外经济交流最活跃的地区，也是最能代表改革开放形象的地区，在新时期我国改革开放史上占据重要地位。

在酝酿兴办经济特区的同时，利用外资的问题也提出来了。1979年1月17日，邓小平曾设宴款待胡厥文、胡子昂、荣毅仁、周叔弢、古耕虞等5位工商界著名人士，提出了利用外资的设想。邓小平指出：

现在搞建设，门路要多一点，可以利用外国的资金和技术，华侨、华裔也可以回来办工厂。吸收外资可以采取补偿贸易的方法，也可以搞合营，先选择资金周转快的行业做起。① 3月19日，邓小平在会见瑞士联邦委员、公共经济部部长弗里茨·霍纳格时，详尽阐述了中国在实行开放政策、发展对外经济方面的新观点新办法，指出：中国四个现代化的目标是要坚持下去的，我们将会一步一步地采取更加开放的政策。我们充分理解到不利用和引进先进国家的技术和经验，四个现代化是搞不好的。当然，实现四个现代化主要是靠自己，任何国家发展经济都要靠自己。对外开放的政策，我们要继续贯彻下去。现在国际上一是担心我们引进技术、资金的偿付能力问题，二是担心我们政策的连续性问题。关于偿付能力问题，我出访美国时就说过，这个问题好办，因为中国钢铁企业的发展，特别是有色金属、稀有金属的开发，本身就有相当的补偿能力。问题是合作的方式。国际上也有汽车公司愿意同我们搞合股经营，这种形式本身就有偿付能力。至于发电、交通设施等不具有偿付能力的项目，可以通过发展其他贸易来解决。按现行的政策，也许五年后会好一些，十年后会更好一些。又指出：我们还要制定同国外交往的一些法律，如投资法，把政策用法律形式肯定下来了……我们之间的合作是长期的，不要只看到眼前，做生意总是要赚钱的，但要合理一点，要对双方有利。对欧洲其他国家的朋友，我也提出这个要求。② 1979年11月23日，经过商谈，比利时政府承诺，自1980年起每年向中国政府提供3亿比利时法郎（约合800万美元）的30年期无息贷款，用于河南平顶山电站项目建设。这是改革开放后我国获得的第一笔外国政府长期贷款，也打破了中国政府自1969年以来形成的不向国内外借债的财政政策，为此后我国大规模利用国外贷款打开了通路。1979年9月，为借用日本政府的"海外经济协力基金"，国务院副总理谷牧受中央委派出访日本。经与日本首相大平正芳、外相园田直谈判，于同年12月达成了以年利率3%，还款期30年的条件，第一批借用日本政府贷款500亿日元（当时折合2.3亿美元）的协议。从1979年到1983年，我国向

---

① 《邓小平文选》第2卷，人民出版社1994年版，第156页。
② 参见冷溶、汪作玲主编：《邓小平年谱（1975—1997）》（上），中央文献出版社2004年版，第495页。

第八章
打开国门，走向国际"竞技场"

日本政府贷款3390亿日元。1979年到1981年，我国还先后与科威特、西德等国签订政府贷款协议，并争取恢复了我国在世界银行、国际货币基金组织中的合法地位，开始借用其贷款。

比使用外国政府贷款起步更早些的，是对于吸收外商直接投资的法律准备。吸收外商投资举办股权式的中外合资企业，双方共同出资、共同经营、共享权益，共担风险，不造成债务负担，比使用外国贷款对我们更为利多弊少。为了把吸收外商直接投资的工作纳入法制的轨道，1979年2月，全国人大常委会法制工作委员会启动《中外合资经营企业法》起草工作。由于没有经验，为了起草好这部法律，全国人大常委会法工委曾给中国驻20多个国家的大使馆发电报，请他们收集所在国家的合资法。参与起草工作的有商业界、法律界经验丰富的专家学者以及从香港请来的法律顾问，还有在第一线同外商谈判的实际工作者。邓小平十分关心这部法律的起草工作。1979年6月28日，在与日本公明党委员长竹入义胜会面谈到这部即将由全国人大通过的法律时，邓小平说：全国人大即将通过《中外合资经营企业法》。这个法是不完备的，因为我们还没有经验。与其说是法，不如说是我们政治意向的声明。以后会再搞一些具体的执行条例、规定来加以补充。[1] 经过几个月的起草和多次修改，1979年7月1日五届全国人大第二次会议审议并正式通过了《中华人民共和国中外合资经营企业法》，同年7月8日正式颁布施行。这为外国公司企业和其他经济组织或个人在平等互利原则基础上同中国的公司或企业或其他经济组织共同举办合营企业提供了法律保障。根据这部法律，从1979年7月到当年底，全国总共批准了6个中外合资企业项目，其中有餐馆2个，养猪场、包装塑料制造厂、录音机装配厂和照相馆各1个，4个在深圳，2个在福州，协议外商投资金额810万美元。[2]

新中国成立后，我国学习苏联经验，实行国家统制对外贸易的政策，进出口贸易基本上由外贸部及其所属各专业进出口公司统一经营。这种高度集中的外贸体制，对于抗击帝国主义的经济封锁、发展独立自

---

[1] 参见冷溶、汪作玲主编：《邓小平年谱（1975—1997）》（上），中央文献出版社2004年版，第529页。

[2] 参见《谷牧回忆录》，中央文献出版社2009年版，第317页。

主的对外贸易,起了重要作用。但是,它也存在许多弊端。一是一年制订一次外贸计划,开两次"广交会",基本上是坐在家里做生意;二是先收购,后外销,产销不见面,工贸不结合,一家专营,统得过死;三是由国家统包盈亏,吃"大锅饭",不利于实行经济核算,不能调动各方面的积极性,效益差。因此,党的十一届三中全会后,在兴办经济特区和酝酿利用外资的同时,国务院有关部门对外贸体制也着手进行认真的改革。从1979年到1981年这三年间,国家进出口委协调有关部门,在改革外贸体制上主要进行了四项工作:一是初步改革外贸商品分工,赋予一些地区和部门部分商品的进出口经营权,开辟新的外贸渠道。除外贸部所属11个专业进出口公司以外,批准京、津、沪三个直辖市和广东、福建、辽宁三省成立地方领导为主的外贸进出口公司,授予冶金、机械、兵器、航空、船舶等部门以进出口权。除16种大宗进出口商品(原油、成品油、厂丝、坯布等)外,其他商品逐步下放到地方或部门外贸公司经营,原来口岸专业分工比较生硬机械,例如地毯一律通过天津成交,茶叶一律通过上海成交,也按合理流向,作了调整,以便货物能够由产地就近出口。二是组织多种形式的工贸结合试点。在上海组建了工贸合一、以工为主的上海玩具公司,自营产品出口和原料进口;在北京市组织北京工艺美术品公司和北京特种工艺品出口公司实行联营,成立统一的董事会,统筹安排生产和外销。三是外贸出口收汇实行内部结算价格,提高地方出口外汇留成比例。为使外贸出口收汇结算价格比较符合实际情况,起到鼓励出口的作用,报经党中央、国务院批准,制订了2.8元人民币折合1美元的贸易出口收汇内部结算价格(当时中国人民银行公布的外汇牌价约1美元折1.8元人民币)。凡列入国家计划的,出口收汇按此价格结汇。地方出口收汇留用比例,一般省、市定为10%,广东、福建为25%。四是适应多渠道经营外贸的情况,制定了若干协调管理的办法。仅1980年到1981年两年,就下达过15个规定,包括"出口工业品生产专项贷款办法""出口许可证制度暂行规定""客户管理办法""外贸专业公司与省、市、自治区外贸公司出口商品经营分工规定""出口工业品专厂管理办法""农副产品出口生产基地管理办法"等。外贸体制的初步改革调动了各方面的积极性,有力促进了外贸出口的增长。1978年全国外贸出口为97.5亿美元,到1981

年增长为 220 亿美元，3 年增长 1.25 倍。①

1982 年 9 月，邓小平在党的十二大开幕词中，总结新中国成立后党的历史经验，精辟地概括了我国对外开放的总体指导思想，这就是：中国的事情要按照中国的情况来办，要依靠中国人自己的力量来办。独立自主，自力更生，无论过去、现在和将来，都是我们的立足点。中国人民珍惜同其他国家和人民的友谊和合作，更加珍惜自己经过长期奋斗而得来的独立自主权利。任何外国不要指望中国做它们的附庸，不要指望中国会吞下损害我国利益的苦果。我们坚定不移地实行对外开放政策，在平等互利的基础上积极扩大对外交流。同时，我们也保持清醒的头脑，坚决抵制外来腐朽思想的侵蚀，决不允许资产阶级生活方式在我国泛滥。中国人民有自己的民族自尊心和自豪感，以热爱祖国、贡献全部力量建设社会主义祖国为最大光荣，以损害社会主义祖国利益、尊严和荣誉为最大耻辱。② 这个指导思想明确了我国推进和扩大对外开放必须长期坚持的根本原则。

三、开放14个沿海港口城市，开辟沿海经济开放区

1979 年 7 月中央正式批准建立经济特区后，特区的发展日新月异，特别是深圳的变化尤为引人注目。到 1983 年，深圳已和外商签订了 2500 个经济合作协议，成交额 18 亿美元。1983 年与 1978 年相比，工农业总产值增长 11 倍，基本建设投资是新中国成立后 30 年总和的 20 倍。但是，经济特区在发展过程中，由于缺乏管理经验，也出现了一些原来没有预料到的问题。当时最突出的是走私贩私猖獗和贪污受贿等犯罪活动严重，使一部分人对经济特区的性质和作用产生疑问。在一部分人特别是在一些尚未从僵化思维模式中走出来的人看来，经济特区俨然成了冲击社会主义的洪水猛兽：有的人看到经济特区实行以市场调节为主的经济政策，就认为是搞资本主义；有的人看到特区内的企业采用资本主义企业的先进管理方法，就认为工人阶级失去了主人翁地位；有人

---

① 参见《谷牧回忆录》，中央文献出版社 2009 年版，第 319—321 页。
② 参见《邓小平文选》第 3 卷，人民出版社 1993 年版，第 3 页。

奇 迹

看到特区初建时产品内销的现象，就认为是在帮外国人赚中国人的钱。特别是1982年2月广东、福建两省座谈会后，由于有人把经济特区与旧中国的租界联系了起来，担心经济特区成了"国中之国"，使得特区发展面临很大压力，陷入步履维艰、进退维谷之中。

就在关于要不要办特区以及办特区是对是错的争论纷纭而起时，1984年1月22日到2月16日，邓小平来到广州、深圳、珠海、厦门和上海等地视察。1月24日，邓小平乘专列抵达广州火车站，他对前来迎接的广东省委负责人刘田夫、梁灵光等人说：办经济特区是我倡议的，中央定的，是不是能够成功，我要来看一看。① 从1月24日到2月10日，邓小平先后实地考察了深圳、珠海、厦门三个经济特区，当他亲眼看到昔日荒凉的边陲小镇正在变成初具规模的现代化城市，到处呈现一片生机勃勃的兴旺景象时，对经济特区给予了充分肯定。1月28日，在和霍英东、马万祺谈话时，他说：看来路子走对了②。他并欣然给深圳经济特区题词：深圳的发展和经验证明，我们建立经济特区的政策是正确的。给珠海经济特区题词：珠海经济特区好。给厦门经济特区题词：把经济特区办得更快更好些。③ 邓小平的题词拨去了笼罩在经济特区头上的团团迷雾，为有关特区性质和存废的争论作出了权威性结论。2月11日至16日，邓小平又到上海考察，2月14日对上海市委第一书记陈国栋、第二书记胡立教等说：现在看，开放政策不是收的问题，而是开放得还不够。④

1984年2月24日，也就是视察经济特区和上海回到北京的第七天，邓小平召集胡耀邦、赵紫阳、万里、杨尚昆、姚依林、胡启立、宋平等谈话，主题是讨论如何进一步"办好经济特区和增加对外开放城市的问题"。谈话一开始，邓小平就说：最近，我专门到广东、福建，跑

---

① 参见冷溶、汪作玲主编：《邓小平年谱（1975—1997）》（下），中央文献出版社2004年版，第954页。
② 参见冷溶、汪作玲主编：《邓小平年谱（1975—1997）》（下），中央文献出版社2004年版，第956页。
③ 参见冷溶、汪作玲主编：《邓小平年谱（1975—1997）》（下），中央文献出版社2004年版，第957、958页。
④ 参见冷溶、汪作玲主编：《邓小平年谱（1975—1997）》（下），中央文献出版社2004年版，第960页。

了三个经济特区,还到上海,看了看宝钢,有了点感性认识。这次我到深圳一看,给我的印象是一片兴旺发达。深圳的建设速度相当快,盖房子几天就是一层,一幢大楼没有多少天就盖起来了。那里的施工队伍还是内地去的,效率高的一个原因是搞了承包制,赏罚分明。深圳的蛇口工业区更快,原因是给了他们一点权力,500万美元以下的开支可以自己作主。他们的口号是"时间就是金钱,效率就是生命"。邓小平说:我们建立经济特区,实行开放政策,有个指导思想要明确,就是不是收,而是放。特区是个窗口,是技术的窗口,管理的窗口,知识的窗口,也是对外政策的窗口。从特区可以引进技术,获得知识,学到管理,管理也是知识。特区成为开放的基地,不仅在经济方面、培养人才方面使我们得到好处,而且会扩大我国的对外影响。他明确表示:除现在的特区之外,可以考虑再开放几个港口城市,如大连、青岛。这些地方不叫特区,但可以实行特区的某些政策。我们还要开发海南岛,如果能把海南岛的经济迅速发展起来,那就是很大的胜利。① 在此之前,1983年4月,党中央、国务院已经决定对海南岛实行经济特区的某些政策,给予较多自主权,以加速海南岛的开发开放。邓小平的谈话,是对5年来特区工作的再一次充分肯定,也是进一步扩大对外开放新的里程碑。这次谈话,由中央办公厅以白头文件的方式,发至党中央、国务院各部门和地方领导,对统一全党思想,坚定对外开放的信心,起了历史性的作用。1984年中国的春天,成为一个对外开放的绚丽而灿烂的春天而载入史册。②

根据邓小平的意见,1984年3月26日至4月6日,党中央、国务院召开沿海部分城市座谈会。到会的有天津、上海、大连、烟台、青岛、宁波、温州和北海8市,深圳、珠海、汕头、厦门4个特区和海南行政区,辽宁、山东、浙江、福建、广东省和广西壮族自治区的负责人,还有中共中央、全国人大常委会、国务院、中央军委等40个部门的负责人。3月28日,深圳市委书记梁湘、蛇口工业区董事长袁庚在会上发言,介绍了深圳经济特区建立以来发生的变化和经验体会。会议

---

① 参见《邓小平文选》第3卷,人民出版社1993年版,第51—52页。
② 参见李岚清:《突围——国门初开的岁月》,中央文献出版社2008年版,第156页。

开了 12 天,深入讨论了进一步开放沿海港口城市、办好经济特区以及搞好海南岛开发建设等问题,认为要在总结经验的基础上,从四化建设全局出发,进一步解放思想,克服"左"的思想影响和闭关自守、自给自足的经济观点,加快利用外资、引进先进技术的步伐。① 4月6日会议结束时,邓小平、李先念等会见全体与会代表并合影。会后形成《沿海部分城市座谈会纪要》。5月4日,中共中央、国务院批转了这个《纪要》,正式确定开放大连、秦皇岛、天津、烟台、青岛、连云港、南通、上海、宁波、温州、福州、广州、湛江、北海14个沿海港口城市,并决定把厦门经济特区的范围扩大到全岛(包括鼓浪屿),面积131平方公里,逐步实行自由港的某些政策。国家在扩大14个沿海港口城市权限和给予外商投资者若干优惠方面,对这些城市实行以下主要政策和措施:一是放宽利用外资建设项目的审批权限,天津、上海两市的审批权限放宽到3000万美元以下;大连放宽到1000万美元以下;其他城市放宽到500万美元以下。二是增加外汇使用额度和外汇贷款,天津定为每年2亿美元,上海为3亿美元,其他城市也增加一定额度。三是对中外合资、合作经营企业及外商独资企业给以优惠待遇,凡属技术密集、知识密集型的项目,或者外商投资在3000万美元以上的项目,企业所得税可减按15%的税率征收。四是在这些城市中可以划定有明确地域界限的区域,兴办新的经济技术开发区,以大力引进我国急需的先进技术,集中地举办中外合资、合作、外商独资企业,企业所得税也减按15%的税率征收。五是这些城市在经济管理体制改革方面,可以参照经济特区的某些成功经验,逐步推行基建工程招标和承包责任制、劳动用工合同制、干部招聘制、浮动工资制、各种管理责任制等。14个沿海城市的对外开放,是我国发挥沿海港口城市区位优势、扩大对外开放、加速现代化建设的又一个重大决策和重要步骤,它把对外开放区域由经济特区4个相对集中的"点"进一步向北延伸,形成了由4个经济特区和14个沿海城市组成的对外开放"线",这对于促进这些城市本身发展和带动全国经济发展,都具有重要意义。为了加速海南岛的开放发展,

---

① 参见中共中央文献研究室编:《十二大以来重要文献选编》(上),人民出版社1986年版,第452页。

第八章
打开国门，走向国际"竞技场"

1984年5月31日，六届全国人大二次会议通过决议，决定撤销广东省海南行政公署、成立海南行政区人民政府，扩大海南的自主权限。

以1984年邓小平视察深圳等地发表的重要谈话和沿海部分城市座谈会为标志，20世纪80年代中国的对外开放进入了加速发展的新阶段。如果说，在这之前，有人对举办经济特区还抱有"试试看"的"犹疑"和"担心"，甚至有人视之为与社会主义格格不入的"洪水猛兽"；在这之后，从中央最高领导层开始，全党大大坚定了一定能够把经济特区建设好、一定能够通过改革开放来发展、推动和完善中国特色社会主义的决心和信心。试办经济特区的"初衷"达到了。

决定开放14个沿海港口城市不久，1984年10月，中央召开了十二届三中全会，作出了《关于经济体制改革的决定》。《决定》在第八部分明确指出：闭关自守是不可能实现现代化的，我们一定要充分利用国内和国外两种资源，开拓国内和国外两个市场，学会组织国内建设和发展对外经济关系两套本领。据此，《决定》正式把对外开放确定为我国的"基本国策"之一，提出今后必须继续放宽政策，按照既要调动各方面的积极性，又要实行统一对外的原则改革外贸体制，积极扩大对外经济技术交流和合作的规模，努力办好经济特区，进一步开放沿海港口城市。① 对于《决定》在开放政策上取得的这一重大突破和进展，邓小平给予了高度评价。《决定》通过后的第二天，他在中顾委第三次全体会议上的讲话中指出：要实现十二大提出的到本世纪末全国工农业年总产值翻两番的战略目标，没有对外开放政策不可能，没有对外开放这一着，翻两番困难，翻两番之后再前进更困难。针对外国有些人担心中国的开放政策会变，邓小平强调：我说不会变……历史经验教训说明，不开放不行……你不开放，再来个闭关自守，50年要接近经济发达国家水平，肯定不可能。②

沿海地区是我国对外联系的窗口，在全国经济建设中占有举足轻重的地位。党的十二届三中全会后不久，为了谋划和加快沿海地区经济发展，1984年11月下旬和12月上旬，国务院主要领导率有关部门负责

---

① 参见中共中央文献研究室编：《新时期经济体制改革重要文献选编》（上），中央文献出版社1998年版，第291页。

② 参见《邓小平文选》第3卷，人民出版社1993年版，第90页。

人到东南沿海一带进行实地考察并形成《关于沿海地区经济发展的几个问题》的报告，提出经济特区、沿海开放城市、经济开放区应当成为我国对外开放的桥头堡，要起"跳板作用"，同时提出上海、广州这样的大型城市，应当在对外开放中发挥"两个扇面、一个枢纽"的作用，即形成对内和对外辐射的两个扇面，经济特区和开放城市居中起枢纽作用。为了加强这种功能，报告提出沿海地区必须坚持"外引内联"的方针，并建议开放珠江三角洲和长江三角洲、进而陆续开放辽东半岛、胶东半岛，北起大连港、南至北海市，构成一个对外开放的经济地带。这个意见得到邓小平的充分肯定，他说：沿海连成一片了，这很好①。

根据党中央的指示，1985年1月25日至31日，长江三角洲、珠江三角洲和闽南厦（门）漳（州）泉（州）三角地区座谈会在北京召开。2月18日，中共中央、国务院批转了由这次会议形成的《长江、珠江三角洲和闽南厦漳泉三角地区座谈会纪要》，同意将长江三角洲、珠江三角洲和闽南厦漳泉三角地区划为沿海经济开放区，同时明确要求这三个经济开放区建立"贸—工—农"型的生产结构，即按出口贸易的需要发展加工工业，按加工的需要发展农业和其他原材料的生产，使之逐步发展成为对外贸易的重要基地和内地扩展对外济联系的窗口。这一重大决策的提出和实施，使我国初步建构了由"经济特区——沿海开放城市——沿海经济开放区——内地"构成的多层次、有重点、点面结合的对外开放格局，在沿海形成了包括2个直辖市、25个省辖市、67个县、约1.5亿人口的对外开放前沿地带，这是一个在中国现代化建设全局中具有重要战略意义的格局。

在对外开放区域不断扩大的同时，利用外资、引进先进技术、对外贸易工作也取得重要进展。到1987年底，全国累计签订利用外资协议（合同）项目10350项，累计协议金额625.09亿美元，其中外商直接投资金额257.73亿美元。从1982年到1987年，全国通过各种方式使用国外贷款153.8亿美元。1987年全国进出口总额达到827亿美元，比1982年增长近一倍，进出口贸易总额在世界贸易中的地位，由1982年

---

① 参见中共中央文献研究室编：《邓小平思想年谱（1975—1997）》，中央文献出版社1998年版，第308页。

的第 19 位上升到第 16 位。技术引进取得显著成绩，14 个沿海开放城市引进技术改造项目 5000 项，成交额 34.5 亿美元。1982 年至 1987 年间，全国为改造现有企业而引进的先进技术和设备有 1 万多项，用外汇近 100 亿美元。通过技术引进，推动了现有企业的技术改造，许多企业技术落后的状况逐步得到改变，增强了开发能力。对外承包工程和劳务合作在 100 多个国家和地区展开，完成营业额近 40 亿美元。来华旅游入境总人数不断增长，1987 年达到 2690 万人次，创汇 18.4 亿美元，分别为 1982 年的 3.4 倍和 2.2 倍。

从党的十二大到党的十三大期间，我国对外开放由举办经济特区发展到开放沿海港口城市进而带动周围中小市县大跨度地推进，是适应国际国内形势的变化，充分利用内外条件发展自己的战略措施，也是实现十二大确定的到 20 世纪末实现工农业总产值翻两番目标的必然要求。作出这一决策的背景是：一是从国内来讲，经济特区的成功运作为党中央确定在更大区域内实行对外开放提供了宝贵经验，而上海等东南沿海大中型港口城市无论是在交通、通信、能源等基础设施方面，还是在科技、教育、文化等方面，又具有实行内引外联发展外向型经济的明显优势，具备扩大对外开放的条件；二是从国际上讲，进入 20 世纪 80 年代，国际局势进一步由对抗转向对话，由紧张趋向缓和，制约战争维护和平的力量增强，这一变化了的国际局势和环境，为我国积极发展同美国、日本、欧洲等发达资本主义国家以及苏联东欧国家的经贸联系，进而实行对发达国家、对苏联东欧国家和对广大第三世界国家三个方面的全方位开放政策奠定了坚实的外部环境基础。

1987 年 10 月召开的党的十三大确定了全面深化改革开放的决策与目标。十三大报告指出，今后，我们必须以更加勇敢的姿态进入世界经济舞台，正确选择进出口战略和利用外资战略，进一步扩展同世界各国包括发达国家和发展中国家的经济技术合作与贸易交流，为加快我国科技进步和提高经济效益创造更好的条件。党的十三大以后，我国有关扩大对外开放一系列重大决策接连出台：一是进一步扩大沿海地区对外开放。1987 年 11 月下旬至 1988 年初，在对上海、浙江、江苏、福建等沿海省市深入调研的基础上，国务院形成《沿海地区经济发展的战略问题》的考察报告，要求沿海地区抓住国际产业转移的有利时机，发挥劳务费用低、加工技术较高、对外交通便利的优势,开展加工出口贸易,积极走向国际市场,并按照国民经济发展需要,积极有效地举办外商投资企业,利用外商的资金、技术、信息和销售网络,优化生产要素组合,加快沿海经济的繁荣。1988年1月23日,邓小平对此作出批示:完全赞成。特别是放胆地干,加速步伐,千万不要贻误时机。[①] 3月18日,国务院发出《关于进一步扩大沿海经济开放区范围的通知》,决定适当扩大沿海经济开放区,新划入沿海经济开放区的包括天津、河北、辽宁、江苏、浙江、山东、广西等省市自治区的140个市、县以及杭州、南京、沈阳等省会城市,人口增加到1.6亿。1988年9月,邓小平进一步提出沿海地区要加快对外开放,使这个拥有两亿人口的广大地带较快地先发展起来,从而带动内地更好地发展,这是一个事关大局的问题。内地要顾全这个大局。反过来,发展到一定时候,又要求沿海拿出更多力量来帮助内地发展,这也是个大局。那时沿海也要服从这个大局。[②] 二是决定海南建省,整个海南岛建成经济特区。我国第二大岛海南岛的建设和开发问题,早在20世纪80年代初就提出来了。1980年国务院就曾在北京召开了海南岛发展问题座谈会。1983年1月,胡耀邦、赵紫阳、谷牧等中央领导同志又亲自视察海南岛,探讨加快海南岛改革开放的问题。1984年2月,邓小平在视察深圳、珠海等地回京后,又明确提出要用20年时间把海南岛的经济发展到台湾的水平的设想。根据邓小平的谈话精神,为了加速海南岛的发展,1984年5月31日,六届全国人大二次会议通过决议,决定撤销广东省海南行政公署、成立海南行政区人民政府,扩大海南的自主权限。成立海南行政区后,海南岛的工农业生产和基础设施建设有了一定的起色。但是由于这个行政区仍然隶属于广东省,行政层次繁多,仍然不利于海南的进一步发展和吸收外商投资。为了解决这个问题,1987年4月,香港有关人士曾向中央领导提出以下设想:即,把整个海南岛辟为特别行政区,采取国外自由港的管理办法,由港商负责投资开发。但国务院领导考虑后认为,这基本上是"一国两制"下的香港模式,缺乏可行性。经过仔细研究和专

---

① 参见《邓小平文选》第3卷,人民出版社1993年版,第408页。
② 参见《邓小平文选》第3卷,人民出版社1993年版,第277—278页。

家论证，中央最后提出了将海南岛单独建省，将海南全省办成经济特区的设想。1987年12月，中央在海口市召开专门会议，就海南岛建省和建立经济特区问题进行了广泛讨论。1988年4月13日，七届全国人大一次会议通过设立海南省和建立海南经济特区的决定。4月26日，中共海南省委员会和海南省人民政府正式挂牌；8月25日，海南省人民政府成立。5月4日，国务院发布《关于鼓励投资开发海南岛的规定》，对海南经济特区实行更加灵活开放的经济政策。为了进一步扩大对外经济合作和技术交流，七届全国人大一次会议还审议通过了《中华人民共和国中外合作经营企业法》，为外国企业和其他经济组织或个人与中国企业或其他经济组织在中国境内共同举办中外合作经营企业提供法律依据。三是1989年政治风波后，为了向世界进一步展示中国坚持改革开放的决心和行动，党中央把对外开放的注意力转向了上海。1990年3月3日，邓小平在同江泽民、杨尚昆、李鹏的谈话中，特别提到："我已经退下来了，但还有一件事，我还要说一下，那就是上海的浦东开发，你们要多关心。"[1] 上海是我们的王牌，把上海搞起来是一条捷径。[2] 他分析了上海在技术、工业、金融和人才方面的优势，建议政治局、国务院对此专门讨论一次，作出正式的决策。对邓小平加快上海开放发展的意见，党中央高度重视。经过充分调研和论证，党中央、国务院在1990年4月批准开放开发浦东，在浦东实行经济技术开发区和经济特区的某些政策。4月30日，上海市政府宣布了中央关于开发浦东的10项优惠政策。6月，中国第一保税区——上海外高桥保税区经国务院批准成立。上海浦东的开放开发，是20世纪90年代初党中央深化改革、扩大开放的重大标志性举措，不但有力促进了上海振兴崛起，而且对带动整个长江流域以至全国改革发展都具有重大的辐射作用和深远意义。

党的十三大以后，在短短几年时间里，我国连续出台了扩大对外开放的若干重大决策，这是有深刻的历史背景的。概括地讲：第一，党的十三大科学地总结了改革开放9年来取得的成功经验，阐明了党的社会

---

[1] 参见黄奇帆：《邓小平开放开发思想与上海浦东开发》，《人民日报》1994年1月14日。
[2] 参见冷溶、汪作玲主编：《邓小平年谱（1975—1997）》（下），中央文献出版社2004年版，第1310页。

主义初级阶段理论和"一个中心,两个基本点"的基本路线,实行对外开放政策的决心和信念更加明确;第二,是国内经济建设出现的新情况,要求进一步开拓发展思路。这表现在我们必须加大力度克服建设资金在相当长的时期内十分短缺,人均自然资源不丰富这些困难。特别是乡镇企业的发展一方面为解决农村剩余劳动力提供了广阔的前景,另一方面又出现了与国有大中型企业争原料的矛盾;沿海与内地在原材料、市场等问题上的矛盾也日渐突出,这不仅使中西部地区经济发展受到限制,也使沿海地区技术进步和产业更新受到影响。这些严峻的现实逼迫我们必须眼睛向外,制定更加开放的政策,在国际市场上找出路。第三,世界新技术革命的浪潮推动着发达国家经济结构的变革,这正好为我国沿海地区扩大开放,加快发展外向型经济提供了难得的机遇。第四,1989年政治风波后,面对西方国家的所谓"制裁",党和国家退缩和畏惧,而是继续坚持改革开放政策,使得西方国家的"制裁"很快破产。正是从这个问题上,全党进一步认识到:对外开放不仅是加快经济发展的必由之路,而且也是顶住霸权主义和强权政治的压力,巩固社会主义制度的重要条件。第五,是经过十余年的改革开放,我国的经济上了一个大台阶,人民生活明显改善,综合国力显著增强,党、国家和人民承担风险的能力大大增强了,这是我们能够加快对外开放步伐的重要经济基础。

四、对外开放的全面推进和加入世界贸易组织

20世纪80年代末90年代初国内风波国际变局发生后,中国的改革开放一度受到"左"倾思潮的严重干扰。有人对社会主义前途缺乏信心;有人对党的基本路线产生动摇;有人否定市场化的改革取向;有人认为多引进一分外资,就是多了一分资本主义,对改革开放提出姓"社"还是姓"资"的疑问,等等。在这个重大历史关头,1992年1月18日至2月21日,中国改革开放和现代化建设的总设计师邓小平来到武昌、深圳、珠海、上海等地视察,发表重要谈话,科学总结了十一届三中全会以来党的基本实践和基本经验,以一系列振聋发聩的新观点、新论断,从理论上深刻回答了长期困扰和束缚人们思想的许多重大问

题,澄清了前进道路上的迷雾,促进了全党全国人民的又一次思想大解放。为了贯彻落实邓小平南方谈话精神,1992年3月9日至10日,中央政治局召开全体会议,决定在全国范围内推进对外开放。5月16日,中央政治局会议通过《关于加快改革,扩大开放,力争经济更好更快地上一个新台阶的意见》,就具体贯彻落实邓小平南方谈话精神作出部署。6月24日至27日,国务院召开长江三角洲及长江沿江地区经济规划座谈会,要求认真贯彻落实邓小平南方谈话和党中央关于"以上海浦东开发为龙头,进一步开放长江沿岸城市"的决策,充分认识开发开放长江三角洲及沿江地区的战略意义,坚持抓住重点,统筹兼顾,搞好联合,发挥整体优势。10月,江泽民在党的十四大报告中强调,20世纪90年代要进一步扩大对外开放,更多更好地利用外资,加快我国现代化建设的步伐,并明确了我国20世纪90年代对外开放的战略方针。邓小平南方谈话和党的十四大作出的重大决策,标志着我国改革开放进入了一个新的发展阶段,对外开放也掀起了新高潮。

一是对外开放的领域和范围进一步扩大。1992年初,国务院扩大了上海五类项目的审批权,总投资2亿元以下的项目,上海市可以自行审批;同时给予上海五个方面配套资金的筹措权。3月,国务院批准海南省吸收外商投资开发建设洋浦经济开发区项目,在区内实行保税区的各项政策措施。3—9月,国务院先后将黑龙江省的黑河市、绥芬河市;吉林省的珲春市;内蒙古自治区的满洲里市、二连浩特市;新疆维吾尔自治区的伊宁市、博乐市、塔城市;广西壮族自治区的凭祥市、东兴镇;云南省的畹町市、瑞丽县、河口县等13个市县列为对外开放边境城市,实行沿海开放城市的有关政策。至此,沿边开放带初步形成。5月13日,继设立上海、天津、深圳保税区后,国务院又决定设立大连、广州保税区。6月,国务院决定开放芜湖、九江、岳阳、武汉、重庆等5个长江中上游城市,加上已先期开放的上海、南京等,长江沿岸主要中心城市全部对外开放。6、7月间,国务院又相继开放了昆明、南宁、哈尔滨、长春、呼和浩特、石家庄等6个边境、沿海地区省会城市以及乌鲁木齐、太原、合肥、南昌、郑州、长沙、成都、贵阳、西安、兰州、西宁、银川等12个内陆地区省会城市。6月至12月,国务院还分六批先后批准了141个市、县对外国人开放,累计开放的县市达到888

个。二是明确了以浦东开发开放为龙头,带动长江流域经济起飞的发展战略,确定在下个世纪中叶将上海建成国际性的经济、金融和贸易中心。三是进一步拓宽利用外资形式,采取更加灵活的方式,更多地吸收外资。利用外资的领域,经过试点,逐步扩大到金融、贸易、商业、交通、旅游和其他第三产业,允许经过批准的若干城市试办外资银行和保险业。四是实行地区倾斜与产业倾斜相结合的政策,凡是符合国家产业政策经国家批准的重大投资项目和高新技术项目,不分地区都可以享受经济技术开发区的政策优惠。积极鼓励外商向中西部地区投资。五是在对外贸易方面,采取多种措施,大幅度降低关税,消除各种非关税壁垒,扩大国内市场开放,逐步推行贸易自由化政策,为加入世界贸易组织而积极努力,等等。

1992年以后,我国的对外开放由区域开放急速扩大到全国范围的大规模全方位开放,其发展之快是异乎寻常的。究其原因,主要有三条:一是邓小平南方谈话,破除了束缚人们手脚的传统偏见,使广大干部、群众观念大转变、思想大解放;二是党的十四大提出建立社会主义市场经济体制目标模式后,要求国内各项改革措施都要着眼于对外开放,积极向国际惯例靠拢,从而为我国经济最终与国际经济全面接轨创造条件。三是从国际情况看,尽管1991年发生了海湾战争、苏联解体等重大事件,但是冷战结束后世界向多极化发展,中国在国际舞台上的回旋余地仍然很大。面对中国巨大的市场潜力和良好的发展势头,西方国家难以视而不见,作壁上观,这是中国扩大对外开放的有利国际条件。

伴随着社会主义市场经济体制改革目标的确立,我国加入世界贸易组织的谈判和一系列相应的改革进一步加快。世界贸易组织(英文缩写作WTO)是当今世界上最重要的国际经济组织之一,其前身是1948年成立的关贸总协定(英文缩写作GATT)。中国是关贸总协定的创始缔约国之一。1948年4月,中国国民党政府向关贸总协定提交了《关于接受关贸总协定临时适用议定书的文件》,接受了关贸总协定的重要议定书。1949年10月,中华人民共和国成立,国民党政府退居台湾,中国在联合国的合法席位和在关贸总协定中的缔约国席位由台湾国民党当局继续占据。而台湾当局认识到它难以全面履行在关贸总协定中的相应

第八章
打开国门，走向国际"竞技场"

义务，而战时状态又使其不能在关贸总协定中获取任何贸易利益，于是在 1950 年 3 月 6 日通过其"常驻联合国代表"以"中华民国"的名义退出了关贸总协定。新中国政府从未承认台湾当局退出的合法性。不过，由于当时国际环境险恶，中国无法有效地参加关贸总协定的各项活动，对关贸总协定的情况也不甚了解，对恢复在关贸总协定的缔约方地位所涉及的一系列复杂的权利义务问题缺乏系统全面的研究，因此，中华人民共和国政府当时并未就关贸总协定问题发表看法。

党的十一届三中全会后，在解放思想、实事求是思想路线的指引下，国内理论界围绕着是把发展对外贸易与坚持自力更生对立起来，还是从国际分工存在和发展的客观要求出发，自觉利用国际分工，积极发展社会主义的对外经济贸易等问题开展了深入探讨。经过讨论，人们逐渐达成了以下共识：对外经济贸易工作是关系我国四个现代化建设的一个重大战略问题，在发展经济中，一定要在自力更生的基础上，把视野从国内范围扩展到国际范围，不但要放手地调动国内一切可以调动的积极因素，而且要放手地利用国外一切可以为我所用的因素，以天下之长，补一国之短。上述共识的达成，直接影响了我国后来对外经贸发展战略的制定和实施，也成为我国作出"复关"决策的重要理论准备和促成因素。

1980 年 4 月，国际货币基金组织董事会通过决议，决定恢复中国在国际货币基金组织中的合法席位。5 月，中国又恢复了在世界银行中的合法席位。在推动世界经济发展的三大支柱机构中，只有关贸总协定中的合法席位中国尚未恢复。但这时中国与关贸总协定的合作关系一直比较密切。1980 年 8 月，中国派代表出席了联合国经社理事会国际贸易组织执委会会议，投票选举瑞士人阿瑟·邓克尔为关贸总协定的新任总干事。1982 年 11 月，中国成为关贸总协定观察员。

在取得观察员资格后，中国政府开始对关贸总协定的重要性有了新的充分认识，并开始积极准备重新加入关贸总协定的有关事宜。对外经济贸易部、外交部、海关总署等部门还就我国恢复关贸总协定问题进行了反复研究和论证，向国务院提交了中国申请加入关贸总协定的报告，在报告中提出了我国复关"三项原则"与"三个要求"。所谓复关三项原则：一是以恢复方式参加关贸总协定，而非重新加入；二是以关税减让作为承诺条件，而非承担进口义务；三是以发展中国家的地位享受相应的待遇并承担与我国经济和贸易发展水平相适应的义务。所谓复关的三个要求：一是要求美国按照关贸总协定有关原则，给予中国多边无条件的最惠国待遇；二是要求享受发达缔约国给予发展中国家的普惠制待遇；三是要求欧共体取消对中国实施的歧视性贸易限制措施。这三项原则和要求，都是根据关贸总协定的相关规定和当时中国经济发展的实际需要提出来的。

1986年7月10日，中国常驻日内瓦联合国代表团大使钱嘉东照会关贸总协定总干事阿瑟·邓克尔先生，正式提出了中国政府关于恢复关贸总协定缔约国地位的申请。此后直至1995年11月，中国与有关各方开始了长达9年的"复关"谈判。1995年1月1日，世界贸易组织（WTO）取代关贸总协定正式成立，从1995年11月起，中国复关谈判转为"入世"谈判，这个谈判又进行了6年，一直到2001年12月中国成为世贸组织的正式成员。

从"复关""入世"谈判的内容、进展和国内外所处的不同的政治经济形势来看，15年的"复关""入世"谈判大致经历了以下四个阶段：

第一个阶段，从1986年7月到1989年5月，为复关申请、答疑和综合评估阶段。1987年2月，在经过几个月的认真准备后，中国驻日内瓦大使钱嘉东向关贸总协定总干事邓克尔递交了《中国对外贸易制度备忘录》，详细介绍了中国的经济体制，对外开放政策、对外贸易政策、对外贸易体制、海关关税制度等内容，并表示随时准备与关贸总协定缔约各方进行实质性谈判。同年6月，关贸总协定成立了"中国的缔约方地位工作组"。7月，中国政府代表团赴日内瓦谈判，中国复关工作进入实质操作阶段。11月，针对关贸总协定缔约各方对中国外贸制度提出的问题，中国政府向关贸总协定提交了各缔约方对《中国对外贸易制度备忘录》所提329个问题的答复，回答了各缔约方所关心的一些主要问题并表明了中国政府的立场、原则。到1989年4月，经过中国工作组连续七次会议，关贸总协定基本完成了对中国关贸制度的答疑和综合评估工作，在1989年底结束"复关"谈判，无论在多边还是双边磋商中基本形成了共识。

第八章
打开国门，走向国际"竞技场"

第二个阶段，从 1989 年 6 月到 1992 年 1 月，为复关谈判因政治因素干扰而陷于停顿阶段。1989 年中国发生政治风波后，以美国为首的西方国家对华实行经济制裁，并把暂时不让中国"复关"作为其经济制裁的一项主要内容，加之中国国内经济也正处在治理整顿阶段，中国复关谈判涉及的双边磋商和以日内瓦工作组形式进行的多边谈判事实上均陷入了停顿状态。中国国内政治风波后，美欧等主要发达国家缔约方对我国复关采取消极态度，并出于政治考虑对我故意挑刺，故意刁难中国复关工作组的工作，乃至推翻工作组各缔约方近 4 年来所取得的谈判成果。其手法，一是积极支持台湾以"台、澎、金、马"单独关税区名义加入关贸总协定，借此向中国大陆施压；二是节外生枝地对已经审议完成的我对外贸易制度及外经贸体制提出质疑，提出要重新作评估；三是第一次对中国所坚持的发展中国家地位提出挑战，声称要慎重考虑我享受发展中国家待遇的要求。由于美欧的蓄意阻难，从这次会议开始，我国的复关谈判事实上又重新回到了对外贸制度进行审议评估的阶段，中国的复关进程开始走回头路。

第三个阶段，从 1992 年 2 月至 1995 年 11 月，这是复关谈判重新启动与实质性谈判的攻坚阶段。经过中国政府和有关部门积极有效的工作，1992 年 2 月，关贸总协定中国工作组第十次会议在日内瓦召开。在第十次中国工作组会议召开前后，1992 年初，中国改革开放的总设计师邓小平视察武昌、深圳、珠海、上海等地并发表重要讲话，澄清了长期困扰和束缚人们手脚的"左"的思想迷雾，开辟了中国改革开放和现代化建设的新阶段。在南方谈话精神的指导下，党的十四大明确提出了中国经济改革的目标是建立社会主义市场经济体制。市场经济改革目标的确立从根本上破解了曾困惑中国复关谈判多年的关于中国实行的是什么样的经济体制这一难题。1992 年 10 月，中国代表团出席了在日内瓦召开的关贸总协定中国工作组第十一次会议。1993 年 11 月，江泽民在西雅图同美国总统克林顿会晤时，阐述了中国处理"复关"问题的三个原则：第一，关贸总协定是一个国际性组织，如果没有中国这个最大的发展中国家参加是不完整的；第二，中国要参加，毫无疑问是作为发展中国家参加；第三，中国加入这个组织，其权利和义务一定要平衡。但是，由于以美国为代表的西方国家对中国议定书谈判和市场准入谈判的要价过高,使中国复关后期谈判陷入一个"怪圈"——即复关谈判面对变化中的中国经贸体制和关贸总协定多边贸易体制,不是谈判问题减少,而是越谈问题越多,似乎中国无论如何深化改革、完善经贸体制,其离复关要求和目标不是越来越近而是越谈越远。对此,党中央从政治上、战略上考虑,相继提出了"态度积极、方法灵活、善于磋商、不可天真"和"态度积极、坚持原则、我们不急、水到渠成"等工作方针。① 为了摆脱和打破这一谈判怪圈,增加主要谈判方的责任感与紧迫感,中国于 1994 年 11 月明智地作出了"1994 年底为结束中国复关实质性谈判最后期限"的重大决定,以推动主要缔约方丢掉幻想,要价适可而止,对中国复关谈判采取务实灵活的态度。但是,谈判终因美欧要价过高,中方没能与其他缔约方就中国复关和成为世界贸易组织创始国达成协议。

第四个阶段,从 1995 年 11 月到 2001 年 11 月,这是中国"入世"谈判阶段,也是继续实质性谈判阶段。1995 年,世界贸易组织正式成立,但关贸总协定继续并存一年。从 1995 年 11 月起,中国的"复关"谈判转成"入世"谈判。1995 年 11 月,美国向中国递交了一份"关于中国'入世'的非正式文件",罗列了对中国"入世"的 28 项要求。1996 年 2 月,中美就中国"入世"举行第十轮双边磋商,中方对美方的要求逐项作了反应。3 月,中国代表团赴日内瓦出席世贸组织中国工作组第一次会议。11 月,在菲律宾的亚太经合组织(APEC)峰会上,中国国家主席江泽民与美国总统克林顿举行会晤,决意推动中国"入世"谈判进程。1997 年 8 月,中国与新西兰和韩国就中国"入世"问题达成双边协议;10 月,又与匈牙利、捷克、斯洛伐克、巴基斯坦签署了结束中国"入世"双边市场准入谈判协议,并与智利、哥伦比亚、阿根廷、印度等基本结束了中国"入世"双边市场准入谈判。1998 年 2 月,欧盟委员会作出决定,将中国从欧盟反倾销政策针对的"非市场经济"国家名单中删除。1998 年 6 月,江泽民接受美国记者采访时重申了中国"入世"三原则。1999 年 4 月,中国总理朱镕基访问美国,中美本来可以在此期间结束双边谈判,但是美国由于国内政治上的原因,

---

① 参见《江泽民文选》第 3 卷,人民出版社 2006 年版,第 447 页。

第八章
打开国门，走向国际"竞技场"

未能与中方达成双边协议。直到1999年11月，经过反复较量和艰难谈判，中美双方终于达成协议，扫除了中国加入世贸组织的最大障碍。2001年11月10日，在卡塔尔首都多哈举行的世界贸易组织第四届部长级会议，一致通过了《关于中国加入世贸组织的决定》。12月11日，中国正式成为世界贸易组织第143个成员。

加入世界贸易组织，是党中央、国务院审时度势、高瞻远瞩做出的重大决策，是我国改革开放进程中具有里程碑意义的事件。这一战略决策的作出，充分体现了以党中央总揽全局、与时俱进的远见卓识和深化改革、扩大开放的坚定信心，充分展示了中国顺应经济全球化潮流、主动参与国际竞争与合作的积极姿态。

从2001年12月11日到2011年12月11日，中国正式加入世界贸易组织已满十周年。10年间，在党中央、国务院的坚强领导下，各地区、各部门、各行业化压力为动力，化挑战为机遇，既认真履行承诺，又充分享受权利，在更大范围更深程度参与国际分工与合作，形成全方位、多层次、宽领域的对外开放新格局，有力推动了经济社会全面发展，取得举世瞩目的辉煌成就，实现了入世总体上利大于弊。同时，作为世贸组织成员，中国立足互利共赢，与其他国家分享繁荣，成为世界经济增长的强劲引擎，并积极承担应尽责任，在多边经贸体制中发挥了建设性作用，得到世贸组织成员的普遍认可和国际社会高度赞誉。

在加入世界贸易组织的这10年中，中国全面履行加入世界贸易组织承诺，不断扩大农业、制造业、服务业市场准入，不断降低进口产品关税税率，取消所有不符合世界贸易组织规则的进口配额、许可证等非关税措施，全面放开对外贸易经营权，大幅降低外资准入门槛。中国关税总水平由15.3%降至9.8%，达到并超过了世界贸易组织对发展中国家的要求。中国服务贸易开放部门达到100个，接近发达国家水平。中国大规模开展法律法规清理修订工作，中央政府共清理法律法规和部门规章2300多件，地方政府共清理地方性政策和法规19万多件。中国对外开放政策的稳定性、透明度、可预见性不断提高。中国坚持实行平等互利、合作共赢的对外开放政策，为世界经济发展带来有力推动。中国货物贸易额的全球排名由第六位上升到第二位，其中出口额跃居第一位，进口额累计达到7.5万亿美元；累计吸收外商直接投资7595亿美元，居发展中国家首位；对外直接投资年均增长 40% 以上，2010 年达到 688 亿美元、居世界第五位。中国每年平均进口 7500 亿美元的商品，为贸易伙伴创造大量就业岗位和投资机会。在华外商投资企业累计汇出利润 2617 亿美元，年均增长 30%。中国积极承担应尽国际责任，积极采取一系列重大政策措施，同国际社会一道应对国际金融危机，着力推动世界经济强劲、可持续、平衡增长。中国坚定支持世界贸易组织多哈回合谈判，参与国际宏观经济政策协调，参与二十国集团等全球经济治理机制建设，致力于国际货币体系、国际贸易体系、大宗商品价格形成机制等改革和完善，致力于促进经济全球化和区域经济一体化。中国始终高举自由贸易旗帜，反对各种形式的保护主义，推动建立公平、合理、非歧视的国际贸易体系。中国积极推动建立更加平等、更加均衡的新型全球发展伙伴关系，不断加大对外援助力度，10 年间累计对外提供各类援款 1700 多亿元人民币，免除 50 个重债穷国和最不发达国家近 300 亿元人民币到期债务，承诺对同中国建交的最不发达国家 97% 的税目的产品给予零关税待遇，为 173 个发展中国家和 13 个地区性国际组织培训各类人员 6 万多名，增强了受援国自主发展能力。中国加入世界贸易组织，扩大对外开放，惠及 13 亿中国人民，也惠及各国人民。实践证明，党中央作出加入世贸组织的决策是完全正确的，在世界贸易组织这个世界经济的大舞台、竞技场上，我们开阔了在经济全球化中发展的视野，丰富了对社会主义市场经济的认识，坚定了实施对外开放基本国策的信心，也向世界展示了一个发展中大国的活力与担当。

五、重点实施以"一带一路"为抓手的新一轮对外开放

党的十八大以后，新时代的我国对外开放不断向纵深推进，对外开放的质量、深度、领域都跃上了一个新台阶。

"一带一路"建设是新时代推进我国新一轮对外开放的重要抓手，是我国今后相当长时期对外开放和对外合作的管总规划。[①] 2013 年 9 月

[①] 参见中共中央文献研究室编：《习近平关于社会主义经济建设论述摘编》，中央文献出版社 2017 年版，第 276 页。

第八章
打开国门，走向国际"竞技场"

和10月，习近平在访问哈萨克斯坦和印度尼西亚期间，先后提出共建"丝绸之路经济带"和"21世纪海上丝绸之路"（简称"一带一路"）的重大倡议，得到国际社会高度关注。"一带一路"构想的出发点，是在国际合作框架内，以政策沟通、设施联通、贸易畅通、资金融通、民心相通为主要内容，各方秉持共商、共建、共享原则，携手应对世界经济新挑战，开创发展新机遇，谋求发展新动力，拓展发展新空间，实现优势互补、互利共赢，不断推进人类命运共同体建设。2015年3月，国家发改委、外交部等联合发布《推动共建丝绸之路经济带和21世纪海上丝绸之路的愿景与行动》，全面阐述了"一带一路"的时代背景、共建原则、框架思路、合作重点、合作机制等重大问题，标志着"一带一路"建设规划启动实施。

"一带一路"率先在欧亚地区取得显著进展。2015年，中俄协调各自发展战略，签署丝绸之路经济带同欧亚经济联盟合作对接联合声明，组建对接协调工作机制，决定将上海合作组织作为推进这一目标的主要平台；中国同几乎全部中亚和外高加索国家签署建设"一带一路"合作协议。"一带一路"把中国与欧洲的发展更加紧密地连在一起。中欧决定对接"一带一路"和欧洲投资计划，商讨设立中欧共同投资基金，建立互联互通合作平台。中英探讨"一带一路"与英国基础设施升级改造计划和"英格兰北部经济中心"对接。中德建立"中国制造2025"同"德国工业4.0"对接协调机制。中东欧国家是欧洲的东部门户，中国同波兰、捷克、匈牙利等六国签署了"一带一路"政府间谅解备忘录，并与中东欧各国在"16+1"合作框架下共同决定开启亚得里亚海、波罗的海、黑海沿岸"三海港区合作"，在加快推进以匈塞铁路为骨干的中欧陆海联运快线的同时，进一步探索互联互通的新框架。"一带一路"为共建繁荣亚洲愿景注入强劲动力。在东北亚，中韩决定推进四项国家发展战略对接，中蒙商定对接"丝绸之路"与"草原之路"，中俄蒙就建设三国经济走廊达成重要共识并签署发展三方合作中期路线图。在东南亚，中国与印尼同意加快对接两国发展战略，中越加紧磋商"一带一路"和"两廊一圈"合作，中新探讨在"一带一路"倡议下开拓第三方市场。中国同东南亚的互联互通取得重要进展，中国印尼雅万高铁项目签署，中老、中泰铁路建设已经开工，中越铁路线路加紧规划，这表明泛亚铁路网建设已迈出决定性步伐。在南亚，中巴经济走廊路线图进一步明晰，一大批重要项目陆续开工。

2017年5月，"一带一路"国际合作高峰论坛在北京举行。包括29位外国元首和政府首脑在内的来自130多个国家和70多个国际组织约1500名代表出席论坛。国家主席习近平在论坛开幕式上发表题为《携手推进"一带一路"建设》的主旨演讲，强调坚持以和平合作、开放包容、互学互鉴、互利共赢为核心的丝路精神，携手推动"一带一路"建设行稳致远，将"一带一路"建成和平之路、繁荣之路、开放之路、创新之路、文明之路。"一带一路"倡议提出4年多来，得到全球100多个国家和国际组织的积极支持和参与，"一带一路"建设逐渐从理念转化为行动，从愿景转变为现实，建设成果丰硕：一是政策沟通不断深化。中国与有关国家协调政策，对接规划，同40多个国家和国际组织签署了合作协议，同30多个国家开展机制化产能合作。二是设施联通不断加强。以中巴、中蒙俄、新亚欧大陆桥等经济走廊为引领，以陆海空通道和信息高速路为骨架，以铁路、港口、管网等重大工程为依托，一个复合型的基础设施网络正在形成。三是贸易畅通不断提升。2014年至2016年，中国同"一带一路"沿线国家贸易总额超过3万亿美元。中国对"一带一路"沿线国家投资累计超过500亿美元。中国企业已经在20多个国家建设56个经贸合作区，为有关国家创造近11亿美元税收和18万个就业岗位。四是资金融通不断扩大。中国同参与国和组织开展了多种形式的金融合作，这些新型金融机制同世界银行等传统多边金融机构各有侧重、互为补充，形成层次清晰、初具规模的"一带一路"金融合作网络。五是民心相通不断促进。参与国开展智力丝绸之路、健康丝绸之路等建设，在科学、教育、文化、卫生、民间交往等各领域广泛开展合作。

加快实施自由贸易区战略，是我国推进新一轮对外开放的又一重要内容。2015年12月，国务院发布《关于加快实施自由贸易区战略的若干意见》，明确了我国加快实施自由贸易区战略的指导思想、基本原则、重点任务以及近期和中长期目标。近期目标是：加快正在进行的自由贸易区谈判进程，在条件具备的情况下逐步提升已有自由贸易区的自由化水平，积极推动与我国周边大部分国家和地区建立自由贸易区，使我国与自由贸易伙伴的贸易额占我国对外贸易总额的比重达到或超过多数发达国家和新兴经济体水平;中长期目标是:形成包括邻近国家和地区、涵盖"一带一路"沿线国家以及辐射五大洲重要国家的全球自由贸易区网络,使我国大部分对外贸易、双向投资实现自由化和便利化。2016年9月,在中国杭州二十国集团领导人第十一次峰会上,习近平主席宣示:"我们将继续深入参与经济全球化进程,支持多边贸易体制。我们将加大放宽外商投资准入,提高便利化程度,促进公平开放竞争,全力营造优良营商环境。同时,我们将加快同有关国家商签自由贸易协定和投资协定,推进国内高标准自由贸易试验区建设。"[1] 2016年11月,在亚太经合组织工商领导人利马峰会上发表的主旨演讲中,习近平主席再次表示:"我们将深入参与经济全球化进程,支持多边贸易体制,推进亚太自由贸易区建设,推动区域全面经济伙伴关系协定尽早结束谈判。"[2] 到2016年底,我国与东盟、韩国、澳大利亚、新加坡、巴基斯坦、冰岛、瑞士、智利、秘鲁、哥斯达黎加、新西兰等22个国家和地区签署并实施了14个自由贸易协定,其中包括内地与香港、澳门地区签署的《更紧密经贸关系安排》(CEPA)以及与台湾地区签署的《海峡两岸经济合作框架协议》(ECFA)。

我国实施自由贸易的一项重要举措,是在国内推进高标准的自由贸易试验区建设。2013年8月,国务院正式批准设立中国(上海)自由贸易试验区。从2013年9月启动到2016年9月,上海自由贸易试验区运行三年间,在加快推进以简政放权为核心的政府职能转变、与扩大开放相适应的投资管理体制改革、以便利化为重点的贸易监管模式创新及贸易发展方式转变、深化金融和服务业开放、完善事中事后监管和风险防范体系、服务区域协同发展等方面,大胆开展了一系列先行先试,取得了一系列可复制推广的重要成果。一是基本形成了以负面清单管理为核心的投资管理制度。二是基本形成了以贸易便利化为重点的贸易监管制度。三是基本形成了着眼于服务实体经济发展的金融开放创新制度。

---

[1] 习近平:《中国发展新起点,全球增长新蓝图——在二十国集团工商峰会开幕式上的主旨演讲》,《人民日报》2016年9月4日。

[2] 习近平:《深化伙伴关系 增强发展动力——在亚太经合组织工商领导人峰会上的主旨演讲》,《人民日报》2016年11月21日。

四是基本形成了与开放型市场经济相适应的政府管理制度。2017年3月，国务院印发《全面深化中国（上海）自由贸易试验区改革开放方案》，要求上海自由贸易试验区对照国际最高标准、最好水平的自由贸易区，全面深化自贸试验区改革开放，加快构建开放型经济新体制，在新一轮改革开放中进一步发挥引领示范作用。

除了中国（上海）自由贸易试验区外，2015年4月20日，国务院还批复成立了中国（广东）自由贸易试验区、中国（天津）自由贸易试验区、中国（福建）自由贸易试验区等3个自由贸易试验区。2017年3月31日，国务院又批复成立中国（辽宁）自由贸易试验区、中国（浙江）自由贸易试验区、中国（河南）自由贸易试验区、中国（湖北）自由贸易试验区、中国（重庆）自由贸易试验区、中国（四川）自由贸易试验区、中国（陕西）自由贸易试验区7个自由贸易试验区，由此在中国形成了"1＋3＋7"共计11个自由贸易试验区格局。

党的十八大以来，我国坚持"引进来"与"走出去"相结合，对外贸易、利用外资、对外投资水平不断提高。2013年至2015年，我国连续三年保持世界第一货物贸易大国地位。服务贸易占外贸总额的比重，从2012年的10.8%提高到2016年的18%，我国已成为世界第二服务贸易大国和服务外包接包国。2013年至2016年，全国累计新增外商投资企业10.1万家，实际引进外资5217亿美元。在全球跨国直接投资下降2%的背景下，2016年我国实际引进外资8644亿元，同比增长3%。我国引进外资金额连续25年居发展中国家首位。2016年，我国对外投资流量跃居世界第二位，成为净资本输出国。截至2016年底，我国对外直接投资存量超过1.3万亿美元，境外资产总额近5万亿美元。2012年至2016年，对外承包工程完成营业额累计约7100亿美元，年均增长9%。①

2018年4月10日，博鳌亚洲论坛2018年年会在海南省博鳌开幕。国家主席习近平在会议开幕式上发表的主旨演讲中宣布中国决定在扩大开放方面采取以下新的重大举措：第一，大幅度放宽市场准入。确保放

---

① 参见中共商务部党组：《党的十八大以来我国开放型经济水平全面提升》，《求是》2017年第20期。

宽银行、证券、保险行业外资股比限制的重大措施落地，同时加大开放力度，加快保险行业开放进程，放宽外资金融机构设立限制，扩大外资金融机构在华业务范围，拓宽中外金融市场合作领域；尽快放宽汽车行业等制造业外资股比限制。第二，创造更有吸引力的投资环境。加强同国际经贸规则对接，增强透明度，强化产权保护，坚持依法办事，鼓励竞争、反对垄断；2018年上半年将完成修订外商投资负面清单工作，全面落实准入前国民待遇加负面清单管理制度。第三，加强知识产权保护。重新组建国家知识产权局，完善执法力量，加大执法力度，把违法成本显著提上去；保护在华外资企业合法知识产权，希望外国政府加强对中国知识产权的保护。第四，主动扩大进口。中国不以追求贸易顺差为目标，真诚希望扩大进口，促进经常项目收支平衡；2018年将相当幅度降低汽车进口关税，同时降低部分其他产品进口关税，加快加入世界贸易组织《政府采购协定》进程；希望发达国家对正常合理的高技术产品贸易停止人为设限，放宽对华高技术产品出口管制；欢迎各国来华参加2018年11月在上海举办的首届中国国际进口博览会。这一系列对外开放重大举措的贯彻落实，既惠及中国企业和中国人民，也惠及世界各国企业和人民，将推动中国对外开放的质量和水平打开一个全新的局面。

中国的对外开放已走过了40年历史行程，开放，已经成为当代中国的鲜明标识，中国将坚定不移奉行互利共赢的开放战略，始终做全球共同开放的重要推动者、世界经济增长和全球治理改革的积极贡献者。中国开放的大门不会关闭，只会越开越大。随着经济全球化深入发展和我国社会主义市场经济体制不断完善，我国对外开放面临的内外条件正在发生深刻变化，既为我们扩大对外开放、推动经济又好又快发展提供了良好机遇，也对我们在日趋激烈的国际竞争中牢牢掌握我国发展的主动权、切实维护国家经济安全提出了严峻挑战。我们要坚持以习近平总书记新时代中国特色社会主义思想为指导，全面把握我国经济社会发展面临的新形势新任务，继续抓住和用好重要战略机遇期，在新时代新起点上把"引进来"和"走出去"更好结合起来，扩大开放领域，优化开放结构，提高开放质量，完善内外联动、互利共赢、安全高效的开放型经济体系，形成经济全球化条件下参与国际经济合作和竞争新优势。要继续深化沿海开放，加快内地开放，提升沿边开放，实现对内对外开放相互促进。要加快转变外贸增长方式，立足以质取胜，调整进出口结构，促进加工贸易转型升级，大力发展服务贸易。要创新利用外资方式，优化利用外资结构，发挥利用外资在推动自主创新、产业升级、区域协调发展等方面的积极作用；创新对外投资和合作方式，支持企业在研发、生产、销售等方面开展国际化经营，加快培育我国的跨国公司和国际知名品牌；积极开展国际能源资源互利合作。同时要在对外开放中高度重视防范和化解重大风险。

第九章

建起"全世界最完整的现代工业体系"

—— 从"一辆拖拉机都不能造"到成为"世界工厂"

  近代以来,使中国实现工业化、成为一个现代化国家,是中国众多仁人志士的梦想,是实现中华民族伟大复兴的必然要求,也是实现"中国梦"的一个重要经济内涵。在旧中国,中国工业化历经坎坷,发展缓慢,先是在鸦片战争之前隔绝于世界市场和工业化大潮,接着在鸦片战争及以后的数次列强侵略战争中屡战屡败,成为积贫积弱的国家。新中国成立后,我们党领导人民开始大规模工业化建设。毛泽东提出,我们的任务就是要安下心来,使我们可以建设我们国家现代化的工业、现代化的农业、现代化的科学文化和现代化的国防。[①] 20世纪50年代,国家建设取得显著成效。后来,由于在指导思想上出现了"左"的错误,还发生了"文化大革命"那样的十年浩劫,加上我们对社会主义建设规律认识不够深入,大规模工业化建设未能顺利持续下去。党的十一届三中全会开启了改革开放历史新时期。40多年来,尽管遇到各种困难,但我们创造了第二次世界大战结束后一个国家经济高速增长持续时间最长的奇迹。我国经济总量在世界上的排名,改革开放之初是第11位;2005年超过法国,居第五;2006年超过英国,居第四;2007年超过德国,居第三;2010年超过日本,居第二。2010年,我国制造业规模超过美国,居世界第一。我们用几十年时间走完了发达

[①] 参见《毛泽东文集》第8卷,人民出版社1999年版,第162页。

国家几百年走过的发展历程,创造了世界发展的奇迹。

一、近代以来中国工业的百年变奏

中国的制造业在上古时代已高度繁荣。据先秦文献《考工记》记载:"审曲面势,以饬五材,以辨民器,谓之百工……治丝麻以成之,谓之妇功。"① "百工",指的是审视与考察材料外在特征和内部特性,制备民生器具的人;"妇功",则是指将丝与麻织成衣物的人。"百工"和"妇功"所从事的都是制造业活动。更为具体地说,"百工"既可指周代主管营建制造的职官名,又可泛指各种工匠。称"百",意指工匠种类繁多,显示了先秦时代中国制造业已具有高度的部门分工。在漫长的岁月里,中国的"百工"和"妇功"一方面满足着国内各种日用需求,一方面将产品出口异域,成为中华文化流传四海的重要载体。

据测算,1750 年的中国在世界制造业产量中所占的相对份额为 32.8%,居世界第一,英国则仅为 1.9%;到了 1800 年,中国占比 33.3%,英国提升至 4.3%;至 1830 年,中国下降到 29.8%,英国则增至 9.5%,中国仍为世界第一;两国在 1860 年基本打了个平手,中国为 19.7%,英国为 19.9%,英国以微弱优势爬升至世界第一;而到了 1880 年,中国已滑落到 12.5%,英国则以占比 22.9% 稳居世界第一。② 也就是说,中国在历史上长期以来是世界上的制造业强国,但是中国的制造业还不能被称为现代工业,而英国在 19 世纪中叶后,则俨然成了真正意义上的世界工厂。天朝的崩溃并非一蹴而就,资本主义世界体系对中国经济的改造亦非一日之功。然而,《南京条约》签订后,中国被纳入了由英国占据中心地位的世界体系,并开始了一个沦为半殖民地国家的边缘化进程。这一世界经济史上真正的大分流,是资本主义利用工业的力量完成的。而随着中国以及日本、朝鲜、越南等东亚国家——被坚船利炮撬开国门,资本主义世界体系征服了最后一批古老的文明国家,全球化进入一个新的阶段。此后,中国经济的每一步发展,都

---

① 闻人军译注:《考工记》,上海古籍出版社 2008 年版,第 1 页。
② 参见〔美〕保罗·肯尼迪著,陈景彪、王保存、王章辉、余昌楷译:《大国的兴衰:1500—2000 年的经济变迁与军事冲突》,国际文化出版公司 2006 年版,第 144 页。

第九章
建起"全世界最完整的现代工业体系"

将受世界体系整体节奏的牵制。

内外交困的大清帝国,在结束了第二次鸦片战争并镇压了太平天国后,迎来了一段喘息期。依靠镇压太平军而崛起的一批官员,如曾国藩、李鸿章、左宗棠等,认识到坚船利炮的巨大威力,并意识到只有学习制造坚船利炮才能维系清帝国的统治。这批官员及其背后的皇族权贵,被称为洋务派,他们仿造坚船利炮的举措,也就是所谓洋务运动的一部分,而洋务运动开启了中国的工业化进程。洋务大臣们在若干地方创办了一批兵工厂,这些兵工厂通常聘请西方人作为技术指导与管理人员,并引进了西方的生产设备。曾国藩在安庆"设局造洋器"时,"全用汉人,未雇洋匠,虽造成一小轮船,而行驶迟钝,不甚得法"。因此,聘请外国雇员,学习西方的工业生产技术,成为洋务派办兵工厂的必然选择。在洋务派创办的军工企业中,成立于1865年的江南制造局最具代表性。在今天看来,洋务运动所开启的工业化虽然在诞生之初就面临着夭折的危机,但是,被并入资本主义世界体系后,中国经济终究不可避免地发生了变化,洋务派官员的视线也逐渐投向了军事工业之外的领域,中国的工业革命缓慢地迎来了新的推动力量。

甲午战争之后,清帝国因日甚一日的财政压力,已很难再大张旗鼓地兴办工业企业,投资办厂的主体日益转为民间资本。据统计,在1895年以前,中国每年开办的厂矿数量仅能以个位数计,一年开设8家企业已达顶点[1]。然而,1895年以后,新工业企业的创办明显加速,这显示了民间资本的力量,也预示着中国的工业革命具有蓬勃的生命力。不过,一直到辛亥革命推翻清王朝为止,中国的工业发展程度仍极其幼稚。清帝国覆灭前夕,日本人这样评价中国的经济发展程度:手工业在欧洲,在16、17、18世纪是作为工厂制发展的前驱而展开的制度,在当今国民经济竞争十分剧烈的时代,实为幼稚而有害的制度,此点无须赘言。清国在对外贸易中,工业品输入量年多一年,然其重要输出货物中几乎没有工业品。清国可谓尚未进入李斯特所谓农工业时代之国。[2]

---

[1] 参见严中平等编:《中国近代经济史统计资料选辑》,中国社会科学出版社2012年版,第69页。

[2] 参见李少军编,李少军译:《晚清日本驻华领事报告编译》第4卷,社会科学文献出版社2016年版,第344页。

李斯特曾构建一套经济史发展阶段理论，认为一个国家经济的进化，要从渔猎时代到农业国时代，再过渡到半农业半工业时代，最后成为发达的工商业国家。19世纪末，日本朝野极为推崇李斯特的工业化理论，而以李斯特之学说衡量，日本已经成为半农业半工业国家即所谓"农工业时代之国"，中国则确实仍停留于纯农业国阶段。

辛亥革命推翻清帝国后，中国工业的发展似乎扫除了政治体制的障碍，将要迎来一个全新的时代。巧合的是，中华民国成立两年后，第一次世界大战爆发，欧洲列强的力量从东亚撤出，留下的市场空间给了中国企业以宝贵的发展契机。一时之间，中国工业高歌猛进，一个名副其实的春天到来了。1912年12月，孙中山在上海机器公会成立大会上发表演说称：我中国在地球上数千年来文明最早，本是富强的国，何以现在退步至不堪言状。现在中国在地球上为一最贫弱之国，皆因教育、实业两不发达以致于此。他呼吁上海机器工会自用聪明才力，发明种种机器，庶几驾乎各国之上。①

制造机器并运用机器是工业化的核心之一，孙中山揭示了工业化与国家富强之间的关系，并赋予了工业化在新造之民国的政治合法性，这对于民间资本投资工业是极大的鼓励，青年毛泽东一度也想投身实业报效国家。毛泽东在辛亥年间参加了湖南的革命军，在孙中山与袁世凯达成和议后，他认为革命已经结束，便退出军队，通过报纸广告来选择报考的学校。据毛泽东回忆：我看到一所制造肥皂的"学校"的广告，不收学费，供给膳宿，还答应给些津贴。这则广告很吸引人，鼓舞人。它说制造肥皂对社会大有好处，可以富国利民。我改变了投考警校的念头，决定去做一个肥皂制造家。后来，他又被商业学堂吸引：另外一位朋友劝告我，说国家现在处于经济战争之中，当前最需要的人才是能建设国家经济的经济学家。他的议论打动了我，我又向这个商业中学付了一元钱的报名费。②

当然，毛泽东最后既没有成为肥皂制造家，也没有成为经济学家。但毛泽东的回忆表明，辛亥革命后，发展工业并与外国展开经济竞争的

---

① 参见《孙中山全集》第2卷，中华书局2011年版，第559—560页。
② 参见〔美〕埃德加·斯诺著，董乐山译：《西行漫记》，东方出版社2010年版，第133页。

第九章
建起"全世界最完整的现代工业体系"

思想,在社会上广为传布,影响着当时中国一大批青少年的人生选择。一时之间,中国政治上的辛亥革命,似乎也要为经济上的工业革命扫清制度与文化上的障碍。1934年,费正清来华考察,通过一个在全国经济委员会工作的朋友,我们参观了南洋兄弟烟草公司的工厂。我们看到了3000名女工,39个卫生间,现代化机械,每天工作10小时,而空气质量却很糟糕,但并无大害。① 费正清当时看到的上海工厂,是当时中国不多的可以向外人展示的工业化样板。但是,从1912年帝制结束到1949年,中国仍未实现工业起飞。

从某种程度上说,中国共产党是近代以来中国工业化的产物。工业化在中国制造了无产阶级工人这一群体,他们虽然人数不多,但是有着比较好的组织性和革命性。中国共产党自诞生之初,便是中国工业化的坚定推动者,也是先进工业文化的捍卫者与传播者。20世纪20年代,中国社会掀起了一场"以农立国"抑或"以工立国"思想大论战。一些守旧的知识分子,认为中国不应该发展工业,只应该维持农业国的地位。在这场论战中,恽代英旗帜鲜明地率先批判了"以农立国"论,指出中国若不发展工业,将成为一个"永只得以原料供给其所谓母国"的殖民地。② 因此,发展工业以实现独立富强,一直是中国共产党的远大目标之一。然而,在长期的革命斗争中,囿于艰苦的环境与简陋的条件,中国共产党缺乏发展现代工业的机会,只能因陋就简地在根据地展开零星的工业活动。但这些发展工业的努力,如同星星之火,蕴藏着燎原之势。

抗日战争时期,在极为艰苦的环境中,中国共产党在根据地也发扬自力更生的精神,进行了更多的工业建设尝试。例如,凭借上海资本家沈鸿内迁到延安的机器设备,陕甘宁边区成立了农具工厂,此外,还替印刷厂修理印刷机。农具工厂的翻砂股长赵占魁后来成为边区的劳动英雄,边区还掀起了一场名为"赵占魁运动"的生产竞赛运动。当时的新闻报道称赞赵占魁有"冲锋在前,退却在后"的精神,"是我们边区公营工厂工人的模范。"这种精神,就是中共革命根据地的劳模精神。因

---

① 参见〔美〕费正清著,闫婷、熊文霞译:《费正清中国回忆录》,中信出版社2013年版,第67页。
② 参见罗荣渠主编:《从"西化"到"现代化"》下册,黄山书社2008年版,第775—776页。

此，在艰难困苦的战争环境下，中国共产党在自力更生发展工业的过程中，创造出了一种新的社会主义工业文化，为新中国成立后国家工业化进程奠定了坚实的精神基础。

二、建立起比较完整的工业体系

1949年10月1日，中华人民共和国成立，胜利结束了中国近百年来的内部衰败化与半边缘化，第一次实现了国家的高度的政治统一与社会稳定，标志着国家工业化进入新的历史时期。新生的人民政府面对着百废待兴的局面，以高瞻远瞩的姿态描绘了一幅国家工业化的蓝图。在极短的时间内，新政权接收了近代中国的遗产，实现了工业经济的恢复。同时，新政权还以强大的国家意志对整个国民经济进行改造，为一个全新的国家工业体系奠定了基础。

中华人民共和国成立后选择优先发展重工业的战略，这是多方面因素促成的，尤其是为了捍卫主权独立。1953年，周恩来即指出：如果工业不发展，已经独立了的国家甚至还有可能变成人家的附庸国。对于社会主义国家，我们能不能有依赖心理呢？比如由苏联搞重工业、国防工业，我们搞轻工业，这样行不行呢？我看不行。[1] 1954年6月，毛泽东指出："我们的总目标，是为建设一个伟大的社会主义国家而奋斗。我们是一个六亿人口的大国，要实现社会主义工业化，要实现农业的社会主义化、机械化，要建成一个伟大的社会主义国家，究竟需要多少时间？现在不讲死，大概是三个五年计划，即十五年左右，可以打下一个基础。到那时，是不是就很伟大了呢？不一定。我看，我们要建成一个伟大的社会主义国家，大概经过五十年即十个五年计划，就差不多了，就像个样子了，就同现在大不一样了。现在我们能造什么？能造桌子椅子，能造茶碗茶壶，能种粮食，还能磨成面粉，还能造纸，但是，一辆汽车、一架飞机、一辆坦克、一辆拖拉机都不能造。"[2] 毛泽东讲的这段话形象地阐明了新中国成立初期的工业基础何等薄弱，如果没有强大

---

[1] 参见中共中央文献研究室：《周恩来经济文选》，中央文献出版社1993年版，第151—152页。

[2] 《毛泽东文集》第6卷，人民出版社1999年版，第329页。

第九章
建起"全世界最完整的现代工业体系"

的工业尤其是重工业，新生的人民政权就站不住脚。1955年，一本面向农村的宣传读物用形象生动的语言表述：（有些人）看到食糖、食油供应得不够充分，就埋怨政府重工业发展得太多了，要求多发展轻工业，这是不对的。不着重发展重工业，哪里来的新糖厂呢？到外国去买机器吗？这就像没有根的树、没有源泉的水一样，只能一时的兴旺，不能保证不断地发展。为强化宣传效果，该读物还引用了"盖屋先造基，吃蛋先养鸡"这一俗语打比方。① 若不考虑现实资源的制约性，这种重工业优先论在逻辑上完全成立。但中国作为农业国，欲发挥上述逻辑恰恰存在着强大的资源禀赋瓶颈。而为了打破瓶颈，在公有制基础上将国民经济计划化，使资源通过人为手段倾斜至重工业部门，又成为当时最佳的政策选择。

1955年7月30日，一届人大二次会议审议通过了国务院提交的中共中央制定的"一五"计划。此时，距"一五"计划规定的起始时间已经过去了两年半。因此，新中国的第一个五年计划，实际上是边制定、边实施。这反映了初次制定中长期国民经济和社会发展计划的复杂度与困难度。其中，"一五"计划的中心是156项重点工程。156项重点工程在"一五"期间实际开工的项目中，仅1个轻工业项目和2个医药工业项目，其余144个项目分布在煤炭、石油、电力、钢铁、有色金属、化工、机械和军工等重工业部门，真正贯彻了重工业优先战略。这些项目中，有不少填补了中国工业的空白，如长春第一汽车厂、武汉重型机床厂、洛阳拖拉机厂、富拉尔基重机厂等，其产品均为近代中国所不能制造或无法批量生产者。由此可见，156项重点工程为中国的工业化奠定了一个全新的物质基础。

1957年，苏联先于美国发射了人造卫星，受此鼓舞，毛泽东在莫斯科会议上作了一番热情洋溢的讲话，提到：西方世界被抛到我们后面去了。抛得很近还是抛得很远？照我讲——也许我这个人有些冒险主义，我说，永远地抛下去了。② 苏联的榜样激发了中国领导人的乐观情绪和赶超斗志。1958年2月2日，《人民日报》发表社论《我们的行动

---

① 参见严鹏：《简明中国工业史（1815—2015）》，电子工业出版社2018年版，第136页。
② 参见《建国以来毛泽东文稿》第6册，中央文献出版社1992年版，第634页。

口号——反对浪费，勤俭建国!》，提出了国民经济"全面大跃进"的口号。5月，中共八大二次会议召开后，"大跃进"运动在全国范围内从各个方面开展起来。对中国工业来说，"大跃进"不啻一场超负荷的急行军。后来，在"不断革命论"的指导下，急于求成的工业化和强过渡造成了现代化的自我断裂，结果反而丢失了20年难得的历史机遇。

  从新中国成立到改革开放前30年，新中国工业化在波动中前进，我们尽管犯过一些错误，但我们还是在30年间取得了旧中国几百年、几千年所没有取得过的进步。我们的经济建设曾经有过较快的发展速度。[①] 例如，1960年，按照集中兵力打歼灭战的原则，石油工业部从全国30多个石油厂矿、院校，抽调几万名职工，调集几万吨器材设备，在大庆展开了石油会战。石油工业部在后来的报告中写道：这一仗，确实打得很艰苦。那时候，几万人一下子拥到一个大草原上，各方面遇到的困难，确实很多。上面青天一顶，下面草原一片。当时，几万人，包括几千工程技术人员，其中有大学教授、博士，都到了那个地方，天寒地冻，一无房屋，二无床铺，连锅灶、用具也很不够。而且还是沼泽地，蚊子多得吓人，脚上、头上到处咬你。[②] 会战之艰苦于此可见一斑，但是，参加会战的石油系统职工，硬是鼓足干劲，苦干、硬干，将困难一一克服。在这个艰苦奋斗的过程中，被誉为"铁人"的王进喜脱颖而出，成为时代的模范。

  1960年3月，王进喜率领他的钻井队赴东北参加大庆石油大会战，在临出发前的玉门誓师大会上，王进喜喊出：宁可少活二十年，拼命也要拿下大油田! 王进喜抵达大庆后忘我地投入工作，被人赞为"一出马就不一样"。而据石油部的报告记载，"铁人"这个称呼的由来是这样的：附近牛场里面，有个老大娘看到他们很辛苦，提了一篮子鸡蛋慰问他们，她很感动地说：你们石油这个王队长呀，真是个"铁人"! 快劝他回来，休息休息呀![③] 于是，"铁人"就成为王进喜的称号了。实际

---

  ① 参见《邓小平文选》第3卷，人民出版社1993年版，第118页。
  ② 参见中共中央文献研究室编：《建国以来重要文献选编》第18册，中央文献出版社1998年版，第139页。
  ③ 参见中共中央文献研究室编：《建国以来重要文献选编》第18册，中央文献出版社1998年版，第132页。

第九章
建起"全世界最完整的现代工业体系"

上,在大庆石油会战中,不只是王进喜,整个会战队伍都是奋不顾身、顽强战斗的。因此,大庆油田自会战开始后,3 年生产原油 1000 多万吨,1963 年 11 月召开的全国人民代表大会第二届第四次会议向世界宣布:我国经济建设、国防建设和人民生活所需的石油,不论在数量和品种方面,基本上都可以自给了。[①] 这一新闻轰动了全球。正是在这样的背景下,1964 年年初,毛泽东发出"工业学大庆"的号召,指出:大庆油田建设不过 3 年,投资少、时间短、效率高、收效大,年产 600 万吨。要求"全国学解放军,学大庆"。从此,"工业学大庆"成为毛泽东时代中国工业文化最突出的表征之一。

1978 年 12 月召开的十一届三中全会作出了把工作重点转移到社会主义现代化建设上来的战略决策,提出了要注意解决好国民经济重大比例严重失调的要求,制定了关于加快农业发展的决定。因此,中国的工业化战略,实际上开始重构。一方面,具有国防色彩的重工业优先发展战略被更具民生色彩的工业化战略所取代;另一方面,工业化所依托的经济体制,也由封闭性的计划经济体制逐渐转变为开放性的市场经济体制。宏观层面上,中国重新融入世界市场;微观层面上,国营企业的管理体制开始改革,各种新的工业企业主体同时涌现。在市场化的大背景下,中国工业化战略的重构,其基本内涵即在于回归比较优势。但是,这种回归并没有完全放任市场自由演化,国家仍然发挥着重要作用。

在改革开放大潮中,工业企业主体日益多元化,除了国营企业得到快速发展外,一批中外合资企业、乡镇企业、私人创办的企业异军突起。例如,上海大众汽车有限公司就是非常典型的中外合资企业,如今在中国汽车制造领域依然占据重要地位。乡镇企业方面,鲁冠球创办的杭州万向节总厂,创业时只是一个 7 人的铁匠铺,资产才 4000 元。在激烈的市场竞争中,靠着"以丰补歉"的忧患意识和"未雨绸缪"的超前意识,企业规模不断扩大。

1997 年,东南亚发生了严重的金融危机,不但削弱了曾经耀眼一时的"四小龙",也沉重打击了马来西亚、泰国等希望沿着"四小龙"

---

① 参见中共中央文献研究室编:《建国以来重要文献选编》第 19 册,中央文献出版社 1998 年版,第 470 页。

足迹进行工业化的新兴经济体。而在20世纪90年代更早些时候，日本的泡沫经济破灭，陷入长期停滞。在世界体系中，作为后发工业化成功范例的东亚，开始遭到一片质疑。然而，当大部分东亚经济体因金融危机而哀鸿遍野时，1997年，中国的工业制成品出口1587.7亿美元，增长22.9%，占出口总值的比重由上年的85.5%提高到86.9%；初级产品出口239.3亿美元，增长9.1%，占外贸出口总值的比重由上年的14.5%下降到13.1%。全年机电产品出口593.2亿美元，增长23%，占外贸出口总值的32.5%。① 一个新的世界体系资本积累中心若隐若现。

"2016年12月26日是毛泽东同志诞辰123周年。他领导的中国共产党不仅建立了独立自主的新中国，还使中国建成了独立完整的工业体系……"共青团中央官微上一条文字，引起了众多共鸣，被转发近6万次，吸引评论3万余条。这是共青团中央与国资委联合近百家中国企业共同推出的"中国制造日"活动，纪念中国制造业的缔造者毛泽东。航天科技、航天科工、兵器工业、中核、东风、中铁建、中交建等巨型中国国企旗舰，以及海尔、格力、OPPO、中兴、TCL、小米、九阳等中国民族企业标杆纷纷留言互动，表达对伟人的敬仰，以及对中国制造日益享誉国际的自豪。2018年12月26日，共青团中央和国资委在网络上再次发起"中国制造日"活动，大多数网友纷纷留言，向百年来为"中国制造"崛起而奉献青春的前辈们致敬。但是，有一条留言却让广大网友为之侧目，这条留言说："厉害了你的国！天天让人卡脖子，还有脸提中国制造？"言语中透露出对中国制造成就的不屑和不解。出人意料的是，众多国企的微博纷纷对这条留言作出回应：国资委微博说："怕个啥？想当初，全国科技人员不足5万人，核心技术被全面封锁，一样搭建了全产业链的工业格局，一样搞出两弹一星；而现在，仅央企就有153.5万科技人员、233万技师、56万余件有效专利，这些都是我们应对卡脖子的底气！"中国铁建官微说："想当初，进口盾构机，技术专家要人家配，检修都拉警戒线不让我们看。但卡脖子就怕了吗？我们

---

① 参见国家经济贸易委员会编：《中国工业五十年（第8部 1993—1999）》（下），中国经济出版社2000年版，第3448页。

硬是从设计图纸开始，造出了中国的盾构机，占全球市场份额 2/3，顺便拉低国外同类产品价格 40％。"南方电网官微说："想当初，我们就被超高压卡住了脖子，但那又怎么样？现在，我们不仅突破了超高压，还搞定了特高压。"中国建筑官微说："卡脖子？想当初，李鸿章访问美国被 20 层高楼震撼。我们从 80 年代自主创新，研发了世界首创两天半一层楼的'空中造楼机'，拥有千米级摩天大楼的建造技术，包揽全球 500 米以上一半的超高楼层。"中国兵器工业集团官微的回应中，字里行间透着一股坚毅："没有封锁哪来自强，不经历烈焰，何以淬火成钢？我的名字，就是历经苦难的缩影，我的现在，就是自强不息的勋章！"

"中国制造"一切的一切，从来就没有什么轻而易举，从来就没有什么理所当然；从来就没有相同的起跑线，也从来就没有什么一蹴而就。几十年前，中国还是一穷二白，百废待兴。在几代中国人孜孜不倦的努力下，几十年间，中国逐步建立起一套独立完整的工业体系，为中国特色社会主义的伟大事业奠定了物质基础。

三、透视"中国制造"的全球影响力

在美国东部路易斯安那州的小城巴吞鲁日，萨拉·邦焦尔尼女士有一个典型的美式中产阶级家庭，她曾是印第安纳大学新闻硕士，2005 年夏辞职成为自由撰稿人；丈夫凯文是路易斯安那州立大学本科学院院长、法语系教授，两口子年收入在 10 万美元以上，有一个 5 岁的儿子和 2 岁半的女儿。2004 年圣诞节过后，当萨拉看到带有"中国制造"标签的产品占据了家里"半壁江山"时，一种不安涌上心头。经过盘点她发现，所有圣诞礼物里中国产品 25 件，而非中国产品仅有 14 件。西方传统的圣诞节成为"中国制造"的节日。作为西方人一种本能的反应，萨拉·邦焦尔尼立即想把"中国"关在门外。同时她也想试试，看自己家里是否能摆脱对中国产品的依赖。于是，她开始了一个实验：全家一年不采购任何"中国制造"。从 2005 年 1 月 1 日起，萨拉·邦焦尔尼一家开始了抵制中国产品特别活动，保留家里已经拥有的"中国制造"产品，但绝不再购进任何"中国制造"新产品。按照萨拉·邦焦尔尼本来的想法，她全家告别价格低廉的"中国制造"不会太难。但试验的结果,已经随着她的"试验报告"《没有"中国制造"的一年》在美国传统大报《基督教科学箴言报》上的发表而家喻户晓了。萨拉全家的生活变得一团糟:丈夫因没有合适的鞋子而整天嘟嘟囔囔;5 岁的儿子因为没有可心的玩具而失去了欢笑;她作为主妇更是心烦意乱,每到节日还买不到适合自己家居的装饰品,过得既昂贵又痛苦。她的结论是:像她家这样的美国消费者,是不可能离开"中国制造"的。她在书中写道:"中国",在 DVD 播放机上散发着幽蓝的光;"中国",在客厅一角圣诞树上垂下的灯泡和玻璃球上闪闪发亮;"中国",在我脚下的条纹袜子上蹭得我脚痒痒;"中国",躺在门口那一堆脏鞋上,透过红发洋娃娃的刺绣眼睛,打量着周围的世界,还用中国造的咀嚼玩具,逗弄着我家的狗;"中国",从钢琴上摆放的台灯洒下一轮黄色的光晕。[①] 中国,正开始成为令普通美国人在日常生活中能够实际感知的世界工厂。

有人曾做过这样的统计,美国人一天 24 小时,从起床的闹铃、吃饭的桌椅、上班的公文包、旅游的休闲鞋、孩子的玩具到睡觉的拖鞋和睡衣,"中国制造"的标签随处可见。而另一个十分具体的数据是,2005 年,中国向全球出口鞋类产品 69.1 亿双,地球村里平均每个人就要穿 1.3 双中国鞋。[②]

"世界工厂"不仅是某些工业制成品的全球主要供应者,而且是一系列对经济发展起关键性拉动作用的主导产业和主导产品的全球主要生产商。这不仅要求生产国有廉价的劳动力和丰富的原材料和其他配套资源的供应,更重要的是生产国能够抓住世界范围内大规模技术创新和产业结构调整的机遇,不断提高自身的自主技术研发创新能力,掌握当时领先的技术,并在本国实现大规模生产,成为世界新经济的代表、全球工业技术进步的领头人,中国制造业真正控制世界市场并影响全球的经济发展,这才是真正的"世界工厂"。在历史上,被公认为世界工厂的两个国家分别是英国和日本。从 1760 年至 1830 年,英国制造业占世界总量从 1.9% 上升到 9.5%,1860 年达到了 19.9%,这一年,英国生产了全世界 53% 的铁、50% 的煤。煤、铁生产,棉纺织业和机器制造业

[①] 参见〔美〕萨拉·邦焦尔尼著,闫佳等译:《离开中国制造的一年:一个美国家庭的生活历险》,机械工业出版社 2008 年版,第 6 页。

[②] 参见张锐、黄志忠:《国际化:"中国制造"的变奏》,《大财贸》2006 年第 4 期。

第九章
建起"全世界最完整的现代工业体系"

都在这一时期取得绝对优势。其次,战后废墟上成长起来的日本在其后30年间创造了一系列奇迹,发展自己的技术,打造自己的品牌。日本很多产品都领先于世界并拥有自己的国际品牌,如松下、索尼、东芝、本田和丰田等。从20世纪80年代开始,中国工业制成品出口值就超过初级产品出口值,而且其差距不断扩大,到2016年,工业制成品出口值为初级产品出口值的18.9倍。因此,中国排名世界第一的出口位次,是由工业制成品出口贡献的,从这一指标衡量,中国是名副其实的世界工厂。正是凭借强大的工业制成品出口能力,中国制造席卷全球,进入亿万如萨拉·邦焦尔尼那样的普通人的日常生活中。

以先进制造业为标志的现代工业社会是迄今为止人类历史上经济最发达和国家最强盛的时期,进入工业化进程的国家大都希望能够成为制造业强国。但是,即使完成了工业化,成为"工业国",也未必就能成为制造业强国。在当今被称作"工业国"的数十个国家中,真正成为制造业强国的屈指可数。可见,制造业强国并不是一个可以水到渠成的目标。只有具备特殊的条件,并经过超乎一般的努力,一国才可能成为制造业强国。从欧美工业国"去工业化"到"再工业化"的曲折过程可以看出制造业的巨大作用。从20世纪八九十年代开始,美国和西欧国家出现明显的"去工业化"现象,制造能力衰退、失业和经济发展乏力等问题日趋突出,引起这些国家朝野各界的广泛讨论。美国和欧洲一些学者认识到制造业和服务业是互补关系而不是替代关系。如果政府政策短视或者对制造业衰退继续视而不见,不仅美国制造业公司和工人的利益遭受损害,而且所有美国人的生活水平都会下降。美国经济不大可能依靠服务业消除巨大的贸易逆差,更不可能完全依靠服务业继续保持高收入水平。美国和欧洲一些国家对工业化的反思促使其更加重视制造业。

美国作家沃麦克在其畅销书《改变世界的机器》开篇即开宗明义:一个国家要生活得好,首先必须生产得好。话语朴实,道理深刻,表明制造业是一国经济发展的基础。放眼世界,一国制造业的水平,决定该国在世界上的地位。老牌帝国英国靠工业革命率先成为"世界工厂",美国靠强大的现代工业成为世界第一大经济体,德国和日本靠强劲的工业体系成为制造业强国,也使其在二战后迅速崛起,中国借改革开放之东风和全球化之机遇,在新一轮的全球竞争中成为世界制造工厂,也使中国成为第二大经济体。没有强大的制造业，就没有国家和民族的强盛。①

制造业的壮大助中国成为"世界工厂"，由此也成为创造"中国奇迹"的主力。如今，中国经济增长正不以人的意志为转移地进入"换挡期"，中国的制造业也处于何去何从的十字路口。中国制造业的未来谋划不但关乎企业生死存亡的微观，而且关乎国家竞争力的宏观。我们靠"世界工厂"地位的确立提升了中国的国际地位。中国一旦出现制造业的滑坡甚至下沉，将会从根基上削弱中国的长期竞争力。我们必须坚定不移地推动中国的经济转型，坚定不移地推动中国制造业的由大变强。

四、"中国制造"从低端加速迈向中高端

长期以来，"中国制造"一直被贴着"廉价、低端、山寨、劣质"的标签，即使在2010年，中国取代美国成为全球第一制造大国，仍不能摆脱，甚至一度有一种说法称，中国要出口8亿件衬衫，才能换回一架波音飞机。但是，近年来随着中国企业科技实力的提升和国家经济转型升级，中国制造正在从低端加速迈向中高端。以电网建设为例，1982年，中国第一条500千伏输变电工程投运。1994年，武汉高压研究所建成了中国第一条百万伏级特高压输电研究线段。2004年，国家电网公司提出了建设以特高压电网为骨干网架，各级电网协调发展的坚强国家电网的战略目标，全面开展了特高压输电前期研究以及特高压试验示范工程建设的准备工作，2006年6月20日，国家发改委下发关于开展特高压输电示范工程前期工作的通知，8月9日又正式核准了晋东南—南阳—荆门1000千伏特高压交流试验示范工程。工程于2006年年底开工建设，2008年12月30日投入试运行，2009年1月6日投入商业化运行，标志着中国的电网电压达到了世界最高水平；在直流输电工程方面，2010年6月18日和7月8日，世界上电压等级最高的云南至广东±800千伏特高压直流输电工程与向家坝至上海±800千伏特高压直流

---

① 参见中国经济时报制造业调查组：《中国制造业大调查：迈向中高端》，中信出版集团2016年版，第1页。

第九章
建起"全世界最完整的现代工业体系"

输电工程先后建成,实现双极成功投运。① 在电网建设的背后,特变电工沈阳变压器有限公司、西安西电开关电气有限公司、中国西电集团公司等装备制造企业,发挥了重要作用。

说到制造业转型升级,浙江省显然具有代表性。进入 21 世纪以来,浙江经济发展提出了结构调整的历史诉求。2002 年,中共浙江省第十一次党代会提出了围绕建设先进制造业基地,抓住国际产业转移的机遇,大力推进工业结构战略性调整,提高制造业整体发展水平的发展目标,产业提升、"数字浙江"、智能化、信息化等概念不断被提出,浙江开始走向新型工业化道路。2004 年 2 月 3 日,习近平在浙江全省民营经济工作会议上的讲话中指出:"当前,我省正在进入一个高技术高附加值制造业、重化工业和现代服务业加快发展的新阶段,民营经济要实现新的飞跃,必须顺应趋势,加快产业升级,推进产业创新。要以建设先进制造业基地为契机,加快运用高新技术和先进适用技术改造提升传统优势产业,加强基础装备创新、工艺创新和产品创新,努力把这些特色优势产业建设成为高附加值加工制造业。鼓励和支持民营企业进入高新技术产业,大力发展多形式、多层次的民营科技企业。鼓励和支持民营企业进入一些关系国计民生的特殊制造业领域,积极参与重化工业和装备制造业大型项目的投资、建设和经营。"② 对民营经济大省浙江来说,习近平的指示极具针对性。

在这样的背景下,以吉利汽车为代表的民营企业迅速发展起来。吉利的创办者李书福是浙江台州人,1979 年在台州路桥做小五金生意,1984 年开始为杭州的冰箱厂家做蒸发器配件,并成立了黄岩县石曲冰箱配件厂。冰箱厂下马后,1990 年,李书福成立黄岩市吉利装潢材料厂,开发镁铝曲板装饰材料,1993 年,该厂更名为黄岩市吉利(集团)公司。1994 年,李书福进入摩托车行业。1996 年,黄岩市吉利集团更名为浙江吉利集团公司。就在那一年,李书福决心造汽车。当时,出于政策等各种原因,民营企业造汽车被认为是不可能的事情,李书福因过

---

① 参见高鹏主编:《中国输变电设备制造》,中国电力出版社 2015 年版,第 232—233、371 页。

② 习近平:《干在实处 走在前列——推进浙江新发展的思考与实践》,中共中央党校出版社 2006 年版,第 79 页。

于执着而被人称为"李疯子"。1997年,李书福收购了四川德阳一家濒临破产的国有汽车工厂,取得了进入汽车行业的资质。1998年,吉利依靠钣金工模仿天津夏利车型,手工敲打出第一款"豪情"两厢车。作为不断创新的企业家,李书福曾说:"造汽车有什么难的,不就是摩托车再加两个轮子吗?"[①] 正是凭借这种豪情,吉利闯入了几乎被合资企业垄断的轿车工业。为了打开市场,吉利掀起了价格战,对标于天津夏利的8万元,吉利豪情以5万元之下的价格吸引了一大批消费者。1999年,李书福对视察吉利的副总理曾培炎说道:"请允许民营企业大胆尝试,允许民营企业家做轿车梦,大众在上海的投资累计46亿,而我只需要26亿就可以造很好的轿车,几十亿的投资我们不要国家一分钱,不向银行贷一分钱,一切资金民营企业自负。如果会失败的话,请给我一次失败的机会吧。"李书福的话得到了副总理的肯定。依靠价格战,吉利在市场上站稳了脚跟。随着越来越多的专家和技术人员进入吉利,这家企业也开始迈向现代化。[②]

2006年1月9日,胡锦涛在全国科学技术大会上的讲话中提出要建设创新型国家,进一步阐明自主创新的战略意义:自主创新能力是国家竞争力的核心……特别是在关系国民经济命脉和国家安全的关键领域。真正的核心技术、关键技术是买不来的,必须依靠自主创新。要把提高自主创新能力摆在全部科技工作首位,在若干重要领域掌握一批核心技术,拥有一批自主知识产权,造就一批具有国际竞争力的企业,大幅度提高国家竞争力。[③] 这就表明自主创新不仅仅是科技发展战略,也是依托于企业的工业化战略。2006年2月13日,国务院发布了《关于加快振兴装备制造业的若干意见》,将自主创新战略落实为具体的产业政策。该《意见》指出,装备制造业是为国民经济发展和国防建设提供技术装备的基础性产业,但中国装备制造业还存在着自主创新能力弱、对外依存度高、产业结构不合理、国际竞争力不强等问题。为此,国务院决定选择一批重大技术装备和产品作为重点,加大政策支持和引导力

---

① 郑作时:《汽车"疯子"李书福》,中信出版社2007年版,第198页。
② 参见路风:《走向自主创新:寻求中国力量的源泉》,广西师范大学出版社2006年版,第113页。
③ 参见《胡锦涛文选》第2卷,人民出版社2016年版,第404页。

度，实现关键领域的重大突破。《意见》列出了16项主要任务，包括大型清洁高效发电设备、大型煤化工成套设备、大型海洋石油工程设备、民用飞机及发动机的制造等，涵盖了经济社会发展的方方面面，具有全局性与战略性。

自主创新政策的出台体现了国家工业化战略，其具体落实则有赖于一批企业在激烈的市场竞争中艰苦奋斗。实际上，一些企业正是在市场竞争中，自己体会到了自主创新的重要性。格力电器的董明珠称："2001年的时候，我们曾谋求从日企手中购买多联式中央空调技术，遭到对方拒绝。他们告诉我们'这种技术我们是不会卖的，因为它现在是世界上最先进的技术'。日本人一句话打醒了我们，回来后，我们开始认真地反思。最后得出一个结论，就是过去我们所谓跟别人的合作也好，或者说给别人贴牌也好，或者说别人的技术参数给你，并要求你按照这个规定来做，你生产出来的东西也还是别人的，而且给你的所谓合资技术是落后的，先进的东西不可能到你这里来。那么，唯一能够改变我们命运的是什么？就是自己独立创造。"痛定思痛后的格力电器自主研发了中国首项多联式中央空调技术，又相继生产出世界第一台超低温数码多联机组，以及具有自主知识产权的离心式冷水机组等；2009年，当格力电器再次与日企大金空调合作时，双方已站在一个平等的地位上，由格力电器出资5.1亿的资本控股，然后共同研发，成果共享。[①]

五、中国制造2025：兴国之路与强国之基

尽管中国已经成为向全球市场大量供应工业制成品的世界工厂，但中国工业经济在世界体系的产业链分工结构中，却并不占据高端。2005年9月8日，中国工业报社在一篇评论中指出了发达国家跨国公司布局下的世界工厂面临的诸多问题："……很少有从合资及对方控股企业中，拿到核心技术的成功案例。而跨国公司在中国设立的研发中心，也是在其全球版图中的一个附属，以实用型开发为主。资金——一个世界500

[①] 参见沈伟民：《新常态下的变革：对话37位中国企业家》，东方出版中心2015年版，第284页。

强控股85%的合资企业，某年在华营业额30多个亿，在地方上税500万元人民币；它控股一家国企51%股权一年余，却一分钱也没掏过。沿海某市走在招商引资的前列，三资企业占GDP的90%，而仅剩10%的国企是地方税收60%的来源。"① 杨青道出了跨国资本利用自身比较优势和中国的政策缺陷，试图将中国工业锁定在低端轨道上的事实。荣誉的桂冠从来就是用荆棘编成的，当今形势下，中国所面临的各项重大经济、社会和安全问题的解决都依赖于更加强大的工业能力。因此，在现阶段，中国最重要、最迫切的战略任务之一仍然是继续强健工业筋骨，发展成为制造强国。有了以先进制造业为实体的工业之筋骨，中国才能雄踞于世界大国之列，确保国家安全、民生福祉和民族昌盛，并且真正成为一个永远保持活力的创新型国家。②

新一轮科技革命和产业变革，正在带来国际产业分工格局的重塑与洗牌，而与中国加快产业结构调整的历史性交汇，也迫使中国必须实施创新驱动发展战略。2013年，在汉诺威工业博览会上，德国联邦教研部与联邦经济技术部提出了"工业4.0"这个一石激起千层浪的新概念。一位德国作者写道：数年以来，工业界一直处于一场重大而根本性的变革之中。这一变革在德国被称为工业4.0。德国政府已经宣布工业4.0为其高科技战略之核心部分，旨在确保德国未来的工业生产基地的地位。变革的核心在于工业、工业产品和服务的全面交叉渗透。这种渗透借助软件，通过在互联网和其他网络上实现产品及服务的网络化而实现。另一位德国作者则这样描述：德国创造出了一个词叫作"工业4.0"，定位于以蒸汽机、大规模流水线生产和电气自动化为标志的前三次工业革命之后的第四次工业革命。该理念意在通过充分利用嵌入式控制系统，实现创新交互式生产技术的联网，相互通信，即物理信息融合系统，将制造业向智能化转型。他进一步解释称：在"工业4.0"的理念中，产品本身就是生产过程中一个十分活跃的元素。这个理念也可以用"智能工厂"来解释，也就是说在这个工厂中，数字世界与物理世界

---

① 孙树义主编：《中国工业经济年鉴2006》下册，中国财政经济出版社2006年版，第560页。
② 参见金碚：《大国筋骨——中国工业化65年历程与思考》，广东经济出版社2015年版，第291页。

第九章
建起"全世界最完整的现代工业体系"

无缝融合。① 简单地说，工业 4.0 意味着传统上具有实体性的制造活动，被高度信息化了。德国出台工业 4.0 国家战略，意欲重新引领全球制造业潮流，美国欲凭工业互联网，重新立于新工业世界翘楚地位，在第四次工业革命中，德国和美国在抢夺这个世界的标准，给中国政府带来了巨大的挑战。

2015 年 5 月 19 日，李克强总理签批了《中国制造 2025》，部署全面推进实施制造强国战略。这是我国实施制造强国战略第一个十年的行动纲领，也是中国对包括工业 4.0 在内的挑战的应战。开宗明义，《中国制造 2025》突出了中国工业转型升级和跨越发展的紧迫感。从国际环境看：全球产业竞争格局正在发生重大调整，我国在新一轮发展中面临巨大挑战。国际金融危机发生后，发达国家纷纷实施"再工业化"战略，重塑制造业竞争新优势，加速推进新一轮全球贸易投资新格局。一些发展中国家也在加快谋划和布局，积极参与全球产业再分工，承接产业及资本转移，拓展国际市场空间。我国制造业面临发达国家和其他发展中国家"双向挤压"的严峻挑战，必须放眼全球，加紧战略部署，着眼建设制造强国，固本培元，化挑战为机遇，抢占制造业新一轮竞争制高点。从国内环境看：我国经济发展进入新常态，制造业发展面临新挑战。资源和环境约束不断强化，劳动力等生产要素成本不断上升，投资和出口增速明显放缓，主要依靠资源要素投入、规模扩张的粗放发展模式难以为继，调整结构、转型升级、提质增效刻不容缓。形成经济增长新动力，塑造国际竞争新优势，重点在制造业，难点在制造业，出路也在制造业。而现实是，建设制造强国的任务艰巨而紧迫：我国仍处于工业化进程中，与先进国家相比还有较大差距。制造业大而不强，自主创新能力弱，关键核心技术与高端装备对外依存度高，以企业为主体的制造业创新体系不完善；产品档次不高，缺乏世界知名品牌；资源能源利用效率低，环境污染问题较为突出；产业结构不合理，高端装备制造业和生产性服务业发展滞后；信息化水平不高，与工业化融合深度不够；产业国际化程度不高，企业全球化经营能力不足。因此，必须突出创新

---

① 参见〔德〕乌尔里希·森德勒主编，邓敏、李现民译：《工业 4.0：即将来袭的第四次工业革命》，机械工业出版社 2014 年版，第 1—2、42—43 页。

驱动，更多依靠中国装备、依托中国品牌，实现中国制造向中国创造的转变，中国速度向中国质量的转变，中国产品向中国品牌的转变，完成中国制造由大变强的战略任务。①

为了实现中国制造"由大变强"的战略目标，《中国制造2025》制定了"三步走"的方案：（1）第一步：力争用十年时间，迈入制造强国行列。到2020年，基本实现工业化，制造业大国地位进一步巩固，制造业信息化水平大幅度提升。到2025年，制造业整体素质大幅提升，创新能力显著增强，全员劳动生产率明显提高，"两化"（工业化和信息化）融合迈上新台阶。（2）第二步：到2035年，我国制造业整体达到世界制造强国阵营中等水平。创新能力大幅提升，重点领域发展取得重大突破，整体竞争力明显增强，优势行业形成全球创新引领能力，全面实现工业化。（3）第三步：新中国成立100年时，制造业大国地位更加巩固，综合实力进入世界制造强国前列。制造业主要领域具有创新引领能力和明显竞争优势，建成全球领先的技术体系和产业体系。② 具体的战略任务包括9个方面：（1）提高国家制造业创新能力；（2）推进信息化与工业化深度融合；（3）强化工业基础能力；（4）加强质量品牌建设；（5）全面推行绿色制造；（6）大力推动重点领域突破发展；（7）深入推进制造业结构调整；（8）积极发展服务型制造和生产性服务业；（9）提高制造业国际化发展水平。

德国工业4.0跟中国制造2025的区别是，德国是提出信息物理系统，积极布局智能工厂、推进智能生产；中国是大力发展智能制造和信息制造模式。两个战略的共同点都是为了迎接新一轮科技和产业革命的到来，着眼于以数字化和网络化为主的智能化生产，不同点是：两国制造基础不一样，德国是制造业强国，中国是制造业大国，中国制造占世界制造市场的20%，但是有点儿虚胖；两国制造业的发展阶段不一样，德国已经完成了工业3.0，中国尚处在工业2.0，部分达到工业3.0，所以德国是从工业3.0串联到工业4.0，中国是从工业2.0、工业3.0一起并联到工业4.0。中国的产业形态分布不均，既有很先进的现代化工

---

① 参见《中国制造2025》，人民出版社2015年版，第4—7页。
② 参见《中国制造2025》，人民出版社2015年版，第10—11页。

厂，也有前店后厂的夫妻店工厂，发展极不均衡，但是未来十年是中国制造业走向智能化的十年，如果不能走向智能化将会被市场所淘汰。①中国社会科学院工业经济研究所一项研究表明：就技术和工艺水平而言，大多数工业行业的技术制高点均不在中国，而且，要达到这样的制高点，中国工业还有很长的路要走。即使是一些国际竞争力较强、性价比高、市场占有率很大的中国产业，其核心元器件、控制技术、关键材料等均依赖国外。因此，中国工业品的精致化、尖端化、可靠性、稳定性等普遍同国际先进水平有较大的差距。

因此，自主技术创新尤其是在核心技术上的突破和自主知识产权的积累，成为推进中国工业化越来越重要的决定性因素。而更具长远和决定意义的则是，能否形成长期支撑产业国际竞争力的工业文明，尤其是现代制造文明的社会心理和社会及企业文化氛围。也就是说，决定工业化进程的观念文化因素具有长久的重要作用。世界工业化的历史和未来表明，世界各国都能完成由客观经济规律所决定的工业化进程，但是，只有少数国家（或地区）能够成为工业强国（强地），其长久的决定因素就是不同国家（地区）所具有的不同的观念文化特质。

在历史上，中国曾长期以其手工制造业的精湛技艺和巨大产量独步全球，成为世界上最大的制成品出口国。然而，爆发于英国的工业革命彻底改变了人类制造业延续了数千年的模式，中国人在浑然不觉的状态下成了时代的弃儿，而英伦三岛亦取代中国成为真正的世界工厂。如今，时过境迁，英国的工业早已衰落多时，中国则以其巨大的产能和出口量，重新成为世界工厂。而且，中国人还远远没有满足，而是以高度的自觉性迎接着新挑战。可以预见，未来的中国工业"必能驾美迭欧而为世界之冠"。

---

① 参见夏妍娜、赵胜：《中国制造 2025：产业互联网开启新工业革命》，机械工业出版社2016 年版，第 169、171 页。

第十章

"可上九天揽月，可下五洋捉鳖"

——"神舟"翱天，"蛟龙"潜水，高铁飞驰

　　新中国成立后，面对着旧中国遗留的科学技术水平十分落后、科研力量非常薄弱的局面，中国共产党通过先后发布和执行多个中长期科学技术规划，促进了科学技术与经济社会的协调发展，使科技人员队伍不断发展壮大，科学研究力量不断增强。改革开放40年来，我国科技发展日新月异，科技实力伴随经济发展同步壮大，为我国综合国力的提升提供了重要支撑。特别是党的十八大以来，创新驱动发展战略全面实施，科技体制机制改革进一步深化，研发投入持续增加，创新活力竞相迸发，重大成果不断涌现，体系建设逐步完善，使我国科技步入快速发展轨道。在我国取得的重大科技成果中，高铁技术、载人潜水器技术和载人航天技术尤为引人注目，它们在较短的时间内就取得重大发展和突破，部分技术环节已进入国际领先水平，为我国成为具有全球影响力的科技创新大国作出了重要贡献。

一、"神舟"飞天，"嫦娥"探月

　　载人航天是人类迄今为止最复杂、最尖端、最宏大和最具挑战与风险的一项系统工程，也是一个国家综合国力的体现。发展载人航天事业，对于增强综合国力和国防实力，促进科技进步，培养和壮大科技队伍，提高国家威望，增强民族自豪感和凝聚力等，都有着十分重要的意

义。1961年4月12日,苏联成功发射了全世界第一艘载人飞船——东方红号飞船,宇航员加加林也成为了人类历史上第一个飞上太空的人。同年5月5日,美国成功发射水星3号宇宙飞船将宇航员谢泼德送上了太空。从此,美苏在载人航天领域展开了激烈的竞争。1969年7月20日,美国阿波罗11号飞船的登月舱在月球安全着陆,美国宇航员阿姆斯特朗也成为人类首个登上月球行走的人。

我国在20世纪60年代即开始关注宇宙飞船的研制。1966年,国防科委组织有关专家制定了研制宇宙飞船的计划。1970年7月14日,毛泽东主席批准研制载人飞船,代号为714工程,飞船被命名为"曙光一号",从而开始了飞船的研制工作。但由于当时正处于"文化大革命"时期,经济困难,航天技术还不完全成熟。1975年,中央决定714工程"下马",载人航天工程暂时尘封起来。不过一些预研工作并未停止,为将来实际成熟、工程重新启动创造条件。

1986年,根据邓小平对王大珩、王淦昌、陈芳允、杨嘉墀联合署名的《关于跟踪世界战略性高技术发展的建议》批示,国家制定了《高技术研究发展计划纲要》(简称"863"计划),把载人航天工程重新提上了研制日程,吹响了载人航天的号角。1992年1月8日,中央专门委员会[①](简称"中央专委")召开会议,听取了关于发展我国载人航天意义与作用的意见和我国载人飞船工程立项的建议。8月1日,中央专委再次召开会议,专门听取了载人飞船工程可行性论证工作汇报。这次会议还提出了我国载人航天分三步走的方案。第一步,在2002年前,发射两艘无人飞船和一艘载人飞船,建成初步配套的试验性载人飞船工程,开展空间应用试验;第二步,在第一艘载人飞船发射成功后,突破载人飞船和空间飞行器的交会对接技术,并利用载人飞船技术改装、发射一个小型的空间实验室,解决有一定规模的、短期有人照料的空间应用问题;第三步,建造空间站,解决有较大规模的、长期有人照料的空间应用问题。

1992年9月21日召开的中共中央政治局常委会议,批准了我国载

---

① 20世纪60年代初期,中共中央为了强有力地领导我国尖端武器的研制,组建了"中央15人专门委员会",后随着工作的发展改作"中央专门委员会"。

人航天工程的第一步——载人飞船工程研制任务正式立项实施。载人飞船工程立项后,由国防科学技术工业委员会(简称"国防科工委")负责统一组织实施,设立工程总指挥和总设计师两条指挥线,丁衡高任工程总指挥,王永志任工程总设计师。载人飞船工程是一个规模庞大、技术复杂、涉及学科十分广泛的系统工程,工程包括七个系统,即:航天员系统、飞船应用系统、载人飞船系统、运载火箭系统、发射场系统、测控通信系统、着陆场系统。全国有110多个科研院所和工厂直接参与研制建设,3000多个单位负责协作配套,10多万科技人员和工人付出心血和智慧,用了6年多时间完成载人航天工程研制任务。

从1999年到2002年,中国先后发射了4艘无人飞船,为载人飞行任务奠定了坚实的基础。

1999年11月20日,神舟一号试验飞船发射升空,在太空飞行14圈,遨游21小时后返回地面,完成载人航天工程的首次试验飞行。神舟一号的成功飞行,标志着我国载人航天工程取得重大突破,载人航天技术迈出了关键一步。

2001年1月10日,第二艘无人飞船神舟二号成功启程,被送入预定轨道。这是第一艘无人正样飞船,飞船技术状态与载人飞船基本一致。它在轨道上绕地球108圈,在太空飞行近7天后,于1月16日返回地面。在这次飞行中,飞船轨道舱进行了首次留轨运行,成功地开展了一系列空间科学实验。

2002年3月25日,神舟三号无人飞船发射成功。飞船在太空飞行6天18小时,环绕地球108圈后,准确在主着陆场返回地面。这次飞船的技术状态与载人状态基本一致,进一步优化和改进了许多分系统的性能。

2002年12月30日,神舟四号试验飞船发射升空。这是一艘完善型的无人飞船,在太空轨道上飞行6天18小时,环绕地球108圈,于2003年1月5日在主着陆场平稳着陆,回收成功。这次飞船增加了多项功能,进一步考核了飞船系统的可靠性、安全性和工作性能。这次飞行表明,神舟飞船的性能已完全能满足载人飞行的要求。

在进行连续四次成功发射无人飞船,掌握了扎实可靠的载人航天技术后,我国紧接着开始了发射载人飞船的步伐。

第十章
"可上九天揽月，可下五洋捉鳖"

2003年10月15日9时整，我国第一艘载人飞船神舟五号，搭载着航天员杨利伟，在酒泉卫星发射中心成功发射，顺利进入预定轨道。神舟五号飞船在太空飞行21小时23分钟，环绕地球14圈，航程60万千米。10月16日6时23分，神舟五号飞船返回舱成功着陆。神舟五号飞船载人飞行的成功，标志着中国载人航天工程历史性的突破，使中国成为世界上继俄罗斯和美国以后，第三个独立开展载人航天活动的国家。

2005年10月12日，神舟六号飞船搭载两名航天员费俊龙和聂海胜升空，在太空飞行5天，环绕地球77圈，航程325万千米，在太空开展了科学实验活动。神舟六号载人航天飞行成功，标志着我国在发展载人航天技术，进行真正意义上有人参与的空间实验活动方面取得了重大胜利，为下一步实现太空行走的目标奠定了基础。

2008年9月25日，神舟七号飞船搭载3名航天员翟志刚、刘伯明、景海鹏升空。这次飞行的主要任务，是航天员进行出舱活动，实现引人注目的太空行走。9月27日，翟志刚身穿我国自己研制的"飞天"舱外航天服，开始进行出舱活动。19分35秒以后，翟志刚成功返回轨道舱，完成了中国人的首次太空行走。神舟七号返回舱于9月28日17时37分返回地面，本次载人航天飞行任务获得圆满成功。神舟七号载人航天飞行的圆满成功，是我国载人航天工程第二步任务的首次重要飞行，实现了我国空间技术发展具有里程碑意义的重大跨越，标志着我国成为世界上第三个独立掌握空间出舱关键技术的国家，并为后续的载人飞船与天宫一号目标飞行器交会对接任务的成功奠定了基础。

我国载人航天工程第二步任务的一项关键任务，是进行航天器空间交会对接，要先发射天宫一号目标飞行器①，然后发射神舟八号无人飞船与天宫一号实现自动交会对接，再发射神舟九号、神舟十号载人飞船，实现与天宫一号的无人自动交会对接和有人手动交会对接，航天员入驻天宫一号开展空间实验活动。

2011年9月29日，天宫一号目标飞行器发射升空，并进入预定轨

---

① "天宫一号"也是我国第一个自主研制的太空实验室，设计为实验舱和资源舱两舱结构。实验舱可用于航天员驻留期间在轨工作和生活；资源舱内有发动机、电源装置等，可为"天宫一号"提供动力。"天宫一号"作为实验室，上面搭载了对地观测设备、空间材料科学实验设备、空间环境与物理探测设备和可再生生命保障技术实验设备等。

道运行。2011年11月1日，神舟八号无人飞船发射上天。11月3日，经过4次自主变轨控制，神舟八号无人飞船与天宫一号目标飞行器顺利完成交会对接，合成一个组合体环绕地球飞行。11月14日，神舟八号与天宫一号组合体先解锁分离，然后进行第二次交会对接，又获得成功。11月17日，神舟八号与天宫一号分离，安全返回地面，而天宫一号则继续在轨运行。神舟八号与天宫一号的自动交会对接试验圆满完成。

2012年6月16日，神舟九号载人飞船发射升空，飞船上载有两名男航天员景海鹏、刘旺和一名女航天员刘洋。6月18日，他们乘坐的神舟九号飞船，在北京航天飞行控制中心的精确控制下，缓缓靠近在轨运行的天宫一号目标飞行器，首先实施自动交会对接，形成航天器组合体。随后，景海鹏在刘旺的密切协助下，成功地打开天宫一号实验舱舱门，他们与刘洋相继飘进天宫一号，开展一系列科学实验活动。6月24日，天宫一号与神舟九号组合体按地面指令先行分离，然后在刘旺的精准操控下，神舟九号又成功实现与天宫一号的手动交会对接，再次形成组合体。这表明我国已经掌握了空间交会对接技术，具备了为未来中国的空间实验室或空间站进行人员运送和部分物资补给的能力。6月28日，刘旺手动控制神舟九号与天宫一号分离，天宫一号实施轨道控制，由交会对接轨道进入自主运行轨道，而神舟九号则踏上返航之路。6月29日，神舟九号载人飞船在经过13天太空飞行后，返回舱安全着陆，景海鹏、刘旺和刘洋健康出舱，胜利完成了首次载人空间交会对接任务。

2013年6月11日17时38分，神舟十号飞船搭载3名航天员聂海胜、张晓光、王亚平（女），用长征二号F运载火箭发射升空。火箭发射后570秒，飞船顺利进入预定轨道，并在轨飞行长达15天，创下了我国载人航天飞行时长纪录。6月13日，神舟十号与天宫一号完成自动交会对接，3名航天员再次进入天宫一号开展空间科学实验活动。在神舟十号的15天飞行中，神舟十号独立飞行3天，与天宫一号组合体联合飞行12天，实现2次交会对接，其中第一次为自动交会对接，第二次为手动交会对接。6月26日8时7分，神舟十号返回舱在内蒙古中部预定区域安全着陆，航天员聂海胜、张晓光、王亚平健康出舱，神舟

第十章
"可上九天揽月，可下五洋捉鳖"

十号载人飞行任务取得圆满成功。这次飞行任务的圆满成功，标志着我国载人航天工程第二步第一阶段顺利收官，我国载人航天事业将进入空间站工程建设的崭新发展阶段。

在成功掌握了空间交会对接技术后，我国在"天宫一号"空间实验室的基础上，自主研制了设备更加先进、综合性能更优越的"天宫二号"空间实验室。2016年9月15日，"天宫二号"成功发射，它承担着极为繁重的试验和测试任务，可为将来的空间站做准备，测试、验证各种技术和标准，积累重要数据。2016年10月17日，神舟十一号飞船发射升空，随后与"天宫二号"成功对接形成组合体。宇航员景海鹏、陈冬进驻"天宫二号"，并在轨生活、工作了30天，完成了一系列空间科学实验和技术实验。

为了对未来空间站中航天员长期驻留和空间科学实验进行支持，需要通过货运飞船进行货物补给。2017年1月，我国首艘货运飞船"天舟一号"研制成功。"天舟一号"的物资运输能力约为6.5吨，在功能、性能上均处于国际先进水平。4月20日19时41分，"天舟一号"成功发射，并在随后的5个月时间内，与"天宫二号"成功完成了三次交会对接、三次推进剂在轨补加试验和绕飞等一系列任务。"天宫二号"与神舟十一号载人飞船取得圆满成功，标志着我国载人航天工程空间实验室阶段任务取得具有决定性意义的重要成果，为后续空间站建造运营奠定了更加坚实的基础。它突破和检验了空间站货物补给、推进剂在轨补加、自主快速交会对接等一系列关键技术，为我国空间站研制建设和运营管理积累了重要经验，标志着我国载人航天工程第二步胜利完成，也正式宣告中国航天迈进"空间站时代"[①]。"天舟一号"飞行任务中突破和掌握的推进剂在轨补加技术，不仅填补了我国航天领域的空白，还使我国成为世界上第三个独立掌握这一关键技术的国家。

2018年9月15日，天宫二号空间实验室在圆满完成2年在轨飞行和各项试验任务后，其平台及装载的应用载荷功能正常、状态良好。为进一步发挥空间应用效益，9月20日天宫二号空间实验室运营管理委

---

① 《天舟一号与天宫二号成功完成首次推进剂在轨补加试验》，参考消息网：http://www.cankaoxiaoxi.com/china/20170427/1939366.shtml.

员会会议研究决定，天宫二号在轨飞行至 2019 年 7 月，之后受控离轨。2019 年 7 月 13 日，根据计划安排，天宫二号空间实验室已完成全部拓展试验。7 月 19 日 21 时 06 分，天宫二号受控离轨并再入大气层，少量残骸落入南太平洋预定安全海域，标志着中国载人航天工程空间实验室阶段全部任务圆满完成。

月球探测，是航天活动的重要组成部分，是人类迈向深空探测的重要一步，也是航天技术发展的一个新阶段。开展月球探测，不仅会带动和促进航天技术和其他高技术的发展，为月球资源的开发利用创造条件，而且将为未来进行的星际探测活动打下坚实的技术基础。

2000 年 11 月，国务院新闻办公室发布的《中国的航天》白皮书，提出了"开展以月球探测为主的深空探测预先研究"的任务。2003 年 3 月 1 日，我国宣布启动月球探测工程，国防科工委任命栾恩杰为工程总指挥、孙家栋为工程总设计师、欧阳自远为月球应用科学首席科学家，开始组织月球探测工作。2004 年 1 月 23 日，经国务院批准，成立绕月探测工程领导小组，提出了《绕月探测工程研制总要求》，启动我国月球探测计划。我国月球探测工程命名为"嫦娥工程"，制定了"绕、落、回"三步走的发展目标。第一步"绕"是研制发射月球探测卫星，进行绕月飞行探测，初步建立月球探测航天工程系统；第二步"落"是发射月球探测器，在月面上着陆进行巡视考察；第三步"回"是发射月球探测器在月面着陆，完成探测采样返回地球。嫦娥工程包括月球探测卫星、运载火箭、发射场、测控通信和地面应用五个系统。

2004 年，国防科工委建月球探测工程中心，负责具体组织工程的实施，各有关部门建立起工程研制队伍。在国防科工委绕月探测工程领导小组的统筹规划、精心组织下，各个系统按照总体设计要求，团结协作，展开论证、研制、攻关，经过 3 年的努力，圆满完成了绕月探测工程的研制工作。

中国空间技术研究院担负研制嫦娥一号月球探测卫星的任务，叶培建任卫星总设计师。嫦娥一号是我国第一个脱离地球引力的空间飞行器，从方案设计、确定主要技术指标，到开展卫星轨道设计、关键技术和试验验证，不到 3 年时间，即完成了全部研制工作。2007 年 10 月 24 日，嫦娥一号月球探测卫星发射，经过 14 天的太空飞行，经历调相轨

第十章
"可上九天揽月,可下五洋捉鳖"

道、地月转移轨道、月球捕获轨道3个阶段,最终在11月7日成功进入环月工作轨道。11月26日,国家航天局正式公布嫦娥一号卫星传回地面的第一幅月面图像,标志着中国首次月球探测工程获得圆满成功。我国首次月球探测工程的圆满成功,是我国科技自主创新取得的标志性成果,是中华民族在攀登科技高峰征程上实现的又一重大跨越,对于进一步推动我国航天事业发展,增强我国的科技实力、综合国力和民族凝聚力,激励全党全国各族人民更加满怀信心地建设创新型国家,推进改革开放和社会主义现代化建设的伟大事业,具有十分重要的现实意义和深远的历史意义。

2008年2月15日,国务院批准探月工程二期立项,研制嫦娥二号月球探测卫星,再探月球,执行二期工程部分关键技术试验和侦查在月球上着陆区的任务。2010年10月1日,嫦娥二号由长征三号丙运载火箭发射,直接飞抵地月转移轨道,使奔月时间比嫦娥一号卫星减少7天。10月9日,嫦娥二号成功实施第三次近月制动,顺利进入轨道高度为100千米的圆形环月工作轨道。然后,星上搭载的有效载荷开始探测工作。2010年10月27日,嫦娥二号卫星上的CCD立体相机第一次在距月面15千米处拍摄了月球正面虹湾地区的高分辨率图像。11月8日,国防科工局首次公布了嫦娥二号卫星传回的嫦娥三号预选着陆区月球虹湾区域局部影像图。这标志着嫦娥二号再探月球的任务取得圆满成功。嫦娥二号探月飞行的圆满成功,取得了运载火箭远距离推送、远距离测控通信、100千米圆球轨道捕获技术、轨道机动与快速测定轨技术、全新的着陆相机及月地高速数据传输技术和预选着陆区高分辨率成像等一系列重要技术的突破和创新[①],为后续开展月球探测第二步"落"月的任务奠定了坚实的技术基础。

我国月球探测工程第二步"落"月的任务,由嫦娥三号月球探测器完成,首次实现在地外天体的软着陆,突破深空探测通信与遥控操作技术,实现月面巡视勘察和月面生存。嫦娥三号的落月点选在月球的虹湾地区。2013年12月2日,嫦娥三号携带着巡视器"玉兔"号顺利发射,并于14日安全着陆月面。15日,着陆器与巡视器成功进行了互拍

---

① 参见张建启主编:《中国航天的历史使命》,中国宇航出版社2016年版,第64—65页。

成像。2014年1月15日和3月17日，嫦娥三号着陆器与巡视器分别转入长期管理模式。2016年8月4日，在超负荷工作19个月之后，嫦娥三号探测器正式退役，停止了长达31个月的工作。嫦娥三号首次实现了我国探测器在地外天体软着陆和巡视勘查，使探月工程第二步战略目标全面实现。

2014年10月24日，"再入返回飞行试验器"由长征三号丙运载火箭成功发射。此次任务是中国探月工程三期一次重要的验证飞行试验，主要目的是突破和掌握半弹道跳跃式高速再入返回地球的关键技术，为"嫦娥五号"任务提供技术支持。飞行试验器飞行过程历时约8天，于11月1日返回内蒙古中部预定着陆区。这是中国首次迎来从遥远月球上空返回的航天器，实现了世界最高精度的开伞和着陆控制。中国完全掌握了航天器以接近第二宇宙速度高速再入返回的关键技术，为确保"嫦娥五号"月球采样返回任务顺利实施和探月工程持续推进，奠定了坚实基础。

为进一步深化对月球的探测研究，我国又成功研制了嫦娥四号探测器。它由着陆器与巡视器组成，巡视器命名为"玉兔二号"。作为世界首个在月球背面软着陆和巡视探测的航天器，其主要任务是着陆月球表面，以更深层次和更全面地科学探测月球地质、资源等方面的信息，完善月球的档案资料。2018年5月21日，嫦娥四号中继星"鹊桥"号成功发射，为嫦娥四号的着陆器和巡视器提供地月中继通信支持。2018年12月8日，嫦娥四号探测器在西昌卫星发射中心由长征三号乙运载火箭成功发射。2019年1月3日，嫦娥四号成功着陆在月球背面南极—艾特肯盆地冯·卡门撞击坑的预选着陆区，巡视器"玉兔二号"到达月面开始巡视探测。2019年1月11日，嫦娥四号着陆器与玉兔二号巡视器完成两器互拍，达到工程既定目标，标志着嫦娥四号任务圆满成功。嫦娥四号的成功发射与着陆，在人类历史上首次实现了航天器在月球背面软着陆和巡视勘察，首次实现了月球背面同地球的中继通信，并与多个国家和国际组织开展了国际合作，具有重大意义。

根据中国探月工程发展战略，探月工程三期主要实现采样返回，其主要任务由嫦娥五号月球探测器承担。嫦娥五号主要科学目标包括对着陆区的现场调查和分析，以及月球样品返回地球以后的分析与研究，预计在 2019 年年底前后发射,以实现区域软着陆及采样返回,实现探月工程的"绕、落、回"三步走目标①。

二、从"蛟龙"号到"奋斗者"号:不断实现深潜突破

海洋约占地球表面积的 71%,而世界上国家管辖范围以外的国际领域(公海和国际海底)总面积约 2.517 亿平方公里,占地球表面的 49%,是地球上最大的具有特殊法律地位的政治地理单元;国际领域的海底蕴藏着多种自然资源,是地球上尚未被人类充分认识和开发利用的潜在战略资源基地②。同时,国际海域多半是深海,对于地球科学、生命科学、环境科学等许多学科领域的科学研究具有重大的价值。

要在深海开展探测和科学考察,必须具有高科技的海洋探测设备。深海十分重要的科研和经济价值,驱动着各国开始加强对深海潜水器的研制。深海潜水器可分为带缆水下机器人、自主型水下机器人和载人潜水器等。其中,载人潜水器可以使人亲临现场进行观察和作业,其精细作业能力和作业范围优于其他深海潜水器,是海洋开发的前沿和制高点之一。为此,各国都加紧了对载人潜水器的研制。法国在 20 世纪 50 年代末首先研制出工作水深达 6000 米的"鹦鹉螺"号载人潜水器,先后下潜海底 1000 余次③。美国于 1964 年率先成功研制了潜水器"阿尔文"号,并在 1994 年下潜至 4500 米深度,至今仍在服役,总计进行了超过 5000 次的深海科学考察,被称为"历史上最成功的深海潜艇"④。俄罗斯在苏联时期,于 1987 年同芬兰联合研制了两艘 6000 米载人潜水器"和平"1 号与"和平"2 号。而日本则在 1981 年建成了"深海 2000"潜水器,1989 年又成功研制下潜深度为 6500 米的"深海 6500"潜

---

① 《嫦娥五号月面采样返回任务将于今年年底左右实施》,新华网,http://www.xinhuanet.com/politics/2019-01/14/c_1123987847.htm.
② 参见刘峰、李向阳编著:《中国载人深潜"蛟龙"号研发历程》,海洋出版社 2016 年版,第 1 页。
③ 参见许晨:《海底 7000 米——深海"蛟龙"号的故事》,河南文艺出版社 2017 年版,第 28 页。
④ 参见许晨:《海底 7000 米——深海"蛟龙"号的故事》,河南文艺出版社 2017 年版,第 31 页。

水器。

　　开展深海探测关系到国家发展和民族生存的重大利益。为此，我国也开展了深海载人潜水器的研制步伐。1990 年，中国大洋矿产资源研究开发协会（简称"中国大洋协会"）正式成立[①]，首次提出我国研制深海载人潜水器的计划。2000 年 3 月，中国大洋协会在北京组织来自全国各方面的专家召开"深海运载设备需求论证会"，并形成了论证报告框架。在此基础上，2001 年 12 月，国内海洋领域专家主持编写完成《7000 米载人潜水器总体方案论证报告》，不仅正式确立了我国载人潜水器 7000 米的深潜目标，而且还确立了采取自主设计、集成创新的技术路线。这一路线要求充分依靠国际合作，引进部分部件，然后进行集成创新，以尽可能缩短周期，节省经费投入。2002 年 6 月 11 日，科技部正式将 7000 米载人潜水器列为国家"863 计划"重大专项，载人潜水器的研制正式拉开序幕。

　　2002 年 10 月，我国载人潜水器的研制工作正式启动。由中国船舶重工集团有限公司七〇二研究所为总体单位，联合中国科学院沈阳自动化研究所、中国科学院声学研究所组成的研发团队，再加上其他参与研制的单位，总数超过 100 家，开始了艰苦的技术攻关。到 2009 年，7000 米载人潜水器的研制，已经陆续完成了国家立项、方案设计、加工合成、总装联调、水池试验等程序步骤，完全达到了登船远航的海试状态。这一载人潜水器采用了很多先进技术，原创技术占比很高，在一定程度上摆脱了国外的技术限制。综合来看，我国研制出的载人潜水器主要具备四个方面的先进技术和功能。一是具有能够承受巨大水压的钛合金材料船体。当载人潜水器下潜到 7000 米深度的海洋时，要承受 700 个大气压，相当于每平方米的船体压上了 7000 吨的重量。一般船体材料根本无法承受如此巨大的水压。我国研制的载人潜水器使用了全新的钛合金材料，既能抵抗超高压，又轻便，船体由两个半圆球焊接而成，焊接工艺水平很高。二是具备先进的控制系统。在安全可靠控制系统的作用下，载人潜水器的驾驶员得以操纵潜水器完成下沉、上浮、采

[①] 中国大洋矿产资源研究开发协会于 1990 年 4 月 9 日经国务院批准成立，其宗旨是：通过国际海底资源研究开发活动，开辟我国新的资源，促进我国深海高新技术产业的形成与发展，维护我国开发国际海底资源的权益，并为人类开发利用国际海底资源作出贡献。

样和躲避危险等动作。我国载人潜水器控制系统最大的特点是其贴近海底的稳定的自动航行技术和精确的悬停定位技术，可有效降低驾驶员的驾驶强度，便于其集中精力开展作业，为完成下潜任务提供保障。目前这一技术在国际上处于领先水平[1]。三是先进的水下通信功能。由于海水的作用，载人潜水器无法使用无线电进行通信，也无网络传输数据。为此，我国科学家专门研制了水声通信机，其具有丰富的功能和良好的综合性能，在国际上处于领先地位[2]。四是具备强大的电池功能。载人潜水器无法从水面获得能源，且需要为各种机电设备和仪器仪表提供电源，还要满足水下苛刻的自然条件及作业要求。因此，电池的容量和放电能力等对潜水器的航行作业时间起着关键性的作用。我国的载人潜水器使用的是由我国完全自主研发的大容量银锌蓄电池，能够为载人潜水器提供几十个小时源源不断的动力，充分保证其水下作业时间。

我国载人潜水器研制成功后，又开始了长达三年的深潜海试工作和随后的试验性航行任务。

根据国际惯例，1000 米海水以下为深海。只有下潜超过 1000 米才是真正意义上的深潜。因此，载人潜水器的海上试验首先从 1000 米级开始。2009 年 8 月 6 日，"向阳红 09" 深潜试验母船搭载着载人潜水器，开启了 1000 米海上试验的航程，先后在南海 50 米试验海区成功进行了 5 次海面调试和 3 次下潜试验。此后，载人潜水器顺利完成了 300 米深度的各项试验内容，完全实现了 300 米海区的试验目标。10 月 3 日，我国载人潜水器成功搭载 3 名试航员在我国南海下潜到 1109 米，完成了规定的全部性能试验。至此，为期近 2 个月的载人潜水器第一阶段 1000 米海上试验工作圆满结束。载人潜水器 1000 米海上试验的成功，使中国继美国、俄罗斯、日本和法国之后成为世界上第五个具备 1000 米深度载人深潜能力的国家，是中国迈向深海的一大步[3]。

在完成 1000 米海上试验后，载人潜水器又紧接着开始下一阶段

---

[1] 参见王麟编著：《闪耀世界的中国奇迹》，山西出版传媒集团、山西教育出版社 2018 年版，第 130 页。

[2] 参见王麟编著：《闪耀世界的中国奇迹》，山西出版传媒集团、山西教育出版社 2018 年版，第 130 页。

[3] 参见刘峰、李向阳编著：《中国载人深潜"蛟龙"号研发历程》，海洋出版社 2016 年版，第 115 页。

3000 米海上试验。2010 年 5 月，载人潜水器被正式命名为"蛟龙"号。在完成一系列准备工作以后，6 月 18—28 日，"蛟龙"号载人潜水器在南海 3000 米海区进行了 4 次下潜，下潜深度首次突破 3000 米，达到了 3039 米。7 月 8—13 日，"蛟龙"号载人潜水器在 3000 米海区再次进行了 5 次下潜试验，下潜最大深度为 3759 米，创造了中国载人深潜的新纪录。至此，载人潜水器 3000 米级海上试验任务圆满完成。这次海上试验，还完成水下长距离巡航，测深侧扫微地形地貌测量，近底目标搜索，机械手作业，深海水样获取，海底生物捕获，照相、摄像，图文传输，语音通信等一系列工作，完成了真正意义的海底作业任务，表明"蛟龙"号载人潜水器初步具备了深海环境下的作业能力[①]。

"蛟龙"号 3000 米级海上试验后，我国随即启动了"蛟龙"号 5000 米级海上试验的准备工作。为了将海上试验任务与实际应用相结合，5000 米级海上试验的试验海区选择在中国大洋协会位于东北太平洋的多金属结核勘探合同区。2011 年 7 月 20—31 日，"蛟龙"号在正选和备用试验海区[②]进行了 5 次下潜试验，5 次穿越 4000 米深度，4 次超过 5000 米深度，创造了最大下潜 5188 米的深度纪录，"蛟龙"号各种设备的耐压、密封等关键技术经受了考验和验证，潜水器总体状态稳定，试验内容全面完成。"蛟龙"号 5000 米级海上试验期间，实现了较长时间的海底航行、海底照相和摄像、沉积物和矿物取样、生物和微生物取样、标志物布放、海底地形地貌测量等作业，初步验证了载人潜水器的作业能力[③]。"蛟龙"号 5000 米级海上试验是中国载人深潜第一次真正意义上挑战深海极限环境，是第一次挑战国际性深海技术难题，是继 3000 米级海上试验成功后我国深海技术领域的又一个里程碑，标志着我国深海载人技术已跨入国际第一梯队，处于国际

[①] 参见刘峰、李向阳编著：《中国载人深潜"蛟龙"号研发历程》，海洋出版社 2016 年版，第 135 页。

[②] 5000 米级海上试验的正选试验海区是中国大洋协会多金属结合勘探合同区 5000 米海区，备选试验海区是国际海底管理局环境保全参照区。因正选试验海区在海上试验前期海况持续恶劣，"蛟龙"号有两次试验在备选试验海区进行。参见刘峰、李向阳编著：《中国载人深潜"蛟龙"号研发历程》，海洋出版社 2016 年版，第 153 页。

[③] 参见刘峰、李向阳编著：《中国载人深潜"蛟龙"号研发历程》，海洋出版社 2016 年版，第 167 页。

先进行列。

按照原先计划,"蛟龙"号在成功完成5000米级海上试验后,随即开始准备7000米级海上试验任务。2012年6月15—30日,"蛟龙"号在位于密克罗尼西亚专属经济区的马里亚纳海沟7000米试验海区完成了6次下潜,最大下潜深度为7062米,圆满完成全部试验任务,实现了全部预定目标。"蛟龙"号载人潜水器7000米级海上试验,全面验证了"蛟龙"号在最大设计深度下的各项功能与性能,创造了世界同类载人潜水器的最大下潜纪录,锻炼打造了一支世界级的载人深潜队伍,为下一步"蛟龙"号步入试验性应用打下了坚实基础。"蛟龙"号在马里亚纳海沟试验海区创造了下潜7062米的中国载人深潜纪录,同时也创造了世界同类作业型潜水器的最大下潜深度纪录,实现了我国深海技术发展的新突破和重大跨越,标志着我国载人深潜技术达到国际领先水平。"蛟龙"号7000米级海上试验的成功,标志着我国具备了在全球99.8%的海洋区域开展科学研究、资源勘探的能力,为我国在全球大洋开展深海资源勘查提供了强有力的技术手段,为我国科学家跻身国际深海前沿科学研究提供了强有力的技术保证。

2020年11月10日,中国研制的"奋斗者"号载人潜水器在马里亚纳海沟成功坐底,坐底深度10909米,创造了中国载人深潜的新纪录。

三、高速铁路建设突飞猛进

自19世纪20年代以来,铁路运输以其能力大、速度快、效率高、气候适应性强等优势,成为了最主要的陆上交通运输工具。新中国成立以后,国家大力推进铁路发展,铁路逐步成为我国交通运输体系中最重要的交通方式,成为支撑经济社会发展的先行者。然而,由于种种原因,铁路的发展逐渐滞后于经济社会发展,铁路网规模过小、运输能力不足和服务质量欠佳的问题日益突出,供需矛盾尖锐。从20世纪80年代开始,铁路运输进入全面短缺状态,客车"一票难求"、货车"一车难求"成为常态。这一问题在京沪铁路等繁忙线路尤为突出。

面对这一被动局面,实现铁路复兴,充分发挥其在经济社会中的作用成为亟待解决的重要问题。1990年，铁道部①上报《京沪高速铁路方案构想报告》，首次正式提出修建高速铁路。1992年，铁道部又上报《关于尽快修建高速铁路的建议报告》。1993年，国家科委、国家计委、国家经委、国家体改委和铁道部（四委一部），组织一百位专家开展京沪高速铁路前期研究。在前期研究的基础上，"四委一部"于1994年编制完成《京沪高速铁路重大技术经济问题前期研究报告》并上报国务院，随即又上报《关于报送建设京沪高速铁路建议的请示》，建议国家尽快批准立项，力争京沪高铁能于1995年开工，2000年前建成。1994年12月，国务院批准开展京沪高速铁路预可行研究。

随后，铁道部在组织力量深入进行高铁技术研究的同时，开始安排勘测及设计工作。然而，在面对是否要建高速铁路、怎样建设高速铁路，却出现了不同意见。有专家提出采用电气化扩能或采用摆式列车对既有线路进行技术改造，缓建京沪高铁的建议。此后，又有专家建议作为国家发展战略应大力发展高速磁悬浮列车。经过铁道部组团到德、法两国考察，中国工程院和中国国际工程咨询公司组织专家开展研讨，最终形成了在京沪高铁采用轮轨技术系统，同时可以选择一条短距离的线路建设磁悬浮试验线的意见②。在此基础上，国务院于2004年1月7日通过了《中长期铁路网规划》，同时批准了京沪高速铁路采用轮轨技术方案，标志着京沪高铁就此进入了实质性的项目设计和建设阶段③。

在正式启动高铁建设之前，我国在既有铁路的提速上做了大量工作。我国铁路实施提速计划首先从广深线开始。至1994年12月，经过4年的整体改造，广深线列车的最高时速从100公里提高到160公里。此后，在对繁忙干线进行提速试验取得成功的基础上，我国铁路自

---

① 1949年10月成立的铁道部是我国铁路事务的最高主管机关，也是国务院的组成部门之一。2013年3月，根据第十二届全国人民代表大会第一次会议审议的《国务院关于提请审议国务院机构改革和职能转变方案》的议案，铁道部实行铁路政企分开，将铁道部拟定铁路发展规划和政策的行政职责划入交通运输部；组建国家铁路局，由交通运输部管理，承担铁道部的其他行政职责；组建中国铁路总公司，承担铁道部的企业职责；不再保留铁道部。

② 参见才铁军编著：《中国铁路40年》，中国言实出版社2018年版，第19页。

③ 参见钱桂枫、蔡申夫、张骏、毛晓君：《走近中国高铁》，上海科学技术文献出版社2019年版，第24页。

第十章
"可上九天揽月，可下五洋捉鳖"

1997年到2007年开始了6次大面积提速，基本覆盖了我国全部铁路网，客车平均时速提高了30%～40%，显著提升了铁路的竞争能力[1]。在对既有线路进行提速升级的同时，我国于2003年10月建成投产了在设计理念、建设管理、新技术应用等诸多方面按照高铁标准和要求的秦沈客运专线。该线全长405公里，按时速200公里客运专线设计，线下预留时速250公里工程条件，并设置了一处长66公里、允许形成时速300公里的综合试验段。秦沈客运专线的建成，标志着中国初步拥有了自主知识产权的时速200公里以上铁路设计、建造以及成套装备制造和综合系统集成的能力，为中国高铁发展提供了丰厚的技术储备和坚实的基础[2]。

从2005年开始，我国高铁开始了大规模建设的步伐。按照《中长期铁路网规划》，我国于6月11日率先开工建设石太铁路客运专线。此后，包括武广、京津在内的10条客运专线在这一年先后全面开工建设。以上客运专线的设计时速为200公里以上和300～350公里，总建设规模达到3243公里。

2008年8月1日，京津城际高铁如期建成通车，最高运营速度为350公里/小时，我国从此登上世界高铁的舞台。该线作为世界上第一条时速350公里的高速铁路，在既无样板、经验，又无模式可借鉴的情况下，为中国高铁的发展打造了第一个样板，总结出第一套高铁建设经验以及全新的运营管理模式，也为构建中国高速铁路体系奠定了良好的技术平台和基础。

2011年6月30日，举世瞩目的京沪高速铁路正式通车运营。京沪高铁全长1318公里，是世界上一次建成线路最长的高速铁路。京沪高铁又是世界上技术标准最高的高速铁路，它要求在确保运营安全的前提下，运行时速可达350公里，密度达到最小追踪间隔3分钟，即3分钟有一趟车。同时，京沪高铁技术和复杂性堪称"世界高铁技术博物馆"。它由南至北，先后跨越海河、黄河、淮河、长江四大水系，跨越既有铁路、高等级公路和通航河流215处，全线桥梁比例达到80.4%，最长

---

[1] 参见钱桂枫、蔡申夫、张骏、毛晓君：《走近中国高铁》，上海科学技术文献出版社2019年版，第28页。

[2] 参见才铁军编著：《中国铁路40年》，中国言实出版社2018年版，第20页。

的丹阳至昆山特大桥长达 164 公里①。为了满足高铁高平顺性的要求，桥梁梁面的平整度标准极高，必须满足 4 米范围内不平整度小于 3 毫米的要求。京沪高铁的成功开通，进一步提升了我国高铁建设的整体能力和水平。

2012 年 12 月 1 日，哈尔滨至大连高速铁路开通运营。哈大高铁全长 921 公里，纵贯东北三省，设计时速 350 公里，全线桥梁占比 2/3 以上。哈大高铁是世界上第一条投入运营的新建高寒地区长大高速铁路，标志着我国全面掌握了高寒冻土地区高速铁路的建设、运营、维护技术。在之前，世界上只有俄罗斯和北欧国家拥有在零下 40℃ 以下的气候条件下运行的高寒铁路，总里程不足 700 公里。运行时速最高的是莫斯科至圣彼得堡间的高速铁路，但其以 250 公里时速运行不超过 20 分钟②。

2012 年 12 月 26 日，北京至广州高速铁路全线贯通。京广高铁全长 2281 公里，设计时速 350 公里，是世界运营里程最长的高速铁路。它的全线贯通使北京至广州的通行时间缩短至 8 小时。京广高铁跨越温带、亚热带气候分布区域和海河、黄河、淮河、长江、珠江等众多水系，穿越平原、低山丘陵、崇山峻岭，面临软土、松软土、膨胀土和岩溶等多种不良地质，是中国目前建设标准最高的高速铁路之一。

2014 年，兰州至乌鲁木齐高速铁路开通运营。兰新高铁全长 1776 公里，线下设计时速 350 公里，线上设计时速 250 公里，初期运营时速 210 公里③。兰新高铁是我国首条建设在高海拔和戈壁荒滩的高速铁路，途径地区最大风速达到 60 米/秒。该线的建成通车，在应对和防治高寒、高温、强风沙等恶劣气候和环境方面提供了解决方案，为特殊地区和特殊环境的高铁建设运营积累了经验。

2017 年，西安至成都高速铁路投入运营。西成高铁全长 643 公里，设计时速 250 公里，是我国第一条穿越秦岭的高速铁路。它连通了中国的西北和西南，自北向南穿越关中平原、秦岭山脉、汉中平原、巴山山脉、四川盆地，线路所经区域地质地貌非常复杂，隧道多，连续长大坡

---

① 参见才铁军编著：《中国铁路 40 年》，中国言实出版社 2018 年版，第 26 页。
② 参见才铁军编著：《中国铁路 40 年》，中国言实出版社 2018 年版，第 27 页。
③ 参见钱桂枫、蔡申夫、张骏、毛晓君：《走近中国高铁》，上海科学技术文献出版社 2019 年版，第 38 页。

第十章
"可上九天揽月，可下五洋捉鳖"

道多。全线路中穿越秦岭地段长135公里，隧道占127公里，全线10公里以上特长隧道7座，最长的隧道15.96公里，是名副其实的"高速蜀道"[①]。西成高铁线路的建成标志着中国高铁"四纵四横"主骨架提前建成。中国高铁引领中国铁路进入全新时代。

自2005年开始大规模建设高速铁路以来，经过十几年的快速建设，我国相继开通了几十条高铁线路，高铁建设事业取得了突飞猛进的发展。

一是形成了最大的高铁网和运营规模。截至2017年底，我国铁路营业里程达到12.7万公里。其中，高速铁路达到2.52万公里，占我国铁路营业总里程的19.8%，占世界高铁总里程的66.3%，是其他国家累计值的2倍，居世界第一位[②]。"四纵四横"高铁主骨架成网运营，高铁网通达全国31个省市自治区中的28个。2017年高铁发送旅客17.13亿人次，高铁动车组累计发送旅客已突破70亿人次，单日最高发送量近800万人次[③]。

二是取得了全面的运营经验。中国幅员辽阔，地形复杂，气候、地质条件差异极大。中国企业在高铁动车组制造、工程建设和线路运营方面，不断创新，针对冻土、软土、松软土、岩溶、黄土、断裂、滑坡带等各种不利地质条件，以及高原气候、风沙环境、高寒等各种运营环境，创造性提出了解决方案，不仅为中国铁路的发展积累了经验，也为别国铁路发展提供了借鉴。

三是保持着最快的运营速度。速度是高速铁路区别于传统铁路的核心特征，速度也是高铁系统综合实力的体现。2017年9月21日，"复兴号"中国标准动车组在京沪高铁运行，以当今世界高铁的最高运营速度350公里/小时再次将世人的目光聚焦到世界各国的高铁速度上。作为高铁发展的后起国家，中国高铁立足于新起点，以当今世界的最高水平为目标奋力追赶。2010年12月3日，CRH380AL运营列车在京沪高速铁路先导段最高试验速度达486.1公里/小时。如今，"复兴号"中国

[①] 参见钱桂枫、蔡申夫、张骏、毛晓君：《走近中国高铁》，上海科学技术文献出版社2019年版，第40—41页。

[②] 参见《改革开放40年》，中国统计出版社2018年版，第304页。

[③] 参见钱桂枫、蔡申夫、张骏、毛晓君：《走近中国高铁》，上海科学技术文献出版社2019年版，第41页。

标准动车组已经在京沪、京广、京津、广深、沪昆、沪宁、宁安、宁杭、杭深等多条高铁线路上开行，以世界第一的速度通达广州、深圳、武汉、北京、天津、上海、合肥、济南、长沙、昆明等 23 个省会级城市及直辖市[①]。

同时，经过十几年的发展，我国高速铁路工程建造技术在克服众多难题的基础上日臻成熟，逐步进入国际领先水平，也为高铁建设的进一步发展创造了坚实基础。

一是有效控制路基沉降，确保轨道基面"高平顺、高稳定"。只有轨道基面的"高平顺、高稳定"，才能确保列车运行过程的高速、平稳、安全运行。路基填筑后往往都会下沉，而高铁要求路基在施工后的沉降不得大于 15 毫米。中国幅员辽阔，地质复杂，自然气候多样，要在软土、松软土、黄土地上修建高速铁路，确保在天寒地冻和雨水冲刷等各种恶劣天气下保证线路长期稳定安全，其难度世界少有，甚至连在高铁原创国家也极少遇到，只能依靠中国铁路自己解决。铁路系统广大科技人员集中优势力量，开展联合攻关，群策群力逐步解决了路基下层的难题。在修建京沪高铁时，由于沿线河道纵横、沟塘遍布，淤泥质软，缺乏承载力。铁路专家与科技人员开展 CFG 桩等刚性桩复合地基实验研究。CFG 桩主要材料为碎石、粉煤灰、水泥。施工中在 CFG 桩顶设置了一层钢筋混凝土板或一张碎石和织物组成的柔性网，就像埋在土里的一条板凳，由许多腿（CFG 桩）支撑起路基，在下沉趋于稳定后再铺设轨道[②]。这项自主创新的桩网复合地基技术，有效解决了深厚软土难题。此后，在高铁路基施工中，中国铁路又先后攻克了地基处理、路基填筑、边坡防护、沉降变形观测评估等关键技术难题，研发了施工装备，形成了成套施工工艺。针对不同地质条件，选用了强夯、搅拌桩、旋喷桩、岩溶注浆、挤密桩、CFG 桩筏板复合地基等不同方法，相继解决了武广高铁岩溶、郑西高铁湿陷性黄土、哈大高铁防冻胀等技术难题，地面沉降得到了有效控制[③]。

[①] 参见钱桂枫、蔡申夫、张骏、毛晓君：《走近中国高铁》，上海科学技术文献出版社 2019 年版，第 42 页。
[②] 参见才铁军编著：《中国铁路 40 年》，中国言实出版社 2018 年版，第 47 页。
[③] 参见才铁军编著：《中国铁路 40 年》，中国言实出版社 2018 年版，第 47 页。

第十章
"可上九天揽月，可下五洋捉鳖"

二是高铁桥梁建造技术日臻成熟，已跃居世界前列。在中国高铁建设中，为了减少工程占地，解决道路交叉问题，有效控制路面沉降，使得桥梁的建设较多，一般占线路总长达一半以上，有的达到80%。同时，高铁桥梁必须有足够的强度、刚度、稳定性和耐久性，对桥梁各结构的变形严格控制。高铁无砟道桥梁要求沉降不得超过20毫米，相邻墩台沉降量差不得超过5毫米。因此，高铁桥梁建造代表了一个国家科学技术水平。十几年来，我国高铁建设中先后建造了一批结构新颖，千姿百态的桥梁，有效推进了高速铁路在各种复杂地段的延伸。如：全长22.89公里的京广高铁郑州黄河公铁两用桥，公铁合建部分全长9.17公里，是目前世界上最长的公铁两用桥。这一大桥采用上下层结构，上层为设计时速100公里的双向6车道公路，下层为设计时速350公里的高速铁路，创下当今世界特大型桥梁通行速度的新纪录。全长9.27公里的京沪高铁南京大胜关长江大桥，是京沪高铁、沪汉蓉铁路和南京地铁共用的过江通道。2012年6月，南京大胜关长江大桥被授予国际桥梁界影响最大的乔治·查理德森大奖。

三是高铁隧道建设技术取得重大发展。我国以往在修建普速铁路时，面对高山峻岭的地形，受资金和技术水平的限制，在建设中选线沿山盘旋，从而使线路的曲线半径小、拐弯多，车速慢，运营中线路病害与边坡崩塌时有发生。这种"随山就势"的小半径线路，显然难以满足高铁的行车要求。因此，高铁在穿山越岭时，必须修建顺直的山岭隧道。同时，为了减小高速列车进入隧道时产生的压力波，尤其是隧道中列车交汇时表面压力波剧烈变动给旅客带来的不适感，高铁隧道断面面积往往比普速铁路大得多。针对复杂的地层条件，高铁隧道施工研制出了各种有针对性的施工办法：一类是用机械化程度较高的隧道挖进机法或盾构法，通过刀具切割岩体全断面整体向前推进。另一类是采用炸药爆破开挖施工的钻爆法、新奥法，先分部开挖，再将各开挖部分连起来。随着科技的进步，各种先进的大型机械设备在施工中大显身手，替代了传统的施工模式。在建设实践中，中国铁路攻克了各种复杂地质条件下的隧道设计和施工技术难题，掌握了高铁隧道设计、风险防控、安全施工等成套技术，实现了长大复杂隧道的快速、安全施工，并成功建造了一批具有代表性的高铁隧道工程。如全长达27.8公里的石太客运专线太行山隧道，穿越城市、河流、高速公路等复杂地质条件的京广高铁浏阳河隧道，隧道之间距离非常近的京广高铁大瑶山隧道群，穿越珠江口狮子洋河段的广深港客运专线狮子洋隧道等。

四是无砟轨道技术与无缝钢管生产实现国产化。中国高铁的线路、桥梁、隧道，都铺设无砟轨道。这项技术的国产化，经历了一个艰辛的创新与研制过程。无砟轨道在修筑过程中不用道砟，而采用混凝土或沥青混合料，在施工中要将钢轨铺在一个高强度混凝土板上。工程中的难点与核心技术在于轨道板生产要求精确度极高，打磨精度为0.2毫米。轨道板从工厂预制到打磨，现场浇筑混凝土底座，精确定位铺设轨道板，通过灌注特殊配置的水泥砂浆将轨道板与底座粘合，最后用扣件将钢轨固定在轨道板上，每个环节都要求严格控制各部件的精确度和制造质量，形成平顺、稳定、安全、耐久的高速铁路无砟轨道。京沪高铁全线共计铺设了40.7万块Ⅱ型轨道板，为了保障高速列车平稳运行，每块轨道板都有编号，在工厂内预制时编号都对应特定的线路平面及高程信息。现场施工时根据每块板的编号，实现轨道板的精确铺设。水泥乳化沥青砂浆将轨道板和下面的底座板黏结在一起，将把所有的误差最后消除掉，起到调整、支承、黏结、缓冲的作用，从而确保线路的平顺性。砂浆的作用大，但技术性能要求严，配制难度高。掌握这项技术的国外某公司开出了巨额使用费。在这一情况下，经过科研创新团队艰苦的科研攻关和试验，我国终于配制出自己的水泥乳化沥青砂浆，成功铺设在高铁线路上。经过引进吸收消化再创新，目前中国已形成4种无砟轨道结构型式：CRTSⅠ型板式无砟轨道、Ⅱ型板式无砟轨道、双块式无砟轨道及具有完全自主知识产权的CRTSⅢ型板式无砟轨道。同时，中国高铁均采用无缝线路，对钢轨的安全性能、钢质纯净度、平直度等要求较高。而国产钢轨由于生产设备和工艺落后，钢质不够洁净，平直度差，定尺长度仅25米，难以满足高铁高平顺的要求，与法国进口钢轨比较，存在较大的差距。进口国外钢轨不仅价格贵，而且运输困难。为此，铁路部门创新团队展开了一场历时7年的国产高铁钢轨成套技术自主创新的攻坚战。在铁道与冶金行业共同努力下，攀钢于2004年12月生产出中国第一根百米定尺钢轨，鞍钢、包钢、武钢也相继完成技术改造，钢轨生产质量与设备工艺均达到国际先进水平。中国铁道科学研究院的周清跃率领团队科研攻关，攻克钢轨焊接难题，优化了钢轨焊后热处理工艺，成功解决了高铁钢轨的自主研发、生产及相关配套技术问题。从此，我国高铁建设全部使用具有完全自主知识产权的国产钢轨，大幅度节约了建设资金，与进口比节约近一半费用。

高铁是由专用线路、高速列车和专用控制系统等组成的大系统[1]。高速列车作为高速铁路系统中的移动装备部分，则是这一系统中的核心部分。

鉴于我国经济社会发展的迫切需要、我国在高速铁路上的技术发展现状以及世界高速列车发展的技术趋势，我国最终选择通过引进消化吸收国外先进技术，以快速提升我国铁路装备的设计和制造水平。2004年1月，国务院常务会议讨论并原则通过了《中长期铁路网规划》。同年4月，国务院召开会议专题研究铁路机车车辆装备有关问题，明确了"引进先进技术、联合设计生产、打造中国品牌"的基本原则[2]，确定了重点扶持国内六家机车车辆制造企业，引进少量原装、国内散件组装和国内生产的项目运作模式。基于"引进先进技术、联合设计生产、打造中国品牌"的原则，我国在铁道部的统一组织下，就200公里和300公里动车组分别于2004年和2005年先后进行了两次采购招标，从法国阿尔斯通、以日本川崎重工为首的联合体、加拿大庞巴迪及德国西门子引进了四种产品平台和部分关键技术。通过这两次招标采购，中国成功地实现了对国外四种成熟的动车组整车产品的引进。

在引进国外先进技术的基础上，我国高铁技术的发展主要经历了四个阶段，即：引进消化时速200公里动车组技术；自主提升时速350公里动车组；创新研制CRH380系列动车组；定型制造CR400"复兴号"中国标准动车组。

在党中央、国务院的正确领导和全力支持下，中国铁路迅速建立和夯实中国高铁创新的基础。在战略上依托重大工程项目，坚持原始创新、集成创新和引进消化吸收再创新相结合的创新模式。在资源上，中国的高铁研发打破了中国各部委、各行业、国家和省部高校、企业间的

---

[1] 参见胡启洲、李香红、曲思源：《高铁简史》，西南大学出版社2018年版，第1页。
[2] 参见高柏、李国武、甄志宏等：《中国高铁创新体系研究》，社会科学文献出版社2016年版，第17页。

体制壁垒，整合了全中国的科技资源，打造了战略性的公共创新平台。最终，高铁项目凝聚了中国 6 家大型中央企业、25 所高校、11 家研究所、51 个国家重点实验室和国家工程中心的科技资源，68 位院士、500多名教授和数万名科技人员组成了一支强大科研力量，既降低了创新的风险与成本，又加快了成果的转效率[①]。

中国铁路装备制造企业在前期研制生产动车组的基础上，大力加强消化吸收再创新，经过艰辛努力，较快地掌握高速动车组总成、车体、转向架、牵引变压器、牵引变流器、牵引电机、牵引控制、列车网络控制和制动系统 9 大关键技术，以及受电弓、空调系统等 10 项主要配套技术，涉及 5 万个零部件，基本形成了中国时速 200～250 公里动车组技术标准体系，实现了动车组的中国制造。2006 年 9 月 28 日，中国首列时速 200 公里国产 CRH2 型"和谐号"动车组列车在中国南车四方股份公司下线[②]。2007 年 4 月 6 日，首列时速 250 公里国产 CRH5 型"和谐号"动车组列车在中国北车长春客车股份公司整列编组下线[③]。至此，中国掌握了 200 公里以及上动车组关键技术，国产化率达到 70% 以上，从而有了属于自己的高速列车"和谐号"。

在系统掌握时速 200～250 公里动车组技术基础上，通过轮轨动力学、气动力学控制、车体结构、转向架等方面技术创新，中国铁路基本形成了时速 300～350 公里动车组技术标准体系。2007 年 12 月 22 日，国产化时速 300 公里 CRH2－300 动车组在中国南车四方股份公司成功下线。紧接着，我国又紧锣密鼓地开展时速 350 公里国产动车组的研制工作。2008 年 4 月 11 日，国产时速 350 公里 CRH3 型动车组在中国北车唐山客车公司下线，这是铁路技术装备现代化取得的又一重大成果。新下线的 CRH3 型动车组，在引进世界高速动车组成熟技术的基础上，适应中国铁路客运需求特点，在车体外形、车体焊接、安全性能、功能设备故障检测与排除、密封性能方面进行了优化设计。

在成功掌握时速 350 公里高速列车的制造技术后，中国铁路继续瞄准第三个既定目标，加紧研制时速 380 公里的高速列车。这代高速列车

---

① 参见才铁军编著：《中国铁路 40 年》，中国言实出版社 2018 年版，第 39 页。
② 参见才铁军编著：《中国铁路 40 年》，中国言实出版社 2018 年版，第 40 页。
③ 参见才铁军编著：《中国铁路 40 年》，中国言实出版社 2018 年版，第 41 页。

是高新技术的系统集成，它将融合一系列当代最新科技成果。2008年2月26日，科技部与铁道部共同签署《中国高速列车自主创新联合行动计划合作协议》，将重点围绕开发运营时速380公里的新一代高速列车，建立并完善中国高速铁路技术体系。一个以政府为主导、企业为主体、市场为导向、项目合作为纽带、产学研用紧密结合的技术创新平台快速搭建起来。经过两年多时间的艰苦努力，2010年5月27日，在中国北车长春客车股份公司，首辆CRH380B新一代高速列车下线。继长客之后，2010年下半年，南车四方、北车唐山也相继研制出CRH380A型、CRH380BL型高速动车组。中国研制开发的新一代高速动车组，通过系统优化与技术创新，运行速度更快，安全性更高，舒适度更好，节能环保指标更优，实现了10大系统创新。试验数据显示，CRH380动车组列车不仅安全性高，而且气动阻力比照以往车型降低15.4%，气动噪声降低7%；高速列车在通过隧道或两车交会时气密承载能力提高50%。CRH380动车组列车搭配的高级智能化"大脑"——C3列控系统，可以对列车进行自由控制，实行连续不间断速度监督，实现超速防护。

中国高铁充分发挥后发优势，综合吸收了日、法、德高铁技术专长，从中国国情出发，博采众长，集成创新，发展形成了独具中国特色的高铁技术。自此，中国铁路完成了高铁动车组研制的三个阶段性重要任务，从此开始实现第四个目标的征程，中国标准动车组"复兴号"。

2004年以来的技术引进提升了我国高速列车的制造水平，然而受到引进技术平台的限制，其核心技术依然掌握在外商手中。由于引进技术的来源不同，众多参数指标、标准规范存在差异，这些都给运输及列车应用、维修带来困扰，亟待解决。为此，铁道部在国家支持下开展了350公里/小时中国标准动车组的研制。

2014年1月9日，时任中国铁路总公司总经理盛光祖宣布：加快高铁核心技术的全面自主化工作，力争在年内完成设计和主要部件的研发，用两年左右的时间完成中国标准动车组的研制工作[①]。2015年6月30日，分别由青岛四方和长春轨道公司设计制造、具有完全自主知识

---

① 参见才铁军编著：《中国铁路40年》，中国言实出版社2018年版，第43页。

奇 迹

产权、时速 350 公里的"中国标准动车组"下线，随之上线进行各种试验。2017 年，中国自行设计制造的这个标准动车组被正式命名为"复兴号"。同年 6 月 26 日，两列"复兴号"中国标准动车组在京沪高铁线路双向首发。9 月 21 日，"复兴号"在京沪高铁上以最高时速 350 公里运营，为沿线各大城市之间的市民出行提供了更多选择[①]。目前，时速 350 公里的"复兴号"列车已奔驰在我国广袤的大地上，主要运用于京沪、京广、京津等线路。

中国标准动车组是对中国动车组实行的标准化（统一化以互联互通）设计开发，实现了动车组牵引、制动、网络控制系统的全面自主化，标志着我国已全面掌握高速铁路核心技术，高速动车组技术实现全面自主化[②]。"复兴号"的成功研制和批量生产投入运营是我国高速列车发展的一个里程碑。它创建了我国高速列车持续创新发展的技术平台，形成了我国高速列车完整的标准体系，真正拥有了高速列车和核心技术的知识产权，并锻炼培养出世界一流的产学研用结合的创新团队。这些将确保我国高速列车技术持续发展，处于世界先进行列。

---

① 参见梁建英、杨中平、张济民：《高速列车》，上海科学技术文献出版社 2019 年版，第 54 页。

② 参见梁建英、杨中平、张济民：《高速列车》，上海科学技术文献出版社 2019 年版，第 54 页。

第十一章

谱写"人类反贫困史上的辉煌篇章"

——"缺吃少穿"的千年困扰"一去不复返"

习近平总书记指出:"消除贫困、改善民生、逐步实现共同富裕,是社会主义的本质要求,是我们党的重要使命。"中国共产党历来高度重视扶贫减贫工作,新中国成立以来党和国家为彻底解决困扰中华民族几千年的贫困问题,锲而不舍接续努力,取得重大成就。特别是改革开放40年间,"我国贫困人口累计减少7.4亿人,贫困发生率下降94.4个百分点,谱写了人类反贫困史上的辉煌篇章。""忍饥挨饿、缺吃少穿、生活困顿这些几千年来困扰我国人民的问题总体上一去不复返了!"[①] 到2020年底,中国脱贫攻坚任务圆满完成。

一、农村经济体制改革极大缓解农村贫困

1949年新中国成立以来,由于城乡二元社会经济制度导致农村40%~50%的人群处于生存贫困状态。1978年后结合农村经济体制改革的不断深化和推进,家庭承包经营制、赋予农民更多经营自主权、放宽农产品价格、发展乡镇企业等成为扶贫的主要方式。

党的十一届三中全会拉开了改革开放的序幕,我国扶贫工作进入了

---

① 习近平:《在庆祝改革开放40周年大会上的讲话》,《人民日报》2018年12月19日。

由体制改革推动扶贫的阶段。随着农村家庭联产承包责任制的实行,旧有的经营管理体制随之改变,国家将土地承包给农民,提高农产品价格,大力扶植乡镇企业,极大地解放和发展了农村生产力,调动了贫困人口的积极性,提升了贫困地区的内生发展能力,增加了农民的经济收入,大大缓解了农村的贫困问题。

从扶贫方式来看,这一阶段我国扶贫的目标是通过改革促进农村经济增长,采取的是区域性大规模的扶贫策略。家庭联产承包责任制的全面推行,农村生产力得到解放和发展,农村经济增长步伐进一步加快。1982年,中国政府启动的甘肃定西、河西和宁夏西海固"三西"专项扶贫计划全面实施,针对自然条件恶劣的特困集中片区,有计划、有组织、大规模的扶贫行动全面展开。从扶贫成就来看,1978—1985年间,农村人均粮食产量增长14%,肉类、油料、棉花分别增长87.8%、176.4%、73.9%,农民人均纯收入增长了2.6倍,[①]按一天一美元的收入标准衡量,1981年到1984年间,我国贫困发生率从49%降至24%,下降了25个百分点。[②]1978年末中国贫困人口数量为2.5亿,到1985年底减至1.25亿,每年平均减少贫困人口数量1700多万。到1978年末的数据显示,贫困发生率还在30%以上,到1985年底,贫困发生率已降至15%以下。

整体而言,20世纪80年代中期,我国扶贫开发工作持续推进,随时根据当时的具体条件不断调整扶贫策略,贫困地区的脱贫成效进一步凸显。经过农村土地及农业政策体制改革,贫困人口规模也在原来基础上大幅缩小,农村贫困发生率也大幅度降低,我国贫困地区取得粮食增产和农民增收的成就。

二、重点实施"国家八七扶贫攻坚计划"

20世纪80年代中期开始,中国改革重点由农村转向城市,由农业转向工商业,"三农"问题逐渐凸显出来。1985年,中国农村年人均收

---

① 刘晓虹:《中国扶贫工作的历程、成就与经验》,《农家参谋》2020年第12期。
② 汪三贵:《中国的农村扶贫:回顾与展望》,《农业展望》2007年第1期。

入在 200 元以下的人口仍有 1.25 亿，占当时农村总人口的 14.8%。对此，党中央、国务院非常重视，1986 年 5 月，国务院成立贫困地区经济开发领导小组，1993 年改名为国务院扶贫开发领导小组，专门负责在全国范围内有计划、有组织地开展大规模的扶贫开发工作，使农村扶贫进一步规范化和制度化。这一时期，一是确立了贫困地区经济开发的方针；二是制定了专门针对贫困地区和贫困人口的政策措施；三是对 18 个集中连片贫困地区实施重点扶贫开发；四是核定了贫困县，全国范围内共确定 331 个国家级贫困县，1988 年定为 370 个，中国政府设立专项资金，这些专项资金，包括专项扶贫贷款和以工代赈的项目及财政发展资金，确定了对贫困县的扶持标准，并将 70% 的扶贫资金用于贫困县，分中央政府和省（自治区）两级重点扶持。从扶贫成果来看，1986 年，1.25 亿农村绝对贫困人口，下降到 1993 年的 8000 万，脱贫人口数量众多，全国 592 个重点贫困县的农民人均纯收入从 1986 年的 206 元提高到 1993 年的 483.7 元，贫困人口生活水平得到大幅度提升。农村贫困发生率由 14.8% 下降到 8.7%。

1994 年，在全国农村基本解决温饱问题基础上，中国召开第一次全国扶贫开发工作会议，并颁布实施《国家八七扶贫攻坚计划（1994—2000 年）》。该计划明确提出要"集中人力、物力、财力，动员社会各界力量，力争用 7 年左右的时间，基本解决目前全国农村 8000 万贫困人口的温饱问题"，实现由救济式扶贫向开发式扶贫的转变。随着《国家八七扶贫攻坚计划（1994—2000 年）》的逐步落实，系统性、规范性和目标明确的扶贫开发时代顺利开启；"中央统筹、省负总责、县抓落实"的分级责任制层层建立，层层落实；国家贫困线标准重新划定，即按照 1992 年人均收入水平，少于 400 元的县全部纳入贫困行列，共确立 592 个贫困县，8000 万贫困人口；多元参与式扶贫策略在全国范围的贫困县推进，即东部 13 省与西部 10 省、自治区对接，对口帮扶全面推进。党政机关、企事业单位和社会团体全面参与，发挥合力；在资金安排上，扶贫专项资金由政府重新设定，"新增财政扶贫资金"专项安排，"少数民族发展资金"专门建立，同原先建立的支援经济不发达地区的发展资金、"三西"农业建设专项补助资金和以工代赈建设资金等，共同组成比较完整的财政专项资金投入体系。在一系列专项扶贫策略和区域经济发展的带动效应下,在1997年至1999年这三年中,中国每年有800万贫困人口解决了温饱问题,是进入20世纪90年代以来中国解决农村贫困人口年度数量最高水平。经过近7年努力,到2000年底,国家"八七"扶贫攻坚目标基本实现。农村贫困人口减少到2000年的3000万人,农村贫困发生率下降到3%左右。其中,国家重点扶持贫困县的贫困人口从1994年的5858万人减少到2000年的1710万人。这些人主要是生活在自然条件恶劣地区的特困人口、少数社会保障对象以及部分残疾人。到2000年底,贫困地区通电、通路、通邮、通电话的行政村分别达到95.5%、89%、69%和67.7%。贫困地区经济发展速度明显加快。"八七"扶贫攻坚计划执行期间,国家重点扶持贫困县农业增加值增长54%,年均增长7.5%;工业增加值增长99.3%,年均增长12.2%;地方财政收入增加近1倍,年均增长12.9%;粮食产量增长12.3%,年均增长1.9%;农民人均纯收入从648元增加到1337元,年均增长12.8%。贫困地区人口过快增长的势头得到初步控制,人口自然增长率有所下降。办学条件得到改善,"两基"工作(即基本普及九年义务教育和基本扫除青壮年文盲)成绩显著,592个国家重点扶持贫困县中有318个实现了"两基"目标。贫困地区95%的行政村能够收听收看到广播电视节目,群众的文化生活得到改善,精神面貌发生了很大变化。解决了一些集中连片贫困地区的温饱问题。沂蒙山区、井冈山山区、大别山区、闽西南地区等革命老区群众的温饱问题已经基本解决。一些偏远山区和少数民族地区,面貌也有了很大的改变。历史上"苦瘠甲天下"的甘肃定西地区和宁夏的西海固地区,经过多年开发建设,基础设施和基本生产条件明显改善,贫困状况大为缓解。①

三、进入21世纪中国的扶贫开发工作

进入21世纪,我国开始探索和制定新的扶贫开发策略。

---

① 中华人民共和国国务院新闻办公室:《中国的农村扶贫开发》,《人民日报》2001年10月16日。

从扶贫对象的针对性来看,在继续把西部地区作为扶贫工作重点的基础上,从国家级贫困县区域向村级区域集中转变,以贫困村而非贫困县作为重点扶贫开发单位。因为剩余贫困人口呈现出分散性强、碎片化的显著特点,而不是集中在所划好的重点贫困县里,既有整个贫困县范围内的贫困村,也有散布在非贫困县里的一些贫困村,贫困程度深、脱贫难度大,这些贫困村更多集中在偏远山区、高寒区等自然地理条件复杂恶劣的边境区域以及民族地区,且存在多维致贫因素。2001年,国务院颁布新世纪初的发展纲要——《中国农村扶贫开发纲要(2001—2010年)》,《纲要》以贫困村为重点扶贫对象,推动我国扶贫工作进入整村推进式扶贫阶段。工作重点的调整,全国重新划定14.8万个贫困村,把扶贫开发的重点集中在中西部少数民族地区、革命老区、边疆地区和特困地区,同时要求重视残疾人扶贫工作,把残疾人纳入扶持范围,再次确定低收入贫困标准线,将符合低收入贫困标准的农户纳入扶贫开发工作范围,贫困县的贫困村全方位得到覆盖,非贫困县的贫困村也被涵盖在内,直接将扶持资金投入贫困村。从扶贫任务来看,此次扶贫开发工作具有全面性,既要解决贫困地区贫困人口的温饱和防止返贫等问题,还要促进贫困地区政治、经济、教育文化事业、环境等社会性事业的全面协同发展。

国家根据经济社会发展水平的提高和物价指数的变化,将全国农村扶贫标准从2000年的865元人民币逐步提高到2010年的1274元人民币。以此标准衡量的农村贫困人口数量,从2000年底的9422万人减少到2010年底的2688万人。从2001年至2010年,592个国家扶贫开发工作重点县人均地区生产总值从2658元人民币增加到11170元人民币,年均增长17%;农民人均纯收入从2001年的1276元人民币,增加到2010年的3273元人民币,年均增长11%。贫困地区生产生活条件明显改善。从2002年至2010年,592个国家扶贫开发工作重点县新增基本农田5245.6万亩,新建及改扩建公路里程95.2万公里,新增教育卫生用房3506.1万平方米,解决了5675.7万人、4999.3万头牲畜的饮水困难。到2010年底,国家扶贫开发工作重点县农村饮用自来水、深水井农户达到60.9%,自然村通公路比例为88.1%、通电比例为98%、通电话比例为92.9%,农户人均住房面积24.9平方米,农户使用旱厕和水冲式厕所比重达 88.4%。①

2011 年底，我国颁布第二个十年扶贫纲要——《中国农村扶贫开发纲要（2011—2020）》，确定了 14 个集中连片特困地区，扶贫开发的重点范围覆盖面更加广泛，扶贫能力进一步增强，不断总结扶贫规律，扶贫的方式方法进一步得到创新。大规模的扶贫开发，促进了国民经济持续健康发展，农村发展动力更加强劲，城乡差距、区域发展差距扩大趋势进一步缩小。大多数贫困群体的温饱问题得以解决，14 个集中连片特困地区、592 个国家扶贫开发重点县被纳入扶贫计划之中，开发式扶贫方针全面贯彻，扶贫到村到户顺利推进。以 2010 年农村居民家庭人均纯收入为不变价重新调整贫困线标准为 2300 元，明确到 2020 年实现"两不愁，三保障"，实现消除绝对贫困的目标。

四、党的十八大以来实施"精准扶贫"战略

党的十八大以来，中国的扶贫工作迈入精准扶贫阶段。全面建成小康社会任务全面展开，为弥补全面建成小康社会的短板，必须为彻底解决农村贫困问题寻找新路径。2013 年，习近平总书记考察湖南湘西时，强调了"扶贫要实事求是，因地制宜。要精准扶贫，切忌喊口号，也不要定好高骛远的目标"。

从扶贫策略来看，中央先后出台了《中共中央、国务院关于打赢脱贫攻坚战的决定》（2015 年）、《"十三五"脱贫攻坚规划》（2016 年）等指导性文件，提出新时期"精准扶贫、精准脱贫"的基本方略，区域整体扶贫和个人精准扶贫相结合，与经济社会发展相互促进，坚决打赢脱贫攻坚战上升为国家战略。党的十八届五中全会上，确定精准扶贫战略为打赢脱贫攻坚战的基本方略。全会正式提出贫困人口全部脱贫、贫困县全部摘帽的目标任务，必须全面推进。同时，打赢脱贫攻坚战的决定全面贯彻，对"十三五"脱贫攻坚作出全面部署大力推进，脱贫攻坚成为五年规划纲要的重要目标，贫困人口脱贫作为五年规划的约束性指

---

① 中华人民共和国国务院新闻办公室：《中国农村扶贫开发的新进展》，《人民日报》2011 年 11 月 17 日。

标,脱贫攻坚责任书层层签署,层层落实,贫困地区经济发展得到快速发展,特色产业得到扶持,基层治理进一步加强,社会民生进一步保障,宜居环境广泛推进,文化活动领域取得一定成就,都是新中国成立以来的创举。

精准扶贫战略的全面推进,中国共产党的领导更加坚强有力,社会主义制度集中力量办大事的优势充分发挥。"六个精准"基本要求全面贯彻,①"五个一批"② 实现途径全面落实,"四个问题"③ 的关键环节得到全面解决,贫困治理体系和治理能力现代化全面推进。到2020年底,按期完成新时代脱贫攻坚目标——现行标准下的农村贫困人口实现全部脱贫,贫困县实现全部摘帽,贫困发生率归零,绝对贫困和区域性整体贫困从此全部消除——中国书写了人类反贫困历史上的辉煌篇章。"中国是世界的榜样,已使数亿人摆脱了贫困,现在正在寻求为其他国家的发展作出贡献"。

五、中国扶贫减贫取得辉煌成就

(一)减贫人口数量庞大,贫困人口生活质量显著提高

新中国成立以来,我国农村绝对贫困人口累计减少8亿多人,特别是党的十八大以来,2019年末的551万农村贫困人口,按照每人每年2300元(2010年不变价)的农村贫困标准计算,比2018年末减少1109万人;贫困发生率降至0.6%,比2018年下降1.1个百分点。2012年末的9899万贫困人口、832个贫困县、12.8万个贫困村现已全部脱贫,年均脱贫人口在1200万以上,贫困发生率从10.2%降至0.6%,比1985年末减少5.6亿人,下降了85%;农村贫困发生率降到10%左右,比1985年末下降了68.1个百分点。党的十八大以来,脱贫攻坚战自上

---

① 六个精准即扶持对象精准、项目安排精准、资金使用精准、措施到户精准、因村派人精准、脱贫成效精准等"六个精准"。

② 五个一批是指发展生产脱贫一批、易地搬迁脱贫一批、生态补偿脱贫一批、发展教育脱贫一批、社会保障兜底一批。

③ "四个问题"即解决好扶持谁、谁来扶、怎么扶、如何退的问题。

而下全面部署，精准扶贫策略全面推动，扶贫减贫的历史性成就令人瞩目。根据我国现行的农村贫困标准衡量，2013—2018年，累计减贫8000多万人，年均减贫1300多万人，六年累计减贫幅度80%以上，农村贫困发生率从2012年末的10.2%，下降到2019年末的0.6%。到2020年，贫困人口实现全部脱贫，意味着全面建成小康社会圆满收官，社会主义现代化建设全面开启，困扰中华民族千百年来的绝对贫困问题得到历史性解决。

贫困地区人民生活状况大幅改善，人均收入稳步提高。2013年至2019年，832个贫困县农民人均可支配收入由6079元增加到11567元，年均增长9.7%，比同期全国农民人均可支配收入增幅高2.2个百分点。全国建档立卡贫困户人均纯收入由2015年的3416元增加到2019年的9808元，年均增幅30.2%。贫困群众"两不愁"质量水平明显提升，"三保障"突出问题总体解决。

中国的减贫人数不仅超过世界上绝大多数国家的总人口，更是远超同期世界其他地区的脱贫人口数量和质量。

（二）贫困地区经济获得快速发展

中国的脱贫成就显示，贫困地区经济发展速度持续加快，贫困县国内生产总值年均增速已经高出全国平均水平，贫困地区发展生产力和保护生产力实现并举，生态环境也明显改善。党的十八大以来，贫困地区以脱贫攻坚总揽经济社会发展各领域，发展局面焕然一新。在政府的政策支持和资金帮助下，各地充分依托地区特色优势产业和发电、光伏、旅游等扶贫新业态取得迅速发展，产业扶贫、生态扶贫、就业扶贫、易地扶贫搬迁、退耕还林、生态扶贫等蓬勃发展，生活宜居环境和生态环境得到充分改善，贫困地区内生动力和发展活力明显提升，实现了生态保护和脱贫攻坚任务的双赢。

贫困地区人均收入保持快速增长，消费水平逐步提升。随着扶贫减贫工作的持续推进，贫困地区的发展能力不断增强，贫困人口的经济基础和收入来源逐步趋稳，农村自我"造血"能力大大提升。贫困地区农民收入增速明显加快，与全国平均水平差距不断缩小。

（三）贫困地区公共服务和基础设施建设更加完善

贫困地区基本生产生活条件明显改善。具备条件的建制村全部通硬化路，村村都有卫生室和村医，全国10.8万所义务教育薄弱学校的办学条件得到改善，农网供电可靠率达到99%，960多万贫困人口通过易地扶贫搬迁摆脱了"一方水土养活不了一方人"的困境。贫困地区群众出行难、用电难、上学难、看病难、通信难等长期没有解决的老大难问题普遍解决，义务教育、基本医疗、住房安全有了保障。

贫困地区通信基础设施升级改造取得突破性成就。《"宽带中国"战略及实施方案》全面贯彻，贫困地区受中央财政支持通信设施建设的力度进一步加大，贫困村信息化工作大大推进，深度贫困地区贫困村通宽带比例达到98%，农村及贫困地区的通信基础设施水平有效提升。行政村通电话、乡镇通宽带实现全面覆盖，贫困地区的宽带网络普及率有效提高，当地的生产生活条件有效改善，随着通信基础设施的完善，贫困地区产业发展进一步顺利推进。

贫困地区生活环境更加安全清洁宜居。坚定不移保障基本人居卫生条件，贫困村农村人居环境不断改善，农村危房改造工程顺利启动，中央针对贫困地区的补助标准明确设立，住房最危险、经济最贫困的农户得到大力扶持，最基本的住房安全忧患得到完全消除。同时，传统村落保护工作成效显著，农村垃圾与污水治理及时有效，人居环境更加美丽宜居。

贫困地区交通建设取得新成就。《集中连片特困地区交通建设扶贫规划纲要（2011—2020年）》进一步落实，全社会参与投入建设公路的热情被大大激发，交通扶贫取得重大突破，集中连片的特困地区的国家高速公路、普通国省道、农村公路、农村客运站点和"溜索改桥"建设进程全面加快，交通运输条件得到全面改善，村民日常出行更加方便，贫困地区的矿产、能源、旅游等资源得到更加充分有效的开发利用，贫困地区脱贫致富的步伐进一步加快。交通扶贫脱贫"双百"工程的全面实施，交通扶贫助力贫困人口增产增收的效果进一步凸显。

贫困地区水电建设成果显著。《全国水利扶贫专项规划》等多种水利扶贫规划和方案顺利推进，贫困地区水利建设取得突破性进展。中央水利投资力度更加向中西部大幅度倾斜，民生水利建设逐步完备，贫困地区农村居民和学校师生饮水安全问题得到彻底解决，农村集中式供水、重大节水工程、病险水库水闸除险、新建或加固江河堤防、中小河流治理、新增农村水电装机以及生活燃料等方面成效显著。无电地区电网深入延伸，可再生能源供电工程顺利实施，全国无电人口数量接近归零，农网持续改造升级，贫困地区包括西部偏远少数民族地区农村电力建设不断改观，贫困地区的供电能力今非昔比，电力普遍服务水平大大提升。

（四）扶贫模式和脱贫方略实现重大创新

在长期的扶贫模式探索过程中，党和国家也积累了丰富而富有特色的经验和模式，大大创新了扶贫模式，在脱贫基本方略方面实现了重大创新。

特色优势产业助力脱贫成效显著。《全国林业扶贫攻坚规划（2013—2020年）》《农业行业扶贫开发规划（2011—2020年）》等系列特色产业发展规划或政策得到贯彻落实，适合贫困地区产业发展的政策创新取得重大成就。特色农牧业成为农业领域扶贫的重点选择，各个贫困地区特色优势得到开发，科学布局、因地制宜成果斐然。特色产业带动效应明显，贫困地区发展的依托条件基本具备。

易地搬迁脱贫打造美丽宜居的生活环境。易地扶贫搬迁方案全面启动，搬迁一户、脱贫一户方略得到切实保证。各地政府政策扶持先行推进，搬迁规划科学，易地选址合理，安置区基础设施建设不断完备，社会公共服务设施进一步完善，贫困人口的生产生活条件焕然一新，搬迁群众生产生活水平进一步改善。种植业和养殖业进一步扶持推进，外出务工受到积极引导，劳务收入渠道更加多元，搬迁群众脱贫致富、增产增收更有保障。

生态保护脱贫实现双赢。贫困地区天然林资源保护、退耕还林、石漠化综合治理和生物多样性保护等重大生态工程全面推进，贫困地区生态保护和修复步伐加快，当地的生态环境得到改善，贫困人口生存空间和生活条件不断拓展,贫困地区的生态补偿工作积极推进,当地优势特色产业发展取得重大突破,贫困人口就业增收顺利开展,发展环境得到充分保障。贫困人口增收渠道继续拓宽,重点工程区范围内的贫困户投工投劳受到极大鼓励,贫困人口的幸福感和获得感显著提升。

教育脱贫解决贫困代际传递效果显著。中国把教育扶贫作为脱贫攻坚的重要内容,义务教育均衡发展深入推进,城乡教育差距持续缩小,贫困地区的办学条件全面改善,学前教育三年行动计划、乡村教师生活补助计划、中等职业学校免学费、补助生活费政策及面向贫困地区定向招生专项计划等全面实施,贫困人口受教育权利得到充分保障。

医疗保障脱贫有效保障民生福祉。健康扶贫工作力度持续加大,农村贫困人口医疗费用负担大大减轻,贫困地区医疗卫生服务能力不断强化,贫困地区群众健康水平持续提高,因病致贫、因病返贫得到有效预防,贫困人口健康权利得到有效维护。新型农村合作医疗制度保障体系逐步建立,农村居民覆盖面更加广泛。农村订单定向免费医学生培养、全科医生特设岗位计划等项目扎实开展,城乡医院对口支援全面推进,全国三级医院对口帮扶贫困地区县级医院的计划有效实施,农村妇女增补叶酸预防神经管缺陷、贫困地区儿童营养改善等项目进一步推进,健康扶贫工程全面实施,农村贫困人口与全国人民共同迈入全面小康社会的健康保障进一步强化,疾病预防控制和健康促进继续加强,贫困地区群众健康状况全面改善。

就业创业服务助力贫困人口增收致富。就业优先战略和更加积极的就业政策有效推进,就业创业服务进一步优化,贫困人口工作权利得到有效保障。农民工职业技能培训提升计划全方位组织实施,贫困家庭子女接受职业教育补助计划顺利推进。公共就业服务体系进一步完善,基层劳动就业和社会保障服务平台建设不断完善,创业扶持政策积极落实,对有创业意愿和创业培训、创业服务需求的劳动者给予资金扶持以及组织参加创业培训,使创业成功率得到明显提升。

贫困地区农村兜底脱贫精准有效保障特殊群体。贫困人口兜底脱贫目标切实推行,农村低保制度不断完善,扶贫开发政策实施方案多维度衔接,兜底保障政策措施进一步细化,相关工作机制不断健全。农村低保制度政策性兜底保障得到充分落实,农村低保标准多次上调,覆盖特殊群体范围更广泛，贫困人口社会保障能力不断强化。根据扶贫条件和规定程序，确定农村低保家庭的精准性进一步提高，建档立卡户范围更加明确，对农村低保对象的帮扶更加精确有效。

贫困治理能力明显提升。党的十八大以来，党中央推进抓党建促脱贫攻坚，贫困地区基层组织得到加强，基层干部通过开展贫困识别、精准帮扶，本领明显提高，巩固了党在农村的执政基础。全国共派出25.5万个驻村工作队、累计选派290多万名县级以上党政机关和国有企事业单位干部到贫困村和软弱涣散村担任第一书记或驻村干部，目前在岗91.8万，特别是青年干部了解了基层，学会了做群众工作，在实践锻炼中快速成长。特别是在新冠肺炎疫情防控中，贫困地区基层干部展现出较强的战斗力，许多驻村工作队拉起来就是防"疫"队、战"疫"队，这同他们经受了这几年脱贫工作历练是分不开的。

（五）为全球减贫事业作出重大贡献

消除贫困体现全人类的共同担当。中国长期减贫工作中形成的有组织有计划大规模的扶贫开发模式，特别是党的十八大以来实施的精准扶贫精准脱贫战略，成为全球减贫事业的先锋和楷模，中国所贡献的中国智慧和中国方案对全球减贫事业的指导意义更加明显。在中国的倡议下，以合作共赢为核心的新型国际关系正在全球推动建立，贫困治理能力和减贫合作意识不断提升，人类社会消除贫困、实现可持续发展的保障进一步落实。开放、包容、普惠、平衡、共赢的经济全球化格局正在建立，全球减贫进程不断加快，减贫发展合作进一步加强，国际发展环境大大改善，各国多元自主可持续发展的脱贫模式正在进一步探索，推动世界各国共同发展繁荣的中国担当取得显著成就。联合国粮农组织经济与社会发展署负责人乔莫·桑德拉姆也承认，"联合国千年发展目标如果没有中国的努力很难取得今天的成绩"。[①] 改革开放42年来，摆脱贫困人口超7亿人，从20世纪90年代初到现在，世界上每减少3个饥饿人口，其中2个是中国人，饥饿人口减半的目标提前两年达成，创造

[①] 张晓东：《中国减贫模式具有世界意义》，《人民日报》2015年10月28日。

了占世界7%的可耕地养育约1/5世界人口的伟大奇迹。在联合国发布的《2015年千年发展目标报告》中，全世界极端贫困人口比例大幅下降，已经从1990年的61%，下降到2002年的30%以下，2014年又下降到4.2%，其中，中国对全球减贫的贡献率超过70%，减贫人口数量居世界首位，提前完成联合国确定的千年发展目标，在联合国发展史上留下浓墨重彩的一笔。

新中国成立以来，中国在致力于自己国家减贫工作的同时，先后向100多个国家和国际组织提供大量援助，多次宣布无条件免除重债国，免除最不发达国家对华到期政府无息贷款债务，数十万援助人员抵达非洲等世界各地的贫困地区，向数十个国家提供医疗援助，帮扶100多个发展中国家力争早日完成千年发展目标的任务。"一带一路"建设积极推动，"一带一路"倡议深入人心，国家经济社会高质量发展，就业增加，"南南合作援助基金"在减贫中进一步发挥作用，"6个100"项目支持落地实施，为发展中国家的减贫工作贡献了中国智慧和经验。最不发达国家得到中国的投资和帮助逐年增加，预计2030年达到120亿美元。中国的减贫和帮扶行动堪为世界典范，全球减贫事业在中国的帮助下迈向新台阶。

中国还广泛参加或积极召开各大减贫高层论坛，如"国际消贫日"与联合国驻华系统、联合国开发计划署联合主办减贫与发展高层论坛，召开以"推进全球减贫事业 构建人类命运共同体"（2020）为主题的人类减贫经验国际论坛等，加强国际减贫合作和经验交流。在"2017减贫与发展高层论坛"上，联合国秘书长古特雷斯发贺信高度赞扬中国的精准扶贫，认为"精准扶贫方略是帮助贫困人口、实现2030年可持续发展议程设定的宏伟目标的唯一途径，中国的经验可以为其他发展中国家提供有益借鉴"。①

在全球新冠肺炎疫情肆虐之际，国际减贫事业更是陷入低谷，经合组织国家仍有10%以上的人口处于贫困线以下，贫困率在过去30年内持续攀升。国际社会必须加强合作，同舟共济，共同减贫，才能应对挑战，实现世界经济复苏和构建人类命运共同体。改革开放以来的42年

---

① 习近平：《在决战决胜脱贫攻坚座谈会上的讲话》，《人民日报》2020年3月7日。

时间里,中国消除了现行标准下的绝对贫困,大规模减贫和整体消除绝对贫困的中国经验探索形成,助力其他国家摆脱贫困的借鉴意义不断彰显,为世界减贫事业贡献有价值的中国方案。中国的脱贫成就更新了各国的减贫思维方式。受中国减贫智慧的影响,许多发展中国家的领导人认识到,减贫不仅要使贫困人口实现脱贫,更加广泛的经济社会改革,以及当代科学技术,尤其是数字技术的充分应用、实现经济高速发展和包容性增长、解决社会不平等问题、更加公平的财富分配,在扶贫减贫工作中起着至关重要的作用;认识到充分整合各类社会资源、凝心聚力向着脱贫目标奋进的关键作用;认识到打造一个没有贫困、合作共赢的人类命运共同体的紧迫性和必要性。2015 年,联合国开发计划署发布《联合国千年发展目标报告》,报告中积极赞扬和提倡中国的减贫经验,"中国的减贫为实现联合国千年发展目标作出了贡献,为其他国家提供了学习经验。"①

---

① 张晓东:《中国减贫模式具有世界意义》,《人民日报》2015 年 10 月 28 日。

第十二章

"战洪水、防非典、抗地震、化危机"

——众志成城战胜来自各领域的困难挑战

中华人民共和国,这个世界上最伟大、最有生命力的社会主义国家,在中国共产党的英明领导下走过了 70 多年的光辉历程。在这个过程中,我们的党、政府和人民经历过无数的风险考验,面对风险考验,中华民族爆发了前所未有的凝聚力、创造力和生命力,在党中央的正确领导下,全国各族人民同心同德,万众一心,发扬爱国主义、集体主义、社会主义精神,与历次风险考验展开了伟大斗争,创造了一个个人间奇迹,赢得了世界的赞誉和尊重,充分体现了中国共产党是世界上最优秀的政党,社会主义制度是最优越的社会制度,中国人民是最伟大的人民。

一、战洪水:沧海横流,方显英雄本色

中华文明是大河文明。长江、黄河孕育了优秀的中华文化,但我们这个民族与洪水斗争的历史也最为悠久。

新中国成立以来,我国遭遇了五次大的洪涝灾害:一是 1954 年的长江流域特大洪水,自枝江以下约 1800 公里的河段,水位突破历年最高纪录,洪水水位持续时间长,洪水总量巨大。沿江两岸人民在中国共产党和人民政府的正确领导下,展开了英勇顽强的防汛斗争。根据水情的发展和预测,及时有计划地采取了若干分洪措施,大大减轻了水灾的

危害，保证了荆江大堤和武汉、南京的安全。二是 1958 年黄河大洪水，花园口洪峰流量达 22300 立方米每秒，经过大力抗洪救灾，保住了黄河大堤决口，挽回了巨大经济损失。三是 1963 年的海河特大洪水，6600 万亩耕田被淹，受灾人口达 2200 万人。四是 1975 年淮河上游的特大洪水，雨量高达 1605 毫米，受灾面积达 43800 平方公里。五是 1998 年长江、松花江、嫩江流域百年一遇的特大洪水。在这五次特大洪水灾害中，受灾面积最大、持续时间最长、动员人员和救灾物质数量最多的一次属于 1998 年发生在长江全流域的百年不遇的特大洪水。在这场抗洪救灾的伟大斗争中，全国人民在党的领导下，众志成城、万众一心用血肉之躯铸就了任何洪水冲不垮的精神堤坝，成为新中国成立以来，洪水灾害最大、伤亡人数最小的一次洪灾。在这场抗洪斗争中诞生的伟大抗洪精神将成为激励中华民族前进的不朽动力。

1998 年 6 月，进入梅雨季节后，受厄尔尼诺及其他因素综合影响，长江中下游地区的气候持续异常。长江流域出现罕见的"二度"梅雨，暴雨连绵不断，主要雨带长时间徘徊于长江流域，在大江南北拉锯式移动，使得上、中、下游相继发生了继 1954 年以来的又一次全流域大洪水，中下游干流沙市至螺山、武穴至九江河段和洞庭湖城陵矶、鄱阳湖湖口出现了超历史纪录的水位，枝城至大通的其余河段出现历史第二高水位，两湖水系的信江、抚河、昌江和澧水的水位也相继超出历史纪录。在这一刷新的纪录中，尤以第六次洪峰最为凶猛，最为疯狂。8 月 16 日，长江上游第六次洪峰与三峡区间和清江流域的洪水叠合，使宜昌、枝城水文站出现 1998 年最高水位。沙市、石首、监利水文站水位也相继超过历史纪录。其中沙市水文站的水位在 8 月 17 日 9 时达到 45.22 米，超过 1954 年最高水位 0.55 米，洪峰流量为 53700 立方米每秒。第六次洪峰在向中游推进时又与沅水、澧水的洪峰再次遭遇，使得城陵矶、莲花塘、螺山水文站的水位再攀新高。洪水到武汉江段时，又与先期到达的汉江洪峰遭遇、造成武汉关水位再次迅猛上涨，19 日 21 时至 20 日 23 时，水位长时间稳定在 29.43 米达 26 小时之久。

洪魔肆虐，险情不断。1998 年 8 月 1 日，湖北省嘉鱼县簰洲湾民垸溃决，狂野的巨浪将运送抢险物质的 13 辆军车掀翻，数百名官兵被咆哮的激流冲散，55 万多群众被洪水围困。受灾面积达 83 万平方公里，9万耕地被淹。8月4日，江西省九江市忻州垸堤溃口，受灾面积78平方公里，受灾人口达4.1万，6.65万亩农田受淹。8月7日，湖北省公安县孟溪大垸溃口，垸内340平方公里近四分之一地区被淹，7万人受灾。同一天，江西九江市混凝土防洪墙突然坍塌决口，洪水迅疾涌入城郊，威胁九江人民生命财产安全。8月8日，距离武汉市仅50公里的汉江民乐闸特大钢制闸门被洪水撕裂扭曲，先后陈驳船4艘、汽车98辆堵口。与此同时，位于洞庭湖区的湖南省安乡县安造垸等民垸、鄱阳湖区的江西省波阳县86座垸堤被洪水漫顶、溃决，40多万人被洪水围困，灾情严重。

至8月上旬，为了"牺牲局部保全局，牺牲民垸保大堤"，湖北省荆江河段的六合垸、永和垸、西洲垸、血防垸等数十个民垸主动放弃防守，扒口行洪。仅仅在进入8月份的短短10天时间里，荆江大堤、洪湖干堤就发生险情4300多处，其中重大险情3200处。洪湖干堤燕窝段发生重大脱坡，并出现直径1.8米的特大管涌；乌林小沙角、中沙角出现大面积管涌群；监利县上车湾发生大范围脱坡；石首市调关15公里长堤洪水全线漫溢；沙市二郎矶险段堤基严重散浸。

1998年8月19日至21日，四川盆地西北部和东北部普降大雨，涪江、嘉陵江、沱江发生洪水，四川省35个县、市受灾。仅据绵阳等六市的初步统计，有近600人受灾，120多个场镇进水，1.6万余间房屋倒塌，造成直接经济损失近15亿元。

来势凶猛的洪魔张开贪婪的大口，张牙舞爪，一次又一次扑来，严重威胁着沿江沿湖的众多城市和广大的农村，严重威胁着人民生命财产的安全，抗洪抢险出现十分危急的局面，长江上中下游全线告急。

党中央、国务院一直高度关注着汛情的发展，对抗洪救灾工作及时作出一系列正确决策，国家防总部署指挥得力，百万抗洪大军团结拼搏，决战决胜，党心、军心、民心凝聚在一起，誓夺抗洪斗争的最后胜利。

1998年7月21日，当得知长江第二次洪峰正向武汉逼近，江泽民总书记深夜打电话给时任国务院副总理、国家防汛抗旱总指挥温家宝，要求沿江各省市特别是武汉市要做好迎战洪峰的准备，抓紧加固堤防，排除内涝，严防死守，确保长江大堤的安全，确保武汉等沿江重要城市的安全,确保人民生命安全。8月7日,在长江第4次洪峰袭来的紧急关头,江泽民主持召开了中央政治局扩大会议,听取国家防总汇报,研究长江抗洪抢险工作。会议决定:要把长江抗洪抢险工作作为当前头等大事,全力以赴抓好。要坚决严防死守,确保长江大堤的安全,不能有丝毫松懈和动摇。人民解放军要按照中央军委的命令,继续投入抗洪抢险第一线。武警部队和公安干警也要积极参加抗洪抢险工作。要动员和组织一切人力、物力、财力进行抗洪抢险。8月13日上午,正当长江第5次洪峰向湖北荆江逼近的关键时刻,江泽民亲赴湖北长江防汛第一线,指导长江抗洪抢险工作,向全党全军和全国人民发出号召,就决战关头的抗洪抢险做出总动员。

在长江防汛抗洪最紧张的日子里,中央主要领导同志都亲临抗洪第一线察看汛情,慰问军民,指导工作。

7月4日至9日,朱镕基亲临江西、湖北、湖南抗洪抢险第一线,代表党中央、国务院和江泽民慰问正在日夜奋战抗洪救灾的干部群众和解放军、武警官兵,并对长江防汛抗灾工作做了部署,要求确保长江大堤万无一失。8月8日至9日,朱镕基再赴长江抗洪第一线,传达了党中央和江总书记最近关于抗洪前线的指示,强调长江抗洪抢险到了最紧要的时刻,坚决严防死守确保长江大堤安全。9日下午,朱镕基出现在九江城西防洪墙决口抢险现场,带来党中央、国务院和江总书记的慰问,勉励抢险的干部群众、人民解放军和武警官兵发扬不怕艰苦和牺牲的精神,一定要把决口堵住,确保长江大堤和人民生命安全。

党中央、国务院的坚强领导和亲切关怀,极大地激励和鼓舞了第一线抗洪大军,为抗洪救灾奠定了有力的思想和组织保障。

在抗洪抢险的关键时刻,各级党委和政府坚决贯彻党中央指示,充分发挥政治核心和战斗堡垒作用。长江沿岸各省各级领导干部分赴抗洪前线,组织数百万群众,与肆虐的洪水展开了顽强的抗震。共产党员和各级党组织组成抗洪斗争最坚强的核心。

湖北省落实了从省到地州市、县市、乡镇、村的五级党政首长负责制。全省各级领导明确分工,责任到人,纷纷深入到哨棚里,江堤上。湖南省对副省级以上党政领导明确了防汛责任区,每个地市都有1至3名省级领导干部负责联系,并督促落实地市级干部包县、包堤垸、包水

第十二章
"战洪水、防非典、抗地震、化危机"

库；县级干部包乡包工程；乡镇干部包堤段工作。

在长江中下游干堤上，飘扬着无数面鲜红的党员突击队的旗帜。沿江抗洪地区老百姓们说得最多的是：共产党是冲在最前，撤在最后，他们永远是我们的主心骨和顶梁柱。一大批共产党员在危急关头表现出牺牲奉献精神，感染着参加抗洪斗争的广大群众，形成了强大的凝聚力和战斗力。

人民解放军和武警部队官兵在这场抗洪斗争中更是发扬了我军英勇顽强、连续作战、不怕疲劳、不怕牺牲的战斗作风，为这场伟大斗争的胜利做出了最大贡献和牺牲。据统计，奋战在长江沿岸抗洪抢险第一线的人民解放军和武警部队官兵达到14万多人，各部队共派出船艇7万余（台）次，发运军列200余节，出动飞机100余架次，排除险情400余处，加固堤坝1800余公里，直接抢救转移被洪水围困群众40余万人。

四总部和广州、南京、济南军区都在各自部队防守的堤段开设了军区领导负责的前沿指挥所，70多位将军和数千名师团干部与广大官兵一起奋战。他们与地方党委和政府密切协同，率领部队连续作战。解放军和武警部队官兵把灾情当军情，视洪水为命令。随着洪峰的一次次到来，从军委、总部到各大单位领导机关，密切关注汛情变化，调整制定了各种应急方案。广大抗洪抢险官兵坚决贯彻党中央、国务院、中央军委做出的确保长江大堤安全，确保交通大动脉畅通，确保沿江重要城市安全，确保人民生命安全的方针，牢记我军根本宗旨，为人民的利益舍生忘死。他们哪里最危险就冲向哪里，哪里险情最严重就战斗在哪里。一个英雄倒下去，千万个英雄站起来，他们用自己的血肉之躯，用难以估算的巨大能量，在每一个最危险的抗洪地段，创造了一个又一个奇迹。

20世纪30年代，埃德加·斯诺在中国看到红军战士是那么的不怕牺牲，不畏疲劳，不畏艰险，他在《西行漫记》第一章中发出一个深深的疑问：这些战士战斗得那么久，那么顽强，那么勇敢，而且从整体来说是那么无敌，他们到底是什么样的人？是什么使他们那样地战斗？是什么支持着他们？是什么样的目标？什么样的理想，使他们成为顽强到令人难以置信的战士呢？带着这些疑问，他来到了延安，并找到了答案，这就是共产党人因信仰而独具的无产阶级革命精神。这种精神在不同时代有不同的表现形式。在革命战争年代表现为井冈山精神、延安精神、西柏坡精神等，在社会主义建设时期表现为雷锋精神、大庆精神、焦裕禄精神、"两弹一星"精神，还有在这次抗洪斗争中铸就的伟大抗洪精神，即万众一心、众志成城，不怕困难、顽强拼搏，坚忍不拔、敢于胜利的精神。只有理解这些精神，才能理解新中国成立以来我们所创造的一个个人间奇迹。这次历史上罕见的特大洪水虽然给国家和人民利益造成了巨大损失，但同时也给我们留下了一笔宝贵精神财富。江泽民总书记对此作了精辟论述和阐释。他指出：在这次严峻的抗洪抢险斗争中，全党、全军和全国各族人民表现出来排除万难、夺取胜利的决心，第一线军民表现出来的气吞山河、顽强拼搏的勇气，各部门各条战线表现出来的同心同德、风雨同舟的精神，是我们党历来倡导的爱国主义、集体主义、社会主义精神的大发扬，是社会主义精神文明的大发扬，也是中华民族的民族精神在当代中国的集中体现和新的发展。这种精神，不仅是我国人民极为宝贵的精神财富，而且为全世界所瞩目和羡慕。

二、防非典：危难中，我们万众一心、众志成城

2003年的春天"非典"（即非典型肺炎）突如其来地降临神州大地。它在肆虐广东之后，又突袭北京，对社会各个方面产生了强大冲击。面对危难，党中央和国务院采取迅速、果断、坚决的措施，进行全国总动员，各行各业、各民族都投入到抗击"非典"的伟大斗争之中。经过三个月的艰苦奋战，疫情得到了强有力的遏制，战胜"非典"的曙光展露在人们的眼前。

在这场生与死的与"非典"战斗中，党和政府科学决断，采取有力措施，全国人民总动员，医务工作者勇当先锋，涌现出来无数可歌可泣、无私奉献的先进人物和光辉事迹，再次见证了历经磨难的中华民族不畏艰险、众志成城、顽强奋斗的民族精神。

2003年4月14日，在同"非典"斗争的紧急关头，胡锦涛来到"非典"的首发地广东。在广州考察期间，胡锦涛总书记重点到广东省疾病预防控制中心看望医护人员。胡锦涛指出，广东部分地区发生非典

型肺炎疫情后，党中央、国务院十分关心。我们既为一些群众的身体健康和生命安全受到严重威胁而感到揪心，又为广大医护人员通过艰苦细致的工作使患者恢复健康而感到欣慰。满怀深情的一席话，道出了党中央、国务院始终把人民群众的安危冷暖放在心上的关切之情。2003年4月20日，当得知我国非典型肺炎科研攻关工作取得重大进展时，胡锦涛又来到军事医学科学院微生物流行病研究所和中国科学院北京基因组研究所，向同"非典"斗争取得重大科技成果的科研人员表示衷心感谢和亲切慰问，鼓励科研人员再接再厉，运用科学力量战胜非典型肺炎疫情。在此期间，温家宝也先后来到中国疾病预防控制中心、北京佑安医院和北京市大中小学、幼儿园，考察防治工作，慰问医护人员，了解师生的健康状况。他强调，一个负责任的政府，必须时刻把人民的利益放在第一位。

在全国人民受到"非典"疫情威胁的危难时刻，党中央、国务院高度重视，多次召开会议专题研究部署，采取了一系列重大措施。2003年4月17日，中共中央政治局常务委员会召开会议，专门听取有关部门关于非典型肺炎防治工作的汇报，并对进一步做好这项工作进行了研究和部署。会议强调：做好非典型肺炎的防治工作，关系到广大人民群众的身体健康和生命安全，关系到我国改革发展稳定的大局。在不到一个月的时间里国务院先后召开了四次常务会议，有三次专门研究和部署非典型肺炎防治工作，果断作出决定：将非典型肺炎列入我国法定的传染病进行依法管理，每天向世界卫生组织通报情况，并向社会公布疫情，还决定建立国家突发公共卫生事件应急处置机制。从组织领导、工作机制、疫情防治和舆论宣传等方面，采取了一系列措施。

党中央、国务院密切关注疫情的发展趋势，明确提出要以对人民高度负责的态度，及时发现、报告和公布疫情，绝不允许缓报、漏报和瞒报。否则，要严肃追究有关领导人的责任。针对"非典"防治工作中存在的问题，中央果断对卫生部和北京市政府主要负责同志的职务作出调整，并向有关地方派出督查组。

疫情就是警报，疫情就是命令。面对一些地区非典型肺炎蔓延的严峻形势，各级党委和政府进一步明确领导职责，建立科学防范体系，采取积极有效措施，扎实做好"非典"防治工作。

夜幕降临，北京疾病预防控制中心依然灯火通明。卫生防疫应急处理指挥中心偌大的屏幕上随时显示各区县的检测报告，流行病调查队员紧急汇总当天的信息。在防治疾病的紧要关头，北京市建立了严密的疫情检测体系、畅通的信息网络、严密的防治网络，全市指定六家专门治疗"非典"患者的医院，并加强专家会诊和抢救小组的力量，部分区县也专设了留观"非典"病人密切接触者的医疗机构。

上海紧急行动起来。以疾病预防控制中心和三级医院预防网为主力，上海迅速启动公共卫生重大突发事件应急处理机制；制定"非典"防范预案，细化对各特殊人群的防治应急预案；发布防治工作指南，落实诊疗常规；加强人员的培训，成立了由20位分子病毒等方面的专家和10位著名中医组成的两支专家咨询组，专用实验室24小时运作。

广东省全面开展防治"非典"知识普及、全民健身运动和爱国卫生运动，8000多万人动员起来，清扫房屋和街道，冲洗露天设施，消除卫生死角，把防治"非典"工作推向高潮。

大中小学校、幼儿园、公共交通工具、商场等人群密集场所，成为"非典"防治的重点部位和重点环节。教育部要求各高校增强师生员工防病意识和自我保护能力，对学生宿舍、食堂、教室、图书馆、实验室等重点场所定期进行消毒，并保证空气流通；为学生宿舍配发温度计，对体温高者进行密切观察、排查。中国民航总局发布公告，所有国内航班旅客，在办理登记手续前，必须认真填写《健康申报表》。对机场发现的患有非典型肺炎的旅客将劝阻其登机。铁路、交通等部门紧急采取措施，对在交通工具上发现的"非典"病人或疑似病人，立即实施隔离。

在这场没有硝烟的战争中，一大批临危受命的医务工作者表现出非凡的勇气和优良的职业道德，他们牢记党中央的嘱托，发扬白衣天使救死扶伤的精神与疫情作无畏的斗争，有的甚至献出了自己年轻的生命。虽然我们战胜"非典"已经过去十几年了，这些名字我们是不能忘记的：邓练贤、叶欣、梁世奎、陈洪光、李晓红等。

2003年4月21日，冲锋在抗击"非典"最前线而被感染的中山大学附属第三医院传染病科党支部书记邓练贤不幸逝世，终年53岁。这是广东省在抗击非典型肺炎战斗中第一位因公殉职的医生。当年除夕晚

第十二章
"战洪水、防非典、抗地震、化危机"

上9点钟,邓练贤在家接到医院电话,称由外院转入两个危重的非典型肺炎病人,由于正值春节假期,突发事件人员配置相对紧张,给处理增加了相当大的难度,邓练贤以传染病科党支部书记和副主任的身份,积极地挑起传染病科人员调配、组织协调的担子。作为传染病科主任医师的他十分清楚地知道这个工作的风险性,但他没有推脱,在每一个救治过程都亲力亲为,全程参与,与科室医务人员共同战斗在抢救病人的第一线。但不幸的是,他在救治患者时却被病毒感染。在中山三院,传染科的医护人员无一幸免地染上了非典型肺炎,而病得最重的邓练贤在与病魔坚强战斗了两个多月后离开了人世。邓练贤生前曾说过这样的话:"既然选择了做一名医生,就意味着付出,病人的需要就是我们的需要。"

"这里危险,让我来。"这是广东省中医院二沙分院急诊科护士长叶欣在23年的医务工作中常挂在嘴边的一句话。2003年3月当她又一次重复这句话时,不幸感染"非典",25日凌晨,46岁的白衣天使叶欣永远闭上了她美丽的双眼。随着"非典"患者的急剧增多,广东省中医院当机立断,紧急抽调二沙分院急诊科部分护士增援位于市中心的院本部。二沙急诊科护士力量出现了明显的不足。叶欣身先士卒,从2月8日便开始加班。这是一场艰难的阻击战,当一批批患者从死亡线上被拉回来时,持续作战的叶欣却倒在了她最热爱的岗位上。在叶欣的办公桌上,留下了一本本厚厚的工作记录,那是用废弃的化验单背面写的工作记录。点点滴滴,记载着她在这场没有硝烟的战斗中拼搏的足迹,凝聚着她一生对护士职业永恒的热爱与追求。在迎战"非典"的日子里,叶欣每天只睡几个小时。直到她去世,大家也无法确定,她是在哪一天、哪一次救护中感染"非典"的。每次有疑似或者确诊病人送到科里,叶欣总是默默承担起繁重的医护工作,用自己的行动诠释着白衣天使的真正内涵。

在"非典"战役打响后,面对传染性极强的病人,明知随时有被感染的可能,山西省人民医院急诊科主任梁世奎同志没有退缩,率先垂范,积极与其他医务人员投入到抢救病人的第一线。在被"非典"患者感染后,身体已有不适的情况下,他全然忘却自己是一名糖尿病、高血压患者,依然想到的是病人的安危,将自己的生死置之度外。在不幸被感染"非典"的医务工作者中,他的年龄最大,职务最高、职称最高、身患疾病最多、病情最重。2003年4月24日,因医治无效,他因公殉职。

陈洪光1987年从广东医学院毕业到广州市胸科医院工作,亲手组建了医院的重症监护室并担任主任。在一线抢救病人的70多个日日夜夜里,他亲自为100多名危重病人插管上呼吸机,经常会被病人喷射出的痰液、分泌物污染得一身一脸。4月16日,陈洪光同志被确诊为非典型肺炎,虽经全力救治,终因病情过重于5月7日凌晨不幸殉职,年仅39岁。

李晓红生前系武警北京总队医院内二科主治医师。在抗击非典型肺炎的战役中,她连续奋战6天,不幸被感染,以身殉职,年仅29岁。

2003年5月16日,人事部、卫生部、解放军总政治部作出决定,追授在抗击非典斗争中以身殉职的医务工作者邓练贤、叶欣、梁世奎、陈洪光、李晓红"白求恩奖章"。决定指出,在全国人民万众一心、众志成城抗击非典的斗争中,广大医护卫生人员日夜战斗在第一线,把自己的生命与人民群众的命运紧紧地联系在一起,无私无畏、竭诚奉献,甚至献出宝贵的生命。邓练贤、叶欣、梁世奎、陈洪光、李晓红5位同志就是其中的杰出代表,他们的英雄行为感人肺腑,事迹催人奋进,不愧为人民英雄。

2003年4月28日,胡锦涛在主持中共中央政治局第四次集体学习时强调,要大力弘扬中华民族精神,充分运用科学技术力量,为防治非典型肺炎斗争提供强大精神动力和强大科技支持,坚决打赢这场攻坚战。胡锦涛指出:中华民族是具有伟大民族精神的民族。千百年来,中华民族之所以能够历经磨难而不衰,饱尝艰辛而不屈,千锤百炼而愈加坚强,靠的就是这种威力无比的民族精神,靠的就是各族人民的团结奋斗。越是困难的时候,越是要大力弘扬民族精神,越是要大力增强中华民族的民族凝聚力。在当前这场防治非典型性肺炎的斗争中,我们要大力弘扬万众一心、众志成城,团结互助、和衷共济,迎难而上、敢于胜利的精神,形成抗击疫病的强大合力,彻底战胜"非典"。在抗击"非典"的斗争中,党和政府、医务工作者、共产党员,以及全国各族人民用自己的实际行动践行着抗击"非典"精神。

第十二章
"战洪水、防非典、抗地震、化危机"

北京抗击非典斗争进入攻坚阶段，全军1200名医护人员驰援北京；兄弟省区市紧急调配大批防治"非典"物资，源源运往首都；周边地区纷纷打通绿色通道，保障北京物资供应；有的地方全力以赴，相关企业悉数转产防"非典"物品；有的地方支援首都抗击"非典"，要物有物，要人派人；全国各地迅速调集血浆，保证首都抗击非典斗争的急需。与此同时，党和政府将关注的目光放在广大农村特别是经济困难的人民群众身上，采取各种切实可行的措施，千方百计阻止"非典"向农村扩散。社会各界和港澳同胞、海外侨胞、海外华人纷纷慷慨解囊，捐款捐物捐药。

广大医护人员、科研人员挺身而出，不辱使命。"这里危险，让我来。"第一批"扫雷者"、中山大学附属第三医院的优秀共产党员邓练贤以自己宝贵的生命，为广大医护人员树起了旗帜。"选择了从医，就选择了奉献。"北京大学人民医院主任医师丁秀兰以身殉职，用生命实践了自己的誓言。"医院就是战场，作为战士，我们不冲上去谁上去？"中国工程院院士、广州呼吸病研究所所长钟南山昼夜坚守在最前沿。"只要还有一名患者没有脱离危险，我就不能离开前线。"中日友好医院"非典"医疗组组长林江涛亲自诊治每一个疑似患者。解放军302医院74岁的老专家姜素椿抢救"非典"患者被感染，执意要求注入"非典"患者康复期的血清，为防治"非典"闯条路。中国科学院、军事医学科学院的科研人员刻苦攻关，短短数周发现"非典"病原体，36小时完成新型冠状病毒的基因测序。广东省中医院20余名医护人员不幸被感染，一批后继者又义无反顾顶上去。倒下一个，跃起一群，前赴后继，舍生忘死。

哪里有艰险，哪里就有共产党员的身影，哪里就有共产党人的奉献。"战斗已经打响，我怎能离开？"山西省人民医院急诊科副主任、共产党员梁世奎牺牲时还挂着听诊器；中日友好医院抗"非典"一线的同志们把"共产党员"的徽章佩在胸前，将责任、形象和使命展现在人民面前。在抗击非典的前线，年青一代感受着新时期共产党人的魅力，选择了共产党人的理想："我志愿加入中国共产党！我深深感到了党的温暖，党的力量！"广州第一人民医院年轻的医护人员在"非典"救治火线递交入党申请书。

全国各地，人不分男女老幼，地不分东南西北，从人口稠密的都市到人烟稀少的山寨，都在构筑抗击"非典"的堤坝；从广大医护人员到普通工人、农民、干部、军人、学生，都在各自的岗位上为抗击"非典"守望相助、默默奉献。

2003年的春天，中国人民携手谱写了抗击"非典"的民族精神的恢宏乐章。我们深切感受到党中央心系人民、坚定成熟，驾驭复杂局面，应对严峻挑战的能力和魄力，展示了坚强的领导力量和良好形象。我们深切感受到中国特色社会主义制度的优越性。全国上下步调一致，集中力量办好大事，政令畅通紧密合作，社会各界同心协力，发挥着巨大的社会组织能力和动员能力。我们深切感受到中国共产党人崇高的精神境界。在危难关头，在生与死的考验面前，代表人民利益的是中国共产党，冲在最前面的是党所教育和培养的优秀儿女。我们深切感受到中华民族伟大的凝聚力。社会成员彼此关爱，更加团结。疫病让人们在空间上保持距离，心灵上却贴得更近。爱国主义、集体主义和社会主义精神在人们身边生动展现，在人们心中不断升华。我们深切感受到伟大祖国综合国力的大大增强。突发的灾害，既检验着我们的民族精神，也检验着我们的经济实力、科技实力。人们为综合国力日益增强的祖国自豪，更加坚定了全面建成小康社会、走中国特色社会主义道路的信念和决心。

三、抗地震：大地无情，大爱无疆

地震灾害是世界上破坏力最为巨大、造成伤亡最为惨烈的自然灾害。随着震级的提升，破坏力和人员伤亡将会随着大幅增加。我国是一个多地震带国家，新中国成立以来我国发生强度较大、人员伤亡和财产损失的地震主要有：1966年的邢台大地震。3月8日，河北省邢台专区隆尧县发生震级为6.8级的大地震；同年3月22日，河北省邢台专区宁晋县发生震级为7.2级的大地震，造成8064人死亡，伤38000人，经济损失10亿元。1970年的通海地震。1970年1月5日，云南省通海县发生震级为7.7级的大地震。死亡15621人，伤残32431人。1975年的海城地震。1975年2月4日，辽宁省海城县发生震级为7.3级的大地

第十二章
"战洪水、防非典、抗地震、化危机"

震。由于此次地震被成功预测预报预防,避免了更为惨重的损失,它因此被称为20世纪地球科学史和世界科技史上的奇迹。1976年的唐山地震。1976年7月28日,河北省唐山市发生震级为7.8级的大地震。死亡24.2万人,重伤16万人,一座重工业城市毁于一旦,直接经济损失100亿元以上,为20世纪世界上人员伤亡最大的地震。1988年的澜沧、耿马地震。1988年11月6日,云南省澜沧、耿马先后发生震级分别为7.6级、7.2级的两次大地震。相距120公里的两次地震,时间仅相隔13分钟,两座县城被夷为平地,造成743人死亡,伤4105人,经济损失25.11亿元。最近的一次大地震就是2008年的"5·12"汶川特大地震。

2008年5月12日14时28分04秒,四川省汶川县,发生震级为8.0级的大地震,这是自新中国成立以来最为强烈的一次地震,直接严重受灾地区达10万平方公里,无数鲜活的生命在瞬间被夺去,城市、乡村变为废墟,一切突然从天堂变成地狱。同时,在余震不断的情况下,还有无数的人被埋在废墟里等待营救,72小时的黄金救援时间刻不容缓;还有大量致伤致残人员需要救治,失去亲人的人亟须抚慰巨大伤痛,失去家园的人亟待生活的关爱和照顾。一场生与死的时间竞跑、善与恶的较量在神州大地上展开。地震无情,人有情;灾害无情,人间有爱;一方有难,八方支援。灾难激发了全国同胞众志成城、携手并肩救死扶伤、战胜困难、重建美好家园的不屈精神。

汶川特大地震发生后,胡锦涛总书记立即主持召开了中央政治局常委会,部署抗震救灾工作。会议要求,要立即组织人民解放军、武警部队、民兵预备役和医疗卫生人员,尽快赶赴灾区,全力抢救受伤人员。要千方百计向灾区运送食品、饮用水、药品和帐篷、防寒衣被等救灾物资,确保灾区群众有饭吃、有衣穿、有干净的水喝、有临时住处。要迅速组织力量,抓紧抢修受损的设施和设备,尽快恢复灾区的通路、通电、通信和供水。要严密监测地震灾情,采取有效措施,防止次生灾害发生,同时要科学组织救灾工作,防止造成新的伤亡。为加强对抗震救灾工作的领导,中央决定成立抗震救灾总指挥部,由温家宝任总指挥,全面负责救灾工作。党中央号召,灾区各级党组织和全体共产党员一定要坚持人民利益高于一切,奋不顾身地投入到抗震救灾第一线,急人民群众之所急，解人民群众之所难，把党和政府的关怀送到每一个受灾群众面前。全国各地区各部门一定要大力发扬"一方有难、八方支援"的精神，万众一心、众志成城，迎难而上、百折不挠，共同夺取抗震救灾的胜利。

2008年5月16日，在四川抗震救灾的危急时刻，胡锦涛总书记乘飞机赶往四川地震灾区，慰问灾区干部群众，看望奋战在抗震救灾第一线的部队官兵、公安民警和医护人员，指导抗震救灾工作。胡锦涛强调，虽然震后72小时的黄金救援时间已经过去，但仍然要把挽救人的生命作为当务之急、作为重中之重，同时抓好伤员的救治工作。胡锦涛心系灾区群众，他驱车赶赴受灾严重的绵阳市北川羌族自治县，看望受灾群众。他踩着瓦砾，来到胜利村倒塌损毁的房屋前仔细查看，他动情地对乡亲们说：这场特大地震灾害损坏了你们的家园，我们和大家一样感到痛心。在严重灾难面前，我们要坚强，要有信心、有勇气，我们一定会尽全力抢救受灾群众，尽全力医治受伤群众，尽全力安排好灾区群众生活，下一步要尽全力帮助乡亲们恢复生产、重建家园。离开胜利村，胡锦涛又来到北川中学。地震时学校的教学楼全部垮塌，校园里瓦砾遍地。部队官兵和其他救援人员正在紧张施救。胡锦涛询问营救情况，得知还有300名师生被埋时，他坚定地说：当务之急是救人，只要有一线希望，我们都要千方百计地抢救。

每当国家遭受重大自然灾害时，有一个群体像保护神一样为受难同胞撑起生命之伞，筑起生命通道，他们就是新时期最可爱的人——人民子弟兵。四川汶川发生地震后，全军和武警部队坚决响应党中央、中央军委的号召，全力以赴投入抗震救灾，紧急出动兵力近5万人奔赴灾区。军人视灾情为命令，视时间为生命，他们大力弘扬我军听党指挥、服务人民、英勇善战的优良传统，在抗震救灾中发挥了中流砥柱的作用。成都军区驻渝某集团军4840名官兵抵达四川安县（现绵阳市安州区）、都江堰和绵竹灾区后，迅疾展开救灾行动。海军、武警部队等单位的12支医疗队立即投身医疗救护。驻滇某集团军2824人，5月13日凌晨就开始从驻地向灾区机动。济南军区18000余名官兵通过空运、铁路运输和摩托化开进等方式，千里驰援灾区。就近支援灾区的武警部队6000名官兵陆续赶往灾区，驻灾区的1200名武警官兵已展开救援。空

第十二章
"战洪水、防非典、抗地震、化危机"

军部队星夜起航,出动伊尔—76、波音737等运输机39架次,紧急运送6500名官兵赶赴灾区。携带专业救援装备的北京军区某工程兵153名地震救援人员也抵达都江堰灾区。

抵达灾区的官兵一放下背囊,就投入到紧急救援中。房屋损毁严重,救援十分困难。倒塌的楼板、房梁盘根错节,在余震中嘎嘎作响。救援官兵用切割机、钢丝钳把楼板钢筋剪短,用起重机、吊车将一块块沉重的坍塌物吊走。为了不伤到幸存者,官兵们甚至用手掏、挖、刨,手套被磨破,手指磨出血却毫不减速。撬棍、千斤顶、张力器、起重机……一切能利用的工具,一切能想到的办法全都用上。最新、最有效的救援设备被不计成本地投入到救援工作中。千方百计营救被困者的同时,救援人员也忘不了给那些深陷灾难中的群众加油鼓劲。一个个微弱的生命,在无数殷切的话语中重新燃起希望之光。一个个幸存者被抬出,一个个生命被从死神手中抢出。仅5月15日一天,解放军、武警官兵就搜救、挖掘出被困人员10503人,转移灾民5万余人。随着越来越多的人被救出,救援人员体力消耗也越来越大。许多官兵因体力严重透支而晕倒,但废墟中那微弱的求救声,又使他们再一次冲上救援第一线。

武文斌,一个普通的战士,在抗震救灾前线,他不畏艰险,先行带路,凭借过硬的专业知识,带领官兵翻越2500米的高山,将部队安全带进三江乡。当他听说在山上的一位老人房屋倒塌,生死不明时,他主动要求带领四名战士搜救。为了让群众尽快住进板房,他一天拧螺丝1400个,最后连螺丝刀都拧弯了。"我们一定要多救人,才能对得起身上的这身军装。"武文斌常对他的战友这样说。在参加抗震救灾的32个日夜,他总是找活干、抢活干,干完分内的事,就去帮着其他排干。他身上的迷彩服总是湿了又干,干了又湿。2008年6月17日晚,武文斌和战友们冒着大雨将8车共50吨重的活动板房建材全部卸载完后,累得瘫倒在泥水地上。就在这个夜晚,他因劳累过度,献出了年轻的生命。

紧张抢救被困在废墟中的生命的同时,医疗救护工作也迅速展开。全军各大总医院、野战医院、医学院2160余名医护人员组成70多支救援医疗队陆续赶赴灾区。众多在业界享有盛誉的专家脱下白大褂,换上了迷彩服。解放军总医院院士卢世璧曾3次参加抗震救灾医疗救援，这一次，79岁的他又主动请缨参加救援。

这就是我们最可爱的人，在抗震救灾中奉献人间大爱的中坚力量，听党指挥，能打胜仗。在这场生死竞速的斗争中，他们用无数催人泪下的英雄事迹反复证明，他们在用血肉筑起生命的通道，驱散死亡的阴霾，用鲜艳的军旗引来生命的曙光。

四川汶川发生特大地震后，社会各界踊跃伸出援手，以各种方式、各种途径表达他们对灾区人民的同情和关爱。政府机构、慈善组织、各地群众、娱乐界和体育界名人、企业家、各类企业（包括外企）以及海外华侨华人纷纷捐款捐物。这次捐赠活动是新中国成立以来规模最大的一次全国性救灾捐赠。截止到2009年5月12日，全国共接收国内外社会各界捐赠款物767.12亿元，其中捐款659.96亿元，"特殊党费"97.3亿元，接收各类物资折款107.16亿元。这些捐赠款物极大地补充了国家救灾资源，为安置受灾群众生活和灾后恢复重建发挥了重要作用。

为了有效地保证捐赠资金的有序接收、合理配置和规范使用，提高捐赠资金的使用效率和效果，避免交叉重复和损失浪费，确保救灾捐赠资金及时、最大效益地用于灾民救助和群众基本生活，推动抗震救灾工作的顺利进行。在救灾捐赠款物统计工作方面，民政部、财政部、国家统计局出台了《汶川地震抗震救灾捐赠款物统计办法》，民政部下发《关于加强"5·12"汶川地震抗震救灾捐赠款物信息统计工作的紧急通知》，规范了救灾捐赠统计工作，开创了救灾捐赠属地化统计办法，避免了重复统计和遗漏统计，为救灾捐赠信息平台建设奠定了良好的基础。在救灾捐赠信息公开方面，民政部制定了《汶川地震抗震救灾资金物资管理使用信息公开办法》，提出了信息公开的具体要求。在救灾捐赠款物管理和使用的监督检查方面，国家食品药品监督管理局下发《关于进一步做好捐赠救灾药品和医疗器械监管工作的通知》，中央纪委、监察部、民政部、财政部、审计署下发《关于加强对抗震救灾资金物资监管的通知》，民政部下发《救灾物资回收管理暂行办法》。

民族精神是一个民族在长期共同社会实践中形成的民族意识、民族心理、民族品格、民族气质的总和，是民族文化中固有的并且延绵不断

第十二章
"战洪水、防非典、抗地震、化危机"

的一种历史文化传统,是民族文化最本质、最集中的体现。在5000多年的发展中,中华民族形成了以爱国主义为核心的爱好和平、勤劳勇敢、自强不息、团结统一的伟大民族精神。在全党全军全国各族人民共同抗击"5·12"特大地震灾害中,民族精神再次得到升华,锻造出伟大的抗震救灾精神。胡锦涛指出:在波澜壮阔的抗震救灾斗争中,我们用理想凝聚力量、用信念铸就坚强、用真情凝结关爱,大力培育和弘扬了万众一心、众志成城,不畏艰险、百折不挠,以人为本、尊重科学的伟大抗震救灾精神。

万众一心、众志成城。险情就是命令,人民的呼喊就是号令。"哪怕只有百分之一的希望,也要尽百分之百的努力""全力救治受伤人员""妥善安置受灾群众"……这样的讲话我们到处都可以找到。人民军队、警察、医护人员来不及跟亲人说再见,就即刻奔赴抗震现场,救灾的物资也源源不断及时送到灾区人民的手中。全国人民,乃至海外华侨等都积极行动起来,捐钱捐物、严阵以待,只要是灾区所需要的,随时为灾区人民付出一切。抗震精神既承载历史与记忆,又面对现实与未来。它作为一种新的时代精神,集中反映了当前我国人民的根本利益和道德风貌,蕴含着一种新的道德标杆和价值取向,一切与此不相符的落后思想和违背人民利益的不良行为都将得到有力的批判,随着在全社会范围内大力弘扬抗震精神,在灾后重建与全面建成小康社会的道路上,必将锤炼出一种更加符合时代需要和人民利益的崇高精神。

不畏艰险、百折不挠。尽管房屋大量倒塌、交通严重阻塞、通讯中断,人员伤亡惨重,山高路险,余震不断。即使在极其艰难的情况下,各路救援人员,没有被困难所吓倒,灾情就是命令。哪里灾情危急就向哪里冲去,哪里有生死考验就向哪里挺进,哪里有受灾群众就向哪里集结。为了第一时间到达救援目的地,为挽救更多危在旦夕的生命,为以最快的速度恢复交通畅通,为妥善安置受灾群众生活,他们经历了种种艰辛,甚至不惜牺牲自己的生命。有的刚刚从废墟中爬出来,就带着满身伤痛去救助他人。9岁的小林浩,从倒塌的教室里逃出,顾不上头上的伤痛,用稚嫩的双手从废墟里救出30多位同学。"我是班长,我要照顾好班上的每位同学。"这是灾区一位年仅9岁孩子的坚强的声音。同时,母亲、女儿相继在地震中去世,自己却一直奋战在抗震一线的公安民警蒋敏曾几次晕倒在工作岗位上，但她把泪水咽回肚里，化悲伤为力量。她说："只有拼命工作，才能忘记悲痛，只有拼命工作，才能告慰她们。活着的人们更需要我们去帮助。"这是灾区一位同时失去母亲和女儿的民警的声音，这让我们看到了灾区人民坚强的信念和崇高的精神。

以人为本、尊重科学。在整个抗震救灾过程中，生命的价值被视为最高价值始终被信守。"抢救人民群众生命是首要任务""人民生命高于一切""当务之急仍然是救人"……在抗震救灾和灾后重建工作中，中央高层及时发出一道道坚定明确的指令，充分体现了对人生命的高度尊重，对人民的高度关爱。"救人！救人！""不放弃！不放弃！""求求你们让我再去救一个！"……全体救援人员争分夺秒，全力以赴，不惜一切代价，采取一切措施，最大限度地拯救生命于危难之中。这一切都反映出以人为本的理性光芒，对汶川大地震遇难同胞的全国哀悼日活动，昭示着社会对每一个普通生命的尊重。尊重科学、运用科学，又是抗震救灾中一个鲜明特点。太空中卫星群传递快、精、准的信息；运输机、直升机筑起空中生命通道；生命探测仪搜寻废墟中每一丝生命气息；专业救援人员现场指挥救援，等等。科学在其中显示了强大的力量，先进的科学技术成为战胜灾害的有力支撑和保障。在灾后重建的科学规划中，也是本着对科学的高度尊重，充分论证的基础上才得以形成的。正是这种科学的精神与态度，使我们能够攻破难题，化解风险，以最快速度抢救援生命，最大限度降低损失，为民族精神注入了新的生机与活力。

四、化危机：准确研判，有力应对

2008年因美国次贷危机引发的全球性金融危机和全球性经济衰退，对我国经济发展造成巨大冲击。面对中国经济发展史上的一次严重危机，党中央、国务院，正确研判，采取果断措施进行应对，使得中国经济的巨轮避开金融危机的巨大风浪，继续稳步前行。

席卷全球的金融危机在2008年9月开始搅动世界，这场金融危机始于2007年美国次贷危机。所谓"次贷"就是"次级按揭贷款"。"次"

第十二章
"战洪水、防非典、抗地震、化危机"

指的是信用低，还债能力低的意思。信用记录不好或偿还能力较弱而被银行拒绝提供优质抵押贷款的人，只能申请次级抵押贷款购买住房。由于信用度不高，贷款利率通常比一般抵押贷款高 2% 至 3%。所以，次级抵押贷款是一个高风险、高收益的行业。美国的次级抵押贷款流行于 21 世纪初。2000 年，美国信息技术产业泡沫破裂，经济转入衰退。美联储在 2000 年底开始降低利息，并保持低利率以刺激经济增长。低利率刺激了房地产市场的发展以及房屋抵押贷款的增加和房价的上涨。在房价不断走高的时候，一些贷款机构向信用程度较差和收入不高的借款人提供贷款，次级抵押贷款生意兴隆。即使贷款人现金流入并足以偿还贷款，他们也可以通过房产增值获得再贷款来填补缺口。由于抵押品价值走高，贷款不会产生问题。然而 2005 年底，为了抵御通货膨胀压力，美联储开始不断提高利率。在高利率的打击下，2006 年房地产市场开始衰退，房价的下跌使次级抵押贷款问题暴露出来。当房价持平和下跌时，抵押品价值不再充足，按揭人收入又不高，随着利率的增加，面临着贷款违约、房子被银行收回的处境，进而引发按揭提供方的坏账增加，按揭提供方的倒闭案增加，金融市场的系统风险增加。2007 年 2 月，美国房地产次级抵押市场出现支付危机，大量的、同时性的、恐慌性的资产抛售导致了金融市场流动性急剧凝固，至此，支付危机终于演变成流动性危机，而流动性危机反过来引发金融资产价值进一步暴跌。2007 年 3 月，次贷危机浮出水面，美国新世纪金融公司因无力偿还 84 亿美元的债务濒临破产。之后 30 多家次级抵押贷款公司被迫停业，演变成了次级贷危机的系统性危机。但是，此时的美国政府并没有认识问题的严重性，没有采取相应的措施。然而全球 500 强企业之一的贝尔斯登公司旗下两只对冲基金出现巨额次级抵押贷款投资亏损而申请破产，成为金融危机的导火索。危机开始蔓延，2008 年 7 月，房利美和房地美陷入财务危机，2008 年 9 月 15 日，雷曼兄弟公司申请破产保护。雷曼兄弟的破产，是次贷危机深化的标志性事件，它彻底摧毁了全球投资者的信心。金融危机自此肆虐全球。

美国次贷危机引发的全球性金融危机对中国经济发展带来巨大冲击。金融危机爆发后，中国有几万家中小企业亏损或倒闭。2009 年，全国各省市的企业出口订单明显减少，广东省出口额最大的深圳和东莞，其订单降幅高达30%至35%。此外，全国约有2000万农民工因金融危机的影响而失业，社会稳定面临巨大压力。

这场金融危机对中国经济是一次严峻的考验，处理不当可能导致中国快速增长的经济出现硬着陆，后果不堪设想。温家宝同志深刻指出：面对当前国际国内严峻形势，能不能有效防止经济增速过快下滑和出现大的波动，是对我们的重大挑战和考验。面对如此挑战和考验，党和政府迅速做出反应，发挥制度和体制优势，果断地推出了一系列应对危机的有力措施。2008年11月，中央政府出台高达4万亿元人民币的经济刺激计划，各地方政府陆续出台了近20万亿元的刺激计划。中央政府的4万亿元投资分为两个方向：一是基础设施建设，如铁路、飞机机场建设等项目；二是民生部门，包括医疗改革、社会保障和教育等方面的投资。其后又推出刺激经济增长的十项措施，即加快建设保障性安居工程；加快农村基础设施；设施建设；加快铁路、公路和机场等重大基础设施建设；加快医疗卫生、文化教育事业发展；加强生态环境建设；加快自主创新和结构调整；加快地震灾区灾后重建各项工作；提高城乡居民收入；在全国所有地区、所有行业全面实施增值税转型改革，鼓励企业技术改造，减轻企业负担1200亿元；加大金融对经济增长的支持力度，取消对商业银行的信贷规模限制，合理扩大信贷规模，加大对重点工程、"三农"、中小企业和技术改造、兼并重组的信贷支持，有针对性地培育和巩固消费信贷增长点。

为促进落实这十项措施，国务院办公厅出台《关于当前金融促进经济发展的若干意见》，提出了九条有力举措：一是落实适度宽松的货币政策，促进货币信贷稳定增长；二是加强和改进信贷服务，满足合理资金需求；三是加快建设多层次资本市场体系，发挥市场的资源配置功能；四是发挥保险保障，促进经济社会稳定运行；五是创新融资方式，拓宽企业融资渠道；六是改进外汇管理，大力推动贸易投资便利化；七是加快金融服务现代化建设，全面提高金融服务水平；八是加大财税政策支持力度，增强金融业促进经济发展能力；九是深化金融改革，加强风险管理，切实维护金融安全稳定。

党和政府的快速反应、准确研判、出台措施迅速有力，有效遏制了美国金融危机对中国经济的冲击，有效化解了危机，至2009年下半年中国经济再次开始快速增长，开启了新的发展进程，创造了中国新的经济发展奇迹。

中国成功应对和化解历次危机，包括这次历史罕见的金融危机，其经验主要在于中国共产党的正确领导以及党和政府正确研判、迅速反应，并充分发挥社会主义制度的优越性。

首先是党和政府对金融危机始终警钟长鸣，充分具备防范风险的心理和物质上的准备。经过1997年的亚洲金融危机、科技泡沫引发的股市危机、新兴市场货币和财政等危机后，党和政府充分吸取了经验教训，在法律、政策、监管等方面建立了有效的防风险机制，并采取了有效的预防措施。

其次是改革开放和现代化建设为中国积累了雄厚的家底，为我国应对金融危机奠定了良好物质基础。截至2008年底，中国的经济总量为31.92万亿元人民币，是世界第三大经济体。强大的经济实力，让我们真正体会到：家中有粮，心中不慌。

最后是党和政府对金融危机的正确认识和判断。美国次贷危机引发的全球性金融危机爆发以后，其危害从金融领域扩散到制造业领域，波及范围、程度、强度都是历史罕见的。党和政府经过认真研判认为：从表面看，这场源于美国次级抵押贷款大量违约和金融衍生品泡沫破裂，从而引发全面的信用危机；从直接原因看，这场金融危机是发达资本主义国家宏观经济政策不当、虚拟经济过度扩张、政府监守自盗、缺乏有效监管造成的，是长期负债消费的经济增长模式难以为继的结果；从本质原因看，这场危机暴露了自由市场经济的固有弊端，是经济全球化条件下深层次结构性矛盾的大爆发，暴露了不合理的国际政治经济秩序以及国际金融体系的严重缺陷。

第十三章

"洗雪中华民族百年屈辱"

——金瓯补缺：成功实现香港、澳门回归祖国

香港，包括香港岛、九龙和新界，自古以来就是中国的领土。1840年英国发动鸦片战争，强迫清政府于1842年签订《南京条约》，割让香港岛。1856年，英国又发动第二次鸦片战争，迫使清政府于1860年缔结《北京条约》，割让九龙半岛南端界限街以南的地区。1895年中日甲午战争后，英国又趁列强瓜分中国之机，逼迫清政府于1898年签订《展拓香港界址专条》，强租界限街以北、深圳河以南的九龙半岛北部大片土地以及附近200多个岛屿（后统称"新界"），租期99年。澳门同样是中国固有领土。1535年，葡萄牙人在澳门停靠船舶，进行贸易。1557年葡萄牙人进入澳门并在澳门长期居留。1840年鸦片战争后，葡萄牙人乘清政府战败之机，又相继侵占了澳门南面的氹仔岛和路环岛。1887年，葡萄牙迫使清政府先后签订了《中葡会议草约》和《中葡北京条约》，规定"葡国永驻管理澳门以及属澳之地与葡国治理它处无异"。此后，葡萄牙一直占领澳门并把澳门划为葡领土。为了赶走侵略者，让香港、澳门回归祖国，中国政府和中国人民进行了长期斗争，但因国力疲敝，都未能成功。直到在中国共产党的领导下，1949年中华人民共和国成立、中国半殖民地的地位终结，香港、澳门问题的解决才具备了现实可能性和坚实政治基础，并最终通过贯彻实施"一国两制"方针，成功实现了香港、澳门回到祖国怀抱，中华民族百年屈辱得以洗雪。

第十三章
"洗雪中华民族百年屈辱"

一、旧中国历届政府为收复香港、澳门所做的努力

　　1841年1月英国武力强占香港岛后,清政府即试图予以收复。1841年2月26日,道光帝认定英军侵占香港岛是清政府授权交涉此事的琦善越权私与造成的,下令将琦善革职,查抄所有家产。道光帝命御前侍卫内大臣奕山为靖逆将军,户部尚书隆文、湖南提督杨芳为参赞大臣,南下广州征讨英国侵略者。1841年5月18日,英军倾巢出动,进攻广州,奕山仓促应战,清军大败,广州城外炮台全部失陷,清军退入广州城,不敢出战。1841年4月,英国任命璞鼎查接替义律,来华扩大侵华战争。1841年8月,璞鼎查留下少数陆军及5艘军舰在香港,亲率英军主力北上,相继攻占浙江定海、镇海和宁波,中英军队开始在陆上交战。道光帝认为陆战是清军长处,他任命奕经为扬威将军,从全国各地调集军队,准备一举击败英军,收复失地,并再次谕令奕山等,借香港英军兵力空虚之际,进剿并收复香港。但清军陆战再次失利,扬威将军遁逃杭州。1842年5月,道光帝复命耆英为广州将军,谕令他"乘机进取,明攻暗袭,收复香港,以伸国威"。但是随着英军相继攻陷吴淞、上海、镇江,道光帝最终选择了投降。1842年8月4日英军直逼南京城下,清政府接受了英方提出的议和条款,于8月29日签订"城下之盟"——中英《南京条约》,香港岛被割让与英国。从英国强占香港岛起,在一年多时间里,清政府曾几次试图用武力予以收复,道光帝为此下了几十道谕旨,一些封疆大吏也曾上折具奏,但清政府最终不仅未能收复香港本岛,反而以不平等条约这样的"法律"形式"正式"割让了香港岛,这颇为滑稽的结果证明昏庸无能的清政府根本没有能力捍卫国家领土完整和主权独立。

　　1911年辛亥革命后,中国政府和人民继续为收回香港作出努力。在1919年1月召开的巴黎和会上,中国以"战胜国"身份参加,天真地幻想"和会开幕,强权失败,公理昌明","正我国人仰首伸眉,理直气壮","挽百十年国际上之失败","与英法美并驾齐驱"之时[①],与会

[①] 参见彭明:《五四运动史》,人民出版社1984年版,第250页。

的中国代表团根据北京政府的指示,向和会提出了包括香港问题在内的七项"希望条件":一是废弃势力范围;二是撤退外国军队、巡警;三是裁撤外国邮局及有线无线电报机关;四是撤销领事裁判权;五是归还租借地;六是归还租界;七是关税自主权。但这一提案在提交大会讨论时即遭到以英、法为首的西方列强的排斥,中国冀以平等身份登上国际舞台之机收回包括香港"新界"在内的列强在华租借地的外交努力宣告失败。1921年12月,中国代表顾维钧在华盛顿会议上,又重新提出废止各国在华租借地的议案。但在废除九龙(即香港新界)租借地等问题上,中国的正当要求,终因英国的顽拒和当时中国军阀混战和缺乏实力作外交后盾而再告失败。华盛顿会议以后,中国人民对会议结果大失所望,废除不平等条约日益成为全国各党派和各界人士的共同要求。1924年1月召开的中国国民党第一次全国代表大会发表的大会宣言明确提出:"一切不平等条约,如外人租借地、领事裁判权、外人管理关税权以及外国人在中国境内行使一切政治的权力侵害中国主权者,皆当取消,重订双方平等、互尊主权之条约。"① 1924年11月,孙中山北上,并同时发起"废除不平等条约"运动壮行并以此为号召。以蒋介石为首的国民政府在南京成立后,从1928年起发起了"修改不平等条约"运动,旨在逐步收回近代以来西方列强攫取的在华特权。但是,蒋介石的"修改不平等条约"运动并非孙中山以"彻底结束帝国主义在中国的统治"为目的"废除一切不平等条约"运动的继续,而是在承认一切现行条约"合法""有效"的前提条件下与各帝国主义国家讨价还价"废旧约、订新约",因而没有也不可能触动西方列强在华特殊利益,这就造成"修改不平等条约"运动表面上轰轰烈烈,实质上却成果寥寥。1941年底太平洋战争爆发后,日本侵略军攻占香港,英国对香港的百年统治由日本取而代之。这时,蒋介石国民政府看到了废除不平等条约,进而收复香港的新时机。1942年8月底,国民政府要求美国与中国举行废除不平等条约的谈判,并敦促英国也与中国举行类似谈判。10月10日,美、英两国分别发表声明,准备与中国政府谈判"立时放弃在华治外法权及解决有关问题"之条约。11月13日,国民政府就英方草案提

---

① 参见孟庆鹏编:《孙中山文集》(上),团结出版社2016年版,第267页。

出一份"修订草案",要求废止1898年6月签订的中英《展拓香港界址专条》,英方在九龙租借地之"行政与管理权,连同其官有资产与官有债务,应移交中华民国政府"。蒋介石甚至提出,如果中英新约内不包括收回"新界"的内容,他就拒绝在条约上签字。但英方在谈判中,继续坚持殖民主义的顽固立场,只同意"于取得战争胜利后讨论该租借地的前途问题",不愿就战后归还九龙租借地作任何承诺,甚至也以"拒绝签订新约"相威胁。最终,1943年1月在重庆签订的《关于取消英国在华治外法权及其有关特权条约》中,中国虽然收回了北平使馆租界及上海、厦门公共租界的行政管理权,收回了天津、广州的英租界,但新约只字未提九龙租借地问题,中方仅声明对九龙租借地"保留日后提出讨论之权",关于收回九龙租借地的这段交涉仍以中国失败结束。①

1945年8月日本无条件投降后,收复香港的良机再至。但由于蒋介石奉行矛头对内、坚决反共的政策,急于抢夺抗战胜利果实,加紧准备内战,结果让英国抢先重新占领了香港,国民政府在收复香港的努力上再次受挫。

对于澳门问题,1887年12月清政府被迫与葡萄牙签订《中葡和好通商条约》后,因条约中规定,两国须"派员会订界址,再行特立专约",但经9次勘界会议,仍争持不下,这样,条约虽已签订,但"划界"及"特立专约"等手续均未完成,因此从法律地位上看,澳门并没有割让给葡萄牙,澳门也不是葡萄牙的殖民地,中国在法理上仍然对澳门享有主权。1922年5月,澳门发生了葡萄牙驻军打死打伤大批中国工人的"五·二九"惨案,广东政府与葡澳进行了严重交涉,并派出舰艇驶赴澳门震慑,广东民众也纷纷抗议澳葡暴行,要求收回澳门。但随着广东军阀陈炯明炮轰孙中山总统府,发动叛乱,收回澳门遂不了了之。1928年南京国民政府外交部照会葡萄牙政府,宣布废除1887年的条约,葡萄牙占有澳门为非法,然而却未能付诸行动而收复。抗战胜利后,国民党政府派军队进驻广州、中山等地,准备用武力收复澳门,但最终屈从各方压力放弃了这一打算。

回顾旧中国收复香港、澳门的百余年历史,可以确凿地看到,落后

---

① 参见刘存宽、郦永庆:《关于收复香港的历史考察》,《人民日报》1997年3月22日。

必挨打,弱国无外交,一个国力颓靡、腐朽衰败的国家,不但维持自身独立和领土完整都难以做到,要求它"从头收拾旧山河"更是万不可能的,徒留"空悲切"的慨叹。

二、新中国解决香港问题的政策策略和"一国两制"构想

新中国成立后,中国共产党从大局出发,尊重历史和现状,采取了特殊的政策和策略,为解决香港、澳门问题,实现祖国和平统一作出了新的不懈努力。

早在1946年12月9日,毛泽东会见来访的哈默、罗德里克、陈依范三位西方记者,在回答哈默"在香港问题上中共的态度如何?"的问题时,毛泽东就明确表示,我们现在不提出立即归还的要求,中国那么大,许多地方都没有管理好,先急于要这块小地方干吗?将来可按协商办法解决。[①]

当1949年人民解放军在全国战场上取得节节胜利,准备挥师南下解放全中国时,香港问题现实地提上议事日程。1949年1月19日,中共中央在关于外交工作的指示中指出:在原则上,帝国主义在华的特权必须取消,中华民族的独立解放必须实现,这种立场是坚定不移的。但是在执行的步骤上,则应按问题的性质及情况,分别处理。凡问题对于中国人民有利而又可能解决者,应提出解决;其尚不可能解决者,则应暂缓解决。凡问题对于中国人民无害或无大害者,即使易于解决,也不必忙于去解决。凡问题尚未研究清楚或解决的时机尚未成熟者,更不可急于去解决。[②] 这一外交方针的提出,为解决香港等历史遗留问题提供了依据。1949年2月,米高扬代表斯大林来西柏坡了解新中国对内、对外政策时,毛泽东耐心地向他说明了中国共产党所持的这一立场:目前,还有一半的领土尚未解放。大陆上的事情比较好办,把军队开去就

---

① 参见中共中央文献研究室、中央档案馆编:《建党以来重要文献选编(1921—1949)》第23册,中央文献出版社2011年版,第590页。
② 参见中共中央文献研究室、中央档案馆编:《建党以来重要文献选编(1921—1949)》第26册,中央文献出版社2011年版,第55页。

第十三章
"洗雪中华民族百年屈辱"

行了。海岛上的事情就比较复杂，须要采取另一种灵活的方式去解决，或者采用和平过渡的方式，这就要花较多的时间了。在这种情况下，急于解决香港、澳门的问题，也就没有多大意义了。相反，恐怕利用这两地的原来地位，特别是香港，对我们发展海外关系、进出口贸易更为有利些。总之，要看形势的发展再作最后决定。① 这说明当时中央实际上已经做出了"暂时不动香港，维持现状"的政策和打算。中国政府还通过秘密途径向港英政府提出了三项条件：香港不能用作反对中华人民共和国的军事基地；不许进行旨在破坏中华人民共和国威信的活动；中华人民共和国在港人员必须得到保护。对这些条件，港英政府欣然接受。因此，当1949年10月17日中国人民解放军进抵粤港边界时没有长驱直入占领香港和澳门。

实行"暂时不动香港，维持现状"的战略决策，对分化西方反华阵营发挥了重要作用，英国政府为了维护其在香港的特殊利益，于1950年1月6日即不顾美国反对正式承认了新中国；香港作为大陆与外界联系的渠道也发挥了重要作用，当美国对新中国进行全面封锁和禁运时，香港为祖国提供了石油、化学品、橡胶等重要物资。1951年春，周恩来在同新华社香港分社社长黄作梅谈话时就此指出：我们对香港的政策，是东西方斗争全局的战略部署的一部分，不收回香港，维持其资本主义英国占领不变，是不能用狭隘的领土主权原则来衡量的，来作决定的。我们在全国解放以前已决定不去解放香港，从长期的全球战略讲，不是软弱，不是妥协，而是一种积极主动的进攻和斗争。我们把香港留在英国人手上比收回来好，也比落入美国人手上好。在这种情况下，香港对我们大有好处，大有用处。我们可以最大限度地开展最广泛的爱国统一战线工作，团结一切可以团结的人，支持我们的反美斗争，支持我们的国内经济建设。香港是我们通往东南亚、亚非拉和西方世界的窗口。它将是我们的瞭望台、气象台和桥头堡，是我们突破以美国为首的西方阵营对我国实行封锁禁运的前沿阵地②。

20世纪50年代、60年代乃至70年代，以毛泽东为代表的党的第

---

① 参见李海文：《在历史巨人身边——师哲回忆录》，九州出版社2015年版，第276页。
② 参见李正华主编：《毛泽东与中国社会主义建设规律的探索：第六届国史学术年会论文集》，当代中国出版社2007年版，第293页。

一代领导集体始终坚持"暂时不动香港，维持现状"的战略决策，冷静、谨慎处理香港以及澳门问题。中国政府对外公开表述的基本立场是：香港是中国的领土，中国不承认帝国主义强加给中国的三个不平等条约。对于这一历史遗留下来的问题，我们一贯主张，在适当时机通过谈判和平解决，在未解决之前暂时维持现状[①]。1954年3月，周恩来对准备接待英国工党访华团的北京干部嘱咐：英国客人来后，我们对不成熟的问题，也不要去谈，例如香港问题……我们是否要收复香港，如何收复，政府还没有考虑过，我们就不要谈。1957年4月28日，周恩来在上海同工商界人士盛丕华、胡子婴、盛康年、吴志超等座谈时，阐述了中国共产党对香港的政策以及如何处理同香港的关系问题，指出：香港的主权总有一天我们是要收回的，但我们不能把香港看成内地，对香港的政策同对内地是不一样的。我们在香港的企业，应该适应那里的环境，才能使香港为我所用。香港可作为我们同国外进行经济联系的基地，可通过它吸收外资，争取外汇。1959年，毛泽东针对中国共产党内少数人在香港问题上的急躁情绪，耐心地解释：香港还是暂时不收回来好，我们不急，目前对我们还有用处。其后，他在同来访的英国蒙哥马利元帅的谈话中又说：我们现在不谈香港问题。1960年，周恩来总结过去10多年的经验，对港、澳工作提出"长期打算，充分利用"的方针，即暂时不考虑收复香港，但应充分利用香港的有利地位，为中国的社会主义建设、外交战略以及对台工作服务。1963年3月，在中苏论战激烈进行之时，针对美国共产党责难中国在对待香港、澳门问题上没有采取冒险政策，"竟然容许殖民地存在"，中国共产党第一次公开对外阐述了新中国对于处理香港、澳门问题的战略思考和基本原则：在国际斗争中，我们既反对冒险主义，也反对投降主义，我国政府在中华人民共和国成立时就宣布，对于历史遗留下来的历届中国政府同外国政府所订立的条约，要分别按其内容，或者承认，或者废除，或者修改，或者重订……在未能解决以前维持现状，例如香港、九龙、澳门问题，以及一切未经双方正式划定的边界问题，就是这样。用中国对香港、澳门

[①] 参见吴学谦：《就提请审议中英关于香港问题协议文件向全国人大常委会的报告》，《人民日报》1984年11月7日。

的政策来证明中国人是胆小鬼，在香港、澳门问题上嘲笑我们，是"愚蠢的""可悲的"。老实说，中国人民并不需要在香港、澳门问题上显示武力，来证明自己反对帝国主义的勇气和坚定性。我们这种立场，不但符合中国人民的利益，而且符合社会主义阵营各国人民和全世界人民的利益。① 同年8月，在与索马里总理阿里·舍马克会谈时，毛泽东再次就新中国对于香港问题的态度发表意见：香港小部分是割让的，大部分是租的，租期是99年，还有34年才满期。这是特殊情况，我们暂时不准备动它……香港人就是我们中国人。香港是通商要道，如果我们现在就控制它，对世界贸易、对我们同世界的贸易关系都不利。我们不动它并不是永远不动它，英国现在安心，将来会不安心的。②

20世纪70年代，中美关系趋向缓和，1971年10月，中国恢复了在联合国的合法席位。1972年3月，中英两国达成正式建交的协议。1972年3月8日，针对当时联合国非殖民地特别委员会根据英国和葡萄牙的意见，把本来就属于中国的香港和澳门列入《给予殖民地国家和人民独立宣言》所适用的《非自治领土名单》中，置于该特别委员会的监督之下，有可能造成香港和澳门在国际干预之下走向独立或"国际共管"的情况，中国常驻联合国代表黄华致信联合国非殖民地化特别委员会主席，重申中国政府立场，强调香港和澳门是被英国和葡萄牙当局占领的中国领土的一部分，解决香港、澳门问题完全是属于中国主权范围内的问题，根本不属于通常的所谓"殖民地"范畴。因此，不应列入反殖宣言中适用的殖民地地区的名单之内。③ 联合国非殖民化特委会于同年6月15日通过决议，向联大建议从上述的殖民地名单中删去香港和澳门。1972年11月8日，第二十七届联合国大会正式通过决议，确认了中国对香港、澳门的立场和要求。这个决议从国际法上确认了中国对港澳地区的主权，为我国最终恢复行使对港澳的主权创造了条件。中英外交关系完全正常化之后，中国政府高瞻远瞩，仍然认为改变或放弃对

---

① 参见《评美国共产党声明》，《人民日报》1963年3月8日。
② 参见中共中央文献研究室编：《毛泽东著作专题摘编》上册，中央文献出版社2003年版，第1065页。
③ 参见全国人大常委会港澳基本法委员会办公室编：《中英关于香港问题的联合声明、中葡关于澳门问题的联合声明》，中国民主法制出版社2011年版，第65页。

于香港"暂时维持现状不变"的特殊政策的时机并未出现,提出香港问题一定要解决,但现在还不必考虑。1974年5月25日,毛泽东在同周恩来、邓小平等人会见英国保守党领袖希思时说:香港作为英国管理下的亚洲贸易和金融中心,其地位是安全的,最少在目前如此。① 到时候怎么办?他用手臂指着邓小平说:这是他们的事了。② 在当天晚上为欢迎希思举行的宴会上,邓小平代表中国政府声明:尽管中英两国社会制度不同,在我们两国之间还存在着在适当时候予以解决的问题,我们完全可以在和平共处五项原则的基础上求同存异,交朋友,发展关系。再次重申了中国要在"适当时候"解决香港问题的立场。

总的来说,以毛泽东为核心的党的第一代中央领导集体在解决香港、澳门问题上作出的"暂时维持现状不变""长期打算、充分利用"的决策,主要是出于政治上而非军事上的考虑。他们根据当时国内外形势提出的处理香港、澳门问题的方针政策,极富战略远见,既有原则上的坚定性又有策略上的灵活性,不仅充分发挥了港澳作为祖国内地与外部世界联系的主渠道的作用,而且保持了港澳的繁荣稳定,其中某些政策策略更成为邓小平提出"一国两制"方针的思想来源。

"文化大革命"结束后特别是党的十一届三中全会后,面对深刻变化的国际国内形势,国家内政外交大政方针着手重大调整。香港、澳门等历史遗留问题也再次提上党和国家工作日程。前已记述,按照1898年6月9日签署的《展拓香港界址专条》规定,新界租期为99年,到1997年6月30日期满。新界占整个香港地区面积的92%,离开新界,香港岛和九龙无法单独生存。至1979年,新界租期距离1997年期满只有18年。由于新界土地契约面临能否跨越"九七"的问题,对香港的各方投资者开始裹足不前。在此情况下,英国政府不得不主动与中国政府接触,观察和了解中国对1997年后香港地位的态度问题,更试图借中国百废待兴、百事待举之机向中国施压,取得香港长期管治权。

1979年3月下旬,香港总督麦理浩访问北京,就中国政府对"九

---

① 参见李宏编著:《香港大事记(公元前214年—公元1987年)》,人民日报出版社1988年版,第139页。
② 参见中共中央文献研究室编:《毛泽东传(1949—1976)》(下),中央文献出版社2003年版,第1729页。

第十三章
"洗雪中华民族百年屈辱"

七"香港态度问题"投石问路"。3月29日,邓小平会见麦理浩,毫不含糊地否定了麦理浩提出的在1997年6月后新界仍由英国管理的意见,指出:我们历来认为,香港主权属于中华人民共和国,但香港又有它的特殊地位。香港是中国的一部分,这个问题本身不能讨论。但可以肯定的一点,就是即使到了1997年解决这个问题时,我们也会尊重香港的特殊地位。现在人们担心的,是在香港继续投资靠不靠得住。这一点,中国政府可以明确地告诉你,告诉英国政府,即使那时作出某种政治解决,也不会伤害继续投资人的利益。邓小平指出,在本世纪和下世纪初相当长的时期内,香港还可以搞它的资本主义,我们搞我们的社会主义。就是到1997年香港政治地位改变了,也不影响他们的投资利益。这次谈话后,中国政府把解决香港问题正式提上了议事日程。

在面对和研究解决香港问题的同时,台湾问题的解决也提出来了,邓小平为此提出了"一个国家、两种制度"构想,这个构想后来首先用于港澳问题的解决。

自新中国成立伊始,如何解决台湾问题、实现台湾与大陆的完全统一,就成为摆在中国共产党面前的一个重大课题。1955年7月,按照毛泽东的决策,周恩来在全国人大一届二次会议上,第一次公开提出了"中国人民愿意在可能的条件下,争取用和平的方式解放台湾"的主张,并明确表示:中国政府愿意和台湾地方的负责当局协商和平解放台湾的具体步骤。[①] 此后,毛泽东、周恩来在不同场合进一步阐明了和平解放台湾的具体方针政策,主要内容有:省亲会友,来去自由;既往不咎,立功受奖;国共合作,爱国一家;和平解放,互不破坏;留蒋军队,由蒋治台。1956年1月25日,在第六次最高国务会议上的讲话中,毛泽东又表示:国共已经合作了两次,我们还准备第三次合作。[②] 1月30日,周恩来在全国政协二届二次会议上的报告中,再次指出:凡是愿意回到大陆省亲会友的,都可以回到大陆来。凡是愿意走和平解放台湾道路的,不管任何人,也不管他们过去犯过多大罪过,中国人民都将宽大对待,不咎既往。1958年10月,毛泽东起草以国防部长名义发布的

---

① 参见周恩来:《目前国际形势和我国外交政策——一九五五年七月三十日在第一届全国人民代表大会第二次会议上的发言》,《人民日报》1955年7月31日。

② 参见童小鹏:《风雨四十年》第2部,中央文献出版社1996年版,第273页。

《告台湾同胞书》以及《国防部命令》《再告台湾同胞书》《三告台湾同胞书》等文稿，公布并进一步阐述了中国共产党和平解决台湾问题的新政策。1960年5月24日，在接见张治中等民主人士时，周恩来将中国政府这一系列对台新政策归纳为"一纲四目"。"一纲"，就是"台湾必须统一于中国"；"四目"，就是关于解决台湾问题的四项政治安排，主要内容是：一、台湾回归祖国后，除外交必须统一于中央外，所有军政大权、人事安排等悉委于蒋，陈诚、蒋经国亦悉由蒋意重用；二、所有军政及建设经费不足之数悉由中央拨付；三、台湾的社会改革可以从缓，必俟条件成熟并征得蒋之同意后进行；四、互约不派特务，不做破坏对方团结之举。[①] 周恩来并请张治中致信蒋介石，转告这些政策。毛泽东、周恩来等提出在不放弃"武力解放台湾"前提下，努力争取用和平方式解放台湾，顺应了世界局势的发展变化，符合两岸关系的实际情况，得到了海峡两岸中国人的广泛拥护和支持。

在此基础上，1977年8月24日，在会见美国国务卿万斯时，邓小平指出，中国力求通过和平方式解决台湾问题，会考虑台湾的实际情况，采取恰当的政策解决台湾问题，实现国家的统一。[②] 1978年11月，在会见缅甸总统吴奈温时，邓小平明确谈到统一后台湾的某些制度和生活方式可以不动，指出：在解决台湾问题时，我们会尊重台湾的现实。比如，台湾的某些制度可以不动，美、日在台湾的投资可以不动，那边的生活方式可以不动，但是要统一。[③] 这些谈话，是"一国两制"构想的最初萌芽。1978年12月发表的党的十一届三中全会公报第一次以"台湾回到祖国怀抱、实现统一大业"代替了"解放台湾"的提法。1979年元旦，全国人大常委会发表《告台湾同胞书》，郑重宣告了中国政府关于和平解决台湾问题的大政方针，呼吁两岸就结束军事对峙状态进行商谈，表示在实现国家统一时，一定"尊重台湾现状和台湾各界人士的意见，采取合情合理的政策和办法"。也是从这天起，中国人民解

---

① 参见中共中央文献研究室编：《周恩来年谱（1949—1976）》中册，中央文献出版社1997年版，第321页。

② 参见冷溶、汪作玲主编：《邓小平年谱（1975—1997）》（上），中央文献出版社2004年版，第189页。

③ 参见冷溶、汪作玲主编：《邓小平年谱（1975—1997）》（上），中央文献出版社2004年版，第430页。

第十三章
"洗雪中华民族百年屈辱"

放军停止了对金门、马祖等岛屿的炮击。1979年1月30日,邓小平在会见美国参众两院议员时说:我们不再用"解放台湾"这个提法了。只要台湾回归祖国,我们将尊重那里的现实和现行制度。① 12月6日,在会见日本首相大平正芳时,又指出:实现祖国统一后,台湾的制度不变,生活方式不变,台湾与外国的民间关系不变,包括外国在台湾的投资、民间交往照旧。台湾作为一个地方政府,可以拥有自己的自卫的军事力量。条件只有一条,那就是,台湾要作为中国不可分的一部分。它作为中国的一个地方政府,拥有充分的自治权。② 这些谈话,确定了"一国两制"构想的基本框架。

1981年8月26日,在会见台湾、香港知名人士时,邓小平详细阐述了中央政府对台湾的政策,指出:台湾不搞社会主义,社会制度不变,外国资本不动,甚至可以拥有自己的武装力量,台湾人民的生活水平不降低;我们要力求通过和平方式解决台湾问题,实现祖国统一,但是也不能排除在某种情况下被迫使用武力,即使使用武力方式解决台湾问题,台湾的现状也可以不变。9月30日,在中华人民共和国成立32周年及辛亥革命70周年即将来临之际,全国人大常委会委员长叶剑英向新华社记者发表重要讲话,提出了推动祖国和平统一的九条具体方针政策,宣布:国家实现统一后,台湾可作为特别行政区,享有高度的自治权,并可保留军队。中央政府不干预台湾地方事务。台湾现行社会、经济制度不变,生活方式不变,同外国的经济、文化关系不变。私人财产、房屋、土地、企业所有权、合法继承权和外国投资不受侵犯。台湾当局和各界代表人士,可担任全国性政治机构的领导职务,参与国家管理。九条方针全面体现了"一个国家,两种制度"基本构想。邓小平后来在会见美国华人协会主席李耀滋时说,九条方针是以叶副主席的名义提出来的,实际上就是一个国家两种制度。③ 这是邓小平第一次使用"一个国家,两种制度"的概念。

---

① 参见冷溶、汪作玲主编:《邓小平年谱(1975—1997)》(上),中央文献出版社2004年版,第478页。

② 参见冷溶、汪作玲主编:《邓小平年谱(1975—1997)》(上),中央文献出版社2004年版,第582—583页。

③ 参见冷溶、汪作玲主编:《邓小平年谱(1975—1997)》(下),中央文献出版社2004年版,第797页。

"一国两制"构想是着眼解决台湾问题提出来的，但首先在解决香港和澳门回归祖国问题上得到贯彻落实，并取得成功。

三、"金瓯补缺"洗国耻：成功实现香港、澳门回归祖国

1981年12月，中共中央作出1997年7月1日收回香港的决定，并确定了处理香港问题的两条基本原则：一是一定要在1997年收回香港，恢复行使主权，不能再晚；二是在恢复行使主权的前提下，尽可能保持香港的稳定和繁荣。1982年4月27日，在谈到香港问题时，邓小平明确指出：我们尊重国际条约，还是到1997年，不准备提前解决这个问题。方案无非两个，一个是新界延长租期，一个是收回。现在我们定的方针是，到1997年包括香港岛、九龙半岛、新界整个收回。英国的"盘子"是放在能够继续维持英国的统治这点上。这不行。[①] 1982年6月15日，邓小平在会见香港人士费彝民、王宽诚等时，又表示，在1997年前后恢复行使香港主权，同时找出一个妥善的办法，保持香港的安定和繁荣。这些办法后概括为"恢复主权、保持繁荣、制度不变、港人治港"的十六字方针。

1982年9月，英国首相撒切尔夫人访问中国，就解决香港问题与中国领导人进行会谈。会谈中，撒切尔夫人强调香港的繁荣有赖于英国的统治，并说如果现在对英国的管理实行或宣布重大改变，将对香港产生灾难性影响，强烈表示不能单方面废除有关香港的3个条约。对此，邓小平明确表示：1997年中国将收回香港，不仅是新界，而且包括香港岛、九龙。中国和英国就是在这个前提下来进行谈判，商讨解决香港问题的方式和办法。主权问题不是一个可以讨论的问题。如果中国在1997年，也就是中华人民共和国成立48年后还不把香港收回，任何一个中国领导人和政府都不能向中国人民交代，甚至也不能向世界人民交代，任何中国政府都应该下野，自动退出政治舞台。香港继续保持繁

---

① 参见冷溶、汪作玲主编：《邓小平年谱（1975—1997）》（下），中央文献出版社2004年版，第818页。

荣，根本上取决于中国收回香港后，在中国的管辖之下，实行适合于香港的政策。邓小平特别强调，如果在 15 年的过渡时期内香港发生严重的波动，中国政府将被迫不得不对收回的时间和方式另作考虑，如果说宣布要收回香港就会像夫人说的"带来灾难性的影响"，那我们要勇敢地面对这个灾难，做出决策。① 邓小平的这个谈话，表达了中国共产党和中国政府在解决香港问题上的原则立场和按时收回香港的坚定决心，中国政府也由此掌握了实现香港回归祖国的主动权。

1982 年 10 月，中英两国关于香港问题的谈判正式开始。1982 年 12 月 4 日，五届全国人大五次会议通过的新宪法第三十一条规定："国家在必要时得设立特别行政区。在特别行政区内实行的制度按照具体情况由全国人民代表大会以法律规定。"这为中国政府在实现国家和平统一时，在香港、澳门等某些区域设立实行不同于内地的制度和政策的特别行政区提供了直接的宪法依据。1983 年初，中国政府就解决香港问题形成了十二条基本方针政策。这"十二条"包括：（1）中国政府决定于 1997 年 7 月 1 日对香港地区恢复行使主权。（2）恢复行使主权后，根据宪法第三十一条规定，在香港设立特别行政区，直辖于中央人民政府，享有高度自治权。（3）特别行政区享有立法权，有独立的司法权和终审权。现行的法律、法令、条例基本不变。（4）特别行政区政府由当地人组成。主要官员在当地通过选举或协商产生，由中央人民政府委任。原香港政府各部门的公务、警务人员可予留任。特别行政区各机构也可聘请英国及其他外籍人士担任顾问。（5）现行的社会、经济制度不变，生活方式不变。保障言论、出版、集会、结社、旅行、迁徙、通信自由和宗教信仰自由。私人财产、企业所有权、合法继承权以及外来投资均受法律保护。（6）香港特别行政区仍为自由港和独立关税地区。（7）保持金融中心地位，继续开放外汇、黄金、证券、期货等市场，资金进出自由，港币照常流通，自由兑换。（8）特别行政区财政保持独立。（9）特别行政区可同英国建立互惠经济关系。英国在香港的经济利益将得到照顾。（10）特别行政区可以"中国香港"的名义，单独地同世界各国、各地区以及有关国际组织保持和发展经济、文化关系，签订

---

① 参见《邓小平文选》第 3 卷，人民出版社 1993 年版，第 14 页。

协议。特别行政区政府可自行签发出入香港的旅行证件。(11) 特别行政区的社会治安由特别行政区政府负责。(12) 上述方针政策,由全国人民代表大会以香港特别行政区基本法规定之,50年不变。经过大智大勇的折冲樽俎,从1983年12月起,中英关于香港问题的谈判开始步入以中国政府立场为基础讨论的轨道。

随着和平统一祖国大业,特别是中英两国政府关于香港问题谈判不断取得进展,邓小平对"一国两制"构想的认识越来越深化,语言表述也越来越明确。1984年2月22日,邓小平在会见美国乔治城大学战略与国际问题研究中心主任布热津斯基的谈话中,明确提出将用"一个中国,两种制度"的办法解决香港问题。他说:我们提出的大陆与台湾统一的方式是合情合理的。统一后,台湾仍搞它的资本主义,大陆搞社会主义,但是是一个统一的中国。一个中国,两种制度。香港问题也是这样,一个中国,两种制度。① 4月28日,在会见美国总统里根时,邓小平又说,中国政府为解决台湾问题作了最大努力,就是在不放弃主权原则的前提下允许在一个国家内部存在两种制度。② 5月27日和28日,中共中央书记处召开的对台工作座谈会,也重申了"一个国家,两种制度"的设想。"一个国家,两种制度"开始成为党和政府解决台湾和香港、澳门问题,实现祖国统一方针的正式的概括性语言,成为具有法律效力的一项基本国策。

1984年6月,邓小平在会见香港工商界访京团和香港知名人士钟士元等人时,比较展开地阐释了"一国两制"的构想和对香港问题的基本立场。邓小平说:实现国家统一是民族的愿望,一百年不统一,一千年也要统一的。怎么解决这个问题,我看只有实行"一个国家,两种制度"。所谓"一个国家,两种制度",具体说,就是在中华人民共和国内,十亿人口的大陆实行社会主义制度,香港、台湾实行资本主义制度。在谈到如何在香港具体运用这一构想时,他说:我们多次讲过,我国政府在1997年恢复行使对香港的主权后,香港现行的社会、经济制度不变,法律基本不变,生活方式不变,香港自由港的地位和国际贸

---

① 参见《邓小平文选》第3卷,人民出版社1993年版,第49页。
② 参见《我国政府为解决台湾问题作了最大努力 希望美国不做妨碍大陆同台湾统一的事》,《人民日报》1984年4月29日。

第十三章
"洗雪中华民族百年屈辱"

易、金融中心的地位也不变,香港可以继续同其他国家和地区保持和发展经济关系。我们还多次讲过,北京除了派军队以外,不向香港特区政府派出干部,这也是不会改变的。我们派军队是为了维护国家的安全,而不是去干预香港的内部事务。邓小平还说:从世界历史来看,有哪个政府制定过我们这么开明的政策?从资本主义历史看,从西方国家看,有哪一个国家这么做过?我们采取"一个国家,两种制度"的办法解决香港问题,不是一时的感情冲动,也不是玩弄手法,完全是从实际出发的,是充分照顾到香港的历史和现实情况的。在这次谈话中,邓小平还特别谈到了香港回归祖国后由香港人治理香港的问题,他提出:港人治港有个界限和标准,就是必须由以爱国者为主体的港人来治理香港。未来香港特区政府的主要成分是爱国者,当然也要容纳别的人,还可以聘请外国人当顾问。什么叫爱国者?爱国者的标准是,尊重自己民族,诚心诚意拥护祖国恢复行使对香港的主权,不损害香港的繁荣和稳定。只要具备这些条件,不管他们相信资本主义,还是相信封建主义,甚至相信奴隶主义,都是爱国者。我们不要求他们都赞成中国的社会主义制度,只要求他们爱祖国,爱香港。① 一个月后,邓小平会见前来改变谈判僵局的英国外交大臣杰弗里·豪时进一步指出:十亿人口大陆的社会主义制度是不会改变的,永远不会改变。但是,根据香港和台湾的历史和实际情况,不保证香港和台湾继续实行资本主义制度,就不能保持它们的繁荣和稳定,也不能和平解决祖国统一问题。因此,我们在香港问题上,首先提出要保证其现行的资本主义制度和生活方式,在1997年后50年不变。②

邓小平反复阐明中国政府对香港问题的立场,并直接指导关于香港问题的中英谈判,1984年9月双方就全部问题达成协议。1984年12月19日中英两国政府在北京人民大会堂正式签署了关于香港问题的《中英联合声明》。《中英联合声明》庄严宣告:中华人民共和国将从1997年7月1日起恢复对香港行使主权。签字仪式后,邓小平在同英国首相撒切尔夫人谈话时说:"一国两制"这个构想是在中国的实际情况下提

---

① 参见《邓小平文选》第3卷,人民出版社1993年版,第58—61页。
② 参见《邓小平文选》第3卷,人民出版社1993年版,第67页。

出来的，就香港问题而言，三方面都能接受的只能是"一国两制"，允许香港继续实行资本主义，保留自由港和金融中心的地位，除此以外没有其他办法。他告诉撒切尔夫人：中国是信守自己的诺言的①。

中英关于香港问题《中英联合声明》的签署，使中国走向统一进程中的另一个问题——澳门问题逐步提到议事日程上来。1984年10月3日，邓小平在接见港澳同胞国庆观礼团全体成员时说：澳门问题的解决，想用香港的方式，我们以前不讲，是不要因为澳门问题影响了其他。澳门问题的解决当然也是澳人治澳，"一国两制"。② 10月6日，在会见澳门中华总商会会长马万祺时，邓小平又明确说：澳门问题也将按照解决香港问题那样的原则来进行，"一国两制"、澳人治澳、五十年不变，等等。澳门收回后，赌业可以继续下去。③ 1986年6月，中葡双方开始就澳门问题举行谈判。经过近9个月的谈判，中葡两国政府于1987年4月13日在北京人民大会堂正式签署《中葡联合声明》，宣告中华人民共和国政府将于1999年12月20日对澳门恢复行使主权。

中国在不长时间内相继解决香港、澳门问题，香港、澳门回归祖国进程启动，有力证明了"一国两制"伟大构想的可行性，中国在和平统一道路上迈出重要一步，也为国际上处理国家间历史遗留和争议问题"树立了一个范例"。④

1984年12月中英《关于香港问题的联合声明》签署后，香港进入了回归祖国的过渡期。为了确保香港的平稳过渡，首要任务是把联合声明的内容法律化。1985年4月，根据六届全国人大三次会议作出的决定，由59人组成的香港特别行政区基本法起草委员会成立。7月，起草委员会召开第一次全体会议，起草工作正式启动。到1990年2月，起草工作如期完成。4月4日，七届全国人大三次会议审议并通过了《中华人民共和国香港特别行政区基本法》和3个附件《香港特别行政

---

① 参见《邓小平文选》第3卷，人民出版社1993年版，第101、102页。
② 参见冷溶、汪作玲主编：《邓小平年谱（1975—1997）》（下），中央文献出版社2004年版，第999页。
③ 参见冷溶、汪作玲主编：《邓小平年谱（1975—1997）》（下），中央文献出版社2004年版，第1001页。
④ 参见冷溶、汪作玲主编：《邓小平年谱（1975—1997）》（下），中央文献出版社2004年版，第1176页。

区行政长官的产生办法》《香港特别行政区立法会的产生办法和表决程序》《在香港特别行政区实施的全国性法律》，以及香港特别行政区区旗和区徽图案。这表明，按照"一国两制"方针处理香港问题以及中央对香港的基本政策已被国家用法律形式固定下来，这是香港回归进程中的一件大事。

在香港进入过渡期的头几年，中英两国在香港问题上总体保持了友好合作关系。即使有问题，也能通过磋商求得解决。香港特别行政区基本法正是在这一时期制定的。但是，东欧剧变、苏联解体发生之后，英国政府错误估计形势，对华政策发生了改变，在香港问题上从与中方合作转变为与中方对抗，如指使港英行政局、立法局通过加快立法局直接选举的所谓"两局共识"方案；单方面决定香港5万个家庭可在中国收回香港主权后移居英国，即所谓"居英权计划"；强行制定凌驾于香港原有法律之上、意在架空基本法的"人权法案条例"；不与中方磋商单方面提出跨越1997年的"新机场建设"方案等，为香港平稳过渡设置重重障碍。1991年12月，英国又突然宣布现任港督届满后不再留任，并于1992年4月任命彭定康为新任港督。彭定康上任后，在英国政府的支持下，立即在其施政报告中抛出了对香港现行政治体制作出重大改变的"宪制改革"方案，即所谓"政改方案"。这一方案，完全违反了中英联合声明的有关规定，违反了中英关于香港政制发展要同基本法相衔接的原则，违反了中英之间已达成的谅解和协议，其实质是把香港变成独立或半独立的政治实体，以抗拒中国对香港恢复行使主权，因此遭到中方坚决反对。

在中国政府多次与英方谈判无果的情况下，党中央从确保香港平稳过渡和维护香港长期繁荣稳定的大局出发，审时度势，于1992年底提出了"以我为主，两手准备"的方针，并着手实行一系列有力措施，以保证在英国不合作情况下香港的平稳过渡。其中最主要的措施是，成立香港特别行政区筹备委员会的预备工作委员会，为香港回归做好各项准备工作。1993年7月2日，八届全国人大常委会第二次会议决定，设立香港特别行政区筹备委员会预备工作委员会，其中香港委员不少于50%。从1993年7月到1996年1月，预委会在成立后的两年半时间里，就与香港政权交接和平稳过渡有关的一系列问题进行了大量系统调查研究，提出了一系列重要方案、建议和意见，牢牢掌握了香港过渡后期在重大问题上的主动权，从而为香港特别行政区筹备委员会的建立奠定了坚实基础。

1996年1月26日，香港特别行政区筹备委员会在北京成立，标志着中国政府对香港恢复行使主权进入了具体实施阶段。筹委会成立后，立即展开了卓有成效的工作。1996年8月10日，筹委会第四次全体会议审议并通过《中华人民共和国香港特别行政区第一届政府推选委员会的具体产生办法》，对推选委员会的组成、推选委员会委员的资格条件等作出具体规定。10月初和11月初，筹委会在北京相继举行第五次和第六次全体会议，选举出340名推选委员会委员，他们与26名香港地区全国人大代表和34名香港地区全国政协委员一起，组成了400人的香港特别行政区第一届政府推选委员会。12月11日，全体推委会委员以无记名投票方式，选举董建华为香港特别行政区第一任行政长官人选。12月16日，李鹏总理签署国务院第207号令，任命董建华为香港特别行政区行政长官。12月21日，推委会在深圳举行第四次全体会议，选举产生60名香港特别行政区临时立法会议员。此后，第一届特区行政会议成员、第一届政府主要官员以及特区终审法院首席法官的人选也相继产生。香港回归的各项准备工作就绪。

1997年6月30日午夜至7月1日凌晨，举世瞩目的中英两国政府香港交接仪式在香港会议展览中心大会堂隆重举行。6月30日23时59分，英国国旗和香港旗缓缓降下，象征着英国对香港一个半世纪的殖民统治宣告结束。7月1日零时整，中华人民共和国国歌奏响，中华人民共和国国旗和香港特别行政区旗冉冉升起。中华人民共和国主席江泽民庄严宣告：中国对香港恢复行使主权。中华人民共和国香港特别行政区正式成立。这是中华民族的盛事，也是世界和平与正义事业的胜利。经历了百年沧桑的香港回归祖国，标志着香港同胞从此成为祖国这块土地上的真正主人，香港的发展从此进入一个崭新的时代。[①] 交接仪式结束后，举行了中华人民共和国香港特别行政区成立暨特区政府宣誓就职仪式。在香港交接仪式举行的同时，中国人民解放军驻香港陆、海、空

---

① 参见《江泽民文选》第1卷，人民出版社2006年版，第651页。

第十三章
"洗雪中华民族百年屈辱"

部队根据中央军委的命令从陆地、海上和空中同时进入香港，正式接管香港的防务。

在香港回归祖国各项准备工作紧张进行的同时，进入过渡期的澳门回归工作也有条不紊地开展，总体进展顺利。1988年4月，七届全国人大一次会议作出决定，成立澳门特别行政区基本法起草委员会。1993年3月，八届全国人大一次会议正式通过《中华人民共和国澳门特别行政区基本法》及3个附件，标志着澳门回归进入了后过渡期。1998年4月29日，九届全国人大常委会第二次会议审议并通过了澳门特别行政区筹备委员会组成人员名单。5月5日，由100人组成（其中澳门委员60人）的澳门特别行政区筹备委员会在北京正式成立。从9月起，筹委会就澳门特别行政区第一届政府推选委员会的具体产生办法在澳门开展了广泛咨询，在充分吸纳澳门居民意见的基础上，制定了《中华人民共和国澳门特别行政区第一届政府推选委员会具体产生办法》。1999年4月10日，筹委会第七次全体会议以无记名和差额选举的方式，选举产生了185名澳门特别行政区第一届政府推选委员会委员，他们与4名澳门地区全国人大代表和经协商推举出来的11名澳门地区全国政协委员一起，组成了200人的澳门特别行政区第一届政府推选委员会。5月15日，推选委员会在澳门举行第三次全体会议，以无记名投票方式，选举何厚铧为澳门特别行政区第一任行政长官人选。5月20日，朱镕基总理签署国务院第264号令，任命何厚铧为澳门特别行政区第一任行政长官。至此，澳门回归祖国的各项准备工作基本完成。

1999年12月19日午夜至20日凌晨，中葡两国政府澳门政权交接仪式在澳门文化中心花园馆举行。葡萄牙国旗和澳门市政厅旗降下，中华人民共和国国旗和中华人民共和国澳门特别行政区区旗升起。中华人民共和国主席江泽民庄严宣告：中国政府对澳门恢复行使主权。历史将永远记住这一举世关注的重要时刻。从这一刻起，澳门的发展进入了一个崭新的时代。① 交接仪式结束后，举行了澳门特别行政区成立暨特区政府宣誓就职仪式。12月20日中午12时，中国人民解放军驻澳门部队进驻澳门，开始正式担负澳门特别行政区的防务。

---

① 参见《江泽民文选》第2卷，人民出版社2006年版，第484页。

澳门回归祖国,是中国人民在完成祖国统一大业道路上竖起的又一座丰碑。

四、中国人"完全有智慧有能力管理好、建设好香港、澳门"

香港和澳门回归祖国后,港澳居民依法享有充分的自由和前所未有的民主权利,以主人翁的姿态积极投入到特区的各项建设当中,社会保持稳定,经济持续增长,民生逐步改善。"一国两制"方针在实践中不断丰富与发展,显示了强大生命力。事实有力地证明:在中央政府鼎力支持、帮助和坚强引领下,香港同胞、澳门同胞完全有智慧有能力管理好、建设好香港、澳门。[①]

香港、澳门回归祖国之后,"一国两制"实践日益丰富。在民主政治方面,香港特别行政区行政长官选举的民主程度不断提高,立法会选举的直选因素不断增加。2007年12月29日,十届全国人大常委会第三十一次会议决定,2012年香港特别行政区第四任行政长官的具体产生办法和第五届立法会的具体产生办法可以作出适当修改;2017年香港特别行政区第五任行政长官的选举可以实行由普选产生的办法;在行政长官由普选产生以后,香港特别行政区立法会的选举可以实行全部议员由普选产生的办法。这就为行政长官和立法会全体议员普选设定了时间表。此后,香港特别行政区按照全国人大常委会有关决定和基本法的有关规定,完成了对2012年第四任行政长官和第五届立法会的产生办法的修改。2010年8月,全国人大常委会对这两个产生办法的修正案分别予以批准和备案。澳门特别行政区的民主政治也按照基本法的规定循序渐进向前发展。2011年12月,十一届全国人大常委会对澳门基本法附件一第七条、附件二第三条作出解释,明确了修改澳门特别行政区长官、立法会产生办法的程序。在经济发展方面,香港、澳门回归之时,就遇到了亚洲金融危机的冲击,2003年又遭遇"非典"和禽流感

---

① 参见胡锦涛:《高举中国特色社会主义伟大旗帜,为夺取全面建设小康社会新胜利而奋斗——在中国共产党第十七次全国代表大会上的报告》,《人民日报》2007年10月25日。

疫情等的严重影响，香港、澳门经济发展持续低迷。为了纾解香港、澳门的困难，2003年6月、10月，中央政府先后与香港、澳门特区政府签署了《内地与香港关于建立更紧密经贸关系的安排》《内地与澳门关于建立更紧密经贸关系的安排》，此后又签署多个补充协议，涉及对原产地为港澳的产品全面实行零关税、对港澳开放多个服务贸易领域、开放内地部分城市居民个人赴港澳旅游、允许香港发展人民币业务、支持澳门建设世界旅游休闲中心等领域。这一系列协议的签署和实施，是在"一国两制"原则下和世界贸易组织框架内中央政府支持港澳经济复苏和繁荣发展的特殊安排，既对港澳经济发展起到了积极促进作用，也推动了内地的经济建设和改革开放。在中央政府的大力支持下，香港、澳门逐步克服各方面困难，实现了经济快速发展、社会总体稳定、民生显著改善。为了加快珠港澳三地经济融合，2008年底，国务院批准实施《珠江三角洲地区改革发展规划纲要（2008—2020年）》，把与港澳紧密合作的相关内容纳入规划。2010年4月，广东省与香港特别行政区签署粤港合作框架协议。2011年3月，广东省又与澳门特别行政区签署粤澳合作框架协议。这两份协议对于促进广东与港澳的融合发展具有重要意义。作为粤港澳合作的重点，中央政府还积极推进深圳前海、珠海横琴、广州南沙合作开发。截至2011年底，内地累计批准港商投资项目33.6万个，实际使用港资累计5267.1亿美元，占内地累计吸收境外投资的45.1%。香港、澳门繁荣发展，有力显示了"一国两制"方针的生命力和正确性。

党的十八大以来，随着香港进入"五十年不变"的中期，在"一国两制""港人治港"、高度自治取得举世公认的成就的同时，一些长期积累形成的深层次问题和矛盾也日益显露并相互交织影响，"一国两制"在香港的实践遇到了新情况新问题，香港社会还有一些人没有完全适应这一重大历史转折，特别是对"一国两制"方针政策和基本法存有模糊认识和片面理解。面对新情况新问题，以习近平同志为核心的党中央站在党和国家事业发展全局的高度，就"一国两制"实践的方向和原则问题，特别是如何正确认识和把握好"一国"与"两制"的关系、香港特别行政区与中央的关系等，进行了一系列正本清源的精辟论述，引领"一国两制"实践在乘风破浪中取得新进展、新成就。

2012年12月20日，在听取来北京述职的香港特别行政区行政长官梁振英汇报时，习近平总书记就中央对香港、澳门的政策重申了"三个不变"，即：中央贯彻落实"一国两制"、严格按照基本法办事的方针不会变；支持行政长官和特别行政区政府依法施政、履行职责的决心不会变；支持香港、澳门两个特别行政区发展经济、改善民生、推进民主、促进和谐的政策也不会变。同时强调：关键是要全面准确理解和贯彻"一国两制"方针，切实尊重和维护基本法权威。①

2013年12月4日至2014年5月3日，根据2007年12月第十届全国人大常委会第三十一次会议决定的香港行政长官和立法会议员普选时间表，香港特别行政区政府就2017年行政长官和2016年立法会产生办法进行为期5个月的公众咨询，启动了实现普选的有关程序。由于涉及管治权之争，围绕处理以2017年行政长官普选办法为主要内容的政改问题，在香港各界引起议论，并成为引发和激化香港社会政治矛盾的导火索。2014年6月，针对香港社会在讨论2017年行政长官普选办法时出现的某些模糊观点和错误言论，国务院新闻办公室以《"一国两制"在香港特别行政区的实践》为题发表关于香港事务的白皮书，系统阐述了中央对香港的方针政策，突出强调中央对香港拥有全面管治权等重要观点。同年8月31日，十二届全国人大常委会第十次会议通过《全国人民代表大会常务委员会关于香港特别行政区行政长官普选问题和2016年立法会产生办法的决定》，决定从2017年开始，香港特别行政区行政长官选举可以实行由普选产生的办法；香港特别行政区行政长官选举实行由普选产生的办法时："（一）须组成一个有广泛代表性的提名委员会。提名委员会的人数、构成和委员产生办法按照第四任行政长官选举委员会的人数、构成和委员产生办法而规定。（二）提名委员会按民主程序提名产生二至三名行政长官候选人。每名候选人均须获得提名委员会全体委员半数以上的支持。（三）香港特别行政区合资格选民均有行政长官选举权，依法从行政长官候选人中选出一名行政长官人选。（四）行政长官人选经普选产生后，由中央人民政府任命。"决定还提出，"如行政长官普选的具体办法未能经法定程序获得通过，行政长官

---

① 参见《习近平会见梁振英》，《人民日报》2012年12月21日。

的选举继续适用上一任行政长官的产生办法。"① 这个决定为香港特别行政区提出行政长官普选具体办法确定了原则。出于对上述决定的抗拒，9月底，香港少数人策划已久的非法"占领中环"事件爆发。

2014年9月22日，在会见以董建华为团长的香港工商界专业界访京团时，习近平总书记有针对性地指出：办好香港的事情，关键是要全面准确理解和贯彻"一国两制"方针，维护基本法权威。中央对香港的基本方针政策没有变，也不会变。中央政府将坚定不移贯彻"一国两制"方针和基本法，坚定不移支持香港依法推进民主发展，坚定不移维护香港长期繁荣稳定。② 2015年12月23日，在听取香港特别行政区行政长官梁振英述职汇报时，习近平又指出：中央贯彻"一国两制"方针坚持两点。一是坚定不移，不会变、不动摇。二是全面准确，确保"一国两制"在香港的实践不走样、不变形，始终沿着正确方向前进。③

面对"一国两制"在香港实践中发生的问题和香港出现的一度复杂严峻的政治局势，以习近平同志为核心的党中央登高望远，全面准确贯彻落实"一国两制"方针不动摇，坚守原则底线不退让，果断作出有关重大决策，统筹协调有关各方，全力支持香港特别行政区政府依法推进政改，处置"占领中环"事件以及"旺角暴乱"事件，将可能产生的负面影响降至最低，并着力发展经济、改善民生，保持大局稳定。继2016年11月十二届全国人大常委会第二十四次会议表决通过《全国人大常委会关于香港特别行政区基本法第一百零四条的解释》、香港高等法院依法裁定两名宣扬"港独"的议员丧失议员资格、2017年3月林郑月娥女士顺利当选为香港特别行政区第五任行政长官之后，以2017年6月29日至7月1日习近平总书记亲临香港出席庆祝香港回归祖国20周年有关活动取得圆满成功为标志，香港形势发生了具有决定性意义的好转，"一国两制"的强大生命力和中央稳控香港局势的治理能力得到充分彰显。

在庆祝香港回归祖国20周年大会暨香港特别行政区第五届政府就

---

① 参见《全国人民代表大会常务委员会关于香港特别行政区行政长官普选问题和2016年立法会产生办法的决定》，《人民日报》2014年9月1日。
② 参见《习近平会见香港工商界专业界访京团》，《人民日报》2014年9月23日。
③ 参见《习近平会见来京述职的梁振英》，《人民日报》2015年12月24日。

职典礼上,习近平总书记结合一段时间以来"一国两制"在香港的实践中遇到的新问题,就今后如何更好地认识和落实"一国两制"深入阐述了四点重要意见。第一,必须始终准确把握"一国"和"两制"的关系。"一国"是根,根深才能叶茂;"一国"是本,本固才能枝荣。在贯彻落实"一国两制"的具体实践中,必须牢固树立"一国"意识,坚守"一国"原则,正确处理特别行政区和中央的关系。任何危害国家主权安全、挑战中央权力和香港特别行政区基本法权威、利用香港对内地进行渗透破坏的活动,都是对底线的触碰,都是绝不能允许的。第二,必须始终依照宪法和基本法办事。习近平总书记指出,宪法是国家根本大法,是全国各族人民共同意志的体现,是特别行政区制度的法律渊源。基本法是根据宪法制定的基本法律,规定了在香港特别行政区实行的制度和政策,是"一国两制"方针的法律化、制度化,为"一国两制"在香港特别行政区的实践提供了法律保障。在落实宪法和基本法确定的宪制秩序时,要把中央依法行使权力和特别行政区履行主体责任有机结合起来;要完善与基本法实施相关的制度和机制;要加强香港社会特别是公职人员和青少年的宪法和基本法宣传教育。这些都是"一国两制"实践的必然要求,也是全面推进依法治国和维护香港法治的题中应有之义。第三,必须始终聚焦发展这个第一要务。习近平总书记指出,"一国两制"构想提出的目的,一方面是以和平的方式对香港恢复行使主权,另一方面就是为了促进香港发展,保持香港国际金融、航运、贸易中心地位;香港背靠祖国、面向世界,有着许多有利发展条件和独特竞争优势,香港要珍惜机遇、抓住机遇,把主要精力集中到搞建设、谋发展上来。第四,必须始终维护和谐稳定的社会环境。习近平总书记强调,香港如果陷入"泛政治化"的旋涡,人为制造对立、对抗,那就不仅于事无补,而且会严重阻碍经济社会发展;在全球经济格局深度调整、国际竞争日趋激烈的背景下,香港也面临很大的挑战,经不起折腾,经不起内耗。只有团结起来、和衷共济,才能把香港这个共同家园建设好。① 这些重要论述现实针对性强,对于"一国两制"实践行稳致

---

① 参见习近平:《在庆祝香港回归祖国二十周年大会暨香港特别行政区第五届政府就职典礼上的讲话》,《人民日报》2017年7月2日。

远，具有方向性指导意义。

在处理香港政改问题过程中，中央政府严格按照基本法办事，坚定支持香港特别行政区依照基本法规定循序渐进发展符合香港实际情况的民主政治，牢牢把握主导权。在处理长达80天的非法"占领中环"事件过程中，中央以法治思维和底线思维，坚定支持香港特别行政区政府依法处置，并通过有关当事人向法院申请禁制令等司法程序入手，顺利实行清场，避免了流血事件的发生，创造了国际上妥善处置同类事件的范例。针对香港特别行政区第六届立法会议员宣誓过程中极少数候任议员宣扬"港独"等违法言行，全国人大常委会对基本法有关宣誓条文作出解释，明确依法宣誓的含义和要求，为依法取消有关人员的立法会议员资格提供了法律依据。香港特别行政区政府有关机构和司法机关随后对有关议员作出检控和判决，取消其议员资格。这一判决彰显了基本法的权威和香港法治，从根本上维护了"一国两制"原则的尊严，有力打击了"港独"势力的嚣张气焰，为香港社会明辨是非树立了重要标杆。澳门特别行政区依据全国人大常委会有关释法精神，主动在立法会选举法中增加了"防独"条款，以防患于未然。在完善港澳特别行政区行政长官述职制度、依法行使对行政长官和主要官员的实质任命权、加强国家宪法和基本法的宣传教育等方面，中央政府也采取了相应举措。

在依法治港治澳的同时，以习近平同志为核心的党中央从国家发展总体战略全局的视角和保持港澳长期繁荣稳定的要求出发，积极谋划、全力支持港澳经济社会发展和民生改善，促进港澳与内地优势互补、合作共赢、共同发展。

2016年3月，国家"十三五"规划纲要提出，要"发挥港澳独特优势，提升港澳在国家经济发展和对外开放中的地位和功能"：一是"支持港澳提升经济竞争力"——支持香港巩固和提升国际金融、航运、贸易三大中心地位，强化全球离岸人民币业务枢纽地位和国际资产管理中心功能，推动融资、商贸、物流、专业服务等向高端高增值方向发展；支持香港发展创新及科技事业，培育新兴产业；支持香港建设亚太区国际法律及解决争议服务中心；支持澳门建设世界旅游休闲中心、中国与葡语国家商贸合作服务平台，积极发展会展商贸等产业，促进经济适度多元可持续发展。二是"深化内地与港澳合作"——支持港澳参与国家双向开放、"一带一路"建设，鼓励内地与港澳企业发挥各自优势，通过多种方式合作走出去；加大内地对港澳开放力度，推动内地与港澳关于建立更紧密经贸关系安排升级；深化内地与香港金融合作，加快两地市场互联互通；加深内地同港澳在社会、民生、文化、教育、环保等领域交流合作，支持内地与港澳开展创新及科技合作，支持港澳中小微企业和青年人在内地发展创业；支持共建大珠三角优质生活圈，加快前海、南沙、横琴等粤港澳合作平台建设；支持港澳在泛珠三角区域合作中发挥重要作用，推动粤港澳大湾区和跨省区重大合作平台建设。

2016年5月，在中央政府支持下，香港特别行政区政府举办了首届"一带一路"高峰论坛。2017年6月，香港加入亚洲基础设施投资银行。2014年9月和2016年10月，中央政府支持澳门特别行政区先后举办第八届亚太经合组织旅游部长会议、中国—葡语国家经贸合作论坛第五届部长级会议。中央还出台了一系列支持内地与港澳加强交流合作、共同发展的政策措施，包括：在建立更紧密经贸关系的安排（CEPA）框架下，内地分别与香港、澳门签署新的服务贸易协议，基本实现服务贸易自由化，内地与香港签署投资协议、经济技术合作协议；内地与香港实施基金互认安排，先后实施"沪港通""深港通""债券通"等金融互联互通政策；编制和实施粤港澳大湾区城市群发展规划；推动内地与港澳的跨境基础设施建设和人员、货物通关便利化。世界上最长的跨海大桥港珠澳大桥于2017年底建成，广深港高铁（香港段）于2018年第三季度通车。中央还明确划定澳门85平方公里的海域范围和陆地界线。便利港澳同胞在内地学习、就业、生活的一系列具体政策措施陆续出台。2017年6月，教育部印发通知，要求各高校积极为港澳毕业生提供就业信息服务，开展对他们的就业指导，为有就业意愿且符合条件的港澳毕业生发放《就业协议书》，签发《全国普通高等学校本专科毕业生就业报到证》或《全国毕业研究生就业报到证》，为港澳学生在内地就业提供更多便利。商务部2017年6月28日与香港特区政府签署内地与香港《CEPA投资协议》和《CEPA经济技术合作协议》。这两个协议是CEPA升级的重要组成部分，是内地与香港在"一国两制"框架下按照世贸组织规则作出的特殊经贸安排，充分体现了中央对香港经济发展和长期繁荣稳定的支持。与此同时，国家旅游局印发了为港澳同胞提供更加便利旅游住宿服务的有关通知，要求旅游住宿企业严格遵守国家法律法规和相关政策规定，不得以任何非正常理由对港澳同胞办理入住设置障碍，为港澳同胞在内地旅游提供更加优质便利的住宿服务。2017年10月，财政部、教育部印发《港澳及华侨学生奖学金管理办法》，国家为来内地就读的港澳学生专门设立港澳及华侨学生奖学金，参照内地学生奖学金政策体系为港澳学生增设"特等奖"，不但增加了港澳学生的奖学金名额，还大幅提高了奖学金奖励标准。2017年12月18日，国务院港澳事务办公室公布住建部、财政部、中国人民银行、国务院港澳办、国务院台办等联合制定的《关于在内地（大陆）就业的港澳台同胞享有住房公积金待遇有关问题的意见》，明确在内地就业的港澳同胞，均可按照内地《住房公积金管理条例》和相关政策的规定缴存住房公积金；缴存基数、缴存比例、办理流程等实行与内地缴存职工一致的政策规定；已缴存住房公积金的港澳同胞，与内地缴存职工同等享有提取个人住房公积金、申请住房公积金个人住房贷款等权利；在内地跨城市就业的，可以办理住房公积金异地转接手续；与用人单位解除或终止劳动（聘用）关系并返回港澳的，可以按照相关规定提取个人住房公积金账户余额。以上重大举措进一步拓展了港澳的发展空间和机会，巩固了内地与港澳优势互补、共同发展的格局。

  在中央政府关心支持和各方共同努力下，党的十八大以来，香港、澳门各项事业取得长足进步。香港继续被众多国际机构评选为全球最自由经济体和最具竞争力的地区之一。2012年至2016年，香港本地生产总值年均实际增长2.6%，高于发达经济体同期平均增速。香港国际金融、航运、贸易中心地位不断巩固，全球离岸人民币业务枢纽地位和国际资产管理中心功能不断强化。澳门经济在深度调整后止跌回升，人均生产总值位居全球前列。2019年2月中共中央、国务院正式印发《粤港澳大湾区发展规划纲要》，把香港特别行政区、澳门特别行政区纳入国家发展大局，为香港、澳门经济社会的进一步发展和再腾飞插上了翅膀。

第十四章

"反腐败斗争取得压倒性胜利"

——党在伟大自我革命中"凤凰涅槃""浴火重生"

在"进京赶考"前夕,毛泽东及时发出警示:可能有这样一些共产党人,他们是不曾被拿枪的敌人征服过的,他们在这些敌人面前不愧英雄的称号;但是经不起人们用糖衣裹着的炮弹的攻击,他们在糖弹面前要打败仗。当改革开放在风浪中前进时,邓小平警示:要整好我们的党,实现我们的战略目标,不惩治腐败,特别是党内的高层的腐败现象,确实有失败的危险。习近平总书记在主持十八届中央政治局第一次集体学习时再次向全党发出警示:近年来,一些国家因长期积累的矛盾导致民怨载道、社会动荡、政权垮台,其中贪污腐败就是一个很重要的原因。大量事实告诉我们,腐败问题越演越烈,最终必然会亡党亡国!我们要警醒啊!在长期执政条件下,对我们党构成最大危害的不是别的,就是腐败。党的十八大以来,以习近平同志为核心的党中央着眼于全面从严治党,以力挽狂澜的气魄和胆识,以猛药去疴、重典治乱的决心,以刮骨疗毒、壮士断腕的勇气,作出了坚决打赢反腐败这场硬仗的战略决断,工作力度之大前所未有,取得成效之大有目共睹。

一、把反腐败"当作一场大斗争来处理"

腐败作为一种复杂的社会历史现象,在许多国家和地区广泛而普遍地滋生、蔓延,尤其是发展中国家,由于过去长期的封建专制和殖民主

第十四章
"反腐败斗争取得压倒性胜利"

义统治,黄赌毒泛滥和军事独裁统治,更容易滋生腐败。例如印度,早在独立初期就爆发了国大党资深党员、驻伦敦高级专员克里希纳·梅农的"吉普车腐败案"。梅农受国防部委托订购了4603辆吉普车,但是没有通过正常手续办理,给印度军方带来了重大损失。1949年内阁部长拉奥·巴·辛格因收受2.5万卢比伪造采矿文件坐牢;1958年财政部长克里什南马查理因非法帮助某保险基金拿到合同而被解职;1959年印度保险公司负责人拉马克里希南·达尔米亚挪用220万卢比而被判刑两年,航空公司负责人达拉姆·特嘉贪污2.2亿卢比被判刑六年。国大党的不法行为削弱了自身建设,卡马拉季提出12位国大党中央部长和邦首席部长辞去政府职务"专心党的组织工作",这表明国大党的腐败达到相当高的程度,已经引起了党内高层的关注。作为印度首任总理,尼赫鲁具有治理腐败的良好条件,但是尼赫鲁对追查和惩处政客中的腐败行为缺乏应有的重视,而是包庇了一大批高级官员的重大腐败行为,纵容了政治腐败,打开了印度腐败合法化的大门。在尼赫鲁任职的后期,腐败已经在政府部门风行并成为各级官僚的通病。新加坡前总理李光耀也指出,独立初期各种利益集团尚未形成,是廉政建设的黄金时期,但是尼赫鲁错过了。

而新中国成立初期,就采取严厉措施治理党员干部中发生的腐败现象。1951年秋,东北局书记高岗送来一份报告。报告谈的是增产节约运动,但侧重点却在反映一种现象,即党内产生的贪污腐化问题。高岗在报告中谈道,东北局在开展增产节约运动中,发现有许多干部贪污受贿。报告还列举了许多事实:沈阳市的部分单位揭发出有3600多人存在贪污问题。11月20日,毛泽东以中共中央的名义,将东北局的报告转发全国并附上了批语。毛泽东在批语中写道:在此次全国规模的增产节约运动中进行坚决的反贪污、反浪费、反官僚主义的斗争。毛泽东还要求,各地、各部门领导干部,要将有关情况及时向上级和中央报告。这表明,毛泽东决心通过"三反"(反贪污、反浪费、反官僚主义)斗争,惩治和克服党内已经滋生起来的腐败现象。像集中精力指导抗美援朝战争和镇反运动那样,毛泽东又着手指导一个新的运动。

中央转发东北局文件不久,陆续收到了反映一些干部存在贪污、浪费、官僚主义问题的报告。毛泽东要求,这方面的材料一到中央,立即全部送到他那里，并且要求中央办公厅不断地催促各地，尽快报送这方面的材料。很快，各地、各部门、各大军区关于一些干部中存在贪污、浪费、官僚主义问题的材料就送到毛泽东手上。每一份材料，毛泽东都要阅读，大量材料上留下了他的批示。毛泽东的批示，有的是以中共中央的名义发出的，有的就直接以他个人的名义发出。在阅读和处理这类文件中，毛泽东觉得，现在这样以各地党委一事一议的办法来处理，远远不能遏制已经发展起来的腐败现象，必须在全党开展一场大的运动。

1951年11月30日这一天，毛泽东转发了两个报告。一个是西南局第一书记邓小平报来的，另一个是来自华北局第一书记薄一波、第二书记刘澜涛11月29日的报告。华北局的报告列举河北省天津地委现任书记张子善、前任地委书记刘青山严重贪污浪费的事实。毛泽东立即转发各中央局、分局及省市区党委，并在批语中写道：华北天津地委前书记刘青山及现书记张子善均是大贪污犯，已经华北局发现，并着手处理，我们认为华北局的方针是正确的。这件事给中央、中央局、分局、省市区党委提出了警告。必须严重地注意干部被资产阶级腐蚀发生严重贪污行为这一事实，注意发现、揭露和惩处，并须当作一场大斗争来处理。① 毛泽东在全党反对贪污、浪费、官僚主义的意见，得到中央政治局的一致赞成。11月底，毛泽东要身边工作人员代中央起草了关于反对贪污、浪费、官僚主义的文件。文件起草完后，交给中央政治局同志传阅并征求意见。之后，毛泽东集中中央政治局同志的意见，对文稿进行了修改。毛泽东在修改中，在文件上加写了这样一段话：自从我们占领城市两年至三年以来，严重的贪污案件不断发生，证明1949年春季党的二中全会严重地指出资产阶级对党的侵蚀的必然性和为防止及克服此种巨大危险的必要性，是完全正确的，现在是全党动员切实执行这项决议的紧要时机了。再不切实执行这项决议，我们就会犯大错误。这份文件最后由中央政治局通过，于12月1日下发，题为"中共中央关于实行精兵简政、增产节约、反对贪污、反对浪费和反对官僚主义的决定"。这个决定的下发，标志着全党范围的"三反"运动正式开始。

"三反"运动开始后，毛泽东就一直亲自抓，并且抓得非常紧。他

---

① 参见《毛泽东文集》第6卷，人民出版社1999年版，第190、191页。

第十四章
"反腐败斗争取得压倒性胜利"

要求,凡是这方面的材料,不要压,一定要在第一时间送到他手上。1951年12月30日,毛泽东为中共中央起草了关于中央、大区、省市三级一切工作部门向中央主席和军委主席作"三反"报告的指示。他在指示中要求,中央、大区、省市三级的一切工作部门,必须向中央主席和军委主席作"三反"报告,以便中央有所比较,看出各级领导同志对这一场严重斗争哪些是积极努力的,哪些是消极怠工的(消极怠工的原因,一种是领导人有官僚主义,一种是领导人手面不干净),以便实行奖励和惩处。不作报告者以违纪论,须推迟时间作报告者须申明理由。① 12月31日,毛泽东在紧张的工作中度过了除夕之夜。他对中南军区迟迟不送"三反"报告很不满意,晚上8时写了一个批语给中南军区第三政治委员谭政并告各大军区,指名批评中南军区,要求中南军区和各大军区取一致步骤,务必在1月份全军整整齐齐进入"三反"斗争。毛泽东写完这个批语后,才看到中南军区送来的两份材料,一个是中南军区党委12月29日关于开展反贪污、反浪费、反官僚主义斗争给所属军内各级党委的指示,提出必须以开展"三反"斗争作为当前中心工作;一个是谭政12月30日15时关于将整编和"三反"结合进行给毛泽东的电报。毛泽东又高兴了,将批评中南军区的电报停发。毛泽东从1951年12月31日上午11时开始工作,到1952年1月1日上午7时30分才休息,连续工作了20个小时。

  1952年元旦,中共中央在这一天的下午在中南海举行新年团拜会。往常新年团拜会上毛泽东发表讲话,主要是一些祝贺的话,但谁也没有想到,毛泽东在这次团拜会上的致辞,却不同于以往。他先肯定了过去一年各项事业取得巨大成绩后,语气一转,表情严肃地提到了"三反"运动。他说:我还要祝我们在新开辟的一条战线上的胜利,这就是号召我国全体人民和一切工作人员一致起来,大张旗鼓地,雷厉风行地,开展一个大规模的反对贪污、反对浪费、反对官僚主义的斗争,将这些旧社会遗留下来的污毒洗干净!②

  毛泽东还对中央机关提出了要求,限在10天内,各院委、部、会、

---

① 参见《建国以来毛泽东文稿》第2册,中央文献出版社1987年版,第404页。
② 参见《毛泽东文集》第6卷,人民出版社1999年版,第221页。

院、署、行、局、处及其下面的一切单位,务须发动群众斗争,实行坦白检举,于1月11日送来报告。违者,不论部长、行长、署长、处长、局长、科长、股长或经理,一律撤职查办。他还分出类型,指出哪几个部是做得好的,哪几个部是中等的,哪些部是落后的。对于做得不好的,毛泽东还点了该部部长的名。团拜会后,有一场晚会。许多部长和副部长早已坐立不安,没有心思再去欣赏精彩节目了。团拜会一结束,纷纷离场,赶回机关,连夜部署本系统的"三反"斗争。

毛泽东抓得紧,各部委也不拖拉。元旦后仅三天,差不多所有单位都开了坦白检举的群众会议,并且将详细报告上交。之后,为了把"三反"运动更加深入地开展起来,毛泽东连续几个晚上召集会议,对运动进行研究和部署。1月15日,毛泽东在他所住的中南海菊香书屋主持召开书记处会议,听取"三反"运动最新情况汇报,作出新的指示。17日晚,毛泽东又把党内主管军队的朱德、聂荣臻、粟裕请到住处,专门谈解放军第二十兵团的生产和"三反"问题。18日,毛泽东再次在他的住处召开书记处会议,讨论天津的"三反"问题。

随着"三反"运动的展开,毛泽东发现,在不少地方,有不少干部存在贪污腐化问题,有些问题还特别严重。这样的干部,实际上已经变成了犯罪分子,成了人民的敌人。对这些干部,必须予以严厉处置。因此,毛泽东在"三反"运动在全国广泛开展起来后,把主要注意力集中到打击那些贪污数额大的腐败干部上,使运动进入"打老虎"阶段。"老虎",这是当时人们对贪污犯的称呼,贪污旧币1亿元以上的大贪污犯叫"大老虎",1亿元以下1000万元以上的叫"小老虎"。"打虎"最紧张的阶段,是毛泽东转发各地、各军来报并写批语最多的时候,也是毛泽东工作最紧张的时候。他当时的心态是:将全部应有的而不是无中生有的老虎通通捉干净,否则运动结束,势必留下大批暗藏的老虎遗祸将来。[①]毛泽东工作过于劳累,每天连续工作近20个小时。3月4日这一天,从头天晚上一直工作到这天下午6时才休息,大约20个小时。晚上11时50分起床后又继续工作。秘书担心毛泽东把身体累坏了,就背着他让值班人员减少送审批阅的文件数量,不料马上就被毛泽东发现

---

① 参见《建国以来毛泽东文稿》第3册,中央文献出版社1987年版,第113页。

了。毛泽东发了火，严厉批评了秘书。他要求，还要把各地文件全部送来，不能减少。没有办法，秘书们只好按毛泽东的意见，仍然把军以下直属机关及师、地方、分局直属机关及地委、专署、县关于"三反"的报告送给毛泽东看。在毛泽东的严厉督促下，各地揪出了不少大贪污犯，并且用最快的速度，按照党纪国法进行了严肃处理。

刘青山、张子善事件，是"三反"运动中暴露出来的第一大案。毛泽东直接督促案件的处理，在党内外引起强烈反响。刘青山、张子善利用职权，先后动用专区地方粮折款 25 亿元，宝坻县救济粮 4 亿元，干部家属补助粮 14 亿元，从修潮白河的民工供应站苛剥获利 22 亿元，贪污修飞机场节余款和发给群众房地补价款 45 亿元，以修建名义向银行骗取贷款 40 亿元。总共贪污挪用公款约 200 亿元（以上均为旧币）。他们还同私商勾结，用公款倒卖大批钢铁，中饱私囊，使国家蒙受很大的经济损失，干部群众反映强烈。事发后，华北局及时将情况及处理意见（逮捕法办）上报中央。毛泽东当即作了批示，肯定华北局的方针是正确的。

1951 年 12 月 4 日，中共河北省委作出决议开除刘青山、张子善的党籍。随后，河北省人民政府成立以杨秀峰为首的调查处理委员会。12 月 14 日，河北省委向华北局报告处理意见："我们一致意见处以死刑。" 12 月 20 日，华北局将处理意见上报中央，提议"将刘青山、张子善二贪污犯处以死刑（或缓期二年执行），由省人民政府请示政务院批准后执行"。经过慎重考虑，并征求党外人士的意见，中共中央决定同意河北省委的建议，由河北省人民法院宣判，经最高人民法院核准，对刘青山、张子善判处死刑，立即执行。根据毛泽东的意见，《人民日报》在 12 月 30 日头版将刘青山、张子善贪污侵吞国家资财的犯罪事实公布于众，同时发表了河北省委关于开除刘、张二人党籍的决定。公审大会召开前，有人提出是否可以向毛主席说说，不要枪毙，给他们一个改过的机会。意见反映到毛泽东那里，毛泽东说：正因为他们两人的地位高，功劳大，影响大，所以才要下决心处决他们。只有处决他们，才可能挽救 20 个，200 个，2000 个，20000 个犯有各种不同程度错误的干部。这是一个很严肃的意义深远的决定，是中国共产党人法纪严明、公正无私的鲜明体现。

二、反对腐败"这个关我们必须过"

  腐败是市场经济的天敌和克星,对于任何一个走向现代化的国家,如果不能有效遏制腐败对市场经济的危害,那么对于这个国家来说就是一场无尽的灾难。苏联和中国两个社会主义大国几乎同一时期开始了社会主义改革,但是结果却截然相反,中国创造了第二次世界大战结束后一个国家经济高速发展时间最长的奇迹,而苏联却亡党亡国。如果总结经验教训,可以从多个角度去探讨,但是有一点至关重要,那就是中国共产党有效防止和治理了腐败问题,而苏共却深陷制度性腐败泥淖不能自拔。所谓制度性腐败,是指一个国家所实行的多种制度,包括政策、法律、规章等方面出现明显违背公正原理,有利于手中握有公共权力的个人或集团以权谋私的现象。斯大林是苏联制度性腐败的始作俑者,其上台后将列宁晚年相对民主的治理设计转变为过度集权的政治体制,这种体制逐步催生了一个极度腐化的"官僚特权阶层",使得苏共由一个具有先进性、人民性的马克思主义政党最终沦为面目可憎的"官僚腐败党"。叶利钦在《我的自述》中描述了这种情形:你在职位的阶梯上爬得越高,归你享受的东西就越丰富。如果你爬坡到党的权力金字塔的顶尖,则可享有一切——你进入了共产主义。共产主义完全可以在一个单独的国家里为那些攻取权位的少数人而实现。当人们了解到这令人愤怒的社会不公,就会失去最后一丁点的信任。没有信任,也谈不上有任何前途的、真正的改革。①

  勃列日涅夫时期,苏共官员中贪污腐败现象严重,腐败案件涉及各个部门,涉案人员包括各级官员与工作人员。勃列日涅夫本人就是腐化堕落的"带头者"。他对贵重礼品、轿车、猎枪的喜爱在当时就已为很多人所知晓,尤其是他在数百万电视观众面前爱不释手地摆弄他的那枚有名的金刚钻戒的镜头,更把自己的那点爱好毫不遮掩地置于众目睽睽之下。勃列日涅夫时期贪污腐败的官员基本上都处于"特权阶层",他

---

① 参见李永忠、董瑛:《苏共亡党之谜:从权力结构之伤到用人体制之亡》,商务印书馆2012年版,第209页。

们的腐败行为对当时以及后来苏联社会发展产生了很大影响。贪污受贿之风不仅污染了全党，也污染了全社会。为了牟利，那些贪官往往形成较为封闭的、由自己人构成的"圈子"，他们脱离群众、欺上瞒下、损公肥私。贪污受贿等行为又对党内风气造成了致命的影响，引起群众的愤慨和憎恨。于是，苏联党和政府不再代表劳动人民的利益，成了高高在上的拥有既得利益的特权阶层的代表，甚至贪污腐化、不劳而获者的化身。人民群众与党和政府之间的鸿沟越来越深。①

中国在从计划经济向市场经济转型过程中，也曾发生过严重的腐败现象，但是中国共产党始终保持自我革命的勇气，能够猛药去疴、刮骨疗毒，不断清除危害自身肌体的腐败毒瘤。1983年10月，中共中央召开了十二届二中全会，根据党的十二大精神，通过了《中共中央关于整党的决定》。决定用3年左右的时间分期分批地对党的作风和党的组织进行一次全面的整顿。《决定》指出，必须严肃查处挥霍、浪费、侵吞国家和集体的财物；在住房、调整工资和就业、升学、提干、农村户口转为城镇户口及涉外工作等方面利用职权搞特殊化；参与走私贩私、贪污受贿、投机倒把等犯罪活动等。整党的步骤是从中央到基层，自上而下、分批分期进行。方法是学习文件、提高认识，分清是非、开展批评与自我批评，最后进行党员重新登记，纯洁组织。1986年1月，中共中央书记处在北京举行由8000人参加的中央机关干部大会，胡耀邦在会上作题为《中央机关要做全国的表率》的讲话。胡耀邦指出，在我们整个事业中，中央机关起着枢纽的作用。这个枢纽运转得好不好，对于我们事业的兴衰成败，关系极大。因此，中央机关的工作人员，一定要以自己高尚的精神面貌和优良的工作作风做全国的表率。会后，中央各部门、各单位立即遵照大会精神，组织领导干部贯彻执行，出现了领导干部亲自抓党风，各级干部自觉做表率的政治气氛。在这种形势下，邓小平等党中央领导人先后发表讲话，进一步强调中央机关的表率作用，对党风廉政建设和反腐败斗争提出了严格的要求。

1989年春夏之际，受"国际的大气候和中国自己的小气候"影响，国内发生了严重的政治风波。邓小平在同中央负责同志谈话时强调，新

---

① 参见李燕：《勃列日涅夫时期苏共官员的腐败及影响》，《红旗文稿》2013年第7期。

一届中央领导集体要扎扎实实做几件事情,体现出我们是真正反对腐败,不是假的。腐败的事情,一抓就能抓到重要的案件,就是我们往往下不了手。这就会丧失人心,使人们以为我们在包庇腐败。这个关我们必须过,要兑现。是一就是一,是二就是二,该怎么处理就怎么处理,一定要取信于民。腐败、贪污、受贿,抓个一二十件,有的是省里的,有的是全国范围的。要雷厉风行地抓,要公布于众,要按照法律办事。该受惩罚的,不管是谁,一律受惩罚。① 在1992年10月召开的党的十四大上,江泽民强调:坚持反腐败斗争,是密切党同人民群众联系的重大问题。要充分认识这个斗争的紧迫性、长期性和艰巨性。在改革开放的整个过程中都要反腐败,把端正党风和加强廉政建设作为一件大事,下决心抓出成效、取信于民。为了深入持久地开展反腐败斗争,1993年8月中纪委召开第二次全会,会议确定了近期反腐败斗争的任务,要求着重做好三项工作:党政机关领导干部要带头廉洁自律,查办一批大案要案,狠刹几股群众反映强烈的不正之风。会议实事求是地分析了反腐败斗争的形势,阐述了反腐败斗争在建设有中国特色社会主义事业中的地位和作用,强调了上述三项反腐败斗争任务的重要性。经过全党上下共同努力,党风廉政建设和反腐败力度明显加大,各项工作取得了阶段性成果,查办了一批大案要案,惩处了一批腐败分子。1992年10月至1997年6月,全国纪检监察机关共立案731000件,共结案670100件,给予党纪政纪处分9300人,其中开除党籍121500多人,被开除党籍又受到刑事处分的3740人。在受处分的党员干部中,县(处)级干部20295人,厅(局)级干部1673人,省(部)级干部78人。② 查处的大案要案主要有:原中央政治局委员、北京市委书记陈希同,原北京市委常委、副市长王宝森等人严重违法违纪案;原广东省人大常委会副主任欧阳德在东莞市任职期间受贿案;中国煤炭销售运输总公司原总经理郭子文受贿案;原山东省泰安市委书记胡建学等市级领导干部贪污受贿案;原贵州省计委副主任、省国际投资公司董事长阎健宏受贿、挪用公款案;原海南省政府副秘书长李善友诬陷、嫖娼以及重大经济犯罪案

---

① 参见《邓小平文选》第3卷,人民出版社1993年版,第297页。
② 参见王关兴、陈挥:《中国共产党反腐倡廉史》,上海人民出版社2001年版,第429页。

第十四章
"反腐败斗争取得压倒性胜利"

等。通过查办案件，惩处腐败分子，表明了我们党反对腐败的坚定决心，纯洁了党的组织，维护了党的纪律的严肃性，振奋了党心民心。

反对腐败是关系党和国家生死存亡的严重政治斗争，江泽民在党的十五大上指出：在整个改革开放过程中都要反对腐败，警钟长鸣。既要树立持久作战的思想，又要一个一个地打好阶段性战役。要继续抓好领导干部廉洁自律、查处大案要案、纠正部门和行业不正之风的工作。各级党委务必做到旗帜鲜明，态度坚定，工作锲而不舍。坚持标本兼治，教育是基础，法制是保证，监督是关键。通过深化改革，不断铲除腐败现象滋生蔓延的土壤。①

进入 21 世纪以来，在世情、国情、党情发生深刻变化的新形势下，提高党的领导水平和执政水平、提高拒腐防变和抵御风险能力，加强党的执政能力建设和先进性建设，面临许多前所未有的新情况新问题新挑战，执政考验、改革开放考验、市场经济考验、外部环境考验是长期的、复杂的、严峻的。精神懈怠的危险，能力不足的危险，脱离群众的危险，消极腐败的危险，更加尖锐地摆在全党面前，落实党要管党、从严治党的任务比以往任何时候都更为繁重、更为紧迫。党的十六大在肯定廉政建设和反腐败斗争深入开展，取得了新的明显成效的同时，也毫不隐讳地指出，一些党员领导干部的形式主义倾向已"相当严重"，"有些腐败现象仍然突出"。报告明确指出，坚决反对和防止腐败，是全党的一项重大的政治任务。不坚决惩治腐败。党同人民群众的血肉联系就会受到严重损害，党的执政地位就有丧失的危险，党就有可能走向自我毁灭；对任何腐败分子都必须彻底查处、严惩不贷。这充分表明了党中央对深入开展反腐败斗争的高度重视和坚定决心。在中纪委向党的十六大所作的工作报告中，也把提高党的"拒腐防变和抵御风险能力"列为"两大历史性课题"之一，再次表明了我们党对党风廉政建设和反腐败工作的重视。党的十七大以来，反腐倡廉各项工作呈现出整体推进、均衡发展的趋势。党中央正确分析和判断反腐倡廉形势，统筹规划，开拓创新，采取了一系列全局性、前瞻性、战略性举措。既严厉惩治腐败，又不断加大预防腐败力度；既着力治理党政领导机关和领导干部中发生

---

① 参见《江泽民文选》第 2 卷，人民出版社 2006 年版，第 46 页。

的腐败问题,又注重治理经济领域中存在的商业贿赂问题;既加强对党政干部的理想信念教育、权力观教育和党纪国法教育,又注重在整个社会开展廉政文化建设活动;既着力做好国内反腐败工作,又切实加强反腐败国际合作与交流;既努力做好各项实际工作,又积极推进反腐倡廉理论建设,使党风廉政建设和反腐败斗争呈现出整体推进、系统治理、均衡发展的良好局面,取得良好成效。

三、八项规定:推动党风政风明显好转

2012年12月4日,中央政治局审议通过关于改进工作作风、密切联系群众的八项规定,即"中央八项规定",主要内容为:(1)要改进调查研究,到基层调研要深入了解真实情况,总结经验、研究问题、解决困难、指导工作,向群众学习、向实践学习,多同群众座谈,多同干部谈心,多商量讨论,多解剖典型,多到困难和矛盾集中、群众意见多的地方去,切忌走过场、搞形式主义;要轻车简从、减少陪同、简化接待,不张贴悬挂标语横幅,不安排群众迎送,不铺设迎宾地毯,不摆放花草,不安排宴请。(2)要精简会议活动,切实改进会风,严格控制以中央名义召开的各类全国性会议和举行的重大活动,不开泛泛部署工作和提要求的会,未经中央批准一律不出席各类剪彩、奠基活动和庆祝会、纪念会、表彰会、博览会、研讨会及各类论坛;提高会议实效,开短会、讲短话,力戒空话、套话。(3)要精简文件简报,切实改进文风,没有实质内容、可发可不发的文件、简报一律不发。(4)要规范出访活动,从外交工作大局需要出发合理安排出访活动,严格控制出访随行人员,严格按照规定乘坐交通工具,一般不安排中资机构、华侨华人、留学生代表等到机场迎送。(5)要改进警卫工作,坚持有利于联系群众的原则,减少交通管制,一般情况下不得封路、不清场闭馆。(6)要改进新闻报道,中央政治局同志出席会议和活动应根据工作需要、新闻价值、社会效果决定是否报道,进一步压缩报道的数量、字数、时长。(7)要严格文稿发表,除中央统一安排外,个人不公开出版著作、讲话单行本,不发贺信、贺电,不题词、题字。(8)要厉行勤俭节约,严格遵守廉洁从政有关规定,严格执行住房、车辆配备等有关工作和生

活待遇的规定。党的十八大以来，一场净化社会风气的落实中央八项规定精神风暴席卷中国，深刻改变了党内政治生态，也带动整个社会激浊扬清。

言出必行，踏石留印，中央领导以身垂范。2012年12月7日，八项规定出台第3天，习近平总书记赴广东深圳考察，沿途不封路、不清场，没有欢迎横幅、不要层层陪同，不住高档酒店、全程吃自助餐，让人感觉一股清风扑面而来。从北国哨所到南海边陲，从参观考察到座谈调研，习近平总书记轻车简从、严守标准，不折不扣执行八项规定，以上率下、示范引领，生动诠释着"善禁者，先禁其身而后人"。上有标杆，下必随行。各级党组织、党员领导干部坚决看齐、及时跟进，主动扛起党风廉政建设、全面从严治党主体责任，制定实施细则、加强督查考核、进行约谈问责，在上下同心、齐抓共管中推动中央八项规定精神落实，兑现党对人民群众的庄严承诺。

落实中央八项规定精神由中纪委负责，对违反八项规定行为严肃查处，指名道姓进行通报。2013年8月，中纪委建立并实施月报制度，2013年11月18日即对外公布了9月份各省区市查处的违反中央八项规定精神问题汇总表。随后，中央纪委又实施每周通报、公开曝光典型问题等举措，强化正风肃纪震慑力，不断压缩"四风"等不正之风的生存空间。其中，对领导干部尤其是省部级领导干部的点名通报更是具有风向标意义。因为，在政治生态中，如果违反八项规定精神的高级领导干部得不到及时严肃查处，势必成为污染源，危及党的肌体健康。2013年12月，中央纪委监察部网站对10起违反中央八项规定精神的典型问题发出通报。其中，黑龙江省副省级干部付晓光因私公款消费，大量饮酒并造成陪酒人员"一死一伤"的严重后果，被给予留党察看一年处分，由副省级降为正局级。付晓光被点名曝光一年之后，2014年12月，中纪委通报了湖北省人大常委会副主任王建鸣违规参加公款宴请的案例。经中央纪委常委会研究并报中央批准，给予王建鸣党内警告处分，责令退赔相关费用。

数据显示，2017年全国共查处违反中央八项规定精神问题51008起，71644人受到处理，50069人受到党纪政纪处分。其中，2017年12月份全国共查处违反中央八项规定精神问题7594起，10672人受到处理，7329人受到党纪政纪处分。2017年因违反中央八项规定精神受到党纪政纪处分的干部中，省部级干部6人，地厅级543人，县处级4541人，乡科级44979人。在2017年查处的51008起问题中，违规发放津补贴或福利12636起，违规收送礼品礼金9591起，违规配备使用公务用车9087起，违规公款吃喝6504起，大办婚丧喜庆5838起，提供或接受超标准接待、接受或用公款参与高消费娱乐健身活动、违规出入私人会所、领导干部住房违规问题3222起，公款国内旅游2507起，楼堂馆所违规问题1456起，公款出国/境旅游167起。为掌握全国贯彻落实中央八项规定精神情况，中央纪委在31个省区市和新疆生产建设兵团、139个中央和国家机关、98个中央企业、15个中央金融企业等建立了落实中央八项规定精神情况月报制度。

党的十九大报告指出，要坚持以上率下，巩固拓展落实中央八项规定精神成果，继续整治"四风"问题，坚决反对特权思想和特权现象。每逢元旦春节、五一端午、中秋国庆等重要节点，中央纪委国家监委均制定节日期间落实中央八项规定精神、整治"四风"工作方案，通过集中通报曝光、开设监督举报专区等形式，持续对纠"四风"打招呼、发信号、提要求；各级纪检监察机关遴选典型问题，点名道姓、公开曝光，持续释放正风肃纪的强烈信号，强化"不敢"的震慑。中央纪委国家监委把落实中央八项规定精神、纠正"四风"作为工作的重中之重，认真研究部署，强化督促指导，狠抓工作落实。各级纪检监察机关聚焦监督执纪问责，层层压实责任，继续紧盯享乐奢靡问题，全面启动整治形式主义、官僚主义问题，持续正风肃纪、保持高压态势，作风建设不断深入，成为党的建设一张金色名片。党的十九大以来，截至2018年11月底，全国共查处违反中央八项规定精神问题6.9万起，处理党员干部9.7万人，给予党纪政纪处分6.9万人。

曾经，"上百份文件管不住一张嘴"，而今，八项规定刹住了许多人认为不可能刹住的歪风，各种群众反映强烈的消极腐败现象销声匿迹，党风政风和整个社会风气都焕然一新。八项规定从规范行为入手，不仅改变了党员干部的行为，而且由表及里，深入人心，起到了净化党员思维观念与纯洁党性的效果，也提升了普通百姓对党的满意度和信心。党风、政风得到净化，也促进了社会风气的转变。八项规定实施以来，党政部门的工作态度和工作方法明显改善,"密切联系群众"落到实处。各级党政部门纷纷明确权责,优化流程、创新方法,不断提高办事效能。不用请客送礼就能把事办成,甚至足不出户,通过网络平台就能享受"互联网+"行政服务。曾经一些干部基层调研被群众描述为"坐着车子转,隔着玻璃看,田头站一站,中午吃顿饭,午后回机关",现如今,更多的基层调研从形式主义走向实干,切实做到了解情况、提供帮助,得到群众认可。"文山会海"得到整治,将各级党政部门从烦冗的会议准备与"空、泛、长"讲话中解放出来,改革会议形式、内容和方法,提高会议实效,召开现场会、集中开会、领导带提纲上会成为"八项规定"后的新常态。①

中央八项规定出台以来取得了令人瞩目的成绩,这不仅是因为其有效切入并展开了从严治党的系统工程,更可贵的是赢得了百姓的口碑和信任。中央八项规定通过实践诠释了党建工作的价值内涵,在实践中贯彻推动反腐、作风、思想、组织和制度有机结合的治理方式,逐步形成了坚持思想建党和制度治党紧密合,从严管理干部,发挥人民监督作用等治理理念,为"四个全面"战略布局的实现和国家治理现代化水平的提升奠定了重要的实践基础。中央八项规定的提出是实现全面从严治党常态化、制度化、长效化的重要步骤,也是中国共产党积极探寻党的执政规律和治国理政规律的有效举措。可以说,八项规定不仅是全面从严治党的切入口,也是提升国家治理现代化能力的突破口,代表了新一代党中央集体治国理政方式方法乃至理念的创新。

四、打虎拍蝇:坚决遏制腐败蔓延势头

在世界各国,高级官员的腐败问题总能引发民众的高度关注,甚至会对经济社会发展造成严重影响。作为拉丁美洲最大的国家,巴西近年来政坛腐败丑闻不断,从而导致了政局动荡和经济下滑。2017年9月初,巴西总检察长罗德里戈·雅诺特向联邦最高法院起诉两位前任总统卢拉和罗塞夫,随后于9月中旬又起诉现任总统特梅尔。卢拉曾于

---

① 参见王明杰:《"八项规定"带来的巨大改变》,《人民论坛》2017年第1期。

2003—2010年连续两届担任巴西总统,其继任者罗塞夫也曾连选连任,但于2016年遭弹劾下台。两人被起诉的罪名为挪用公共资金和有组织犯罪。现任总统特梅尔是在罗塞夫下台后继任总统职务的,但也一直腐败丑闻缠身。特梅尔9月份被起诉的罪名,包括妨碍司法和有组织犯罪,这是联邦总检察长第二次起诉现任总统。两位前总统和现任总统遭到起诉,是巴西近年来反腐运动的最新动态,也是反腐行动涉及的最高级别的国家领导人。这一轮席卷巴西的反腐风暴始于2014年3月,从首都巴西利亚一家加油站发现线索一直波及商界最大公司和政府最高层级,后被称为"洗车行动",涉案的政客和企业高管的受贿行贿行为令人咋舌。从形式上看,巴西虽然也在打"老虎",而且力度不可谓不大,但是总体的反腐败效果却差强人意,一个重要的原因是,巴西对于官员腐败行为有法不依,处罚不严。在巴西没有死刑,即使犯了弥天大罪,最重可被判关押达百年之久,但实际上许多官员犯罪是不被处罚的。比如巴西前总统科洛尔1992年被弹劾并被剥夺政治权利8年,下台伊始,他马上和一家人前往迈阿密居住,1998年,即不到8年时间就开始忙着参加竞选活动。而且,巴西经济犯罪基本上没有"退赔""没收非法所得"的制度。所以许多贪官存有侥幸心理,挪用公款、收取贿赂和回扣的行为被揭露,顶多是被从犯罪岗位上赶下来,一走了之,以后不能在原岗位上故伎重演。贪官们已得到的财物基本上没人追究,仍然过着花天酒地的生活。因此这些贪官遇到机会,"不沾白不沾",几乎无所顾忌。①

反观中国,党的十八大以来"打虎"步伐一刻不停。一个又一个贪腐高官的落马,不断传递出强烈信号:党内从来没有"丹书铁券",谁也当不成"铁帽子王"!这样的高压反腐,群众怎会不欢迎?这样的铁腕惩贪,百姓焉能不支持?2015年3月20日,中纪委打"虎"满百,党的十八大以来的两年多一点时间,百名副省部军级以上官员落马。2017年10月19日上午,党的十九大首场记者招待会,中纪委负责人披露,党的十八大以来,共立案审查省军级以上党员干部及其他中管干

---

① 参见张凡:《巴西政坛腐败丑闻与政局演变》,《中国党政干部论坛》2017年第10期;郭元增:《巴西反腐败何其难》,《当代世界》2002年第3期。

部440人，其中十八届中央委员、候补中央委员43人，中央纪委委员9人。纪律处分厅局级干部8900余人，处分县处级干部6.3万余人。尤其是依法查处周永康、薄熙来、徐才厚、郭伯雄、令计划、苏荣等严重违纪违法案件。这些人权力越大、位置越重要，越不拿党的政治纪律和政治规矩当回事儿，甚至到了肆无忌惮、胆大包天的地步！有的政治野心膨胀，为了一己私利或者小团体的利益，背着党组织搞政治阴谋活动，搞破坏分裂党的政治勾当！有的领导干部把自己凌驾于组织之上，老子天下第一，把党派他去主政的地方当成了自己的"独立王国"，用干部、作决策不按规定向中央报告，搞小山头、小团伙、小圈子。他们热衷干的事目的都是包装自己，找人抬轿子、吹喇叭，为个人营造声势，政治野心很大。有的人发展到目空一切的地步，对中央工作部署搞软抵制，甚至冲着党的理论和路线方针政策大放厥词，散布对中央领导同志的恶毒谣言，压制、打击同自己意见不合的同志，一心以为鸿鹄将至，谁挡他的道就要把谁搬开。胆大妄为到了何等程度！这在我们党内是绝对不允许的。干这种事，最后都会搬起石头砸自己的脚，机关算尽反而误了卿卿性命。①

党的十八大以来的高压反腐之所以势如破竹，就因为彻底摈弃"刑不上大夫"的"旧思维"，而是"反腐上常委"，不定指标、上不封顶，坚持有案必查、有腐必惩，任何人触犯了党纪国法都要依纪依法严肃查处，决不姑息，党内决不允许有腐败分子的藏身之地。拿下曾"贵"为中央政治局常委的正国级退休官员周永康可以说是一个标志性事件。它告诉人们，只要触犯党纪国法，哪怕已经退休，照样依纪依法给予惩处。这标志着没有人拥有"免罪丹书铁券"，如今已无"铁帽子王"。党的十八大以来，军队"刮骨疗毒""壮士断腕"的反腐败也是历史罕见，拿下担任过军委副主席这样的"巨虎"，在我军历史上属首次。而且，这场反腐败之仗，呈现出了前所未有的公开透明。2014年10月27日，军事检察院对中央军委原副主席徐才厚涉嫌受贿犯罪案件侦查终结，移送审查起诉。徐才厚对受贿犯罪事实供认不讳，被依法移送审查起诉，

---

① 参见《习近平关于严肃党的纪律和规矩论述摘编》，中央文献出版社2016年版，第28—29页。

再次彰显了我党全面推进依法治国的决心和法无例外的刚性。依法查处徐才厚，显示了党向毒瘤开刀的勇气与魄力，更向公众传达明确的信号：任何人和组织都不能凌驾于法律之上，党员干部要带头守法、以身作则。

人民群众反对什么、痛恨什么，我们就要坚决防范和纠正什么。腐败无小事，和"老虎"相比，"苍蝇"看起来不显眼，其社会危害程度绝不能忽视。一些在全国层面看来可能只是"苍蝇"级别的贪官，在基层百姓看来可能就是穷凶极恶、威震一方的"大虫"。在不同的层面消除"虎患"，有着同等重要的意义。比如号称"土地奶奶"的抚顺市顺城区国土资源局女局长罗亚平，不过一个科级干部，却能敛财上亿元。温州10名村官瓜分价值18亿元316套安置房，也创下了"村官腐败"的新纪录。"小官大贪"现象，不仅说明"苍蝇"与"老虎"之间并没有绝对界限，更折射出不受制约的权力的巨大危害。千里之堤，溃于蚁穴。"小苍蝇"也可能变成"大老虎"，甚至可能会动摇党的执政根基。所以，在"打虎"的同时，"拍蝇"的高压态势一刻也不能松懈。狠拍"苍蝇"，不仅能营造政治上"绿水青山"，为决胜全面小康提供坚强的政治保证，还能够让老百姓更好地享受到全面从严治党成果，从而在全社会形成不敢腐、不能腐、不想腐的体制机制。习近平总书记在中纪委全会上就强调，坚持"老虎""苍蝇"一起打，既坚决查处领导干部违纪违法案件，又切实解决发生在群众身边的不正之风和腐败问题。党纪国法面前没有例外，不管涉及谁，不管是"老虎"还是"苍蝇"都要一查到底，这表明了中央从严治党、严惩贪腐的坚定决心。

推进伟大事业，必须从严治党、依法治国。各级领导干部要带头遵守法律，带头依法办事，不得违法行使权力，更不能以言代法、以权压法、徇私枉法。法治中国，不允许有凌驾于法律之上的人或是组织。不论什么人，不论其职务多高，只要触犯了法律，都要一查到底，决不姑息。党的十八大以来的"打虎""拍蝇"一再证明，在中国，法纪是带电的"高压线"，决不容许逾越。曾为党的高级干部，没有清醒看待手中的权力，不能正确理解肩负的责任，以为自己高高在上，就可以为所欲为，到头来不仅身败名裂，更会受到法纪的严惩，这是每个党员干部必须深思的警钟。推进依法治国，权力的笼子只会越来越紧，制度的篱

第十四章
"反腐败斗争取得压倒性胜利"

笆只会越扎越密。各级领导干部不能心存侥幸,更不能信权不信法,以为可以只手遮天、以权代法、以权压法,终将受到党纪国法的制裁。

五、第二战场:天网、猎狐让腐败分子无处藏身

外逃,是一些贪官逃避党纪国法制裁的一条重要路径。近年来,不少贪官逃往国外,以赃款买房置业。这些外逃贪官当中,有的是贪腐败露,只身飞逃国外;有的则是早有预谋,家人提早移民,建好后方"根据地",然后借机"投靠"。中纪委曾通报,仅2013年中秋和国庆两个假期,出境的公职人员中就有1100人没有按时返回,其中714人确定为外逃。2014年2月,中国社科院发布的法治蓝皮书预警,认为前期已经有关系人和资金在境外的,外逃机会将会增大。这就是说,腐败分子不会"两手空空"和"赤条条"外逃,家属和赃款已转移在外的,是外逃的"主力军"。[①] 无论是在杨秀珠潜逃的2003年,还是在杨湘洪消失的2008年,抓捕外逃贪官都是一件非常困难的事情,这也使众多贪官在违法犯罪之后敢于外逃,一门心思把海外当作避罪的天堂。对此,习近平总书记严肃指出,不能让外国成为一些腐败分子的"避罪天堂",腐败分子即使逃到天涯海角,也要把他们追回来绳之以法,5年、10年、20年都要追,要切断腐败分子后路。习近平总书记在多个外交和国际场合与外国首脑会谈时郑重提出双方在执法交流、追逃追赃等方面加强合作。例如,2015年3月26日,中国与印尼发表声明,双方同意进一步加强在反贪、追逃追赃、出入境管理等领域务实合作,承诺在情报信息交流、案件协查、缉捕和遣返犯罪嫌疑人等方面相互支持。

如今,正所谓时移世易,仅仅几年时间在抓捕外逃贪官方面中国政府已经取得了质的突破。而2014年的猎狐行动是一个重要的转折点。2014年7月22日,公安部召开会议,部署全国公安机关从即日起至2014年底,集中开展"猎狐2014"缉捕在逃境外经济犯罪嫌疑人专项行动。公安部负责人强调,要以坚定的决心和有力的措施,全力打赢境外追逃这场硬仗,即使犯罪分子逃到天涯海角,也要将其缉捕归案、绳

---

① 参见张宁:《席卷全球的猎狐行动》,《检察风云》2015年第1期。

之以法，坚决捍卫法律尊严，坚决维护人民利益。自2014年7月至12月底，公安部开展了为期半年的"猎狐2014"专项行动。行动中，全国公安机关共派出了70多个工作组，从69个国家和地区抓获外逃经济犯罪嫌疑人680名。从涉案金额来看，上亿元的有74名。公安机关这种积极追逃的行动，让那些仍然在逃的贪官感到了国外已经不再是"避风港"和"世外桃源"。正是在此基础上，2015年的"天网"行动也正式拉开了大幕。"天网"行动，利用境内外两种力量在国外开辟反腐"第二战场"，进一步传递出"国内打虎不设限，境外猎狐不减压"的信号，成为打击腐败的有效利器。2015年4月22日，中纪委监察部网站的头条新闻栏目发布消息，按照"天网"行动统一部署，国际刑警组织集中公布了针对100名涉嫌犯罪的外逃国家工作人员、重要腐败案件涉案人等人员的红色通缉令，加大全球追缉力度。

以前，贪腐官员曾经认为逃出国门就"安全"了。但党的十八大以来的事实已证明，"无禁区、全覆盖、零容忍"的原则并不因地域限制而失效。一张"天网"被撒下，在中国追贪的工具箱中，"天网"所承担的重任，是让贪腐者即便逃往天涯海角，也在法律范围内一视同仁。2015年3月28日，全国反腐败国际追逃追赃"天网"行动首战告捷，押解庞顺喜和安慧民的航班降落在首都机场。此时，距离联合缉捕工作组中公安部两位工作人员先期抵达老挝整整十天时间。庞、安二人是"天网"行动首战的目标人物，曾分别担任天津市国税局直属分局局长、天津港保税区瀚通国际贸易有限公司总经理职务，两人因分别涉嫌受贿罪、行贿罪，于2014年12月被天津市检察机关立案侦查，案发后潜逃至老挝。按照中央反腐败协调小组的统一领导，在国际追逃追赃工作办公室的有力指导和协调下，一个由公安部、天津市纪委、天津市检察机关组成的联合缉捕工作组担负起此次追逃工作的重任，这个四人小组在我外交部和驻老挝大使馆大力支持下，前后方通力合作，协调高效、多方配合、综合施策，展开一张立体"天网"，迫使两名犯罪嫌疑人主动投案。

逍遥法外十几年的"狐狸"为什么没能逃过追逃追赃的"天网"？原因就在于党的十八大以来，各级追逃追赃机构在中央反腐败协调小组指挥下，灵活机动地运用各种手段，创造了打协同战、打意志战、打法

第十四章
"反腐败斗争取得压倒性胜利"

律战、打合作战、打舆论战等追逃追赃方法,啃下了一块块难啃的"硬骨头"。例如,2016 年 11 月 16 日,"百名红通人员"头号嫌犯杨秀珠回国投案自首。外逃 13 年、逃窜 6 个国家、申请 3 次政治避难……杨秀珠案是近年来最艰巨、最复杂的追逃追赃案件之一。杨秀珠脾气倔强、性格固执,加之亲情淡漠,曾一度抱着"死也要死在美国"的顽固对抗心理。捉拿杨秀珠首要是决心和意志力的对决。针对此案特点,中央追逃办将该案确定为"劝返、遣返、异地追诉"三管齐下、以劝返为主的追逃策略。在浙江追逃办的精心准备下,专案组在向美方提供证据、争取美方驳回杨秀珠避难申请的同时,还在有条不紊地推进异地追诉,挤压杨秀珠的生存空间,瓦解其宁死不归的顽固心理,为劝返打下基础。在漫长而艰难的追逃过程中,专案组通过各种渠道掌握她的一举一动,一刻也没放松过。为推进杨秀珠案,2014 年以来,在中央反腐败协调小组的直接指挥下,中央追逃办在北京、杭州和纽约召开了 80 余次协调会和推进会。最终,杨秀珠在无钱可花、无人可靠、无路可走的情况下,不得不放弃了徒劳无功的最后挣扎,要求"无条件回国接受法律惩处"。

中国生动的反腐败故事吸引了全球的注意力。2016 年共追踪到境外主流媒体涉华反腐败报道 2 万多篇,正面评价明显增多。强大的舆论声势让我们的反腐败国际追逃追赃赢得了海内外广泛支持,特别是海外华人华侨也主动加入到追逃追赃的阵容中,他们有的为国内提供线索,有的积极参与劝返。美、加、澳、新等外逃分子主要隐匿国也用加强执法合作的行动表达了不想成为中国贪官"避风港"的意愿,这一切,不仅让腐败分子的外逃之路越走越窄,更使我国追逃追赃的道路越走越宽。①

无论是猎狐行动还是天网行动,比抓捕了多少外逃贪官更有价值的是对腐败行为所起到的震慑作用。只有让更多的官员清醒地认识腐败之后无处可逃,才能形成"不敢腐"的氛围,进而在"不敢腐"的基础上,通过进一步完善法律建设和制度建设,形成"不能腐""不想腐"

---

① 参见滕抒:《从"天网"行动案例看国际追逃追赃新实践》,《中国纪检监察》2017 年第 7 期。

的反腐新形势。

六、反腐败斗争取得压倒性胜利，全面从严治党取得重大成果

"腐败和反腐败呈胶着状态。"2015年中央纪委五次全会上，习近平总书记指出，我们在实现不敢腐、不能腐、不想腐上还没有取得压倒性胜利，减少腐败存量、遏制腐败增量、重构政治生态的工作艰巨繁重。"反腐败斗争压倒性态势正在形成。"2016年中央纪委六次全会上，习近平总书记指出，不敢腐的震慑作用充分发挥，不能腐、不想腐的效应初步显现，但是腐败问题依然存在，全面从严治党任务依然艰巨，必须持续保持高压态势。"反腐败斗争压倒性态势已经形成。"2017年中央纪委七次全会上，习近平总书记作出这样的重大判断，指出不敢腐的目标初步实现，不能腐的制度日益完善，不想腐的堤坝正在构筑，党内政治生活呈现新的气象。2018年12月13日，中央政治局会议进一步指出："反腐败斗争取得压倒性胜利，全面从严治党取得重大成果。压倒性胜利的形成，对于反腐败斗争具有极大的意义。它坚定了全党全社会战胜腐败的信心。正如习近平总书记指出的那样：我们坚定不移推进全面从严治党，着力解决人民群众反映最强烈、对党的执政基础威胁最大的突出问题，党内政治生活气象更新，全党理想信念更加坚定、党性更加坚强，党自我净化、自我完善、自我革新、自我提高能力显著提高，党的执政基础和群众基础更加巩固，为党和国家各项事业发展提供了坚强政治保证。①

压倒性胜利表现在作风方面，各种不正之风得到全面压制，新风正气得到弘扬，党中央以上率下，踏石留印、抓铁有痕抓改进作风，一方面抓"关键少数"，从中央政治局做起，带头落实八项规定；另一方面是抓全面，全党上下都要坚决反对"四风"。压倒性胜利表现在纪律方面，各种违纪现象大大减少，党的纪律和规矩得到比较普遍的遵守，党中央大力加强党的纪律建设，抓早抓小，把纪律挺在前面，用纪律管住

---

① 参见《习近平谈治国理政》第2卷，外文出版社2017年版，第61页。

大多数,用"四种形态"进行监督执纪,拓宽了纪律防线,大力清除容易产生腐败的政治土壤。压倒性胜利表现在制度方面,"不敢腐、不能腐、不想腐"的有效机制形成,为廉洁政治建设打下坚实基础。尤其在"不想腐"方面,理想信念和宗旨教育,党章党规党纪教育,党的群众路线教育实践活动、"三严三实"专题教育、"两学一做"学习教育日益深入人心,纪律和规矩意识大大增强,党内政治生活呈现新的气象。

压倒性胜利的形成不是偶然的,归根结底是制度作用的结果。党的十八大后,党中央从立规矩开始,先后陆续出台了一系列制度,全面加强制度建设,管权管事管人的制度笼子越织越密,不能腐的制度堤坝越筑越高。例如,2015年6月26日,中央政治局审议通过了《中国共产党巡视工作条例(修订)》,这是党的十八大后修订的第一部关于党内监督的法规。同年8月,新修订的《中国共产党巡视工作条例》正式颁布实施。巡视工作的目的就是聚焦党风廉政建设和反腐败斗争,发现问题,形成震慑,推动党的先进性和纯洁性建设。《中国共产党巡视工作条例》从机构和人员、巡视范围和内容、工作方式和权限、工作程序、纪律与责任等方面对巡视工作进行了全面部署。巡视已经成为党风廉政建设和反腐败斗争的重要平台,是党内监督与群众监督相结合的重要方式,是上级党组织对下级党组织监督的重要抓手,在反腐倡廉建设中发挥出了十分独特的作用。在发现问题方面,中央巡视发挥出了巨大作用,2017年上半年要完成对中管高校的巡视,实现一届任期内巡视全覆盖。

党的十八大以来的高压反腐赢得了民心,广大人民群众对反腐败斗争充满信心,执政基础更加巩固。2017年1月9日,在解读十八届中央纪委第七次全会精神新闻发布会上,中纪委相关负责人指出,据国家统计局开展的全国党风廉政建设民意调查数据显示,党的十八大召开前,人民群众对党风廉政建设和反腐败工作的满意度是75%,2016年是92.9%,短短4年的时间,满意度上升了近18个百分点,且逐年走高。这样的数字说明广大人民群众对腐败现象深恶痛疾,对反腐败斗争充满希冀。这也是我们继续取得反腐败斗争更大胜利最重要的基础。监察部相关负责人在2017年1月9日的新闻发布会上指出,纪检机关目前接到的检举控告类信访举报呈下降态势,2016年比2015年接到的此类举报下降了 17.5%，是党的十八大以来的首次回落。这一数字的出现说明：腐败问题已经得到有效治理，存量腐败行为已经被大大压缩，增量腐败行为存在的空间越来越小。

事非经过不知难，党的十八大以来高压反腐的显著成效有力回击了来自各方面的质疑。曾经有人质疑中共反腐是"纸牌屋"，习近平同志说：不得罪成百上千的腐败分子，就要得罪 13 亿人民。还有人称反腐影响经济发展，习近平同志对此表示：我看天塌不下来。面对一些人"该松口气、歇歇脚"的建议，习近平同志坚决表示：在全面从严治党这个问题上，我们不能有差不多了，该松口气、歇歇脚的想法，不能有打好一仗就一劳永逸的想法，不能有初见成效就见好就收的想法。冰冻三尺，非一日之寒。由于腐败问题浸润日久，当前存在的腐败问题依然不容忽视，反腐败形势依然严峻复杂。

反腐倡廉建设关系党和国家生死存亡。保持党的纯洁性是永葆党的先进性的前提，没有纯洁性的政党不可能有先进性。无产阶级政党必须重视保持自身肌体的纯洁与健康。物必先腐，而后虫生。一个人能否廉洁自律，最大的诱惑是自己，最难战胜的敌人也是自己。每个共产党员都要心中高悬党纪与国法，常修从政之德，常怀律己之心，常思贪欲之害，常戒非分之想，自重自省自警自励。通过党性修养锤炼，涵养浩然正气，稳得住心神，管得住手脚，抵得住诱惑，经得起考验，永远保持共产党人艰苦朴素、清正廉洁的政治本色。

第十五章

"任凭风浪起,稳坐钓鱼船"

——中国特色社会主义"这边风景独好"

社会主义从空想到科学,从理论到现实,从一国到多国,从初步探索到不断深化的发展,始终代表着人类的前进方向,不断推动着社会的伟大变革。社会主义的发展历史告诉我们,在经济文化比较落后的国家,探索社会主义革命、建设和改革的道路是极为艰巨复杂的。近百年来,我们党紧紧依靠人民,把马克思主义基本原理同中国实际和时代特征结合起来,独立自主走自己的道路,历尽千辛万苦、付出各种代价,开创和发展了中国特色社会主义事业,这是党和人民长期奋斗、创造、积累的根本成就。只有社会主义才能救中国,只有坚持和发展中国特色社会主义才能实现中华民族伟大复兴。坚持和发展中国特色社会主义是改革开放以来党的全部理论和实践的主题,是当代中国发展进步的根本方向。

一、以苏为鉴独立探索适合中国国情的社会主义道路

1956年初,社会主义改造接近完成,北京、上海、天津等大城市相继宣布进入社会主义,中国共产党人理想中的社会主义制度开始变为现实。与此相适应,作为执政党,中国共产党的工作重心开始由社会主义革命转向社会主义建设。毛泽东不失时机地指出:现在我们是革什么命呢?现在是革技术的命,叫技术革命,叫文化革命,要搞科学,要革

愚蠢同无知的命。① 但是，以什么样的发展理念引领即将开始的大规模经济建设，中国共产党还缺少必要的理论准备，而这需要中国共产党在实践中不断探索。

早在新中国成立前夕，面对即将到来的"严重的经济建设任务"，毛泽东号召全党向一切内行的人们（不管什么人）学经济工作，而苏联共产党就是我们的最好的先生，我们必须向他们学习。② 全面学习苏联为新中国带来了极大的利益，在苏联的帮助下，1952年下半年就完成了经济恢复工作。随后开始的"一五"计划之所以能够取得巨大成就，很大程度上也是得益于苏联的帮助，我国第一个五年建设如果没有苏联的帮助，就不可能有如此巨大的规模和速度，同时我们将会遇到不可想象的困难。③

但是，对于十分强调独立自主精神的中国共产党来说，是绝对不会甘于长期当苏联的"学生"的。多年以后，毛泽东表露了当时的心情：解放后，三年恢复时期，对搞建设，我们是懵懵懂懂的。接着搞第一个五年计划，对建设还是懵懵懂懂的，只能基本上照抄苏联的办法，但总觉得不满意，心情不舒畅。④ 更重要的是，中国从苏联搬过来的做法，"水土不服"问题日益严重。早在1952年夏，基本按照苏联专家意见而实践的北京城区建设规划就显露出严重的弊病，造成严重的交通发展局限，最后导致一些老城墙和老建筑不得不拆除。此后一段时间内，除了继续强调向苏联学习，中共中央开始更多地强调要从中国实际出发的重要性。1956年1月2日，刘少奇专门针对合作化以后的粮食征购制度问题，指示粮食部领导人不要单纯学苏联的经验。⑤ 毛泽东也在1956年2月16日听取机械部门的汇报时指出，对学习苏联，要分两类：一类是按照中国的实际；一类是规规矩矩、老老实实地学。⑥ 而且此时的中国共产党已经有了几年全国执政的经验，尤其是在经济工作领域探索出了一套符合中国国情的办法。如土改，我们不学，不照它（苏联——

---

① 参见《毛泽东传（1949—1976）》上册，中央文献出版社2003年版，第469页。
② 参见《毛泽东选集》第4卷，人民出版社1991年版，第1480—1481页。
③ 参见《李富春关于与苏联政府商谈对我国援助问题的报告》，《党的文献》1999年第5期。
④ 参见《毛泽东文集》第8卷，人民出版社1999年版，第117页。
⑤ 参见《刘少奇年谱》下卷，中央文献出版社1998年版，第352页。
⑥ 参见《毛泽东传（1949—1976）》上册，中央文献出版社2003年版，第473—474页。

引者注）的。如财经方面有些建议，陈云不学。对资本家的政策，我们也不学它。① 在向社会主义过渡中，中国共产党也有所创新。如，在农业社会主义改造过程中，中共没有照搬苏联集体农庄制度，一步到位，直奔"农业公社"，而是采取了"积极领导，稳步前进"的方针，分步骤完成农业合作化运动。另外，同苏联相比，中共对富农采取了更为包容的态度，且在农业提留方面更多地照顾了农民的利益。事实证明，这些做法更加符合中国的国情，也取得了比苏联更好的成效。

1956年是新中国历史上富有转折性意义的一年，社会主义改造的成绩和速度出人意料，社会主义建设的任务已经客观地摆在了中国共产党人眼前。步入新年，中国的内政外交各项工作都已经逐渐走上正常有序的轨道，"四十八盘才走过，风驰又已到钱塘。"② 良好的发展趋势让中国上下颇有突如其来之感，但又信心满满。正是在这样的背景下，毛泽东开始将工作重点有意识地向经济方面，尤其是工业建设方面转移。对于进行大规模经济建设，中国共产党并非毫无准备，尤其是党的领导人已经认识到即将开始的大规模经济建设需要知识分子的智力支持。1956年1月3日，毛泽东在与陈毅等人谈话时，明确表示赞同知识分子的政治学习要按照"三分政治七分业务"的比例。③ 1月14日，周恩来在知识分子问题会议上宣布，知识分子中的绝大部分已经是"工人阶级的一部分"④；毛泽东在闭幕会上的讲话中，将争取知识分子问题的"主动"放到同争取工业建设方面"主动"同等的位置，强调要进行"技术革命""文化革命"，号召全党努力学习科学知识，同党外知识分子团结一致。⑤ 知识分子问题会议极大激发了广大科学家的主人翁精神，直接促进了《1956—1967年科学技术发展远景规划》的制定，大大推动了"向科学进军"的进程。

从1956年2月14日起，毛泽东开始听取国务院35个经济部门工作汇报。恰在此时，苏共二十大的召开揭开了苏联模式的"盖子"，促

---

① 参见《毛泽东传（1949—1976）》上册，中央文献出版社2003年版，第474页。
② 参见毛泽东：《七绝·莫干山》，《党的文献》1993年第5期。
③ 参见《毛泽东年谱（1949—1976）》第2卷，中央文献出版社2013年版，第506页。
④ 参见《周恩来选集》下卷，人民出版社1984年版，第162页。
⑤ 参见《毛泽东年谱（1949—1976）》第2卷，中央文献出版社2013年版，第515页。

使毛泽东和中国共产党更进一步独立思考，提出"以苏为鉴"的问题。可以说，在赫鲁晓夫作秘密报告前后，毛泽东听取和思考各部委汇报工作的侧重点发生了重大的变化。毛泽东的初衷主要是想了解经济建设的实际情况，更好地实现在几十年内努力改变我国在经济和科学文化上的落后状况，迅速达到世界上的先进水平。① "以苏为鉴"还只是一个隐性或者说非主导的思路。苏共二十大以后，毛泽东在调查研究中开始更多地强调打破苏联迷信、以苏为鉴的问题。从3月1日起，周恩来先后十余次参加毛泽东召集的汇报会，陪同毛泽东听取了包括轻工业、交通、邮电、财贸和财政部、人民银行的工作汇报。同样，从3月18日起，刘少奇多次参加毛泽东召集的汇报会，一同听取林业部、国家气象局、中共中央财贸工作部、商业部、财政部、中国人民银行负责人的汇报。其间，刘少奇和周恩来也发表了不少自己的看法。周恩来认为：开始几年学他们是必要的。经过这两三年，我们也有些经验了，就应该总结。② 此时，党内高层在以苏为鉴、总结经济社会发展经验的问题上达成了高度一致的共识。正如毛泽东在《论十大关系》中所说：特别值得注意的是，最近苏联方面暴露了他们在建设社会主义过程中的一些缺点和错误，他们走过的弯路，你还想走？过去我们就是鉴于他们的经验教训，少走了一些弯路，现在当然更要引以为戒。③

独立自主探索社会主义建设过程中出现的失误，使毛泽东认识到，搞社会主义这个事，我们都是生手，建设社会主义真不是一件容易事。④ 但是中国共产党并没有丧失对社会主义的信念，而是以更加清醒的头脑看待建设社会主义和建成社会主义的问题，毛泽东依然相信在中国建成社会主义的可能性是很大的，一定要下一番苦功，要切切实实地去调查它，研究它。⑤ 从1959年12月到1960年2月，毛泽东投入极大精力研究社会主义政治经济学理论和实践问题，对在中国建成社会主义有了更加深入的思考，他指出，在我们这样的国家，完成社会主义建设

---

① 参见《毛泽东文集》第7卷，人民出版社1999年版，第2页。
② 参见《毛泽东传（1949—1976）》上册，中央文献出版社2003年版，第476页。
③ 参见《毛泽东文集》第7卷，人民出版社1999年版，第23页。
④ 参见《毛泽东文集》第7卷，人民出版社1999年版，第227、138页。
⑤ 参见《毛泽东文集》第8卷，人民出版社1999年版，第303页。

是一个艰巨任务,建成社会主义不要讲得过早了,至于建设强大的社会主义经济,在中国,50年不行,会要100年,或者更多的时间。① 可以说,中国共产党在改革开放前一直围绕社会主义现代化建设,在努力探索如何进行"第二次结合",这是历史发展的主流和主线,其间尽管犯过一些错误,但我们还是在30年间取得了旧中国几百年、几千年所没有取得过的进步②,为开创中国特色社会主义提供了宝贵经验、理论准备、物质基础。

二、在严峻考验中坚持和捍卫中国特色社会主义

对社会主义来说,20世纪是跌宕起伏的世纪。十月革命开创了东方大国非经资本主义发展阶段来实现民族复兴的序幕。十月革命的胜利使俄国迅速融入世界现代化潮流,走上大国崛起的道路,跻身于世界大国之林。在苏联的影响和帮助下,二战以后的东欧、亚洲、拉丁美洲建立起一批社会主义国家,社会主义运动实现了自身发展中的一次飞跃。深受十月革命影响的中国,也找到了实现民族独立与振兴的正确途径,在中国共产党的领导下,先后取得了新民主主义革命和社会主义革命的胜利,在中国建立起社会主义制度,开始了在落后国家建设社会主义的探索。但是,经过几十年的实践,社会主义国家的命运却大相径庭。20世纪80年代末90年代初,苏联和东欧一大批社会主义国家在短短的几年里发生了雪崩式的大剧变:共产党丧失了政权;新上任者宣布与过去决裂,"放弃社会主义制度","回归欧洲";苏联、南斯拉夫、捷克斯洛伐克宣布联盟解体。在苏联东欧剧变的冲击下,世界上不少国家的共产党更名易帜,改换门庭,不少共产党员宣布退党,世界社会主义运动由鼎盛转入了低谷。资产阶级的代表人物为此欣喜若狂,得意忘形,扬言"社会主义大失败",现在的任务是要乘胜追击,"扫除共产主义残余"。③

---

① 参见《毛泽东文集》第8卷,人民出版社1999年版,第301页。
② 参见《邓小平文选》第2卷,人民出版社1994年版,第167页。
③ 参见姜琦、张月明:《悲剧悄悄来临:东欧政治大地震的征兆》,华东师范大学出版社2001年版,第2页。

奇迹

尤其是当十月革命的故乡苏联解体后,有人把十月革命与社会主义制度的"失败"联系起来。认为十月革命本来爆发的条件就不成熟,"先天不足",是造成苏联解体的根源;再加上"后天失调",十月革命后建立的是所谓"不民主、不人道"的无产阶级专政政权,这就埋下了苏联解体的种子。这种历史虚无主义的论调显然是站不住脚的,因为同样是在生产力十分落后的条件下建立起社会主义制度的中国非但没有崩溃,反而综合国力与日俱增,人民生活水平不断提高,"风景这边独好"。历史雄辩地证明,苏联解体和十月革命没有直接联系,如果说苏联解体是社会主义遭到了"失败",那绝不是科学社会主义的失败,而只是一种社会主义模式的失败。决定命运的关键因素在于是不是马克思主义者在领导这个党,执行的是不是马克思主义的思想路线和政治路线。党的变质引起思想路线的变化——思想路线的变化引起社会根本制度的变化——社会根本制度的变化导致苏联的最终解体。这就是苏联解体的逻辑顺序。① 苏联解体、苏共垮台还有一个重要原因,就是意识形态领域的斗争十分激烈,全面否定苏联历史、苏共历史,否定列宁,否定斯大林,搞历史虚无主义,思想搞乱了,各级党组织几乎没任何作用了,军队都不在党的领导之下了。最后,苏联共产党偌大一个党就作鸟兽散了,苏联偌大一个社会主义国家就分崩离析了。② 这些前车之鉴应当引起我们的深刻反思,在理论上和实践中必须坚持四项基本原则,根本是坚持党的领导,坚持中国特色社会主义道路、中国特色社会主义理论体系、中国特色社会主义制度、中国特色社会主义文化。③

马克思曾经说过:人们自己创造自己的历史,但是他们并不是随心所欲地创造,并不是在他们自己选定的条件下创造,而是在直接碰到的、既定的、从过去继承下来的条件下创造。④ 十月革命划时代的历史功绩,苏联社会主义制度曾经取得的重大成就,并不因苏联解体而被抹

---

① 参见吴恩远:《近年来国内外学界对苏联解体原因研究综述》,《世界历史》2009年第1期;于沛:《十月革命和科学社会主义的历史命运》,《中国社会科学》2007年第5期。
② 参见《十八大以来重要文献选编》(上),中央文献出版社2014年版,第113页。
③ 参见《关于新形势下党内政治生活的若干准则》,人民出版社2016年版,第9页。
④ 参见《马克思恩格斯选集》第1卷,人民出版社1995年版,第585页。

第十五章
"任凭风浪起，稳坐钓鱼船"

杀。邓小平说：一些国家出现严重曲折，社会主义好像被削弱了，但人民经受锻炼，从中吸收教训，将促使社会主义向着更加健康的方向发展。因此，不要惊慌失措，不要认为马克思主义就消失了，没用了，失败了。哪有这回事！① 邓小平斩钉截铁地强调：别人的事情我们管不了，只讲一个道理：中国的社会主义是变不了的。中国肯定要沿着自己选择的社会主义道路走到底。谁也压不垮我们。只要中国不垮，世界上就有五分之一的人口在坚持社会主义。我们对社会主义的前途充满信心。② 戈尔巴乔夫的错误就在于抛弃了苏联模式中的社会主义政治和经济原则。在戈尔巴乔夫执政（1985—1991年）前，安德罗波夫和契尔年科先后于1982年至1985年执政，但均上任后不久去世，未有充足的改革时间。戈尔巴乔夫上台后先改革经济，但效果不佳，经济进一步下滑。他认为改革无效是因政治上存在阻碍机制，苏联社会主义制度不民主，苏共自身有问题，因此于1987年初将重心转向政治领域，目标是推进政治体制民主化。1987年，戈尔巴乔夫在《改革与新思维》一书中提出社会主义"新概念"，即"人道的民主的社会主义"。1988年6月，他在苏联第19次代表会议上阐述了"人道的民主的社会主义"的基本特征，并把公开性、民主化和社会主义多元化并列为三个"革命性倡议"。1989年11月，戈尔巴乔夫发表《社会主义思想与革命性改革》一文，全面阐述了"人道的民主的社会主义"构想，声称要根本改造苏联的整个社会大厦。至此，戈氏的"人道的民主的社会主义"理论已臻完成，实质上背弃了马克思列宁主义思想和社会主义基本原则，把灵魂交给了魔鬼，最终酿成苏联解体的严重后果。

改革开放前，尽管我们在社会主义建设上取得了巨大成就，但是"事实上不够格"，③ 尤其是对于什么是社会主义，怎样建设社会主义，我们过去对这个问题的认识不是完全清醒的，社会主义是一个很好的名词，但是如果搞不好，不能正确理解，不能采取正确的政策，那就体现不出社会主义的本质。④ 邓小平多次强调：搞社会主义可不是一

---

① 参见《邓小平文选》第3卷，人民出版社1993年版，第383页。
② 参见《邓小平文选》第3卷，人民出版社1993年版，第320—321页。
③ 参见《邓小平文选》第3卷，人民出版社1993年版，第225页。
④ 参见《邓小平文选》第2卷，人民出版社1994年版，第313页。

件容易的事，搞好搞坏要看我们的本事。① 社会主义不是停留在传统桎梏中的社会主义，而是敢于解放思想、搞市场经济的社会主义；不是贫穷的社会主义，而是发达的、生产力发展的、使国家富强的社会主义②；不是两极分化的社会主义，而是以共同富裕为根本目标的社会主义；不是经济长期处于停滞状态、人民生活长期停止在很低的水平的社会主义，而是保持适当的发展速度，使人民的生活逐步地好起来③的社会主义；不是丧失社会主义中国的民族自豪感和民族自信心的社会主义，而必须是切合中国实际的有中国特色的、以自力更生为主的社会主义。

对于当代中国而言，如果否定了十月革命，马克思主义与中国实际相结合而产生的中国特色社会主义就失去了基础。从这个意义上说，中国特色社会主义继承和发展了十月革命道路，扬弃并超越了苏联模式，并在一系列重大问题上进行了理论和制度的创新，中国特色社会主义道路的成功，是对十月革命道路的最好诠释。有人曾提出这样的问题：如果中国不搞社会主义，而走资本主义道路，中国人民是不是也能站起来，中国是不是也能翻身？对于这个疑问，历史最有发言权，国民党搞了二十几年，中国还是半殖民地半封建社会，证明资本主义道路在中国是不能成功的，中国离开社会主义就必然退回到半封建半殖民地。④ 1989 年 9 月，邓小平在同李政道谈话时坚定地指出：中国不搞社会主义不行，不坚持社会主义不行。如果没有共产党的领导，不搞社会主义，不搞改革开放，就呜呼哀哉了，哪里能有现在的中国？⑤ 因此，在改革中坚持社会主义方向是一个很重要的问题，如果十亿人的中国走资本主义道路，对世界是个灾难，是把历史拉向后退，要倒退好多年，不要说实现"小康"，就连温饱也没有保证。⑥ 历史和现实告诉我们，道

---

① 参见《邓小平文选》第 3 卷，人民出版社 1993 年版，第 202 页；《邓小平年谱（1975—1997）》下册，中央文献出版社 2004 年版，第 1115 页。
② 参见《邓小平文选》第 2 卷，人民出版社 1994 年版，第 231 页。
③ 参见《邓小平文选》第 3 卷，人民出版社 1993 年版，第 277、355 页。
④ 参见《邓小平文选》第 3 卷，人民出版社 1993 年版，第 62 页；《邓小平文选》第 2 卷，人民出版社 1994 年版，第 166 页。
⑤ 参见《邓小平文选》第 3 卷，人民出版社 1993 年版，第 326 页。
⑥ 参见《邓小平文选》第 3 卷，人民出版社 1993 年版，第 158、206 页。

路问题是关系党的事业兴衰成败第一位的问题，道路就是党的生命。改革开放以来中国发生的翻天覆地的历史巨变，归根于我们选择了十月革命开辟的社会主义道路，归根于我们党带领人民把马克思列宁主义基本原理同我国革命、建设和改革具体实际紧密结合起来，走出了一条符合国情的实现民族伟大复兴的阳关大道。① 总之，十月革命是一件永垂史册的大事。列宁在《十月革命四周年》中指出：我们已经开始了这一事业。至于哪一个国家的无产者在什么时候、在什么期间把这一事业进行到底，这个问题并不重要。重要的是，坚冰已经打破，航路已经开通，道路已经指明。② 苏联和中国两个东方大国的社会主义实践以及截然相反的结果，将是政治家和学术界永恒的话题。

三、中国特色社会主义是改革开放以来党的全部理论和实践的主题

改革开放以来，中国发生了广泛而深刻的历史性变革。40年来，尽管遇到各种困难，但我们创造了第二次世界大战结束后一个国家经济高速增长持续时间最长的奇迹，用几十年时间走完了发达国家几百年走过的工业化历程。③ 中国奇迹也引起了一些西方学者的关注，譬如，罗纳德·科斯认为，中国改革开放是二战以后人类历史上最为成功的经济改革运动。作为享誉世界的诺贝尔经济学奖获得者，科斯曾经试图破解中国奇迹背后的奥秘，但是后来他不得不承认，中国的经济发展，没有办法用传统的西方经济学来解释，中国经济的这一转型是哈耶克"人类行为的意外后果"理论的一个极佳案例。④ 这反映出中国崛起已经超出了西方理论的诠释能力，我们必须用中国特色社会主义话语来讲述"中国奇迹"背后的逻辑，而不应把进行这种思考的成果和荣耀拱手让给那

---

① 参见刘奇葆：《在"十月革命与中国特色社会主义"理论研讨会上的讲话》，《人民日报》2017年9月27日。
② 参见《列宁选集》第4卷，人民出版社1995年版，第568—569页。
③ 参见《习近平谈治国理政》第2卷，外文出版社2017年版，第247页；习近平：《在庆祝改革开放40周年大会上的讲话》，人民出版社2018年版，第19页。
④ 参见〔英〕罗纳德·哈里·科斯、王宁著，徐尧、李哲民译：《变革中国：市场经济的中国之路》，中信出版社2013年版，第1页。

些"中国通"们。①

　　道路决定命运，中国的发展，关键在于中国人民在中国共产党领导下，走出了一条适合中国国情的发展道路。我国经济社会发展之所以能够取得世所罕见的巨大成就，我国人民生活水平之所以能够大幅度提升，都同我们坚定不移坚持党的领导、充分发挥各级党组织和全体党员作用是分不开的。邓小平指出，改革是中国的第二次革命，是一场伟大的试验，这件事是够大胆的，是一件很重要的必须做的事，尽管是有风险的事。要做好改革这件"有风险的事"，必须要有一个强有力的现代发展取向的国家权威的确立与导向，邓小平多次强调，坚持四项基本原则的核心是坚持党的领导，中国由共产党领导，中国的社会主义现代化建设事业由共产党领导，这个原则是不能动摇的；动摇了中国就要倒退到分裂和混乱，就不可能实现现代化。② 从"文化大革命"到"改革"的历史大反转，再到改革大潮汇聚成时代洪流，中国共产党始终以自我革命的政治勇气和理论勇气，破除前进道路上的思想障碍，推动改革开放新的伟大革命不断前进，从根本上说，没有党的领导，就没有现代中国的一切。③ 改革开放从"摸着石头过河"起步，积累了大量经验，其中很重要的一条就是尊重人民主体地位，发挥群众首创精神，党的领导就是要广泛听取群众意见和建议，及时总结群众创造的新鲜经验，充分调动群众推进改革的积极性、主动性、创造性，使改革开放事业深深扎根于人民群众之中，改革开放中许许多多的东西，都是群众在实践中提出来的，是群众的智慧，集体的智慧。④ 同时，对于群众在改革中的创新创造和自发行为，党的领导要及时跟上去，在今天的中国，决不应该离开党的领导而歌颂群众的自发性。⑤ 因为共产党的领导是我们的优越性，没有党的领导，就没有一条正确的政治路线；没有党的领导，就没有安定团结的政治局面；没有党的领导，艰苦创业的精神就提倡不起来；没有党的领导，真正又红又专、特别是有专业知识和专业能力的队

---

　　① 参见郑谦：《从〈中国共产党历史〉（第二卷）的编纂看改革开放史研究的几个问题》，《中共党史研究》2016 年第 11 期。
　　② 参见《邓小平文选》第 2 卷，人民出版社 1994 年版，第 267—268 页。
　　③ 参见《邓小平文选》第 2 卷，人民出版社 1994 年版，第 266 页。
　　④ 参见《邓小平年谱（1975—1997）》下册，中央文献出版社 2004 年版，第 1350 页。
　　⑤ 参见《邓小平文选》第 2 卷，人民出版社 1994 年版，第 170 页。

伍也建立不起来。① 历史一再证明，只要我们党的领导是正确的，那就不仅能够把全党的力量，而且能够把全国人民的力量集合起来，干出轰轰烈烈的事业。②

对于改革开放中出现的反对党的领导的倾向，邓小平非常警惕，他指出，对于党内外任何企图削弱、摆脱、取消、反对党的领导的倾向，必须进行批评、教育以至必要的斗争，一定要掌握好批评的武器。③ 邓小平认为，坚持党的领导除了必须改善党的领导、提高党的威信以外，还必须要有一个好的政治局，特别是好的政治局常委会，最紧要的是有一个团结的领导核心，没有核心的领导是靠不住的。改革开放初期，我们党先后发生了两个领导人的变动，但是由于有邓小平这个坚强的领导核心，这两次变动都没有影响我们党的领导，党的领导始终是稳定的。④ 总之，中国问题的关键在于坚持党的领导，最重要的就是全党服从中央，治理国家，这是一个大道理，要管许多小道理。那些小道理或许有道理，但是没有这个大道理就不行。⑤ 1990年12月，邓小平在同几位中央负责同志谈话时高瞻远瞩地指出，只要坚持党的领导这个环节不发生问题，中国就稳如泰山，这样保持50年，60年，社会主义中国将是不可战胜的。⑥ 过去的40多年，我们已经用大量的事实和依据不断证明，中国特色社会主义最本质的特征是中国共产党领导，中国特色社会主义制度的最大优势是中国共产党领导。

中国特色社会主义是党和人民历尽千辛万苦、付出各种代价取得的根本成就。在中国这样一个有着5000多年文明史、13亿多人口的大国推进改革发展，没有可以奉为金科玉律的教科书，也没有可以对中国人民颐指气使的教师爷，历史已经并将继续证明，只有社会主义才能救中国，只有坚持和发展中国特色社会主义才能实现中华民族伟大复兴。⑦

---

① 参见《邓小平文选》第2卷，人民出版社1994年版，第266页。
② 参见《邓小平文选》第2卷，人民出版社1994年版，第267页。
③ 参见《邓小平文选》第2卷，人民出版社1994年版，第391页。
④ 参见《邓小平文选》第3卷，人民出版社1993年版，第310页。
⑤ 参见《邓小平文选》第3卷，人民出版社1993年版，第124页。
⑥ 参见《邓小平文选》第3卷，人民出版社1993年版，第365页。
⑦ 参见习近平：《在第十三届全国人民代表大会第一次会议上的讲话》，人民出版社2018年版，第7页。

这一论述清晰地阐明了坚持和发展中国特色社会主义与实现中华民族伟大复兴之间的逻辑关系：中国特色社会主义是改革开放以来党的全部理论和实践的主题，而改革开放40多年正是中华民族迎来从富起来到强起来的伟大飞跃的历史时期。中国特色社会主义实践"前半程"的主要任务是建立社会主义基本制度，并在这个基础上进行改革，在这方面我们取得了举世瞩目的成就。中国特色社会主义实践"后半程"的主要任务是完善和发展中国特色社会主义制度，在国家治理体系和治理能力现代化上形成总体效应、取得总体效果，党的十八大以来这方面工作取得了巨大成就，中国特色社会主义制度更加完善，国家治理体系和治理能力现代化水平明显提高，全社会发展活力和创新活力明显增强。①

当今中国已经是经历40多年改革开放发展起来的社会主义大国，但是，不发展有不发展的问题，发展起来有发展起来的问题，而发展起来后出现的问题并不比发展起来前少，甚至更多更复杂了。② 而且，不能否认，当今世界资本主义社会制度仍然是占主导地位的社会制度，西方国家构建的世界秩序在很大程度上仍然主导着人类文明发展的走向。因此，如何正确认识和妥善处理我国发展起来后不断出现的新情况新问题，如何使社会主义在国家治理制度体系有效性上赢得与资本主义相比较的优势，成为新时代坚持和发展中国特色社会主义的重要课题。这就需要我们不断增强自身本领，以新理念引领发展，以新动能促进发展，以新体制保障发展，把握好"两个一百年"奋斗目标的历史交汇期。在这一历史交汇期，既要全面建成小康社会、实现第一个百年奋斗目标，又要乘势而上开启全面建设社会主义现代化国家新征程，向第二个百年奋斗目标进军。只有如此，才能使中国特色社会主义在解放和发展社会生产力、解放和增强社会活力、促进人的全面发展上比资本主义制度更有效率，更能激发全体人民的积极性、主动性、创造性，更能为社会发展提供有利条件，更能在竞争中赢得比较优势。说到底，方向决定前途，道路决定命运。我们要把命运掌握在自己手中，就要有志不改、道不变的坚定，坚决抵制抛弃社会主义的各种错误主张，自觉纠正超越阶

---

① 参见《中国共产党第十九次全国代表大会文件汇编》，人民出版社2017年版，第3页。
② 参见《习近平谈治国理政》第2卷，外文出版社2017年版，第82页。

段的错误观念。

四、新时代中国特色社会主义焕发出强大生机活力

改革开放之初,我们党发出了走自己的路、建设中国特色社会主义的伟大号召。从那时起,我们党团结带领全国各族人民不懈奋斗,推动我国经济实力、科技实力、国防实力、综合国力进入世界前列,推动我国国际地位实现前所未有的提升,党的面貌、国家的面貌、人民的面貌、军队的面貌、中华民族的面貌发生了前所未有的变化,中华民族正以崭新姿态屹立于世界的东方。经过长期努力,中国特色社会主义进入了新时代,这是我国发展新的历史方位。

中国特色社会主义进入新时代,意味着近代以来久经磨难的中华民族迎来了从站起来、富起来到强起来的伟大飞跃,迎来了实现中华民族伟大复兴的光明前景。只有创造过辉煌的民族,才懂得复兴的意义;只有历经过苦难的民族,才对复兴有深切的渴望。观察和认识中国,历史和现实都要看,物质和精神也都要看。中华民族5000多年文明史,中国人民近代以来170多年斗争史,中国共产党90多年奋斗史,中华人民共和国70多年发展史,改革开放40多年探索史,这些历史一脉相承,不可割裂。在几千年的文明史发展中,中华民族创造了悠久灿烂的中华文明。在世界四大文明古国中,古巴比伦、古埃及、古印度的文明都曾中断过,唯有中华文明的文化和历史都没有出现断层,一直传承到今天,这在世界上是独一无二的。中国的四大发明造福了全世界。指南针使远海航行成为可能,造纸术促进了人类文明发展,火药改变了战争的面貌和形态,活字印刷使知识和信息得到广泛快速传播。16世纪以前,影响人类生活的重大科技发明约有300项,其中中国人的发明占175项。英国人李约瑟在《中国科学技术史》中写道:在现代科学技术登场前十多个世纪,中国在科技和知识方面的积累远胜于西方。中国历史上先后出现的文景之治、贞观之治、康乾盛世等,彰显了经济文化发展的繁荣景象和中国社会治理的博大智慧。据有关研究显示,1750年中国工业产量占世界总产量的32.8%。康熙年间,全世界超出50万人口的10个大城市中,中国占了6个,分别是北京、扬州、苏州、南京、

杭州、广州，还有其他 4 个是伦敦、巴黎、江户、伊斯坦布尔。直到 1840 年，中国的经济总量仍占世界总量的 29%。近代以来，由于西方列强的入侵和封建统治的腐败，中国逐渐成为半殖民地半封建社会，山河破碎，生灵涂炭，中华民族遭受了前所未有的苦难。1963 年 9 月，毛泽东在审阅一份文件时加写了这样一段文字：从 19 世纪 40 年代起，到 20 世纪 40 年代中期，共计 105 年时间，全世界几乎一切大中小帝国主义国家都侵略过我国，都打过我们，除了最后一次，即抗日战争，由于国内外各种原因以日本帝国主义投降以外，没有一次战争不是以我国失败、签订丧权辱国条约而告终。① 鸦片战争后，无数仁人志士前赴后继，致力于挽救民族危亡，但是，无数次的激情奋斗换来的却是苦涩的结果。1921 年 7 月，在嘉兴南湖的红船上，中国共产党宣告成立。从此，让中国人民站起来，实现民族独立；让中华民族强起来，引领民族复兴，这两大任务历史性地落在了中国共产党肩上。我们党领导的革命、建设、改革伟大实践，是一个接续奋斗的历史过程，是一项救国、兴国、强国，进而实现中华民族伟大复兴的完整事业。现在，我们比历史上任何时期都更接近中华民族伟大复兴的目标，比历史上任何时期都更有信心、有能力实现这个目标。

中国特色社会主义进入新时代，意味着科学社会主义在 21 世纪的中国焕发出强大生机活力，在世界上高高举起了中国特色社会主义伟大旗帜。世界社会主义 500 年，从空想到科学、从理论到实践、从一国实践到多国发展，反映了人类对美好社会制度的执着追求，深刻改变着世界历史的发展进程。20 世纪 80 年代末 90 年代初，苏联解体、苏共垮台、东欧剧变，世界社会主义遭受严重曲折。所谓"民主化浪潮"席卷全球，有人宣称"历史已经终结"于资本主义制度，20 世纪将以社会主义的失败和资本主义的胜利而告终，还有人妄称社会主义中国也将随着"多米诺骨牌"效应而倒下。然而，中国顶住了巨大压力和挑战，坚守和捍卫了社会主义。中国特色社会主义取得了巨大成功，创造出令人惊叹的"中国奇迹"，谱写了社会主义发展的辉煌篇章，为历经磨难的社会主义注入强大生命力，在世界上重振了人们对社会主义的信心。邓

---

① 参见《毛泽东文集》第 8 卷，人民出版社 1999 年版，第 340 页。

第十五章
"任凭风浪起,稳坐钓鱼船"

小平曾经指出:最终说服不相信社会主义的人要靠我们的发展。如果我们本世纪内达到了小康水平,那就可以使他们清醒一点;到下世纪中叶我们建成中等发达水平的社会主义国家时,就会大进一步地说服他们。20多年过去了,今天我们完全可以说,中国不但在世界上把社会主义的旗帜举住了、举稳了,而且把科学社会主义推向崭新的阶段。中国特色社会主义开辟了科学社会主义的新境界,形成了道路、理论、制度、文化"四位一体"有机统一的科学体系,实现了经济、政治、文化、社会、生态文明五大建设的统筹推进,社会主义的影响力感召力大大增强。随着社会主义中国的蓬勃发展,人们正在见证"历史终结论"的终结,"中国崩溃论"的崩溃,"社会主义失败论"的失败。

中国特色社会主义进入新时代,意味着中国特色社会主义道路、理论、制度、文化不断发展,拓展了发展中国家走向现代化的途径,给世界上那些既希望加快发展又希望保持自身独立性的国家和民族提供了全新选择,为解决人类问题贡献了中国智慧和中国方案。自1921年中国共产党成立,经过近百年的不懈奋斗,我们党团结带领人民找到了一条正确革命道路,完成了新民主主义革命,1949年成立了中华人民共和国,实现了中国从几千年封建专制政治向人民民主的伟大飞跃;我们党团结带领人民完成社会主义革命,确立社会主义基本制度,推进社会主义建设,完成了中华民族有史以来最为广泛而深刻的社会变革,为当代中国一切发展进步奠定了根本政治前提和制度基础,实现了中华民族由近代不断衰落到根本扭转命运、持续走向繁荣富强的伟大飞跃;我们党团结带领人民进行改革开放新的伟大革命,破除阻碍国家和民族发展的一切思想和体制障碍,开辟了中国特色社会主义道路,创造了第二次世界大战结束后一个国家经济高速增长持续时间最长的奇迹,使中国大踏步赶上时代。这些伟大斗争所取得的胜利,是科学社会主义的伟大胜利,是第三世界国家和人民争取独立自由解放的胜利,是继英国工业革命以后人类在探索和建设现代化的进程中所取得的伟大胜利。在此,中国道路、中国经验和中国智慧融会贯通在一起,形成了中国方案。虽然欧美发达国家现代化发展的经验对发展中国家具有特别的参考价值,但"现代化就是西化"却是一个伪命题。从宏观历史看,世界不同地区、不同民族、不同社会发展既不是划一的,也不是同步的。① 每一个国家选择什么样的现代化路径，设定什么样的现代化目标和步骤，获取什么样的现代化动力，由于各国的历史传统、现实条件不尽相同，很难有统一的标准。而且，从现代化的历史看，资本主义的兴起开启了"海盗式的帝国主义时代"，因为它在开拓世界市场的同时，使贸易与开拓殖民地相联系，与毫无节制的剥削殖民地相联系，与非公开的战争相联系。② 这种侵略式扩张和掠夺，给许多国家造成了无尽的灾难和痛苦，发展中国家实际上是西方国家现代化牺牲品和陪葬者，不可能走资本主义现代化道路。中国是当今世界唯一一个通过和平方式走向现代化的发展中大国，我们搞的现代化，是中国式的现代化，我们建设的社会主义，是有中国特色的社会主义。③

社会主义的性质决定了中国不能走西方现代化老路，相反，社会主义本质要求它不仅要消除阶级剥削、阶级压迫，而且反对侵略战争，摆脱和抑制对外扩张和对外掠夺，与西方现代化发展模式不同，中国只能以社会主义道路选择融入全球性现代化进程之中。改革开放40多年来，中国现代化取得了举世瞩目的成就。我国国内生产总值由1978年的3679亿元增长到2017年的82.7万亿元，年均实际增长9.5%，远高于同期世界经济2.9%左右的年均增速。我国国内生产总值占世界生产总值的比重由改革开放之初的1.8%上升到15.2%，多年来对世界经济增长贡献率超过30%。我国货物进出口总额从206亿美元增长到超过4万亿美元，累计使用外商直接投资超过2万亿美元，对外投资总额达到1.9万亿美元。我国主要农产品产量跃居世界前列，建立了全世界最完整的现代工业体系，科技创新和重大工程捷报频传。我国基础设施建设成就显著，信息畅通，公路成网，铁路密布，高坝矗立，西气东输，南水北调，高铁飞驰，巨轮远航，飞机翱翔，天堑变通途。现在，我国是世界第二大经济体、制造业第一大国、货物贸易第一大国、商品消费第二大国、外资流入第二大国，我国外汇储备连续多年位居世界第一，中

---

① 参见罗荣渠：《现代化新论——世界与中国的现代化进程》，北京大学出版社1993年版，第59页。
② 参见〔美〕约瑟夫·熊彼特著，杨敬年译：《经济分析史》第1卷，商务印书馆1991年版，第506页。
③ 参见《邓小平文选》第3卷，人民出版社1993年版，第29页。

国人民在富起来、强起来的征程上迈出了决定性的步伐。

事非经过不知难，当今世界，要说哪个政党、哪个国家、哪个民族能够自信的话，那中国共产党、中华人民共和国、中华民族是最有理由自信的。有了"自信人生二百年，会当水击三千里"的勇气，我们就能毫无畏惧面对一切困难和挑战，就能坚定不移开辟新天地、创造新奇迹。我们要坚信，中国特色社会主义道路是实现社会主义现代化的必由之路，是创造人民美好生活的必由之路。我们要坚信，中国特色社会主义理论体系是指导党和人民沿着中国特色社会主义道路实现中华民族伟大复兴的正确理论，是立于时代前沿、与时俱进的科学理论。我们要坚信，中国特色社会主义制度是当代中国发展进步的根本制度保障，是具有鲜明中国特色、明显制度优势、强大自我完善能力的先进制度。我们要坚信，中国特色社会主义文化是激励全党全国各族人民奋勇前进的强大精神力量，是更基础、更广泛、更深厚的自信，是事关国运兴衰、事关文化安全、事关民族精神独立性的大问题。坚持不忘初心、继续前进，就要坚持中国特色社会主义道路自信、理论自信、制度自信、文化自信，坚持党的基本路线不动摇，不断把中国特色社会主义伟大事业推向前进。

第十六章

"在新时代创造中华民族新的更大奇迹"

——"一棒接着一棒跑",创造中华民族伟大复兴新辉煌

1956年11月,在为纪念孙中山诞辰90周年而写的文章中,毛泽东说:事物总是发展的。1911年的革命,即辛亥革命,到今年,不过45年,中国的面目完全变了。再过45年,就是2001年,也就是进到21世纪的时候,中国的面目更要大变。中国将变为一个强大的社会主义工业国。中国应当这样。因为中国是一个具有960万平方公里土地和六万万人口的国家,中国应当对于人类有较大的贡献。① 这是一个充满民族自豪感、自信心、气势磅礴的战略家的预言,经过此后45年——至今已经66年的奋斗,在中国共产党迎来建党100周年之际,这个预言的绝大部分已得到完全验证了——今天的中国,正前所未有地靠近世界舞台中心,前所未有地接近实现中华民族伟大复兴的目标,前所未有地具有实现这个目标的能力和信心,中国的面貌、中华民族的面貌发生了翻天覆地的变化。党的十九大高瞻远瞩,综合分析国际国内形势和我国发展条件,对我国发展提出了更高的奋斗目标,确定了从全面建成小康社会到基本实现现代化、再到全面建成社会主义现代化强国的新战略安排,发出了令人鼓舞、催人奋进的实现中华民族伟大复兴中国梦的最强音。我们完全有信心预计:在中国共产党的坚强领导下,全党全国各族人民高举中国特色社会主义伟大旗帜,坚定

---

① 参见毛泽东:《纪念孙中山先生》,《人民日报》1956年11月12日。

不移走中国特色社会主义道路，不忘初心、牢记使命，坚忍不拔，不懈奋斗，"一棒接着一棒跑"，再经过30年的接续拼搏，到新中国成立100周年时，中国的发展一定能取得新的更大成就，中华民族一定能够为人类发展作出新的更大贡献，一定能够在新时代创造中华民族新的更大奇迹！创造让世界刮目相看的新的更大奇迹！①

一、"近代以来实现中华民族伟大复兴的三大里程碑"

自古以来，中华民族就以"天下大同""协和万邦"的宽广胸怀、以"天行健，君子以自强不息""地势坤，君子以厚德载物"的变革和开放精神，面对自己，面向世界；勇于变革、对外开放，总体上是中国的历史常态，这也使得中华文明成为人类历史上唯一一个绵延5000多年至今未曾中断的灿烂文明，中华民族成为世界上伟大的民族。但当历史步入近代时，由于封建统治的腐败，由于闭关锁国，体制机制和思想观念保守僵化，中国落伍了，逐渐成为半殖民地半封建社会。从1840年第一次鸦片战争起至20世纪初，世界上几乎所有资本主义、帝国主义强国都侵略过中国，中国陷入了内忧外患的黑暗境地，中国人民经历了战乱频仍、生灵涂炭、山河破碎的深重苦难。为了实现民族复兴，无数仁人志士不屈不挠、前赴后继，进行了可歌可泣的斗争，进行了各式各样的尝试，但终究未能改变旧中国的社会性质和中国人民的悲惨命运。

1917年，十月革命一声炮响，给中国送来了马克思列宁主义。自从中国人找到了马克思列宁主义这个放之四海而皆准的普遍真理，中国的面目就起了变化了。②俄国十月革命的胜利，对中国革命产生了巨大影响，长期饱受帝国主义欺侮而又在反帝斗争中屡遭失败的中国人民，由此增强了斗争的勇气和必胜的信心；正在苦苦探求救国救民真理、对西方文明和资本主义制度感到失望而又茫然无措的中国先进分子，由此认识到马克思主义对中国革命运动的指导作用，开始用无产阶级的世界

---

① 参见习近平：《在庆祝改革开放40周年大会上的讲话》，《人民日报》2018年12月19日。
② 参见《毛泽东选集》第4卷，人民出版社1991年版，第1470页。

观作为观察国家命运的工具，重新考虑中国的问题，并很快在实践中得出向俄国革命学习、"走俄国人的路"① 的结论。1919 年 3 月 2 日，国际共产主义代表大会在莫斯科克里姆林宫举行，来自欧洲、美洲和亚洲 21 个国家的 35 个政党和组织的代表共 52 人出席会议，宣告共产国际成立。中国旅俄华工联合会的两位负责人刘绍周和张永奎，以"中国社会主义工人党"代表的名义，应邀出席了这次会议。在中国国内，1919 年发生的五四运动以辛亥革命所不曾有的姿态，展开了彻底地反对帝国主义和封建主义的斗争，标志着中国新民主主义革命的开端。五四运动促进了马列主义同中国工人运动的结合，中国人民在反复进行分析、实验、比较和推求后，终于认定马克思主义的科学社会主义是改造中国社会的武器，认定必须走俄国十月革命的道路，并根据列宁的建党学说在 1921 年建立了中国共产党。

中国共产党的创建，适应了近代以来中国社会进步和革命发展的客观需要，是近代中国历史选择的必然结果，是中国人民选择的必然结果。从此，在古老落后的中国大地上出现了完全新式的，代表中国社会发展正确方向的，以马克思列宁主义为行动指南、以实现社会主义和共产主义为奋斗目标的统一的无产阶级政党；中国人民谋求民族独立、人民解放和国家富强、人民幸福的斗争有了坚强的主心骨，中国人民从精神上开始由被动转为主动。这是中国历史上开天辟地的大事件，是近代以来实现中华民族伟大复兴的第一座里程碑。

中国共产党一经成立，就把实现共产主义作为党的最高理想和最终目标，就义无反顾地肩负起从根本上扭转中国人民受剥削、被压迫的状况，完成让中国人昂首挺胸"站起来"——实现民族独立和人民解放，让中华民族巍然屹立"强起来"——实现国家富强、民族振兴、人民幸福的伟大使命。

在中国特定的社会历史条件下，要实现民族独立和人民解放，只有实行社会革命，通过社会革命"使中华民族来一个大翻身，由半殖民地变为真正的独立国，使中国人民来一个大解放"，并由此"造成由农业国变为工业国的先决条件，造成由人剥削人的社会向着社会主义社会发

---

① 参见《毛泽东选集》第 4 卷，人民出版社 1991 年版，第 1471 页。

第十六章
"在新时代创造中华民族新的更大奇迹"

展的可能性。"① 但中国共产党诞生时,只是一个有着 50 多名党员的小党,怎样进行革命并领导这场革命取得最后胜利呢?这是一个巨大的难题。为了解决这个难题,中国共产党奋斗了 28 年。

中国共产党成立后,主要从事工人运动,先后发动了 100 多次罢工,但大都被镇压了。1924 年初,中国国民党第一次全国代表大会在广州召开,这次大会标志着国民党改组的完成和第一次国共合作正式建立,并很快开创出以广州为中心的反帝反封建新局面。但是,随着蒋介石、汪精卫相继背叛革命,持续三年多的轰轰烈烈的大革命失败。面对异常严峻的形势,党相继组织了南昌起义、秋收起义、广州起义等一系列武装起义。秋收起义后,毛泽东率先创建井冈山革命根据地,后又领导建立以瑞金为中心的赣南、闽西根据地(中央根据地),开始了对符合中国情况的民主革命道路的艰辛探索。从 1928 年 10 月至 1930 年初,他相继写出《中国的红色政权为什么能够存在?》《井冈山的斗争》《星星之火,可以燎原》等文章,创造性地提出"农村包围城市、武装夺取政权"思想,逐步找到一条推动中国革命走向复兴并取得胜利的正确道路。

但是,由于此时全党对于中国革命的一系列重大理论和实践问题尚未形成正确的认识,加上共产国际及其代表的错误指导等原因,中共中央在领导土地革命的 10 年间,多次发生"左"的错误。特别是王明"左"倾教条主义造成第五次反"围剿"战争失败,红军被迫长征;长征途中又遭受重大失败,使党和红军面临生死存亡的严重危机。在严酷的形势面前,1935 年 1 月,中央政治局在遵义召开扩大会议,终止了"左"倾教条主义在中央的统治,确立了毛泽东在中共中央和红军的领导地位。遵义会议后,中央红军摆脱几十万国民党军队的围追堵截,于 1935 年 10 月到达陕北吴起镇,胜利结束长征。一年之后,红四方面军、红二方面军等同红一方面军在甘肃会师,也结束了长征。红军三大主力会师后不久,西安事变发生。西安事变促成中国共产党和国民党第二次合作,团结御侮,共同抗日,抗日战争是中国近代历史上空前规模的全民族反侵略战争。

---

① 参见《毛泽东选集》第 4 卷,人民出版社 1991 年版,第 1375 页。

抗日战争时期，中国共产党实现了队伍大扩张，理论大觉醒，发展成为具有全国影响力的大党。中国共产党是抗日战争的中流砥柱，在争取抗日战争胜利的斗争中起了决定性作用。党领导的人民抗日武装对敌作战12.5万次，消灭日、伪军171.4万人，其中日军52.7万人，缴获各种枪支69.4万余支，各种炮1800余门。在抗日战争中，中国共产党自身也获得空前发展和壮大。党员发展到120多万人，人民军队发展到120余万人，民兵发展到260万人；抗日民主根据地面积达到近100万平方公里，人口近1亿。党克服了"左"右倾错误，在理论上进一步成熟，确立了毛泽东思想在全党的指导地位。经过同仇敌忾、艰苦卓绝的8年抗战，1945年中国的抗日战争胜利结束。为赢得这场战争，中国付出了巨大的民族牺牲。中国军民伤亡总数在3500万以上，直接经济损失超过1000亿美元，间接经济损失5000亿美元。中国人民的抗日战争，是人类战争史上的奇观，中华民族的伟大创举；抗日战争是近百年来中国人民第一次取得完全胜利的伟大的民族解放战争，创造了一个军力、经济力都不如敌人的弱国如何战胜帝国主义强国的经验，为被压迫民族争独立、求解放的斗争提供了一个范例。

抗日战争的胜利，极大地推进了中国社会的历史进程，为新民主主义革命的彻底胜利奠定了坚实的基础。抗日战争胜利后，中国又面临着建立一个什么样的新国家的斗争。中国共产党力图通过和平的途径来建设一个独立、民主、富强的新中国。但是，国民党背弃了和平民主建国的方针，发动了全面内战。这样，中国共产党紧紧依靠人民又领导进行了气势磅礴的三年解放战争，最终摧毁了国民党政权，于1949年10月成立了中华人民共和国。

"一唱雄鸡天下白。"中华人民共和国的诞生，是中国由近代衰落走向强盛的转折点，标志着中国近代以来无数仁人志士为之奋斗的民族独立、人民解放的基本历史任务的胜利完成，中华民族迎来浴火重生的曙光，中国人从此昂首挺胸"站起来"，成了国家、社会和自己命运的主人，满怀豪情踏上了实现国家富强、民族振兴、人民幸福的新的伟大征程。这是五四运动以来我国发生的又一件历史性大事，是近代以来实现中华民族伟大复兴进程中划时代的第二个里程碑。

新中国成立后，中国共产党所处地位发生根本变化，开始从领导人

第十六章
"在新时代创造中华民族新的更大奇迹"

民为夺取全国政权而奋斗的党,变为领导人民掌握全国政权、进行社会主义革命和建设,并长期执政的党。党执政后所肩负和要致力完成的新的历史使命,就是带领"站起来"的亿万中国人民用自己勤劳的双手建设国家,逐步实现国家繁荣富强和人民共同富裕,引领中华民族走向伟大复兴。还在新中国成立前夕召开的七届二中全会上,毛泽东就指出:夺取全国胜利,这只是万里长征走完了第一步。如果这一步也值得骄傲,那是比较渺小的,更值得骄傲的还在后头。在过了几十年之后来看中国人民民主革命的胜利,就会使人们感觉那好像只是一出长剧的一个短小的序幕。剧是必须从序幕开始的,但序幕还不是高潮。我们不但善于破坏一个旧世界,我们还将善于建设一个新世界。[①]

新中国在经济上所继承的是一个千疮百孔的烂摊子,是一个工业化基础极为薄弱、"一穷二白"的农业国。以总产量比较,中国与当时主要资本主义国家工业水平的差距至少在100年以上。朝鲜战争爆发后,中国同美国在朝鲜战场上进行力量悬殊的较量,更加凸显了我国工业实力不强、武器装备落后的紧迫现实。如果不能迅速改变中国贫穷落后的状况,就难免还要受欺负。中国如何在人力、物力、财力极为薄弱,经济科技文化发展水平极为落后的现实情况下实现赶超发展?最根本的一条是要做到制度设计,选择好发展道路。社会主义具有集中力量办大事的优势。在工人阶级领导的以工农联盟为基础的人民民主专政的条件下,中国要实现工业化、现代化,只能走社会主义道路。在完成对生产资料私有制的社会主义改造任务后,1956年中国建立起了社会主义基本制度,实现了中国历史上最深刻最伟大的社会变革,奠定了当代中国一切发展进步的根本政治前提和制度基础。——但问题也随之而来:在中国这样一个"一穷二白"、人口众多的东方大国如何建设社会主义?这是全党在理论和实践上面临的新的重大课题。

最初,中国共产党提出了"以苏联为榜样"的口号。但很快发现,简单照抄照搬苏联模式,此路不通。中国自己的社会主义建设道路只能在实践探索中逐步解决,只能在对中国国情的深刻把握和认识中解决。1956年2月至4月,毛泽东用了两个多月时间听取了国务院30多个部

[①] 参见《毛泽东选集》第4卷,人民出版社1991年版,第1438页。

门汇报，对我国经济政治各方面情况进行了较为深入、全面的调查研究。在此基础上，1956年9月中共八大召开。八大依据国内主要矛盾发生的重大变化，明确提出党和人民的主要任务是集中力量发展社会生产力，把我国尽快地从落后的农业国变为先进的工业国。中共八大在经济、政治、文化建设等方面作出的一系列决策总体上是正确的。

但中共八大以后不久，党探索中国社会主义建设道路即发生严重曲折。1957年，出现了反右派斗争严重扩大化；1958年发动了"超英赶美"的"大跃进"和"一大二公"的人民公社化运动。发动"大跃进"和人民公社化运动的出发点是为了以更快速度改变中国贫穷落后的面貌，实现"超英赶美"，"把中国变成一个真正的大国"①"一个强国"②，让人民过上幸福美好的生活；但"大跃进"期间，以高指标、瞎指挥、浮夸风、"共产风"为主要标志的"左"的错误严重泛滥，超越阶段、脱离实际，生产力发展上急于求成，生产关系变革上急于求纯，主观主义、唯意志论盛行，反而给我国经济建设造成了重大损失、给人民生活带来严重困难。面对严峻形势，1961年初召开的八届九中全会决定对国民经济实行"调整、巩固、充实、提高"八字方针，放弃了"大跃进"。在领导经济调整的过程中，毛泽东等中央领导人大力倡导并身体力行党的优良传统，党的优良传统也为克服严重困难发挥了巨大威力。经过全党全国人民的共同努力，到1965年底，全国工农业总产值超过了1957年水平，国民经济调整的任务全面完成。

但是，随着调整工作的深入，党中央领导层对"大跃进"以来国际国内形势估量以及若干重大调整政策在认识上出现了严重分歧，最终导致"文化大革命"发动。十年"文化大革命"给我国经济社会发展造成了重大损失，是党在探索社会主义建设道路过程中发生的一次严重挫折。到1976年"文化大革命"结束时，我国经济濒临崩溃的边缘③，中国与西方资本主义发达国家本已存在的经济科技差距进一步拉大。"文化大革命"造成的严重后果，促使人们不得不对"什么是社会主义，如何建设社会主义"进行反思。在深刻反思的基础上，在真理标准问题大

---

① 参见《毛泽东文集》第7卷，人民出版社1999年版，第325页。
② 参见《毛泽东传（1949—1976）》（上），中央文献出版社2003年版，第781页。
③ 参见习近平：《在庆祝改革开放40周年大会上的讲话》，《人民日报》2018年12月19日。

第十六章
"在新时代创造中华民族新的更大奇迹"

讨论促进思想大解放的前提下，1978年底召开的党的十一届三中全会坚持解放思想，实事求是，一切从实际出发，总结历史经验教训，果断停止使用"以阶级斗争为纲"的口号，作出了把党和国家工作中心转移到经济建设上来、实行改革开放的重大决策。党的十一届三中全会标志着中国共产党人在新的时代条件下的伟大觉醒，中国的现代化建设和中华民族复兴进入了新时期。

党的十一届三中全会以后，以邓小平同志为主要代表的中国共产党人，团结带领全党全国各族人民，深刻总结我国社会主义建设正反两方面经验，借鉴世界社会主义历史经验，创立了邓小平理论，深刻揭示社会主义本质，确立社会主义初级阶段基本路线，明确提出走自己的路、建设中国特色社会主义，科学回答了建设中国特色社会主义的一系列基本问题，制定了到21世纪中叶分三步走、基本实现社会主义现代化的发展战略，成功开创了中国特色社会主义。

党的十三届四中全会以后，以江泽民同志为主要代表的中国共产党人，团结带领全党全国各族人民，坚持党的基本理论、基本路线，加深了对什么是社会主义、怎样建设社会主义和建设什么样的党、怎样建设党的认识，积累了治党治国新的宝贵经验，形成了"三个代表"重要思想。在国内外形势十分复杂、世界社会主义出现严重曲折的严峻考验面前，捍卫了中国特色社会主义，确立了社会主义市场经济体制的改革目标和基本框架，确立了社会主义初级阶段的基本经济制度和分配制度，开创全面改革开放新局面，推进党的建设新的伟大工程，成功把中国特色社会主义推向21世纪。

党的十六大以后，以胡锦涛同志为主要代表的中国共产党人，团结带领全党全国各族人民，坚持以邓小平理论和"三个代表"重要思想为指导，根据新的发展要求，深刻认识和回答了新形势下实现什么样的发展、怎样发展等重大问题，形成了科学发展观，抓住重要战略机遇期，在全面建设小康社会进程中推进实践创新、理论创新、制度创新，强调坚持以人为本、全面协调可持续发展，形成中国特色社会主义事业总体布局，着力保障和改善民生，促进社会公平正义，推动建设和谐世界，推进党的执政能力建设和先进性建设，成功在新的历史起点上坚持和发展了中国特色社会主义。

党的十八大以来，党中央团结带领全党全国各族人民，全面审视国际国内新的形势，通过总结实践、展望未来，深刻回答了新时代坚持和发展什么样的中国特色社会主义、怎样坚持和发展中国特色社会主义这个重大时代课题，形成了新时代中国特色社会主义思想，坚持统筹推进"五位一体"总体布局、协调推进"四个全面"战略布局，对党和国家各方面工作提出一系列新理念新思想新战略，推动党和国家事业发生历史性变革、取得历史性成就，中国特色社会主义进入新时代。我们以巨大的政治勇气和智慧，提出全面深化改革总目标是完善和发展中国特色社会主义制度、推进国家治理体系和治理能力现代化，着力增强改革系统性、整体性、协同性，着力抓好重大制度创新，着力提升人民群众获得感、幸福感、安全感，改革呈现全面发力、多点突破、蹄疾步稳、纵深推进的局面。

成功推进改革开放和中国特色社会主义伟大事业，是五四运动以来百年间我们党带领人民实现中华民族伟大复兴进程中的第三件大事、第三大里程碑。

二、实现中华民族伟大复兴"接力跑"站到了新"起跑线"上

在完成"站起来"的任务后，经过新中国成立以来 70 多年，特别是改革开放 40 年披荆斩棘、艰苦卓绝的不懈奋斗，中国人民在实现"富起来、强起来"的道路上铿锵前行，取得巨大成就，中国特色社会主义进入新时代，中国的综合国力和国际影响力大幅度跃升，实现中华民族伟大复兴"接力跑"站上了新起点。

70 多年来，中国由新民主主义走向社会主义，成功开创和拓展中国特色社会主义道路，使社会主义这一人类社会的美好理想在古老的中国大地上变成了具有强大生命力的成功道路和制度体系。这不仅为中华民族实现伟大复兴提供了重要制度保障，而且为人类社会走向美好未来提供了具有充分说服力的道路和制度选择。历史已经并将继续证明，只有社会主义才能救中国，只有坚持和发展中国特色社会主义才能实现中华民族伟大复兴。

第十六章
"在新时代创造中华民族新的更大奇迹"

经过 70 多年特别是改革开放 40 多年的艰辛探索，我们党对社会主义、对中国特色社会主义理论和实践的认识不断深入：在发展道路上，我们清醒、坚定地认识到：社会主义没有一成不变的固定模式，"封闭僵化"是"死路一条"，"改旗易帜"也是"死路一条"，在中国建设社会主义，必须从中国实际出发，坚定不移走自己的道路。在发展阶段问题上，我们清醒、坚定地认识到："跑步进入共产主义"是不切实际的臆想，急于求成则"欲速不达"，超越阶段只能带来祸害，中国处于并将长期处于社会主义初级阶段，必须牢牢把握这个最大的基本国情和最大实际，同时正确把握社会主义初级阶段我国社会主要矛盾的变化。在对社会主义本质的把握上，我们清醒、坚定地认识到："贫穷不是社会主义，更不是共产主义"，"搞社会主义，中心任务是发展社会生产力"，发展是解决我国一切问题的基础和关键，发展必须是科学发展，必须坚持人与自然和谐共生，必须保障改革发展成果由全体人民共享，促进共同富裕。在发展动力问题上，我们清醒、坚定地认识到：依靠阶级斗争推动国家发展只能带来混乱和祸害，改革是我们党领导的第二次革命，是中国实现现代化的必由之路，实行社会主义市场经济体制更有利于发展生产力，必须不断推进国家治理体系和治理能力现代化。在精神引领问题上，我们清醒、坚定地认识到：文化自信是一个国家、一个民族发展中更基础、更广泛、更深厚的自信，必须始终不渝坚持马克思主义的指导地位，牢固树立共产主义远大理想和中国特色社会主义共同理想，培育和践行社会主义核心价值观，弘扬主旋律，传播正能量。在"社""资"关系问题上，我们清醒、坚定地认识到：今天的世界是开放的世界，中国的发展离不开世界，应充分吸收利用世界各国包括发达资本主义国家所创造的一切先进文明成果来发展社会主义，闭关锁国就是画地为牢，自甘落后，必须坚持对外开放的基本国策，坚持打开国门搞建设，统筹国内国际两个大局，推动构建人类命运共同体。在战略布局问题上，我们清醒、坚定地认识到：中国特色社会主义是全面发展、全面进步的社会主义，必须统筹推进经济建设、政治建设、文化建设、社会建设、生态文明建设"五位一体"总体布局，协调推进"四个全面"战略布局。在政治保证问题上，我们清醒、坚定地认识到：四项基本原则是立国之本，是改革开放和现代化建设健康发展的保证，中国共产党领导是中国特色社会主义最本质的特征，必须坚决维护党中央权威和集中统一领导，勇于自我革命，零容忍惩治腐败，等等。

把以上成果综括起来，就是成功开创了中国特色社会主义道路、形成了中国特色社会主义理论体系、确立了中国特色社会主义制度、构建了中国特色社会主义文化。中国特色社会主义道路是实现社会主义现代化、创造人民美好生活的必由之路，中国特色社会主义理论体系是指导党和人民实现中华民族伟大复兴的正确理论，中国特色社会主义制度是当代中国发展进步的根本制度保障，中国特色社会主义文化是激励全党全国各族人民奋勇前进的强大精神力量，四者统一于中国特色社会主义伟大实践，书写于中国特色社会主义伟大旗帜之上，这是当代中国共产党人坚持真理，修正错误，在对什么是社会主义，在中国如何建设和发展社会主义这个带根本性问题上的重大理论创造。这个创造既坚持了科学社会主义的基本原则，又根据时代条件赋予其鲜明的中国特色，从理论和实践的结合上系统回答了在中国这样的国情复杂、历史悠久的东方大国建设什么样的社会主义、怎样建设社会主义的问题。正是有了这个最根本、最重大的理论创造，社会主义在中国才真正活跃、生动、丰富多彩起来，才呈现了它本应呈现的巨大优越性、生命力和吸引力；才让我们在走出了"文化大革命"造成的自身危机后，又走出了苏联亡党亡国带来的外部危机，并在应对和战胜危机中"凤凰涅槃""浴火重生"；才在成功应对世界政治经济局势急遽变化带来的冲击和新挑战中，赢得了与资本主义相比较的制度优势，给世界上那些既希望加快发展又希望保持自身独立性的国家和民族提供了全新选择，为解决人类问题贡献了中国智慧和中国方案。

70多年来，我们党带领全国人民以大无畏的英雄气概战天斗地，奋勇搏击，书写了一幅幅波澜壮阔、气势恢宏的建设画卷，谱写了一曲曲感天动地、气壮山河的奋斗赞歌，中国的社会生产力、综合国力实现了历史性跨越，人民生活实现了从贫困到温饱再到总体小康的历史性跨越。这不仅使中国彻底抛掉了"东亚病夫"的帽子，而且为人类战胜贫困、为发展中国家寻找发展道路提供了成功实例。

新中国刚刚成立的时候，我国的经济科技发展水平极为落后。现代工业只占国民经济的10%左右，绝大部分是落后的农业和手工业，生

第十六章
"在新时代创造中华民族新的更大奇迹"

产社会化程度很低,科学技术几乎是一张白纸,文化教育事业十分落后,人口中文盲占绝大多数。拿钢来说,从前清末年算起,包括张之洞和孙中山、蒋介石留下的遗产,全国最高年产量只有92.3万吨(1943年),1949年进一步降至15.8万吨,居世界第26位,是美国的0.2%、日本的5%,人均钢0.25公斤。毛泽东就此说过:现在我们能造什么?能造桌子椅子,能造茶碗茶壶,能种粮食,还能磨成面粉,还能造纸,但是,一辆汽车、一架飞机、一辆坦克、一辆拖拉机都不能造。①

经过新中国成立以来70年特别是改革开放40年的发展,在旧中国满目疮痍的废墟上,中国经济实力、综合实力大幅度提升,一个充满生机和活力的社会主义大国巍然屹立在世界东方。国民经济综合实力实现由弱到强,由小到大的历史性巨变,综合国力明显增强,国际地位和影响力显著提高。1952年,我国国内生产总值只有679亿元,1978年增至3645亿元,此后连续跨越:1986年上升到1万亿元,1991年上升到2万亿元,2000年突破10万亿元大关,2006年超过20万亿元,2017年超过80万亿元,2018年首次站上90万亿元的历史新台阶。按不变价格计算,2017年我国国内生产总值比1978年增长33.5倍,年均增长9.5%,平均每8年翻一番,远高于同期世界经济2.9%的年均增速。1952年,我国经济总量占世界的比重很小,1978年才达到1.8%。改革开放以来,我国经济总量占世界的比重不断提高,2008年为6.4%,2018年为15.2%;1978年我国经济总量居世界第十一位;2000年超过意大利,居世界第六位;2007年超过德国,居世界第三位;2010年超过日本,成为世界第二大经济体。人均国内生产总值由1952年的119元上升到1978年的381元,之后迅速提高到2008年的22698元,扣除价格因素,2008年比1952年增长32.4倍。2018年我国人均国内生产总值接近1万美元。按照世界银行的划分标准,我国已经由长期以来的低收入国家跃升到世界中等偏上收入国家行列,在世界银行公布的217个国家(地区)中排名第95位。对于我国这样一个经济发展起点低、人口基数庞大的国家,在70年之内能够取得这样的进步,是一个了不起的成绩。1952年,我国外汇储备只有1.39亿美元,1978年只有1.67

---

① 参见《毛泽东文集》第6卷,人民出版社1999年版,第329页。

亿美元；随着对外开放的推进，我国外汇储备逐步由短缺走向富裕，1990年外汇储备超过百亿美元，1996年超过千亿美元，2006年超过1万亿美元，2018年我国外汇储备扩大到30727亿美元，我国由长期的外汇短缺国一跃成为世界第一外汇储备大国。商品和服务实现由严重短缺到丰富充裕的巨大转变，主要工农业产品的供给能力名列世界前茅。农产品供给成功解决了占世界1/5人口的吃饭问题。1949年我国粮食产量只有11318万吨，人均209公斤；1978年粮食总产量增长到30477万吨；2018年，我国粮食总产量65789万吨，比1978年翻了一番。随着工业基础建设的加强，生产能力的不断扩张，我国工业化进程加速推进，我国由一个只能制造初级工业产品的国家发展成为世界制造业大国，建成了世界上最为完备、门类齐全、独立自主的工业生态系统，在钢铁、电力、基础设施建设等领域占据传统优势；在高铁、核电、信息、新能源等领域显示越来越强大的竞争优势。2017年，我国钢材产量10.5亿吨，比1978年增长46.5倍；水泥产量23.4亿吨，增长34.8倍；汽车产量2902万辆，增长193.8倍；高速铁路达到2.5万公里，占世界高铁总量60%以上，以"四纵四横"为主骨架的高铁网基本形成。移动通信手持机和微型计算机设备从无到有，2017年产量分别达到18.9亿台和3.1亿台。党的十八大以来，我国工业经济多个领域取得重大突破，发展质量优化提升，正朝着制造强国目标迈进。按照国际标准工业分类，在22个大类中，中国目前有17个大类居世界第一；在联合国工业发展组织统计的616种工业产品中，中国有220种工业产品产量居世界第一。无论是工业总产值、制造业总产值、制造业出口规模等都远远超过美国、德国、日本等国家，尤其是在工业基础设施建设、工业产能、产业集群、综合成本等方面形成了具有碾压性的竞争优势和规模优势。经济结构实现由低级到高级、不均衡到相对均衡的巨大调整。新中国成立初期，我国基本上是个农业国，1952年农业增加值占国内生产总值的51%。1952年至1978年，随着"重点发展重工业"战略的实施，工业占比迅速提高，由1952年的17.6%提高到1978年的44.1%，农业占比由51%下降到28.2%。改革开放以来，我国产业结构不断优化，经济增长由主要依靠第二产业带动转向依靠三次产业共同带动；农业基础地位更加稳固，工业结构不断向中高端水平迈进。2012

年，第三产业增加值占国内生产总值的比重首次超过第二产业，成为国民经济第一大产业。2017年，服务业比重提升至51.6%，对经济增长的贡献率为58.8%。城乡结构经历了以城乡分割到城乡统筹协调发展的转变。新中国成立初期，我国城镇人口占总人口的比重仅为10.6%，1978年达到17.9%；改革开放以来，我国城镇化进程显著加快，2017年末常住人口城镇化率上升至58.52%。人民生活实现由贫困、温饱到总体小康的跨越，并正在向全面建成小康社会目标迈进。1949年，我国人民生活积弱积贫，挣扎在贫困线上，城镇居民人均可支配收入不足100元，农村居民人均纯收入只有44元。1978年，全国居民人均可支配收入也只有171元。改革开放后，我国居民收入连续跨越式提升：2009年人均突破万元大关；2014年突破2万元大关；2018年达到28228元，扣除价格因素，比1978年实际增长约25倍。居民生活条件不断改善，消费结构升级趋势明显。2017年，全国恩格尔系数为29.3%，比1978年下降34.6个百分点。汽车消费从无到有，进入千家万户。2017年，全国城镇居民、农村居民平均每百户拥有的家用汽车数量分别达到37.5辆和19.3辆。总之，经过70年特别是改革开放40年的发展，粮票、布票、肉票、鱼票、油票、豆腐票、副食本、工业券等百姓生活曾经离不开的票证已经进入了历史博物馆，忍饥挨饿、缺吃少穿、生活困顿这些几千年来困扰我国人民的问题总体上一去不复返了！①

70多年来，中国在始终奉行独立自主的和平外交政策、坚持和平共处五项原则、维护世界和平促进共同发展的同时，实现了由封闭半封闭到全方位开放的历史性转变，积极参与经济全球化进程，推动建设开放型世界经济，对外贸易和利用外资规模跃居世界前列；积极构建人类命运共同体，促进全球治理体系变革，旗帜鲜明反对霸权主义和强权政治，为世界和平与发展不断贡献中国智慧、中国方案、中国力量。中国在世界经济版图中的地位、作用、影响力持续扩大，从世界经济的边陲日益走近世界舞台中央，成为世界和平的建设者、全球发展的贡献者、国际秩序的维护者。这不仅极大提高了中国的国际地位，而且为推动世

---

① 参见习近平：《在庆祝改革开放40周年大会上的讲话》，《人民日报》2018年12月19日。

界多极化、经济全球化、为促进世界力量平衡发展和人类进步作出了重大贡献。

就对外经济而言，新中国成立初期，我国对外贸易规模极其有限，基本上处于封闭半封闭状态。1950年，我国进出口贸易总额只有11.3亿美元，其中出口5.5亿美元，进口5.8亿美元。此后的近30年间，对外贸易一直低速徘徊发展。改革开放后，我国对外贸易规模不断扩大，进入加速发展时期。1978年到2017年，按美元计价，我国进出口总额从206亿美元提高到4.1万亿美元，增长198倍，年均增速达14.5%。其中，出口总额从97.5亿美元提高到2.3万亿美元，增长231倍，年均增速为15%；进口总额从109亿美元提高到1.8万亿美元，增长168倍，年均增速为14.1%。改革开放初期，我国货物进出口占国际市场份额仅为0.8%，在全球货物贸易中列第29位。此后，我国货物贸易规模相继超越英国、法国、德国和日本。2009年起，我国连续9年保持货物贸易第一大出口国和第二大进口国地位。2013年起，我国超越美国成为全球货物贸易第一大国，并连续三年保持这一地位。货物贸易结构不断优化。改革开放之初，我国出口商品以初级产品为主，在20世纪80年代实现了向工业制成品为主的转变，90年代实现了由轻纺产品为主向机电产品为主的转变，进入21世纪以来，以电子和信息技术为代表的高新技术产品出口占比不断提高。1985年至2017年，我国机电产品出口从16.8亿美元增加到1.3万亿美元，增长785倍，占全球市场的份额升至17%以上；同期，高新技术产品占我国出口比重从2%左右提高到28.8%。1978年到2017年，我国的贸易伙伴由40多个发展到231个国家和地区，成为120多个国家和地区的最大贸易伙伴。服务贸易成为我国对外贸易增长新引擎。1982年到2017年，我国服务进出口总额从46.9亿美元增长到6957亿美元，增长147倍，年均增长15.4%；服务出口世界排名由第28位上升至第5位。自2014年起，我国连续四年保持服务进出口全球第二大国地位。利用外资质量效益显著提升。新中国成立之初到1978年，我国利用外资渠道单一，规模很小。改革开放40年间，我国累计使用外商直接投资超过2万亿美元，至2017年底实有注册的外商投资企业近54万家。2018年，我国实际使用外资1350亿美元，规模是1983年的60倍，是全球吸引外资最多的发展中国家。对外投资和经济合作从无到有、由小到大、由弱到强、由区域到全球，质量规模迈上新台阶。据联合国贸发会议统计，1982年至2000年，我国累计实现对外直接投资278亿美元，年均投资额仅14.6亿美元。2000年，我国提出"走出去"战略，对外直接投资进入快速发展时期。至2017年末，我国对外直接投资存量1.48万亿美元，境外企业资产总额超过5万亿美元。2015年至2017年，我国对"一带一路"沿线国家投资累计近500亿美元，与其新签对外承包工程合同金额3630亿美元。我国还积极参与亚太经合组织、上海合作组织和亚欧会议等区域性合作；加快实施自由贸易区战略，至2018年我国已签署16个自贸协定，涉及24个国家和地区，遍及亚洲、拉美、大洋洲、欧洲等，已签署的自贸协定中，零关税覆盖的产品范围超过90%。

2020年10月召开的党的十九届五中全会站在"两个一百年"奋斗目标的历史交汇点上，承前启后，继往开来，科学总结"十三五"，重点谋划"十四五"，并将"十四五"规划与2035年远景目标统筹起来，描绘了未来5年乃至更长时期中国发展的宏伟蓝图，发出了开启全面建设社会主义现代化国家新征程、向第二个百年奋斗目标进军的动员令、集结号。新发展阶段的到来，在我国现代化进程中具有里程碑意义，是中华民族伟大复兴进程的大跨越、新跨越。

历史，往往需要经过岁月风雨的洗礼才能看得更清楚。新中国成立以来特别是改革开放以来我国经济社会发展、综合国力和国际地位的大幅度提高，充分表明：经过70多年的建设和奋斗，一个充满生机的中国，一个充满希望的中国，一个更加自信的中国，已巍然屹立在世界东方，中国特色社会主义进入了新时代，实现中华民族伟大复兴的"接力跑"站上了新"起跑线"，中华民族伟大复兴的光辉彼岸就在前头，我们比历史上任何时候都更有信心和能力抵达这个光辉彼岸！

三、坚定信仰信念信心，"在新时代创造中华民族新的更大奇迹"

"行百里者半九十"。建成社会主义现代化强国，实现中华民族伟大复兴，绝不是轻轻松松、敲锣打鼓就能一蹴而成的。它是一场需要以耐力、毅力、定力、强大意志力做支撑、亿万中华儿女协同一致参与的"接力跑",必须面对各种艰难险阻,随时准备进行具有许多新的历史特点的伟大斗争。

新中国成立已经70多年,改革开放已经42年,中国人民披荆斩棘,走过了千山万水,但仍需跋山涉水,我们现在所处的,是船到中流浪更急、人到半山路更陡的时候,是愈进愈难、愈进愈险而又不进则退、非进不可的时候,摆在全党全国各族人民面前的使命更光荣、任务更艰巨、挑战更严峻、工作更伟大。党的十九大在充分肯定改革开放以来特别是党的十八大以来取得巨大成就的同时,明确指出:我们的工作还存在许多不足,也面临不少困难和挑战,包括发展不平衡不充分的一些突出问题尚未解决,发展质量和效益还不高,创新能力不够强,实体经济水平有待提高,生态环境保护任重道远;民生领域还有不少短板,脱贫攻坚任务艰巨,城乡区域发展和收入分配差距依然较大,群众在就业、教育、医疗、居住、养老等方面面临不少难题;社会文明水平尚需提高;社会矛盾和问题交织叠加,全面依法治国任务依然繁重,国家治理体系和治理能力有待加强;意识形态领域斗争依然复杂,国家安全面临新情况;一些改革部署和重大政策措施需要进一步落实;党的建设方面还存在不少薄弱环节①。面对问题以及前进道路上可以预料和难以预料的各种风险挑战,我们绝不能有丝毫庸懒懈怠,绝不能有丝毫犹豫不决、徘徊彷徨,必须勇立潮头、奋勇搏击。在这个千帆竞发、百舸争流的时代,信仰、信念、信心,对于任何一个政党、民族、国家来说,都至关重要。我们的信仰是马克思主义这个科学真理,我们的信念是中国特色社会主义必胜,我们的信心是中华民族伟大复兴中国梦一定能够实现。只要坚如磐石树起了这样的信仰、信念、信心,全党全国人民就能够愈战愈勇、愈挫愈奋、防控和化解一切风险,就能够凝聚起"指引和支撑中国人民站起来、富起来、强起来的强大精神力量","一棒接着一棒跑",每一代人都"为下一代人跑出一个好成绩","在新时代创造中华民族新的更大奇迹",铸就中华人民共和国的新辉煌!

---

① 参见习近平:《决胜全面建成小康社会 夺取新时代中国特色社会主义伟大胜利——在中国共产党第十九次全国代表大会上的报告》,《人民日报》2017年10月28日。

第十六章
"在新时代创造中华民族新的更大奇迹"

我们一定要坚持党对一切工作的领导,不断加强和改善党的领导。办好中国的事情,关键在中国共产党。党政军民学,东西南北中,党是领导一切的。正是因为始终坚持党的集中统一领导,我们才能团结带领全党全国各族人民,经过长期浴血奋斗,完成新民主主义革命,建立中华人民共和国,确立社会主义基本制度,成功实现中国历史上最深刻最伟大的社会变革;才能实现伟大历史转折、开启改革开放新时期和中华民族伟大复兴新征程,才能成功应对一系列重大风险挑战、克服无数艰难险阻,开辟中国特色社会主义新境界。党的领导是中国特色社会主义最本质的特征,是中国特色社会主义制度的最大优势。坚持党的领导,必须不断改善党的领导,让党的领导更加适应实践、时代、人民的要求。在坚持党的领导这个决定党和国家前途命运的重大原则问题上,全党全国必须保持高度的思想自觉、政治自觉、行动自觉,丝毫不能动摇。前进道路上,我们必须增强"四个意识"、坚定"四个自信",坚决维护党中央权威和集中统一领导,把党的领导贯彻和体现到改革发展稳定、内政外交国防、治党治国治军等各个领域。在新时代推进改革开放,每一步都不是轻而易举的,必定面临这样那样的风险挑战,甚至会遇到难以想象的惊涛骇浪。党必须总揽全局、协调各方,坚持科学执政、民主执政、依法执政,完善党的领导方式和执政方式,提高党的执政能力和领导水平,不断提高党把方向、谋大局、定政策、促改革的能力和定力,确保改革开放这艘航船沿着正确航向破浪前行。

我们一定要坚定不移走中国特色社会主义道路,坚定道路自信、理论自信、制度自信、文化自信,坚持党的基本路线,不断把中国特色社会主义伟大事业推向前进。中国特色社会主义是改革开放以来党的全部理论和实践的主题,是党和人民历尽千辛万苦、付出巨大代价取得的根本成就。中国特色社会主义道路是实现社会主义现代化的必由之路,是创造人民美好生活的必由之路;中国特色社会主义理论体系是指导党和人民沿着中国特色社会主义道路实现中华民族伟大复兴的正确理论,是立于时代前沿、与时俱进的科学理论;中国特色社会主义制度是当代中国发展进步的根本制度保障,是具有鲜明中国特色、明显制度优势、强大自我完善能力的先进制度;中国特色社会主义文化是激励全党全国各族人民奋勇前进的强大精神力量,是源自中华民族 5000 多年优秀文明传统、植根于中国特色社会主义伟大实践的先进文化。中国特色社会主义，既是我们必须不断推进的伟大事业，又是我们开辟未来的根本保证。在中国这样一个有着5000多年文明史、13亿多人口的大国治国理政、改革发展，没有可以奉为金科玉律的教科书，也没有可以对中国人民颐指气使的教师爷。前进道路上，全党要更加自觉地增强道路自信、理论自信、制度自信、文化自信，既不走封闭僵化的老路，也不走改旗易帜的邪路，保持政治定力，坚持实干兴邦，坚持和发展中国特色社会主义，坚持以我国改革开放和社会主义现代化建设中的实际问题、以我们正在做的事情为中心，深入研究和回答新时代中国特色社会主义发展中的重大理论和现实问题，不断推进马克思主义中国化，不断增强中国特色社会主义的感召力、影响力、吸引力。

我们一定要坚定不移高举改革开放的旗帜，进一步解放思想、解放和发展社会生产力、解放和增强社会活力，推动全面深化改革不断取得新突破。我国过去40多年的快速发展靠的是改革开放，我国未来要实现社会主义现代化强国目标、实现中华民族伟大复兴，也必须也只能依靠改革开放。改革开放只有进行时，没有完成时。必须牢牢把握改革开放的正确方向，改什么、怎么改必须以是否符合完善和发展中国特色社会主义制度、推进国家治理体系和治理能力现代化的总目标为根本尺度，该改的、能改的我们坚决改，不该改的、不能改的坚决不改。前进道路上，我们要强化问题意识、时代意识、战略意识，用宽广的国际视野把握历史发展大势，借鉴吸收人类一切优秀文明成果，发展21世纪马克思主义、当代中国马克思主义。要坚持党的基本路线，把以经济建设为中心同坚持四项基本原则、坚持改革开放这两个基本点统一于新时代中国特色社会主义伟大实践，长期坚持，决不动摇。要把完善和发展中国特色社会主义制度、推进国家治理体系和治理能力现代化作为全面深化改革的总目标，努力构建系统完备、科学规范、运行有效的制度体系，充分发挥我国社会主义制度优越性。要坚持以经济体制改革为重点，坚持社会主义市场经济改革方向，全面深化经济体制、政治体制、文化体制、社会体制、生态文明体制和党的建设制度等各方面改革；要更加注重改革的系统性、整体性、协同性，敢于涉深水区、啃"硬骨头"；要以勇于自我革命的气魄、坚忍不拔的毅力推进改革，敢于向积存多年的顽瘴痼疾开刀，敢于触及深层次利益关系和矛盾，坚决冲破思想观念束缚，坚决破除利益固化藩篱，坚决清除妨碍社会生产力发展的体制机制障碍。凡改革要于法有据，要坚持走中国特色社会主义法治道路，加快构建中国特色社会主义法治体系，建设社会主义法治国家。要坚持对外开放的基本国策，不断拓展对外开放的广度和深度，支持开放、透明、包容、非歧视性的多边贸易体制，促进贸易投资自由化便利化，推动经济全球化朝着更加开放、包容、普惠、平衡、共赢的方向发展，共同为建设持久和平、普遍安全、共同繁荣、开放包容、清洁美丽的世界而奋斗。

我们一定要坚持以人民为中心，不断实现人民对美好生活的向往。人民立场是中国共产党的根本政治立场，是马克思主义政党区别于其他政党的显著标志。为中国人民谋幸福，为中华民族谋复兴，是中国共产党人的初心和使命。我们党来自人民、扎根人民、造福人民，全心全意为人民服务是党的根本宗旨，必须以最广大人民根本利益为我们一切工作的根本出发点和落脚点，坚持把人民拥护不拥护、赞成不赞成、高兴不高兴作为制定政策的依据，既通过提出并贯彻正确的理论和路线方针政策带领人民前进，又从人民实践创造和发展要求中获得前进动力，让人民共享改革开放成果，激励人民更加自觉地投身改革开放和社会主义现代化建设事业。前进道路上，我们必须始终把人民对美好生活的向往作为我们的奋斗目标，始终与人民风雨同舟、生死与共，时刻把群众的安危冷暖放在心上，真诚倾听群众呼声，真实反映群众愿望，真情关心群众疾苦，多为群众办好事、办实事，特别是要千方百计帮助困难群众排忧解难，使我们党始终拥有不竭的力量源泉。我们要健全民主制度、拓宽民主渠道、丰富民主形式、完善法治保障，确保人民依法享有广泛充分、真实具体、有效管用的民主权利。我们要着力解决人民群众所需所急所盼，让人民共享经济、政治、文化、社会、生态等各方面发展成果，有更多、更直接、更实在的获得感、幸福感、安全感，不断促进人的全面发展、全体人民共同富裕。

我们一定要坚持以发展为第一要务，统筹推进"五位一体"总体布局，协调推进"四个全面"战略布局，不断增强我国的综合国力，确保"两个一百年"奋斗目标如期实现。发展才能自强，科学发展才能永续发展。解放和发展社会生产力,增强社会主义国家的综合国力,是社会主义的本质要求和根本任务。只有牢牢扭住经济建设这个中心,毫不动摇坚持发展是硬道理、发展应该是科学发展和高质量发展的战略思想,推动经济社会持续健康发展,才能全面增强我国经济实力、科技实力、国防实力、综合国力,才能为坚持和发展中国特色社会主义、实现中华民族伟大复兴奠定雄厚物质基础。前进道路上,我们必须围绕解决好人民日益增长的美好生活需要和不平衡不充分的发展之间的这个社会主要矛盾,坚持以科学发展为主题,坚决贯彻创新、协调、绿色、开放、共享的发展理念,推动高质量发展,推动新型工业化、信息化、城镇化、农业现代化同步发展,加快建设现代化经济体系,努力实现更高质量、更有效率、更加公平、更可持续的发展。要坚持以供给侧结构性改革为主线,积极转变发展方式、优化经济结构、转换增长动力,积极扩大内需,实施区域协调发展战略,实施乡村振兴战略,坚决打好防范化解重大风险、精准脱贫、污染防治的攻坚战。要坚持创新是第一动力、人才是第一资源的理念,实施创新驱动发展战略,完善国家创新体系,加快关键核心技术自主创新,为经济社会发展打造新引擎。要加强生态文明建设,牢固树立绿水青山就是金山银山的理念,形成绿色发展方式和生活方式,把我们伟大祖国建设得更加美丽,让人民生活在天更蓝、山更绿、水更清的优美环境之中。

我们一定要坚持全面从严治党,永远保持谦虚谨慎、不骄不躁的作风,永远保持艰苦奋斗的作风,不断提高党的创造力、凝聚力、战斗力。中国特色社会主义进入新时代,我们党一定要有新气象新作为。我们党只有在领导改革开放和社会主义现代化建设伟大社会革命的同时,坚定不移推进党的伟大自我革命,敢于清除一切侵蚀党的健康肌体的病毒,使党不断自我净化、自我完善、自我革新、自我提高,不断增强党的政治领导力、思想引领力、群众组织力、社会号召力,才能确保党始终保持同人民群众的血肉联系。前进道路上,我们要深刻认识党面临的执政考验、改革开放考验、市场经济考验、外部环境考验的长期性和复杂性,深刻认识党面临的精神懈怠危险、能力不足危险、脱离群众危险、消极腐败危险的尖锐性和严峻性,增强忧患意识,始终居安思危,坚持问题导向,保持战略定力,充分估计前进道路上种种可以预料和难以预料的困难和风险，推动全面从严治党向纵深发展。要按照新时代党的建设总要求，以政治建设为统领，不断推进党的建设新的伟大工程，不断增强全党团结统一和创造活力，不断增强全党执政本领。要坚持用时代发展要求审视自己，以强烈忧患意识警醒自己，以改革创新精神加强和完善自己，在应对风险挑战中锻炼提高，在解决党内存在的突出矛盾和问题中净化纯洁，不断提高管党治党水平。要以反腐败永远在路上的坚韧和执着，勇于刀刃向内，勇于直面问题，勇于自我革命，勇于刮骨疗毒，凡影响党的创造力、凝聚力、战斗力的问题都要全力克服，凡损害党的先进性和纯洁性的病症都要彻底医治，凡滋生在党的健康肌体上的毒瘤都要坚决祛除，努力营造海晏河清的政治生态，确保党始终同人民心连心、同呼吸、共命运，始终成为推进改革开放、推进中国特色社会主义伟大事业、"在新时代创造中华民族新的更大奇迹"的坚强领导核心！

后　记

　　本书系应中共中央党校出版社之约、为庆祝中国共产党成立100周年而写。

　　全书由主编拟定框架并统改定稿。各章作者如下：第一、六、八、十三、十六章，曹普教授；第二章，董洁教授；第三章，程连升教授；第四、五章，聂文婷副教授；第七、十章，徐丙祥博士；第九、十四、十五章，王涛副教授；第十一、十二章，高璐佳副教授。

　　中国共产党成立100年来，团结带领全国各族人民以势不可挡的磅礴力量和开天辟地的大无畏气概创造了一个又一个惊天奇迹。本书挂一漏万，重点叙述的是新中国成立以来特别是改革开放以来党团结带领中国人民进行社会主义革命和建设、在改革开放中开创和推进中国特色社会主义所建树的旷世伟业和取得的辉煌成就。

　　中共中央党校出版社为本书的编辑和出版做了大量具体工作，这里特致谢意。

曹　普

2020 年 12 月 30 日